열정의 시선

인지주의로 설명하는 영화 그리고 정서

Carl Plantinga & Greg M. Smith 편저
남완석 · 심영섭 공역

Passionate Views
Film, Cognition, and Emotion

학지사

Passionate Views: Film, Cognition, and Emotion

by Carl Plantinga and Greg M. Smith eds.

역자 서문

영화와 정신분석학은 모두 근대성modernity이라는 역사적 맥락 안에서 형성된 공통의 사회적 · 문화적 배경을 공유하고 있다. 그럼에도 영화가 정신분석과 심리학을 받아들여 영화이론을 정립한 것은 대략 1960년대이고, 반대로 심리학이 영화를 받아들여 영화치료를 시작한 것은 1990년대경의 일이다. 즉, 1895년에 뤼미에르 형제가 최초의 영화 〈공장 문을 나서는 노동자들〉을 대중 앞에서 영사했고, 프로이트는 『꿈의 해석』을 출간한 이래, 같은 해에 태동한 두 분과는 근 60년 이상이 지나서야 서로를 알아보았고, 예술치료 분야에서 영화치료라는 꽃을 피우기까지 100년 정도의 시간이 걸렸다.

이 책 『열정의 시선: 인지주의로 설명하는 영화 그리고 정서』는 이러한 영화와 심리학, 두 분과의 100년 동안의 숙명적인 상호작용의 결과물이라고 할 수 있겠다. 노엘 캐럴을 비롯해 에드 탠, 칼 플랜팅거, 니코 프리다 등 전 세계의 가장 저명한 영화 이론가들은 심리학과 신경학의 최첨단 연구

분야인 인지주의를 차용하여, 영화관람 안에서 관객에게 어떤 일이 일어나고 있는지를 설명하고 있다. 이들에 따르면 극장은 더 이상 매혹적인 훔쳐보기나 스크린과의 봉합이 난무하는 욕망과 쾌락의 신전이 아니다. 그보다는 인지와 정서라는 좀 더 점잖고 논리적인 정신활동이 개입되고 열정에 사로잡힌 시선이 교환되는 '생각의 야구장' 같은 곳으로 설명될 수 있다는 것이다. 책을 읽다 보면 연합이론, 공감, 충성 등등 생소한 인지주의 개념이 많겠지만, 똑같은 영화관람이라는 현상을 정신분석 이론과 이리도 달리 설명할 수 있다는 점에서 독자들은 또 다른 정신적 신대륙에 가 닿는 쾌감을 느낄 수 있을 것으로 확신한다.

사실 이 책의 번역은 공동 역자인 남완석과 심영섭의 결혼 10주년을 기념하기 위한 프로젝트의 일환으로 시작되었음을 고백하는 바다. 영화이론 전공자인 남완석 교수와 영화평론가이자 심리학 전공자인 나는 마치 이 책의 인지주의자들처럼 영화와 심리학의 결합 과정을 삶에서도 끊임없이 반복하고 있는 처지다. 우리들은 영화치료 및 영화이론 연구를 할 때나 영화를 보고 각자의 비평을 교환할 때 끊임없이 서로에게 영감을 주고 도움을 주었다. 이 책 역시 영화치료의 심리적 과정을 연구하면서, 관객에 대한 인지-정서에 대한 철저한 공부 없이는 제대로 된 영화치료의 이론적 토대를 세울 수 없다는 결론이자 결단을 내리는 와중에서 만나게 되었다. 사실 자그마치 7년 전,영화치료의 토대가 되는 이론을 스터디하는 과정에서 우리 두 사람은 호되게 어려운 텍스트 앞에서 독해에 쩔쩔매는 학생들을 목격했고, 이들을 위해 저절로 번역의 결심을 하게 된 것이다.

그러나 저명한 영화이론가들의 정신세계와 섬세하고 미묘하게 정의된 영화이론 개념들을 모국어로 번역하는 일은 생각만큼 쉬운 일이 아니었다. 각자의 수업 준비와 강의라는 생업이 있고, 논문이 있고, 아이들이 있는 가운데 번역은 더디게 그리고 수없는 수정 끝에 거북이처럼 천천히 나아갔다. 결혼 8주년에 시작한 번역은 결혼 10주년에도 초고를 끝마치지 못했고, 결혼 13주년이 되는 해에 이르러서야 간신히 재교 수정을 할 수 있었다.

그 가운데 가장 논란이 되었던 것은 용어의 선정이었다. 예컨대, 남편은 sympathy를 공감으로, empathy를 감정이입으로 최초 번역하였다. 그러나 심리학에서 empathy란 의심할 바 없이 공감이란 용어로 수십 년간 통용된 중요한 개념이었다. 게다가 sympathy를 동정으로 할 것인가, 동감으로 할 것인가도 문제였다. 결국 수십 번의 격론 끝에 학제간의 공동 연구 시 혼선을 막기 위해 empathy를 동감으로, sympathy를 공감으로, pity를 동정이란 용어로 통일하기로 결정하였다. 이 외에도 정서니, 감정이니, 감성이니, 신파니, 감동이니, 사고니, 생각이니 하는 용어들 역시 너무나 혼동되어서, 번역 시 수시로 의견이 충돌하고 서로를 뾰로통하게 대할 때마저도 있었다. 그러나 국어보다 영어에 더 민감하고 꼼꼼하고 인지적인 남편과 영어보다 국어에 민감하며 은유적이고 정서적인 나는 서로의 단점을 보완하면서, 더듬더듬 텍스트를 만지고 다듬었다.

마침내 우리는 이 작업의 중요성, 즉 다가올 미래의 최신 영화이론 분야를 후학들에게 좀 더 쉽게 전달할 수 있다는 사명감으로 한 줄 한 줄의 논의와 합의 끝에 번역을 끝마치게 되어 말할 수 없이 홀가분하다. 그리고 이제는 농담처럼 이렇게 말한다. "번역이 엉망이라고 하면 어쩌죠?" 남편은 이렇게 대답한다. "그럼 원서를 읽으라고 하면 되지 뭐."

번역 원고의 수정에 도움을 준 한국영상응용연구소의 백영묘 연구원에게 감사드린다. 또한 지난 5년간 원서의 계약과 번역 독촉, 원고 수정, 철자의 오류까지 모든 일을 도맡아 뒤치다꺼리해 준 학지사의 이지혜 선생에게도 무한한 감사를 드리는 바다. 항상 부족한 시간 속에서도 무럭무럭 자라서 우리 부부를 마음 깊은 곳에서부터 지지해 주는 아이들 하나하나에게 고마움의 포옹을 건넨다.

마지막으로 이 책의 맨 앞에 자리할 역사 서문을 빌려 이렇게 쓰고 싶다. 남완석과 심영섭. 두 사람이 함께한 13년은 이 책의 제목과 같이 '서로에 대한 열정적인 시선'에 사로 잡혀 있었던 시간이었다고.

뫼비우스 띠 같은 인생人生 속에서 함께 있음에 감사하며….

2014년 5월 30일

역자 대표 심영섭

서문

칼 플랜팅거와 그렉 스미스
CARL PLANTINGA AND GREG M. SMITH

현대사회의 다양한 정서적 지형도 속에서 영화관은 사회 구성원들이 모여 감정을 표현하고 경험하는 대표적 공간 중 하나로서 중심적 위치를 차지하고 있다. 영화는 다양하고 복합적인 경험을 제공한다. 하지만 대개의 사람에게 영화관은 무엇인가를 느끼게 해 주는 장소다. 영화는 다양한 관객에게 정서적 경험을 제공하며, 이것이 영화라는 매체가 지닌 호소력의 핵심이다. 하지만 이러한 영화의 정서적 특성은 영화 연구 분야에서 연구가 가장 미진한 주제이기도 하다. 정서는 매우 조심스럽게 포장되어 거래된다. 하지만 면밀하게 분석되는 경우는 드물다.

이 책은 영화가 주는 정서적 반응에 대한 단서를 제공하는 여러 가지 방법에 대한 논의에 기여하고자 한다. 그리고 이 논의는 분명히 인지적 관점에서 이루어진다. 인지적 접근방식은 처음에는 정서적 과정에 대한 통찰을 제공하기에 적절한 선택이 아니라는 인상을 준다. 어쨌든 인지주의 이론은 인지를 다루는 것인데, 서구에서의 논의를 지배하고 있는 데카르트적 입장에 따르면 생각은 감정과 분명하게 분리가 되는 것이기 때문이다. 정서적 상태는 잠재적으로 이성적 사고를 방해할 수 있으며, 따라서 정서는 종종 생각의 적으로 간주되어 왔다. 1950년대부터 1980년대까지 사고과정을 연구한 학자들은 쉽게 그런 비합리적인 현상을 배제해 버렸다.

한때는 많은 학문 분야가 정서를 소홀히 했다. 전통적인 관찰의 방법을 사용하는 문화인류학자들은 다른 문화에서 지극히 '주관적'인 심리 상태에 대해 보고하는 것을 힘들게 생각했다. 대신 그들은 상대적으로 보다 쉽게 외적으로 관찰할 수 있는 차이점, 가령 언어와 제례 의식에서의 차이점에 집중했다. 사회학의 주요 의제들은 사회화가 가장 분명하게 작동하는 영역으로 학자들을 인도했다. 이 학자들은 정서가 사회에 의해서 조작되었다는 사실을 발견했고, 그래서 정서를 순수하게 도구적인 관점에서, 가령 사회화의 한 수단으로 보는 경향을 보였다. 사회화 과정은 편견 또는 공감을 촉발하는 두려움이나 사랑에 의존하고 있다. 그러나 이러한 정서의 본질을 탐구한 사회학자는 거의 없었다. 정서는 사회적으로 '관리될' 수 있는 신체적 상태로서 존재했다. 하지만 그것의 근원이 갖고 있는 사회적 특성은 사실상 연구되지 않은 채로 남아 있었다. 심리학에서는 행동주의의 영향으로 이론가들이 인간의 심리라고 하는, '블랙박스' 내부에 존재하는 주관적 상태를 멀리했다. 비슷하게, 심리철학 내에서 이성에 대한 강조는 많은 철학자로 하여금 정서와 같은 '구질구질한' 상태를 멀리하게 했다.

인지 연구도 처음에는 정서를 무시했다. 처음 등장했을 때, 인지심리학은 컴퓨터의 논리적 선형 프로세스를 모델로 한 것 같은 인간의 기능을 강조했다. 정서와 같은 주관적 상태는 인지 연구의 초기 연구 과제가 아니었다. 왜냐하면 고전적인 논리를 이용해서 모델화하기에는 너무나도 예측 불가능한 것으로 생각되었기 때문이다. 기억을 모델화하는 데 있어서 컴퓨터를 생각하는 것은 가능했지만, 컴퓨터에 근거한 정서 모델을 개념화하는 것은 훨씬 더 난해했다. 컴퓨터의 발전과 더불어 대두된 현대 인지이론은 정서를 혼선의 근원으로 간주하였다.

그러나 최근에 와서 인지 연구자들은 심리와 육체를 데카르트적으로 엄격하게 구분하는 것이 부적절하다는 사실을 발견했다. 신경생리학적 연구가 보다 정교화되면서 심리와 뇌의 관계는 더욱 밀접해졌다. 또한 연구자들은 신체적 상태가령 스트레스와 기분 같은와 사고 과정 사이에는 복잡한 상호관계가 존재함을 발견했다. 인지 연구가 신체적 과정에 관심을 기울이게 되면서, 이제는 인지적 관점에서 정서에 대해 논의하는 것이 더 이상 이상한 것처럼 보이지 않게 되었다.

이 책의 저자들이 하고 있는 핵심적인 가정은 정서와 인지가 반드시 적일 필요는 없다는 것이다. 정서에 대한 인지적 이해는 정반대임을 보여 준다. 즉, 정서와 인지는 함께 작동하는 경향을 보인다는 것이다. 구질구질한 정서에 반대하는 서구적 편견을 벗어던진 인지주의자들은 우리가 주변 환경 속에서 방향을 잡고, 특정한 대상이 더욱 도드라지게 해 주기 위해서 정서와 인지가 서로 협력한다는 점을 강조한다. 정서는 우리가 세상을 평가하고 그것에 보다 민첩하게 반응하는 데 도움을 준다. 두려움이나 사랑은 사고 과정과 오히려 협력적으로 작용하는 추동력을 준다.

따라서 인지적 관점은 정서를 무형의 혼돈스러운 감정이 아닌 구조화된 상태로 보고자 한다. 정서가 구조화되어 있다는 것은 인지주의자들의 또 다른 핵심 가정이다. 그들은 정서를 감정과 심리적 변화 그리고 인지의 조합으로 설명하고자 한다. 정서는 심리와 신체가 특정 대상에게 향하도록 하며 그 대상에 대한 행동을 촉발하려 한다. 사랑은 나를 사랑받는 대상에게 다가가게 하며, 두려움은 두려운 대상으로부터 멀어지게 한다. 우리가 한 대상을 개념화하는 방식을 이해하는 것은 궁극적으로 우리가 그 대상에 대해서 어떻게 느끼는가를 이해하는 것이기도 하다. 인지과학자는 한 대상의 현저한 특성이 우리를 어떻게 특정한 정서로 이끄는지를 중시한다. 우리는 대상을 인지적으로 평가해서 그것의 중요성을 결정할 경우 그 대상에게 특질을 부여하는데, 이러한 평가는 우리를 특정한 정서로 유도한다. 괴물의 어떤 특질들이 우리로 하여금 두려움과 역겨움의 반응을 보이게 하는가? 어떤 웃기는 상황에서 가장 현저한 특성은 무엇인가? 그리고 왜 이러한 특성은 우리로 하여금 웃게 만드는가? 정서에 대한 인지적 이해는 우리가 정서적 반응을 유발하는 자극들에 세심한 관심을 기울이도록 해 준다.

인지과학자들은 정서적 상태를 목적, 대상, 특질, 행동, 판단 그리고 동기와 같은 개념들을 동원해서 논의하려 한다. 이는 필연적으로 그들이 정서를 여러 부분적인 과정으로 분할하고자 함을 의미한다. 그리고 바로 이런 분류의 과정이 정서에 대한 인지적 관점에서 핵심적인 것이다. 정서는 보통 게슈탈트형태. 심리현상은 부분들을 더하는 것으로 설명할 수 없고 어떤 정체성을 갖고 있다. 이러한 전체적 형태를 게슈탈트라 한다-역자 주로 개념화된다. 그래서 나는 그것을 느낄 수 있지만 그 느낌이 정서적 경험을 손상시키지 않으면서 분류될 수는 없다. 일반적으로 본다면 말이다. 그러나 인지적 관점에서는 과정을 하위 과정으로 분류하면 더 깊은 통찰을 얻을 수 있다는 믿음이 있다. 시각적인 대상 인식처럼 매우 단순해 보이는 과정조차 일련의 하위 과정subprocess의 연속으로 이해될 수 있다면 매우 유용할 것이다. 인지학자는 복잡한 과정이 모델화될 수 있다고 믿는다. 물론 그런 학자들도 모든 과정이 컴퓨터의 합리적 논리에 의거해서 모델화될 수는 없음을 알고 있다. 하지만 우리는 여전히 복잡한 과정을 분류하기 위해 개념적 모델을 사용하는 방법을 신뢰하고 있다. 이 책의 저자들은 우리가 어떻게 영화를 이해하고 정서를 경험하는지에 대한 명쾌한 모델들을 제시하고 있다. 우리는 영화의 정서에 대한 이러한 각별한 관심을 통해 극장에서 관객들이 갖게 되는 정서에 대해 보다 풍부하고 세밀한 이해를 얻게 될 것으로 확신한다.

모델화와 하위 과정으로의 분류에 대한 강조와 더불어서 인지적 접근의 또 다른 장점이 부각된다. 즉, 특이성specificity이 바로 그것이다. 인지학자는 현상을 아주 세밀하게 조사하려 한다. 우리는 이러한 특이성이 영화 관람의 정서적 과정에 대한 보다 명쾌한 이해를 제공하는 데 도움이 될 것이라 믿는다. 쾌락과 같은 포괄적인 정서 개념을 사용하는 대신, 이 책의 저자들은 특정한 종류의 정서적 신호에 대해 논의하고자 한다. 저자들은 감상sentimentality이나 코미디와 같은 특정한 정서적 현상들을 연구하고자 한다. 또한 그들은 가령 영화음악과 얼굴표정처럼 정서를 유도하도록 고안된 내러티브적, 스타일적 장치들을 탐구한다. 이 책의 몇몇 저자는 가령 내러티브 영화가 정서를 신호하기 위해 구성되는 방식같이 광범위한 설명 체계를 제시하기도 한다. 그러나 이는 보다 포괄적인 경험을 형성하는 데 있어서 상호작용하는 특정한 하위 구조들을 세밀하게 규정함으로써 이루어진다. 인지적 접근은 포괄적 체계를 설명하건, 특정한 현상을 설명하건 간에 하위 과정에 대한 특정한 관심으로부터 절대로 멀리 벗어나지 않는다.

요약하자면, 정서에 대한 인지적 관점은 인지와 정서가 함께 작동한다는 점을 강조한다. 정서를 무형의 것으로 개념화하는 대신, 인지학자는 정서의 구조를 주장한다. 정서는 하위 과정으로 분류될 수 있는, 그래서 그 밑에 숨겨진 구조들을 드러내는 과정인 것이다. 이 구조들에는 전형적인 목표와 행위들에 대한 설명이나 특이한 특징에 대한 스크립트나 세트가 포함될 수 있을 것이다. 우리는 이러한 세밀한 분석이 영화가 어떻게 정서를 신호하는지에 대한 보다 면밀한 이해를 획득하는 데 있어서 매우 소중한 것이 될 것으로 믿는다.

끝으로, 인지적 관점은 학제적interdisciplinary이다. 인지주의는 단일한 분야나 전공이 아니다. 그것은 여러 분야와 전공을 가로지르는 연구자들이 주장하고 있는 일련의 가정의 집합이다. 언어학, 인공지능학, 인류학, 신경학, 심리학 그리고 철학 이 모두는 각자의 독자적 분야로부터 인지 연구를 위한 통찰에 기여하고 있다. 그리고 인지적 관점은 그러한 교차수정cross-fertilization을 장려한다. 이 책이 존재하는 것도 바로 이와 같은 학제적 작업의 정신 때문이다. 이 책에 실린 논문들은 일차적으로 인지 연구의 두 지배적 분야인 인지철학과 인지심리학에 뿌리를 두고 있다.

철학에서의 정서와 예술 Emotion and the Arts in Philosophy

서구 미학의 긴 역사 속에서 예술은 일관되게 정서의 표현이나 표출에 연계되었다. 이는 적어도 플라톤과 아리스토텔레스로까지 거슬러 올라간다. 플라톤은 예술에 의해서 표현되는 정서가 공화국의 젊은 시민들을 나약하게 만들거나 오도할 수 있다고 생각했다. 그리고 아리스토텔레스는 비극이 유익하고 만족스러운 정서를 일으킨다고 주장했다. 예술철학자들은 오랫동안 예술에서 정서가 갖고 있는 기능에 관심을 두었다. 이론가들과 철학자들은 문학에서 특정한 장르가 특정한 정서적 반응을 유발하는 방식을 이해하고자 애썼다. 아리스토텔레스는 비극이 동정과 두려움을 유발하고 그런 반응을 정화시켜서 사람들에게 즐거움과 이해를 가져다준다고 주장했다. 비극에 대한 그의 저서가 가장 유명하지만, 다른 철학자들도 정서가령 숭고함이나 유머를 다른 문학 장르나 예술에 연관 지어 탐구하였다.

정서가 예술 감상이나 예술가에게 핵심적인 기능을 수행한다는 사실은 이미 오래전부터 인정받고 있었다. 하지만 정서의 목적과 중요성에 대한 평가는 논란의 여지가 많았다. 낭만주의 시대에는 감정과 정서의 향유가 예술의 가장 중요한 즐거움으로 격상되었다. 낭만주의는 청각이나 시각적 경험이 갖고 있는 감각적 특성에 특히 주목하게 해 주었다. 사실 예술에 대한 대표적인 정의 중 하나는 낭만주의와 밀접한 연관이 있으며, 예술의 정수를 감정의 표현이나 체현에서 찾고 있다. 그런 이론은 가령 레오 톨스토이Leo Tolstoy나 로빈 콜링우드Robin G. Collingwood, 베네데토 크로체Benedetto Croce, 수잔 랭거Susanne Langer 그리고 존 듀이John Dewey와 같은 저명한 사상가들에 의해서 주창되었다. 넓은 의미에서 표현주의 이론가들에게는 예술의 목적이 정서를 표현하는 데 있다. 특히 고귀함, 신선함, 심오함 그리고/또는 강렬함을 통해서 우리에게 무언가를 가르쳐 주는 정서 말이다.

뉴크리티시즘신비평, New criticizm. 1930년대에 일어나 1950년대까지 미국에서 주류를 이룬 비평운동으로 작품비평에서 역사주의적 방법을 거부하고, 문학작품을 '객관적'인 것으로 취급하여 작품의 내재적 특성과 의미를 탐구하려 했다-역자 주이 감정에 대한 이러한 낭만주의의 애착을 가장 격렬하게 비난하였다. 저명한 뉴크리티시즘 비평가인 윌리엄 윔셋William K. Wimsatt과 먼로 비어즐리Monroe Beardsley는 예술에서 정서가 차지하는 비중에 반대하는 입장을 표명하기 위해서 다음과 같은 이야기를 한 바 있다. 독일의 소설가인 토마스 만Thomas Mann과 그의 한 친구가 영화관에서

'펑펑 울면서' 나왔다. 만은 아마도 지어낸 것 같은 이 이야기를 함으로써 영화는 절대로 예술이 될 수 없다는 자신의 견해를 뒷받침하고자 했다. 왜냐하면 예술은 '차가운 영역'이기 때문이다.[1] 낭만주의는 예술가와 관객의 정서를 강조함으로써 객관적인 작품의 가치를 절하시켰다. 반면, 뉴크리티시즘은 예술가와 독자의 정서가 아닌 텍스트 자체로, 그리고 그 텍스트가 나오게 된 전통으로 관심을 돌리려고 했다. 토머스 엘리엇Thomas S. Eliot은 다음과 같은 주장을 폄으로써 인지주의자와 같은 느낌을 주기도 했다. 그에 의하면, 우리가 예술에서 정서를 나타내는 것은 바로 "'외적 상관체objective correlative'를 발견함으로써다. 다시 말해서, 일련의 대상과 하나의 상황, 일련의 사건이 **특정한** 정서의 공식일 것이다."[2] 하지만 엘리엇이 이런 흥미로운 고찰을 제시한 것은 문학에 의해서 촉발되는 정서를 연구하기 위한 수단을 제안하기 위해서가 아니었다. 그러한 정서를 의미와 구조 그리고 스타일에 대한 연구로 해체하기 위함이었다. 정서는 이유들 또는 좀 더 현대식 용어로 말하자면 텍스트 속에 형상화된 '대상들'이나 '동기들'을 갖고 있고, 따라서 관객이나 예술가의 주관성이 아닌 **이러한** 것에 더 초점을 맞춰야 한다. 엘리엇이 말한 것처럼, "시는 정서의 직설적 표출이 아닌 정서로부터의 탈출인 것이다."[3]

미학에서는 '미적 태도'와 관련해서 또 다른 논쟁이 벌어졌다. 미적 태도란 대상의 미적 특성에 관심을 기울이는 데 필수적인 자세 또는 관점을 의미한다. 그러한 자세는 충동적 행동과 '실용적' 생각을 차단하는 심리적 혹은 정서적 거리를 때로는 요구한다고 한다. 예술적 거리 개념은 예술이 '실제 삶'으로부터 완벽하게 차단된 영역이라는 생각을 내포하고 있기 때문에 논란이 되어 왔다.[4]

또 다른 생각의 줄기는 '미적 정서'를 정의하고자 하는 시도였다. 미적 정서란 일상생활에서 느끼는 것과는 질적으로 다르며 위대한 예술작품 감상 특유의 것을 말한다. 그러한 이론들은 '예술을 위한 예술 운동'에서 나왔고, 따라서 미적 경험을 실제 세계와는 다른 영역으로 규정하고자 했다. 클라이브 벨Clive Bell이 주장한 바처럼, 예술작품을 감상하는 사람은 "강렬하고 고유한 자체의 의의를 갖고 있는 세계" 안에 있고, "이 의의는 삶의 의의와는 무관한 것이다." 벨은 계속해서 "바로 그 세계에서 일상의 정서가 존재할 여지는 없다."[5]고 주장했다. 그러나 미적 정서 이론가들은 그런 미적 정서의 특성이나 원인을 만족할 만큼 규명하는 데는 실패했다. 벨에게는 그것이 '보면 알게 되는 것'과 유사한 것이었다. 벨은 이런 심오한 정서가 '의미심장한 형식'미적 정서를 촉발하기 때문에 의미심장하다을 감상함으로써 촉발된다고 주장했다. 그리고 미적 정서는 설명하기 어렵지만 한 번 경험하고 나면 결코 잊히지 않으며, 절대로 "따뜻한 토양과 포근한 은둔처가 주는 낭만"[6]과 혼동될 수도 없다고 했다.

이 책에 실린 모든 글의 특징이라고 할 수 있겠지만, 보다 최신의 인지 연구는 정반대의 가정에서 출발한다. 허구 영화그리고 다른 허구적 텍스트가 촉발시키는 정서는 실제 삶 속에서의 정서를 만들어 내는 과정과 같은 뿌리를 갖고 있다고 본다. 정서는 최소한 신체적 변화와 감정 그리고 사고로 구성된다. 인지철학자는 정서의 사고적 측면, 즉 정서를 느끼는 사람이 정서의 대상에 대해서 갖게 되는 생각과 평가를 강조한다. 여기에서 '대상'이라는 용어가 지니고 있는 구체성을 오해해서는 안 된다. 정서에 대한 인지철학자는 어떤 정서의 대상이 반드시 물질적일 필요는 없다고 믿는다. 이것은 잘못된 믿음일 수도 있고, 누군가에게는 의미 있는 것일 수도 있다. 하지만 대부분의 인지철학자는 특정한 정서가 그 형태와는 무관하게 항상 특정한 대상—어떤 물건이나 사람, 동물, 각자 믿거나 상상하는 내용 등—과 묶여 있다는 데 동의한다. 그것이 어떤 정서적 상태의 표적 또는 중심점이다.[7]

허구에서 느끼는 정서에 대한 철학적 사고 중 가장 최근의 발전은 바로 이러한 인지적 관점에서 이루어진 것이다. 최근의 중대 관심사 중 하나는 허구적 인물과 사건에 대한 사람들의 정서적 반응의 가능성과 특성에 대한 것이다. 콜린 래드퍼드Colin Radford는 허구에 대한 정서적 반응은 비합리적이고 일관성이 없다고 주장함으로써 이 문제를 처음으로 제기하였다. 그의 주장은 다음과 같다. 정서를 느끼는 것은 자신이 갖고 있는 특정한 종류의 믿음에 좌우된다. 나는 나를 쫓아오는 미친 개가 나를 물려 한다고 믿기 때문에 두려움을 느끼게 된다. 래드퍼드에 의하면, 우리는 허구를 읽거나 볼 때 허구적 인물들이나 상황들이 실제로 존재한다고 믿지는 않는다. 따라서 우리는 필수적인 믿음이 없게 되어 아무것도 느끼지 못하게 되거나, 아니면 비합리적인 믿음우리가 보고 있는 것이 실제라는 믿음을 갖고서 비합리적인 정서를 느끼게 된다.[8] 이러한 그의 주장은 많은 주목을 받았고, 이 외관상의 모순에 대한 다양한 해결책이 제시되었다. 그 가운데에는 우리가 상상과 같이 불분명한 생각에 정서적으로 반응할 수 있다는 주장도 있다.[9] 켄달 월턴Kendall Walton은 다른 주장을 제기했다. 즉, 극장에서 느끼는 정서는 가짜 정서라는 것이다. 따라서 가령 찰스가 초록색 점액을 보면서 두려움을 느낀다면 그는 실제로 두려운 것이 아니다. 그는 무언가를 느끼지만 그것이 진짜 두려움은 아닌 것이다.[10]

유망한 발전 중 하나는 허구에 대한 경험과 연관한 정신적 시뮬레이션에 대한 관심이다. 철학자 그레고리 커리Gregory Currie의 '시뮬레이션 가설Simulation

Hypothesis' 공식이 특히 우리의 목적에 유용하다. 왜냐하면 그것이 영화 관람에 대한 종합적인 심리학의 테두리 안에서 개발되었기 때문이다. 커리의 주장에 따르면, 우리가 근본적으로 다른 사람의 심리에 접근할 수 있는 것은 정신적 시뮬레이션이라고 할 수 있는 일종의 상상력을 통해서다. 우리는 어떤 상황에 처해 있는 누군가를 보고 무슨 일이 일어나고 있는지 주목을 할 때 그가 틀림없이 갖고 있으리라고 상상하는 욕망과 믿음을 상정한다. 그러나 우리 자신의 욕망이나 믿음과는 달리 그것은 '오프라인'으로 작동한다. 커리가 말하고 있는 것처럼, 그것은 "정상적인 지각적 입력과 행동을 통한 출력과는 연결이 끊어져 있는 것이다."[11]

그다음에 우리는 허구를 경험할 때 비슷한 과정에 처하게 된다. 우리는 믿음을 자극하는 상상을 하고, 우리의 정신적 과정은 '오프라인'으로 진행된다. 하지만 그러한 자극은 믿음이 그러하듯 다른 정신적 상태의 연결, 육체와의 연결을 견지하고 있다. 이러한 사실이 부분적으로는 영화가 허구의 인물과 상황을 재현하고 있다는 점을 우리가 알더라도 정서적으로 막강한 힘을 갖고 있는 이유를 설명해 준다. 이는 또한 허구가 갖고 있는 장점도 설명해 줄 수 있다. 허구는 우리가 우리의 정신적 능력을 연습할 수 있게 해주고, 따라서 적절한 의미를 갖고 있다는 것이다. 커리는 또한 영화 관람과정에서의 정신적 시뮬레이션이 도덕적으로 파괴적일 수 있는 위험이 있다고 주장했다. 그는 이 책에 수록된 자신의 글에서 이 경고를 더욱 심화시키고 있다.

영화와 다른 예술에서 정서의 표현이나 환기에 대한 관심은 최근 철학 분야에서 점점 더 주목을 끌고 있다. 이러한 관심의 재유행은 정서에 대한 인지이론, 즉 해묵은 문제들에 대한 새로운 흥미로운 사고방식을 제시할 수 있는 연구에 부분적으로 기여할 수 있을 것이다.

정서심리학 The Psychology of Emotion

앞에서 살펴본 철학자들과는 다르게, 심리학자들은 미적 경험에 대한 오랜 연구 전통을 갖고 있지 않다. 심리학의 경우 미적 경험에 대한 문제들은 철학에서만큼 핵심적인 것이 아니다. 소수의 심리학자는 예술에 대한 포괄적인 논의를 시도했다.[12] 비록 음악학과 같은 인접 분야의 연구자들이 심리학의 주된 연구방법인 경험적 방법을 이용해서 예술의 특징을 탐구하고 있지만 말이다. 심리학자들은 공감이나 동일시, 시각 인식 그리고 정서와 같은 미적 경험에서의 중요한 메커니즘에 관심을 갖는다. 하지만 그들은 이 메커니즘에 대해 허구적인 영화 속 인물들과의 상호작용을 강조하는 대신, 다른 사람들과의 상호작용이나 혹은 인간 내부에서 독립적으로 이루어지는 과정으로 역설하는 경향을 보인다. 심리학자들에 의해서 연구된 실제 세계에서의 경험과 영화학자들에 의해서 탐구된 관객으로서의 경험 사이에 연속성이 있다고 믿는다면, 이러한 일련의 경험적 증거는 풍부한 통찰을 제공할 수 있다. 인지적 접근방식은 허구와 관련되어 경험된 정서와 전형적인 정서 사이의 연속성을 강조한다. 그리고 이것이 정서가 작동하는 방식에 대한 광범위한 영역의 심리학적 연구를 적용할 수 있게 해 준다.

정서를 연구하는 심리학자들은 그들의 연구에서 네 가지 포괄적인 이론적 강조점 중 하나를 선호하는 경향을 보인다. 가장 오래된 연구는 말초신경 시스템심장이나 허파, 위와 같은 내장 기관과 근육에 연결되어 있는 신경들이 정서에 얼마나 중요한지를 강조하고자 한다. 이 연구 의제는 윌리엄 제임스William James로부터 출발하였는데, 그는 정서가 육체적 변화에 대한 지각이라고 믿었다. 제임스는 정서에 대한 육체적 표현이 정신적 상태에 의해서 일어나는 것처럼 보이지만우리는 슬프기 때문에 운다, 이러한 인과적 순서는 사실 뒤집힌 것이라고 주장하였다. 제임스에 따르면, 우리는 울기 때문에 슬픈 것이다.[13]

말초신경 이론가들은 제임스를 따라서 우리가 다양한 말초 시스템으로부터 얻게 되는 피드백을 강조한다. 특히 그들 중 많은 이론가가 얼굴의 독특한 기여도를 인정하고 있다. '안면 피드백' 이론가들은 얼굴에 신경이 고도로 집중되어 있음과 정서적 표현에서 얼굴의 중요성을 지적하면서, 얼굴에 의해서 제공되는 정보가 특히 정서적 경험을 결정하는 데 중요하다고 주장한다. 미소가 당신을 행복하게 만들 것이라는 민간 금언을 다듬어서, 이 이론가들은 얼굴 근육과 신경으로부터 오는 정보가 정서를 결정하거나 다양한 정서를 구분해 주거나 혹은 특정한 정서적 상태를 수정할 수 있다고 믿고 있다.[14]

제임스가 정서에 있어서 말초신경 시스템의 중요성을 강조하는 이론을 제안한 지 얼마 되지 않아서 또 다른 심리학자가 다른 대안, 즉 정서는 중앙신경 시스템에 근거하고 있다는 것을 제안하였다. 월터 캐논Walter Cannon은 제임스-랭 이론James-Lange theory으로 알려진 것에 도전해서 정서의 소재지가 뇌의 시상부에 있다고 주장했다. 캐논은 정서가 내장(말초신경)보다도 훨씬 빨리 변화하는 것에 주목하였다. 정서는 심장 박동수나 호흡 패턴보다 더 빨리 변할 수 있고, 그래서 심장과 허파와 같은 말초신경 영역은 제임스가 가정했던 것처럼 정서를 관장할 수 없다는 것이다.[15] 캐논에 의해 시작된 중앙신경 시스템에 대한 관심은 뇌의 화학 작용에 대한 신경심리학자들의 정교한

이해를 활용한 여러 연구자에 의해서 다듬어지게 되었다.[16]

세 번째 심리학적 접근방식은 마그다 아널드Magda Arnold의 평가이론의 이론적 결과물과 스탠리 샤터Stanley Schachter와 제롬 싱어Jerome Singer의 1962년 연구의 경험적 결과물로 대두되었다.[17] 샤터와 싱어는 피실험자에게 아드레날린을 주사하고는 그들에게 비타민 보충제가 시력에 미치는 영향에 관한 실험에 참여하고 있는 것이라 말해 주었다. 주사액은 피실험자에게서 그들이 설명할 수 없는 신체적 각성을 유발했고, 피실험자들은 자신들의 주변 환경으로부터 제공되는 정서적 단서들에 의거해서 자신들의 감정 상태를 표시/분류하였다. 이 실험은 상황에 대한 정서적 평가가 정서의 심리학적 연구에서 갖는 중요성을 재확인해 주었으며, 수많은 연구가 그 뒤를 이었다. 이러한 평가 이론가들은 우리가 상황에 대한 단서들을 어떻게 처리하고 그 상황에 대한 평가에 근거해서 정서적으로 어떻게 반응하는지에 대한 정교한 모델을 고안하였다. 아널드는 우리가 상황을 평가해서 그 어떤 것이 우리에게 유익할지 혹은 해가 될지를 결정하는 방식을 탐구하였고, 이러한 평가는 우리로 하여금 그러한 대상에 다가가거나 그것을 회피하도록 해 준다. 정서적 평가에 대한 리처드 라자러스Richard Lazarus의 이해방식에 따르면, 인지는 정서에 필요충분한 것이다. 그가 '핵심적 관계 주제coke relational theme'라고 부르는 인지는 정서를 서로 구분하는 데 도움을 준다. 예를 들어, 분노는 당신이나 당신과 가까운 사람에게 일종의 '저질스러운 반칙'[18]이 가해졌다고 믿는 문제인 것이다. 니코 프리다Nico Frijda는 자극에 대한 평가를 좌우하고 행동 지향적인 반응을 유발하는 일련의 '법칙'이 존재한다고 가정한다.[19] 인지적 평가 이론가들에게는 정서가 사람들이 대상을 특징화하는 방식과 그러한 대상과 자신의 관계를 평가하는 방식에 좌우된다.

네 번째 심리학적 관점은 정서의 사회적 특성을 강조한다. 사회적 구성주의자들은 문화적 요인들이 마치 조사가 명사에 붙어서 어형을 변화시키는 것처럼 정서의 보다 본질적인 생물학적 근거에 단순하게 덧붙여져 있는 것이 아니라고 단언한다. 대신 그들은 정서가 문화와 사회의 구성 요소들 밖에서는 이해될 수 없다고 주장한다. 정서의 규칙은 사회화 과정을 통해서 학습되며, 이는 일종의 선호하는 일련의 반응으로 우리를 안내한다. 정서는 사회적 기능에 봉사한다. 즉, 정서는 우리가 전체 사회 내에서 역할을 담당하도록 돕는다. 에버릴Averill에게는 정서가 우리가 잠시 취하게 되는 특별한 종류의 역할이다. 우리는 슬픔의 경험이 어떤 것이고, 언제 우리가 이 '역할'을 취해야만 하는지를 알도록 사회화되어 있다.[20] 정서적 경험은 사회가 정서를 만들어 내는 방식으로부터 독립적으로 고찰될 수 없다. 사회적 구성에 대한 이와 같은 강조는 이러한 관점이 정서에서 문화적 차이를 특별히 우선시할 수 있도록 해 주고 있다.[21] 언어는 우리가 경험을 개념화하는 방식을 구성하는 데 있어서 매우 중요한 사회화 기능을 갖고 있다. 그리고 사회적 구성주의자들은 언어가 우리 세계를 상이한 형태로 구분하는 방법을 연구한다. 사회적 구성주의는 다른 세 가지 관점이 갖고 있는 개인주의적 강조를 뒤집고 있으며, 정서를 보다 넓은 맥락 속에 위치시키고 있다.

비록 어떤 심리학자들은 여러 가지 관점을 종합하고자 하는 통합적 접근 방식을 고안해 내었지만,[22] 대부분의 연구는 이러한 관점들, 즉 말초신경 이론the peripheral theories, 중앙 신경생리학적 이론the central neurophysiological theories, 인지적 평가이론the cognitive appraisal theories 그리고 사회적 구성주의 이론the social constructive theories 중 하나 안에서 이루어진다. 하나의 이론적 관점을 선택함과 더불어, 대부분의 연구자는 자신들이 연구하게 될 정서적 범위의 부분을 선택해야 한다.

심리학자들은 정서적 현상 영역에서 연구 대상을 선택한다. 대부분의 정서 연구는 정서적 경험이나 정서적 표현을 강조한다. 정서적 경험이란 개인에 의해서 의식적으로 지각된 주관적 감정 상태를 말하는데, 이는 대개 자기 보고 측정을 통해서 연구된다. 보다 복잡한 단계의 인지에 관심을 두고 있는 연구자들은 정서의 이런 주관적 측면을 강조하려고 한다. 예를 들어, 사회적 구성주의자는 정서 경험과 그것을 유도하는 데 요구되는 인지를 연구하고자 한다. 정서 경험을 연구하는 사람들에게는 주관적 상태에 대한 의식적 인지가 없는 정서란 있을 수 없다. 정서 지각의 개념 규정을 위해서 의식은 필수적이며, 따라서 정서적 경험은 항상 주관적인 것이다. 보다 복잡한 과정으로 설명하자면, 정서 경험은 정서의 대상, 그 대상에 대한 인지적 평가 그리고 원하는 목표를 포함하고 있다.

보다 덜 복잡한 구조에 관심을 두고 있는 사람들은 정서 표현, 즉 어떤 정서 자극에 대한 심리적 또는 행동적 반응을 강조한다. 자율 또는 중추 신경 시스템으로부터의 반응에 관심을 두고 있는 정서 표현 연구자들은 의식적 과정에 관심을 가질 필요가 없다. 그들은 이러한 생리적 반응을 연구함으로써 정서를 탐색할 수 있고, 따라서 그들에게는 의식적 경험이라는 문제가 정서를 이해하는 데 있어서 결정적인 것이 아니다. 그러한 연구에서 정서 상태는 대상이나 인지적 평가 또는 목표라는 개념을 가질 필요가 없는 것이다.

다른 연구 대상에 앞서 특정한 하나의 연구 대상을 선택하는 것은 어쩔 수 없이 연구에 일정한 이익과 불이익을 주게 된다. 정서 경험 연구자들은 언어를 통해서 소통할 수 없는 주체들가령 동물이나 영아의 정서를 연구하는 데 어려움이 있다. 정서 표현 연구자들은 의식적 사고 과정의 도움 없이는 신체적 표현을 분명하게 이해하기가 어려운 '보다 미세한' 정서에 대한 연구를 수행하기 어려울 것이다. 그러나 대개의 일반적 정서는 경험과 표현 모두를 포괄한다.

따라서 두 종류의 연구 모두가 가치가 있다. 심리학 분야에서 이 책이 보여 주는 폭은 앞서 논의된 철학적 연구들과 더불어서 영화 연구를 위한 풍부한 통찰을 제공한다. 그렇다고 이러한 폭이 특수성을 희생한 결과는 아니다. 심리학자와 철학자는 오랜 연구를 통해서 정서에 대한 이해를 정교화하고 명료화하였다. 우리는 이러한 이점이 기존의 영화 연구 내에서 현재 주도적 역할을 하고 있는 모델보다 영화가 주는 정서를 연구하는 데 더욱 건전한 토대를 제공하고 있다고 믿는다.

영화 연구와 정신분석 Film Studies and Psychoanalysis

인지심리학과 인지철학에서 제시된 관점들에 의거해서 우리는 영화적 감동에 대한 영화 연구에서의 주류 연구와 우리 연구를 구분하고자 한다. 대부분의 학문적 시도처럼, 영화 연구는 정서라는 잠재적으로 구질구질한 개념을 직접적으로 다루는 것을 꺼렸다. 1970년대의 현대 영화이론도 의미나 재현의 문제들, 그리고 그것이 갖는 이데올로기적 함의에 집중했다. 현대 영화이론은 관객의 감정 경험을 연구할 때 '쾌락'이나 '욕망'이라는 용어의 틀 안에서 논의를 진행하곤 했다. 영화는 어떤 쾌락을 제공하는가? 그리고 우리의 영화 관람은 어떤 욕망을 촉발하는가? 크리스티앙 메츠Christian Metz와 로라 멀비Laura Mulvey[23]를 출발점으로, 영화 연구는 영화적 쾌락과 욕망이 프로이트Freud/라캉Lacan식 정신분석 접근방식에 의해서 가장 잘 설명될 수 있다고 주장해 왔다.

메츠는 프로이트/라캉식 정신분석 이론을 알튀세르Althusser의 이데올로기 이론과 결합시킴으로써 영화의 중요한 정서적 효과로서 동일시를 부각시켰다. 카메라 위치와의 동일시는 일관된 주체로서 관객을 위치시키며 우리로 하여금 최초의 합일 경험을 떠올리게 해 준다. 세상에 대한 시각적 지배의 쾌락으로 관객을 유혹하면서, 주류mainstream 영화는 우리가 우리에게 제공된 전지적인 관람 위치를 점유함으로써 정체성을 복원일시적으로 재구성하도록 요청한다.

메츠의 주장에 따르면, 이것이 영화가 제공하는 유일한 쾌락은 아니다. 영화는 또한 스크린상의 주인공과의 이차적 동일시의 가능성을 제공한다. 멀비는 이 두 가지 동일시가 협력해서 할리우드 영화에서 주체의 위치화에 특별한 이데올로기적 힘을 부여한다고 주장했다. 그녀는 영화의 두 가지 '시선'카메라의 시선과 인물의 시선이 우리로 하여금 특정한 인물과 동일시하고 우리의 욕망을 그 인물의 욕망과 일치시키도록 여러 가지 요인을 규합한다고 지적했다. 멀비에 의하면, 고전적 영화의 내러티브 구조와 그것의 이데올로기적 사용의 역사를 분리할 수 없으며, 할리우드적 쾌락의 욕망은 지배적 구조의 구성에 공모하고 있다.

메츠와 멀비에 의해 개척된 프로이트/라캉식 전통으로부터 다양한 페미니즘 영화이론이 등장했다. 이 이론은 남성과 여성이 어떻게 해서 상이한 것을 욕망하는지, 영화적 장치가 그러한 욕망을 어떻게 구조화하는지, 그리고 관객이 가부장제의 구조를 되풀이하지 않으면서 쾌락을 얻을 수 있는지와 같은 문제들을 탐구했다.[24] 그러나 쾌락과 욕망에 대한 이 모든 논의에서 **정서**라는 단어는 명백하게 부재한다. 정신분석학자는 영화적 정서의 특수성에 대해서 거의 이야기하지 않으며, 대신 주체의 위치화에 대한 영화적 메커니즘과 욕망의 메커니즘을 분류하는 데 집중하고 있다. 정신분석적 영화이론은 동일시와 이데올로기를 동시에 강조함으로써 영화의 정서적 호소가 갖고 있는 미묘함보다 더 세밀하게 정체성의 정치학을 논의하는 경향을 보이고 있다.

쾌락과 욕망 그리고 정서 사이의 구분은 오직 용어상의 문제만은 아니다. 정서보다 욕망과 쾌락을 선호하는 것은 프로이트적 용어로 말하자면 정서를 보다 큰 이론적 틀에서 무시한다는 점에서 징후적인 것이다. 앤 캐플런E. Ann Kaplan은 정신분석학적 영화이론이 정서에 대해서 침묵하는 것은 아주 깊은 뿌리를 갖고 있다고 지적한다. "최근 페미니즘 영화이론에서 '정서적'이라는 단어를 사용하는 것을 어렵게 만드는 것은 대부분 우리가 알고 있는 반리얼리즘 이론이었다. 우리는 '쿨'하고 이론적으로 들리는 욕망이라는 단어를 오랫동안 편안하게 여겨 왔다. ……우리는 지적이고 비정서적인 종류의 텍스트와 그에 상응하는 관객 반응을 옹호하도록 유도되었다."[25] '욕망'과 '쾌락'에 대해 논의하는 동안, 정신분석 영화이론은 정서적 경험의 특징에 보다 세밀하게 주의를 기울이지 않으면서도 정서의 문제를 다루고 있는 것처럼 보일 수 있다.

영화 연구에서 사용된 쾌락과 불쾌 그리고 욕망이라는 개념은 특정한 영화가 어떻게 해서 특정한 순간에 정서적 호소를 하게 되는가에 대한 명확한 통찰을 제공하기에는 너무 넓다. 영화관에서 가능한 정서의 범위가 쾌락과 불쾌 사이의 연속체 중 특정한 지점으로 축소된다면, 우리는 특정한 텍스트의 향기를 잃게 된다. 비슷하게, 우리가 모든 주류적 영화 관람이 동일한 욕망의 시나리오에 의거해서 이루어진다고 주장한다면, 우리는 관객의 흥미와 정서를 움직이는 다양한 동기를 무시하게 된다. 현재 사용하고 있는 이러한 개념들의 유용성은 그것들의 광범위함과 애매함에 의해서 상쇄되고 만다. 욕망과 쾌락에 대한 정신분석학적 개념이 갖고 있는 핵심적인 어려움은 이들 개념이 개별 영화가 정서를 촉발하는 수단들에 면밀한 관심을 기울이도록 장려하지 않는다는 사실이다.

최근의 정신분석 이론은 이렇게 환원적이고 지나치게 포괄적인 접근을 바로잡기 위한 방향 전환을 시도한 바 있다. 이 이론은 이전의 한두 가지보다는 더 다양한 욕망의 상태를 상정하고 있다. 정서에 대한 논의를 보다 미묘하고 명확하게 하기 위한 노력의 일환으로 이 이론은 또한 모순적인 쾌락에 대해 이야기하고 있다.[26] 최근의 정신분석 이론은 관객의 욕망을 일상의 사회적 구조와 영화적 구조 사이의 상호작용으로서 역사history 안에 위치시키고 있다.[27] 이 이론의 가장 좋은 점은 '쾌락' 대신에 쾌락들을, '욕망' 대신에 욕망들을 설정하고 설명하려는 시도에 있다는 주장도 제기되고 있다.

그러나 정신분석적 영화이론이 이 개념들을 프로이트로부터 물려받은 것처럼, 이론은 또한 정서에 대해 서로 프로이트의 가정을 물려받았다. 그리고 이러한 가정들은 정서에 일정한 관심을 쏟는 것이 지속적으로 결여되도록 이바지하고 있다. 영화학자들이 비록 프로이트를 정서적 경험에 대한 통찰의 일차적 근원으로 간주해 왔지만, 심리학자들은 일반적으로 프로이트의 저서에는 잘 발전된 정서이론이 없다는 데 동의한다. 프로이트는 본능과 성욕에 관해서 포괄적인 이론을 제공하고 있으나 그에 상응할 만큼 엄밀하게 정서를 다루고 있는 프로이트적 이론 틀은 존재하지 않는다.[28] 이러한 부재를 제롬 웨이크필드Jerome Wakefield는 "정신분석 이론의 아킬레스건"[29]이라고 하였다.

프로이트에게 정서는 일종의 배설 현상이다. 그가 말한 정신적 에너지의 경제학에서 정서적 행위와 표현은 이러한 에너지를 방출하고 발산하는 방법이었다. 빅토리아 시대의 도덕성이 정서적 표현을 병적으로 제한해서 정서를 억누를 때 심적 장애라는 것이 발생한다. 정서가 적절하게 분출되지 못할 경우, 이는 신체적 증상과 정서적 장애를 촉발할 수 있다.

프로이트에게는 인간 행동의 바탕이 본능, 특히 성적 본능이다. 이 본능이 사람의 심리적 경제를 조종하는 에너지를 제공한다. 리비도성적 에너지는 꿈이나 표현 그리고 타인에 대한 집착의 이면에 존재하는 원동력이다. 프로이트는 일생 동안 본능에 대한 자신의 설명에서 미묘한 차이를 보이지만 가령 그의 후기 저작에서 등장하는 '삶'과 '죽음'의 본능과 같은 개념들 자신의 저서에서 그는 일관되게 일차적 원동력으로서 본능이 중심이 됨을 고수하였다. 그의 작업은 인간 행동을 설명하는 데 핵심적인 요소로서 본능과 성욕의 중요성을 끈질기게 옹호하는 과정으로 간주될 수도 있을 것이다.

본능과 성욕이라는 개념을 인간 심리의 핵심부에 위치시킴으로써, 프로이트는 제3의 기본적 개념으로서 정서를 고려할 여지를 남기지 못하였다. 그래서 그의 연구 의제에서 정서는 주변적인 것이 되었다. 정서는 보다 근본적인 요소들의 증상으로 간주되었고, 이 요소들이 연구에서 더 중요한 대상이었다. 웨이크필드는 다음과 같이 주장한다. 즉, 프로이트의 시스템 안에서 정서적 요인들은 결국 그 자체로서 아주 중요한 것처럼 보이지 않는다. 이는 오로지 본능적 과정의 부작용으로서 관심을 끌 뿐이다.[30] 임상에서 이러한 방향 설정은 프로이트로 하여금 임상 자료가 보여 주는 정서적 세목들을 보고하는 데 그치고 '보다 심오한' 설명을 위해서 자신의 이론들 안에서 그것들을 소홀히 하도록 하였다.

본능과 충동에 근거한 영화적 정서이론이 갖고 있는 어려움은 바로 그것이 특정한 보기들 사이에 존재하는 차이점과는 상관없이 계속 반복해서 동일한 이야기를 한다는 점이다. 이러한 분출을 촉발하는 다양한 자극 간의 상이점은 세밀함의 문제이지 심오한 설명의 문제는 아니다. 그러한 모델에서 영화관람의 쾌락을 이해하기 위해서는 정서의 이면에 자리하고 있는 본능과 욕망을 이해하는 것이 정서적 상황 자체의 특성을 이해하는 것보다 궁극적으로는 더욱 중요하다. 프로이트 추종자들은 욕망이라는 요소에 대한 영화적 정서 반응을 축소함으로써 정신분석 영화이론에서 정서 반응의 풍부함을 축소시켰다.

따라서 영화가 주는 정서에 대한 이론을 연구하기 위해 프로이트는 불충분하다고 본다. 강조점이 다르기 때문에 프로이트는 정서를 보다 핵심적인 행동 결정 요소, 즉 본능의 부산물로 간주하는 경향이 있다. 프로이트에게는 정서의 중요한 기능이 경제적인 방식으로 심리적 에너지를 분출시키는 데 있고, 그래서 어떻게 정서가 이 에너지를 분출시키는지에 대한 특징을 연구하는 것은 특별하게 중요하지 않은 것이다. 이러한 가정들은 아주 포괄적인 '쾌락'과 '욕망'의 개념으로 이어졌고, 이를 정신분석 영화이론이 물려받은 것이다. 이러한 개념들의 문제는 영화 이론가들이 그것을 지나치게 포괄적으로 적용하였다는 것이 아니다. '욕망'과 '쾌락'이라는 프로이트적 개념 자체가 이론가들의 관심을 정서로부터 멀어지게 한 것이다.

인지주의 철학과 심리학으로 방향을 전환하는 데 있어서 우리는 정신분석과는 아주 상이한 지적 유산을 선택하였다. 인지철학자와 인지심리학자는 모두 그들의 관심을 특히 정서 연구에 집중하고 있다. 그래서 우리는 정신분석과는 달리 정서를 핵심적인 관심 대상으로 하고 있는 이론들에 근거하게 된다.

영화와 정서 Film and Emotion

영화 연구에서는 이미 넓은 의미에서 인지적 관점으로부터 영화와 정서에 대한 연구를 수행한 선구자들이 있었다. 가령 휴고 뮌스터베르크Hugo Munsterberg는 여전히 중요한 저서 『영화: 심리학적 연구The Film: A Psychological Study』에서 "이미지가 불러일으키는 정서가 활동사진의 핵심 목표가 되어야 한다."고 적고 있다. 뮌스터베르크는 칸트 학파의 심리학Kantian faculty psychology을 자신의 하버드 동료인 윌리엄 제임스William James의 심리학과 결합시켰다. 뮌스터베르크의 흥미로운 저서에서 6장은 정서의 표현과 관객의 정서적 경험을 다루고 있다. 그의 동일시 이론은 어떤 측면에서 현대적인 생각과는 일치하지 않지만, 그럼에도 더 현대적인 이론들만큼이나 정교하다. 가령 그는 관객의 정서에는 크게 두 가지 유형이 있다고 쓰고 있다. 주인공의 정서와 동일한 유형과 '영화 속 인물들이 표현하는 것과는 다른, 정확히는 완전히 정반대인' 것, 그리고 관객의 '독자적인 감정생활'로부터 나온 유형이 있다. 뮌스터베르크에게는 전자인 감정이입 유형이 단연 제일 유력한 것이다. 그는 영화가 촉발하는 정서는 "우리가 영화 속에서 행해지는 행위를 이해하는 데 생동감과 감정적 분위기를 부여하기 때문에 핵심적인 것"[31]이라고 적고 있다.

퍼킨스V. F. Perkins는 1972년에 발간된 자신의 저서 『영화로서의 영화: 영화의 이해와 평가Film as Film: Understanding and Judging Movies』에서 관객의 참여와 정서적 경험에 가치를 두고 이를 고려하는 영화비평을 주장했다. 퍼킨스는 영화의 추상적 의미를 위해서 우리의 정서적 경험을 포기하는 비평이론에 도전하였다. 그는 또한 관객의 경험에 대한 사고방식에 통찰을 제공한다. 그의 저서에서 특히 동일시에 관한 장은 지금보다 더 많은 주목을 받을 가치가 있다. 여기에서 퍼킨스는 영화 정서에 대한 현재의 다양한 논의를 예견하고 있다. 가령 그는 '동일시'라는 개념이 너무 좁다고 주장한다. 엄격하게 말해서, 이 개념은 '영화에서는 불가능한 관계, 즉 우리 스스로를 영화 속 인물에게 아주 완벽하게 투사하는 것'을 말하고 있기 때문이다. 퍼킨스는 또한 우리의 정서적 반응의 본성에 대한 통찰도 갖고 있다. 그는 정서적 반응이 지능과 판단력을 가린다는 주장을 거부하고 있다. 반대로 그것은 일종의 이차적이고 우리가 그것을 경험하고 있는 중에도 보이는 반사적인 반응을 포함하고 있다. 즉, 퍼킨스와 관련해서 가장 신선한 것은 아마도 그가 영화가 제공하는 경험을 깔보는 것을 거부했다는 점일 것이다. 그는 우리가 영화를 보면서 갖게 되는 경험은 단지 '실제 삶'으로부터의 탈출만이 아니라 실제 삶에 무언가를 더해 주는 것이라고 주장한다. 영화적 경험은 실제 경험이다. 더 나아가서 그것은 종종 가치 있고 때로는 심오하다.[32]

그러나 뮌스터베르크나 퍼킨스 그리고 다른 사람들의 통찰에 근거하고 있으면서도 영화 연구는 우선 정신분석 이론의 지배에 도전할 필요가 있었다. 이 도전은 처음 영화이론에 대한 인지적 접근의 형식으로 시작되었는데, 이는 데이비드 보드웰David Bordwell과 에드워드 브래니건Edward Branigan, 노엘 캐럴Noël Carroll에 의해서 처음으로 도입되었다. 1980년대 중반 보드웰과 브래니건은 관객에 대한 대안적 사고방식을 개발하여, 관객의 인지 활동을 강조하는 구성주의적 접근방식을 제안하였다. 그러고 나서 캐럴과 보드웰은 정신기호학적인psychosemiotic 영화이론과 관습적인 영화비평에 보다 직설적인 비판을 제시하였다.[33] 그 과정에서 다양한 인지적 접근방식의 개발이 지속되고 있다. 보드웰과 캐럴이 편집한 최근의 한 논문집은 포괄적으로 인지적인 대안적 관점을 결집하고자 시도하고 있다. 여기에서 제시된 관점은 인지적 지향점뿐만이 아니라 이론화를 향한 조심스러운 접근 그리고 활발한 논의를 권장하는 것을 특징으로 하고 있다.[34]

영화와 정서에 대한 인지적 접근방식은 바로 이런 맥락 속에서 나온 것이다. 우리가 처음 이 문집을 발행하기로 결정했을 때 이 주제에 대해 책을 낼 정도의 연구로는 공포영화에 대한 노엘 캐럴의 연구가 유일했다. 이 연구는 공포영화 장르에 의해서 촉발되는 감정을 다루고 있고, 또한 영화 정서 일반에 대한 사고방식을 제시하고 있다. 그 이후 영화적 정서에 대한 일반적인 연구들이 규칙적으로 나오기 시작했다.[35] 이 책 『열정의 시선: 인지주의로 설명하는 영화 그리고 정서Passionate Views: Film, Cognition, and Emotion』는 영화에 의해서 촉발되는 정서와 감정에 대한 학제적 관심이 급격하게 증가하고 있던 시점에 등장한 셈이다. 이러한 관심의 상호 학제적 성격과 국제적 범위는 이 책 집필진의 면면에 반영되어 있다. 그들은 모두 6개국에서 모여들었고, 영화와 미디어 연구, 철학 그리고 심리학 분야를 대표하고 있다. 말할 필요도 없이 이 책의 관점은 인지적 접근방식에 의해 전체적으로 통합되어 있지만 여러 가지 방식에서 상이하며, 영화와 정서에 대한 단일 이론을 제시하고자 하는 것은 아니다. 그래서 우리는 인지적 관점을 '이론'이 아닌 '접근방식'이라고 부른다. 인지적 접근방식은 모든 질문에 적절한 답변이 있다고 전제하지 않는다. 역사와 비평 그리고 다른 이론적 관점들도 절대적으로 중요하다. 또한 그것은 융통성 없는 방식으로 작업하는 일단의 학자를 낳지도 않는다.

제1부 '영화와 정서의 종류'에 수록된 글들은 장르와 정서 그리고 정서 유형 간의 관계를 탐구하고 있다. 노엘 캐럴은 여러 장르와 그것이 불러일으키는 특정한 정서 간의 관계에 대한 일반적인 개요를 제시하고 있다. 정서의 특성에 대한 논의를 마친 후, 캐럴은 영화가 해당 정서 상태에 적절한 범주들 아래에서 인물과 사건들에 대한 우리의 전제를 활성화하도록 "범주적으로 미리 초점이 맞춰져 있다."고 주장한다. 이것이 특정한 이야기 발전에 대한 '긍정적 자세'를 조장하는 것과 더불어서 관객으로부터 특정한 정서적 반응을 쉽게 촉발할 수 있는 것이다. 계속해서 캐럴은 그러한 과정들이 멜로드라마와 공포 그리고 서스펜스 장르와의 관계 속에서 어떻게 작동하는지를 설명하고 있다.

한 장르의 지배적인 '감정적 분위기'는 빈번하게 전체를 규정하고 이름가령 서스펜스나 공포을 결정한다. 이 부분의 다른 세 편의 글은 각각 특정한 장르나 특정한 종류의 반응을 다루고 있고, 특정한 반응을 가능케 하는 조건을 규명하고 있다. 에드 탠Ed Tan과 니코 프리다Nico Frijda는 영화 관람 시 빠지게 되는 감상感傷을 연구하고 있는데, 잘 알려진 프리다의 정서이론의 관점과 탠의 체계적인 영화와 정서 분석에 근거해서 주제에 접근하고 있다. 신시아 프리랜드Cynthia Freeland는 숭고함의 근거에 대한 새로운 이론을 제시하고 있으며, 특정한 영화들이 어떻게 그런 반응을 불러일으키는지를 보여주고 숭고함을 다루는 인지적 연구방식의 가능성을 시험하고 있다. 더크 에이첸Dirk Eitzen은 기능주의적이고 진화론적인 관점에서 코미디에 접근하면서, 코미디 영화가 보편화된 것은 그것이 여러 가지 중요한 사안에서 인간의 적응에 기여하기 때문이라고 주장하고 있다.

제2부는 영화의 내레이션과 스타일을 중점적으로 다루고 있으며, 서로 다른 영화 장치가 어떻게 감정적 반응을 촉발하는지를 탐색하고 있다. 영화적 내레이션은 통상적으로 관객에게 내러티브 정보를 제공하는 것으로 여겨지고 있다. 하지만 그렉 스미스Greg Smith와 토번 그로달Torben Grodal은 관객이 일련의 정서적 반응을 보이도록 인도하는 데 있어서 내레이션의 중요한 역할을 강조하고 있다. 스미스는 인물 중심적인 정보만큼이나 스타일상의 정서적 단서들도 강조하는 영화 구조 분석방식을 제안한다. 정서의 연합 모델에 근거해서, 그는 영화 내레이션이 영화의 전체적인 정서적 방향, 즉 짧은 정서 분출에 의해서 강화되고 유지되는 무드를 어떻게 신호하는지를 논하고 있다. 내러티브가 정서를 촉발하는 방식에 대한 그로달의 논의는 영화와 정서에 대한 체계적인 연구에 근거하고 있는데, 이는 최근 『(마음을) 움직이는 이미지: 영화 장르와 감정 그리고 인지에 대한 새로운 이론Moving Pictures: A New Theory of Film Genres, Feeling, and Cognition』. 물리적으로 이미지가 움직인다는 의미와 마음이 움직인다는 심리적인 의미가 중첩된 제목임-역자 주이라는 저서로 출간되었다. 그로달은 자신의 글에서 특정한 영화 내러티브가 감정을 촉발하는 방식에 대한 일반적인 논의에서 출발하여 영화가 가령 다양한 종류의 '활성화' 나 '현실감' 또는 장르적 관습을 통해 감정적 반응을 조작하거나 거르는 다양한 수단 중 몇 가지에 대해 기술하고 있다. 제프 스미스Jeff Smith와 수전 피진Susan Feagin은 내러티브로부터 다양한 영화 스타일과 기교의 사용으로 초점을 옮겼다. 스미스는 영화음악에 대한 인지적 이론들이 정서의 표현이나 촉발을 다루기 위한 수단들을 잘 갖추고 있다고 주장한다. 정서와 음악에 대한 정서와 인지 이론들을 논의한 후, 스미스는 정서와 관계해서 영화 작곡이 수행하

는 기능에 대해 상세하게 설명하고, 덧붙여서 영화음악의 두 가지 중요한 기능인 '편극화polarization'와 '감성적 합치affective congruence'를 설명하고 있다. 영화는 명백히 시간적 예술이다. 그래서 이는 음악처럼 관객을 영화적 재현의 리듬과 속도에 매어 놓는다. 피진은 영화의 시간적 관점들, 특히 타이밍이 어떻게 정서적 반응에 영향을 주는지를 탐색하고 있다.

마지막 제3부는 최근까지 정신분석 이론의 영역이었던 논쟁점, 즉 욕망과 동일시를 다루고 있다. 노엘 캐럴의 주장에 따르면, 정신분석적 영화 연구는 욕망을 플라톤적 개념으로 간주하는 경향을 보이는데, "영화 속 한 인물에 대한 남성 관객의 성적 욕망, 영화가 쉬웠으면 하는 관객의 욕망과 같은 다양한 종류의 욕망이 단 하나의 추상명사인 욕망 속에 꾸겨 넣어진 것이다." 캐럴은 "통합되고 단 하나의 이름으로 불리는 힘의 실례"[36]보다는 이런저런 것에 대한 특정한 욕망을 생각하는 것이 보다 생산적일 것이라 제안하고 있다. 그레고리 커리Gregory Currie는 영화 내러티브에 대한 우리의 반응에서 욕망이 중요한 역할을 수행한다는 점을 인식하면서 욕망과 내러티브 간의 관계에 대한 생각의 전체적인 윤곽을 제시하고 있다. 그의 글은 나아가서 최근 발간된 저서인 『이미지와 마음: 영화와 철학 그리고 인지과학Image and Mind: Film, Philosophy, and Cognitive Science』에서 시작된 욕망과 정서에 대한 논의를 더 발전시키고 있다.

그다음 세 편의 글은 어떤 점에서는 모두 '동일시' 개념을 다루고 있다. 이 개념은 영화 속 인물에 대한 관객의 반응을 의미하는 논쟁이 분분한 용어다. 베리스 고트Berys Gaut는 정신분석학에서의 동일시에 대한 애매하고 오해의 소지가 많은 설명에 대응해서 그레고리 커리와 알렉스 닐Alex Neill, 머레이 스미스Murray Smith 같은 이론가들이 영화 속 인물에 대한 관객의 반응을 다른 설명들과 함께 이 동일시 개념을 거부하고 축출하였다는 사실을 주목한다. 고트는 그러한 거부가 시기상조라 주장하며 동일시 과정에 대한 보다 미세한 설명을 개발함으로써 '동일시' 개념을 부활시키고 있다. 머레이 스미스는 자신의 저서인 『매력적인 인물: 허구와 정서 그리고 영화Engaging Characters: Fiction, Emotion, and the Cinema』에서 동일시 개념을 대신할 만한 아주 유망한 개념 하나를 제안한 바 있는데, 그것이 바로 '참여engagement'라는 개념으로서 인물에 대한 우리의 반응과 상호작용을 설명하였다. 여기에 수록된 자신의 글에서 스미스는 관객이 '삐딱한' 행동에 대해서 반응하도록 유도되는 방식, 부분적으로는 인물과의 믿음에 의한 유도방식에 관심을 갖고 있다. 스미스의 분석은 '삐딱함'에 대한 우리의 일반적인 반응으로 확대되며, 그는 그러한 재현에 대한 우리의 반응을 설명하는 데 있어서 정신분석적 설명이 유일하거나 일차적인 설명 형식이 되어서는 안 된다고 결론적으로 주장한다. 마지막으로, 칼 플랜팅거Carl Plantinga는 그가 '공감적 장면'이라고 부른 것에서 사람 얼굴을 사용하는 것에 대해 설명하고 있다. 그는 그런 장면에서 관객의 공감을 촉발하기 위해 얼굴이 다른 기교들과 연계되어 사용되고 있다고 주장한다. 그는 공감이 인지적 요소와 감정적 요소를 모두 포함하고 있는 것으로 설명하고 있다. 그중 어떤 것은 정서적 전이와 감정적 흉내에서 기인하는 무의식적인 반응에 근거하고 있다. 그리고 나서 플랜팅거는 공감적 장면에서 영화감독이 사용하는 특별한 기교에 대해서 설명을 한다.

우리는 각 저자들이 제기한 어렵고도 중요한 문제들에 대해 완벽한 답변을 제시할 수 있을 것이라 감히 생각하지 않는다. 그보다 우리의 목적은 영화에서 정서의 촉발과 단서에 대한 새로운 접근방식이 얼마나 유용한지를 널리 보여 주고 감정에 대한 새로운 논의방식을 제공하는 데 있다. 당연히 이 책의 많은 글은 시작에 불과하며 1980년대에 와서 탄력을 받기 시작했던 인지주의 정서이론에 대한 지속적인 관심과 영화의 정서적 힘에 대한 보다 최근의 관심 중 일부일 뿐이다. 그렇기에 우리는 이 책이 건전한 논의에 기여하고 이 분야에서의 지속적인 연구로 이어지기를 바란다.

차 례

2부 영화 기법, 영화 내러티브 그리고 정서

Film Technique, Film Narrative, and Emotion

3부 욕망, 동일시 그리고 동감

Desire, Identification, and Empathy

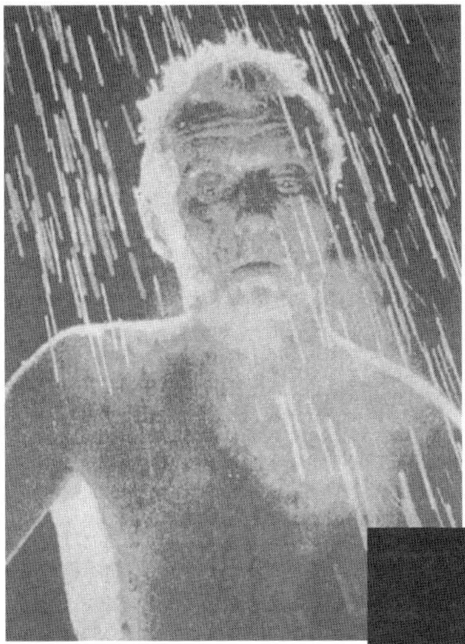

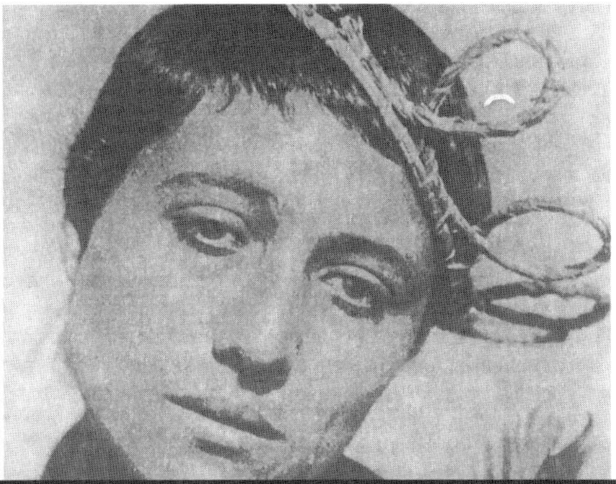

1부 영화와 정서의 종류

KINDS OF FILMS, KINDS OF EMOTIONS

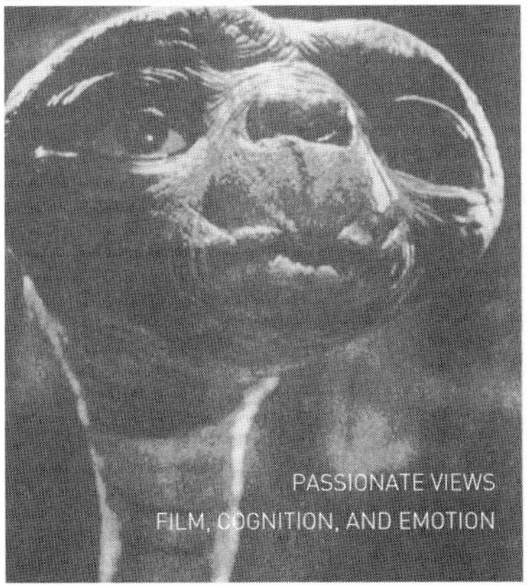

1장

영화, 정서 그리고 장르

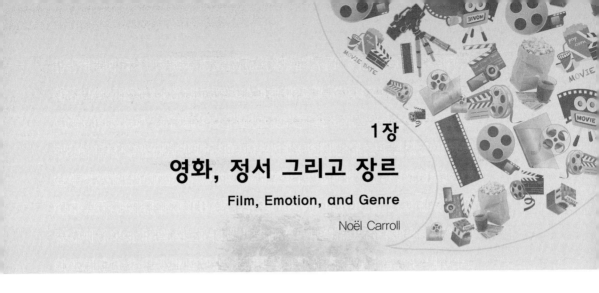

Film, Emotion, and Genre

Noël Carroll

영화와 감성 Film and Affect

쿵쾅거리는 음악과 압도하는 음향 효과를 배경으로 사납고 거대한 맹수가 카메라로 돌진한다. 그러면 관객은 움찔한다. 악당이 죄 없는 여주인공을 괴롭히면, 우리는 화가 나서 이를 꽉 문다. 우리는 복수에 대한 갈망으로 시선을 스크린에 고정시키고 막돼먹은 폭도가 대가를 치르는 순간을 기다린다. 무정한 운명의 변덕 때문에 젊은 연인들이 이별을 하거나 주인공의 아이가 일찍 죽게 되면, 우리는 눈물을 흘린다. 그런가 하면 굽이치는 평원의 봄 풍경 위로 카메라가 팬카메라가 고정된 상태에서 좌우로 움직이며 촬영하는 방식-역자 주하게 되면 마음에선 평온한 감정이 솟아난다. 영화를 볼 때 이런 일들은 아주 흔하다. 이러한 경험을 통해 영화 속 감성이 매 순간 관객의 관심을 스크린 위로 고정해 주는 접착제 역할을 한다는 관찰 결과들은 반박하기 어렵다.

일상적 용어로는 위의 예들을 정서적 반응으로 명명하는 경우도 있지만,

나는 여기서 '정서emotion'가 아닌 '감성affect'이라는 말을 사용했다. 그 이유는 일반적인 **정서** 개념은 지나치게 포괄적이고 가변적이기 때문이다. 정서는 때로 생물학적 반사 반응놀람 반응처럼, 운동 감각의 교란, 무드mood, 성적 흥분, 쾌락과 욕망뿐 아니라 분노와 두려움, 슬픔 같은 일시적인 심리 상태까지 폭넓게 망라한다.

일상적인 의미에서 **정서**는 상당히 다양한 현상을 지칭하는 포괄적 의미를 지닌다. 정서라는 개념을 일상적 대화에서 쓰이는 금이나 은처럼 명확히 지칭할 수 있는지는 의문이다. 사실 거의 불가능하다. '정서들'이라 불리는 것과 영화에 대해 논의를 하면서 정서개념을 사용하는 것이 이론을 명확하게 구조화하는 데 방해가 될 것이다. 따라서 나는 앞으로 일상적으로 **정서**emotion라고 말할 지점에서 **감성**affect의 개념을 사용할 것이다. 정서라는 말의 경우 감성의 좀 더 좁은 범위의 하위어, 즉 정확히는 **인지적 정서**즉, 인지적 요소를 포함하는 감성로 지칭할 것이다.

이렇게 감성의 삶—감정의 일생이라고도 할 수 있는—을 세분하고 감성을 구성하는 많은 현상을 잠시 옆으로 밀어 놓는다고 해서 특정한 감성이 더 우월하다는 말은 아니다. 나는 논의에서 제외된 많은 감성이 영화 체험에 핵심이라는 사실을 부인하지 않는다. 영화감독은 소리와 이미지를 조작하여 무의식적 수준 또는 의식이 침투하기 어려운 수준에서 관객들에게 호소한다. 음향 효과든 음악이든, 큰 소리는 마치 무언가 갑자기 움직일 때처럼 관객으로부터 본능적인 반응을 이끌어 낼 수 있다. 영화 스크린은 크기, 높이, 속도 같은 변수들에 의해 매개되는 현상이 풍부하게 일어나는 장소이며, 이 변수들은 관객들로부터 자동적인 반응을 끌어낼 수 있다. 마찬가지로 무섭거나 노골적인 성적 소재를 보여 주게 되면 자동적인 반응을 일으킬 수 있다. 이런 영화와 관객의 상호작용도 분명히 연구되고 분석될 필요가 있다.[1] 이런 감성을 정서의 범주로부터 분리한다고 해서 인지적 요소가 개입되지 않은 감성을 무시하려고 하는 것이 아니다. 단지 방법론적인 목적을 위해서 잠시 그 부분에 대한 고려는 보류하고, 내가 정서라고 부른 감성의 하위 부류에 집중하고자 하는 것이다.

일상 언어에서 다소 멀어졌다고 해도 완전히 떠날 수는 없기에 무엇을 정서라고 할지 규정하는 것이 **망설여진다.** 일상 언어에서는 정서의 넓은 개념과 좁은 개념이 모두 쓰이기 때문이다. 넓은 개념의 정서는 **감성**이라는 용어로 확실히 대신하기로 한다. 그러나 일상에서 좁은 개념의 **정서** 또한 존재하며, 내가 설명하려는 것은 이 부류에 가까울 것이다.

어떤 현상들, 예를 들면 두려움, 분노, 애국심, 공포, 감탄, 슬픔, 의분義憤, 동정심, 부러움, 질투, 존경심, 경외감, 증오, 사랑, 근심, 부끄러움, 곤혹감, 창피함, 익살스러운 즐거움 등은 일상적인 언어에서는 정서로 간주된다. 비록 가끔 넓은 의미로 쓰이기도 하지만 말이다.[2] 이렇게 평범한 현상을 이 글에서는 고유한 정서로 다룰 것이다. 이렇게 하면 일상 어법을 크게 어기는 것은 아닐 것이다.

더구나 이런 평범한 정서는 공통적인 구조 특징을 가지고 있으므로, 내가 아주 새로운 정서 개념을 규정하는 것이라기보다 일상적인 언어가 이미 지니고 있는 방향으로 밀고 나가는 것뿐이다. 다시 말하면, 범례적인 정서 상태를 다룸으로써 일상적인 언어의 관점에서 이미 그것이 유사한 현상의 핵심 부류를 구성하는 것으로 간주할 수 있다. 이런 관점에서 나의 분석은 새로운 정서 개념을 창출하는 것이 아니라 이미 존재하는 직관적 지식을 합리적으로 재구조화하는 것이다.

이 장에서 나는 영화에 대한, 그리고 '고유한 정서' '핵심 정서' '평범한 정서'라고 부를 수 있는 것들에 대한 일반화를 하고자 한다. 이를 위해서 내가 염두에 두고 있는 정서에 대한 특징적인 묘사를 제공하고, 영화 분석에서 그것의 중요성을 제시하는 것이 필요하다고 본다. 결론 부분에서 나는 영화와 정서에 대한 나의 접근법을 멜로드라마, 공포 그리고 서스펜스 장르에 적용하여 논의할 것이다.

영화와 정서 Film and the Emotions

온갖 종류의 감성과 영화를 연관 지어 생각하지 않더라도, 내가 다루고자 하는 감성 상태—분노, 두려움, 원한, 슬픔 등과 같은 평범한 정서—가 우리가 알고 있는 영화 체험의 핵심 요소임은 분명하다. 때로 우리는 〈슬링 블레이드Sling Blade〉(1996)의 오만하고 무식한 남자친구 같은 등장인물에 대해 분노를 느끼면, 스크린에 더욱 집중하게 된다. 그 남자가 애인과 애인의 아들을 학대하는 것을 보면 관객들은 솟구치는 분노를 느낀다. 관객은 남자가 게이인 가게 지배인과 몸집은 크지만 지체아인 주인공을 계속해서 괴롭히고 모욕하는 것을 보면서 격렬하게 끓어오르는 감정을 느끼게 되고, 보복심에 차서 그의 몰락, 심지어는 그의 죽음을 소망하게 된다. 정의의 이름으로 누군가를 응징하기 바라는 원시적 감정이 우리가 〈슬링 블레이드〉를 관람하는 방식을 결정한다. 다른 많은 영화의 경우에도 마찬가지다. 이러한 이유로 대부분의 영악한 감독은 영화의 마지막에 가서야 악당이 죽도록 만든다. 우리가 열렬히 증오하는 인물들이 너무 일찍 죽는다면 우리의 관심을 잡아 둘 그 어떤 것도 스크린에 남아 있지 않게 될 것이다.

우리가 소비하는 상업 영화에서 분노, 원한, 복수 같은 어두운 정서가 얼마나 우리의 관심을 단단히 붙들어 두는지 놀라울 정도다. 하지만 사회적으로 좀 더 용인되는 정서도 마찬가지 역할을 할 수 있다. 〈미지의 여인에게서 온 편지Letter from an Unknown Woman〉(1948)를 보는 동안엔 어떤 **슬픔**이 가슴에 스며든다. 물론 대개의 영화는 줄거리가 전개되는 동안 갖가지 평범한 정서를 불러일으킨다. 〈신은 나의 증인Khuda Gawah〉(1992)과 같은 영화는 여러 감정 중에서도 악당 두목과 같은 인물에 대한 복수심, 연인과 이별해야만 했던 주인공에 대한 슬픔을 동시에 느끼게 한다. 영화의 결말에 이르게 되면 쾌감이 동반되는데, 이는 상이한 정서가 마침내 충족되면서두목은 몰락하고 연인은 맺어짐-역자 주얻어지는 것이다.

대부분의 영화, 특히 대중영화의 관람은 우리로 하여금 평범한 정서를 경험하게 한다. 영화 관람에 대한 정서적 강도가 우리가 조망할 수 없을 만큼 광범위하다는 데에는 의심의 여지가 없다. 정서는 우리의 영화 관람 경험에 광범위한 색조를 부여한다. 달리 말하자면, 영화 관람 중 경험하는 정서는 레이더에 잡히지 않는다. 그러나 자신의 관람 행위를 조금만이라도 의식적으로 관찰하면, 영화를 보는 내내 우리는 보통 스크린에 나타난 무엇에 의해 촉진되고 조정된 어떤 정서 상태에 놓이게 된다는 것을 쉽게 알 수 있다.

우리의 영화 관람 경험은 정서에 푹 빠지는 것만이 다가 아니다. 많은 경우 정서적 몰두는 영화 관람에서 가장 강렬하고 생생한 갈망 같은 유용한 특성들을 구성한다. 아마도 이것이 네덜란드의 영화심리학자인 에드 탠Ed S. Tan이 최근에 출판한 중요한 책에 '정서 기계로서의 영화Film as an Emotion Machine'라는 부제를 붙인 이유일 것이다.[3]

그렇다면 영화와 정서의 관계를 분석하려는 시도가 영화의 이론적 이해를 위해서 명백하게 중요하다. 그러나 그에 앞서 고유한 정서를 구성하는 것이 무엇인지에 대한 분명한 이해가 필요할 것이다.

만약 누군가가 전형적으로 정서라고 생각하는 상태들에 대해서 생각을 한다면, 그는 처음 그 상태들이 다양한 감정feelings을 포함하고 있다는 사실에 충격을 받는다. 여기에서 감정이란 근육의 수축과 같은 신체적 변화에 대한 느낌으로 종종 '긴장감'과 같은 현상적 특징들을 수반한다. 이런 상태는 공포 같은 격렬한 감정 상태에서 매우 뚜렷하지만, 흄Hume이 고요한 정서라고 부른 것에서도 감지될 수 있다. 그래서 최초의 개념은 비록 환원주의적이지만 감정이란 육체적 느낌에 불과하다는 것이었다. 게다가 이 입장은 영어에서 '정서'라는 단어가 '감정'이라는 단어와 서로 교체될 수 있다는 사실에 의해 강화되었다.

사실 이와 매우 유사한 이론이 과거 심리학계에서 꽤 알려져 있었다. 윌리엄 제임스William James는 정서 상태란 단지 신체 상태의 지각일 뿐이라고 주장했다.[4] 그에 따르면, 나는 내가 울고 있는 것을 인식한 후 '슬픔'이라고 이름 붙인다. 랭C. G. Lange이 대략 비슷한 시기에 유사한 이론을 제시했기 때문에, 이 입장은 종종 제임스-랭 정서이론James-Lange theory of the emotions[5]이라고 불린다.

그러나 이 관점들—감각은 신체 느낌이라든지, 신체 느낌에 지각을 더한 것이라든지제임스-랭 이론—은 어느 것도 충분하지 않다. 첫 번째 관점에서는 정서적 복합체에서 인지가 제외되는 문제가 있고, 제임스-랭 관점에서는 중요한 정서적 상태를 부적절한 위치에 놓는다는 문제가 있다. 이 난점들을 설명하기 위해 짧은 공상과학 이야기에 빠져 보자.[6]

먼저, 만약 정서가 어떤 느낌들로 구분되는 단순한 신체적 감각이라고 한다면, 예를 들어 어떤 여성이 마지막으로 화가 났던 때의 신체 상태와 현재 정확히 똑같은 상태에 있다면 그녀가 화가 났다고 말할 수 있어야 한다. 그러나 이것은 적절한 표현이 아닌 것처럼 보인다. 만일 우리가 충분한 약학 지식을 갖고 있어서 우리가 원하는 누군가에게서 어떠한 현상적 특징들을 수반한 신체 상태를 유도할 수 있다고 생각해 보자. 그리고 그녀가 마지막으로 화가 났던 때는 애인이 바람을 피운 걸 알게 되었던 때라고 해 보자. 우리는 약물로 과거에 느꼈던 동일한 현상적 특징과 신체 상태를 유발할 수 있다. 그런데 그렇게 했을 때 우리는 그녀가 화가 났다고 말할 수 있을까?

아닐 것이다. 왜 그런가? 그녀는 그 신체 상태와 감각 상태를 경험했던 지난번에 연인에게 화가 나 있었다. 그러나 그것은 이미 한참 지난 일이다. 그녀는 더 이상 연인이 없고, 진실을 말하자면 그녀는 옛사람을 잊었다. 따라서 가설에 따르면 그녀에게는 지금 화를 낼 누군가가 없다. 그런데 만약 화를 낼 누군가가 없다면—그녀의 정서 상태의 대상이 없다면—그녀가 진짜로 어떤 정서 상태에 있다고 말할 수 있을까?

그녀는 아마도 불편하거나 혼란스러운 신체 상태에 놓여 있을 것이다. 그러나 그녀가 화가 난 것일까? 아니다. 왜냐하면 그녀가 화를 낼 누군가나 무엇인가가 없기 때문이다. 만약 분노의 대상이 될 수 있는 누군가나 무엇이 없다면 당신은 화를 낼 수 없다. 정서 상태는 어떤 대상을 향하고 있는 것이다. 당신은 마틴이라는 사람을 미워하거나 스모그를 두려워한다. 이것이 바로 정서가 대상을 필요로 한다는 것의 의미인 것이다.[7]

그러나 순수한 신체 상태는 대상을 필요로 하지 않는다. 그것은 외적 지시관계가 없는 내적 사건들인 것이다. 따라서 우리의 공상과학 이야기 속

실험 주인공은 정서 상태에 있는 것이 아니다. 왜냐하면 그녀의 불안한 심적 상태는 어떤 대상에 의해 인도된 것이 아니기 때문이다. 그러므로 정서가 단순히 현상적 감정 상태를 수반하는 신체 상태라는 견해는 틀렸다. 정서는 항상 신체 상태와 현상적 감정 상태를 포함할 수 있다. 그러나 그 상태가 제대로 된 정서로 간주되려면 뭔가가 더해져야만 한다.

무엇이 더해져야 하는가? 관련된 신체 상태와 현상적 감정 상태를 어떤 대상에 연결하는 기능을 하는 그 무엇이다. 애인이 나를 배신해서 화가 났다면, 나는 신체 내적 혼란으로 괴로울 것이다. 무엇이 내적 혼란과 나의 애인을 연결해 주는가? 아마도 내가 애인에 대해 갖고 있던 어떤 생각이나 기대일 것이다. 즉, 애인이 나를 배신했다고 내가 믿거나 생각하는 것이다. 물론 내가 뭔가 잘못 생각할 수도 있다. 그러나 이 경우에 애인에게 화가 나기 위해서는 애인이 나를 속였다고 내가 믿거나 상상해야만 하고, 이런 인지 상태가 나에게 충격을 준 내적 당혹감의 원인이어야 한다. 신체 상태와 현상적 감정 상태와 인과적으로 결합된 인지적 상태가 모두 합쳐져서 분노의 정서 상태를 구성한다. 이 정서 상태는 대상과 방향성—즉, 의도성intentionality—을 지닌다. 왜냐하면 전체 정서 상태의 필수 요소인 인지 상태가 의도성을 지니기 때문이다.

순수한 신체 감정bodily feeling은 의도성이 없으므로 정서는 단순한 신체 감정일 수 없다. 하지만 인지가 정서 상태의 필수 요소가 되면 이런 허점은 나타나지 않는다. 따라서 신체 감각에 인지를 덧붙이는 것이 앞에서 말한 문제점을 해결할 수 있는 올바른 방법이라면 정서가 단순한 신체 감정이라는 환원주의 이론은 틀린 것이 된다. 정서란 또한 인지적 요소생각, 상상 같은 믿음과 유사한 상태나 믿음도 포함하기 때문이다. 이것은 신체 감정으로서의 정서라는 관점을 폐기시킨다. 그렇다면 제임스-랭 이론은 어떠한가?

제임스-랭 이론에 따르면, 정서는 인지적 요소를 갖고 있다. 남동생이 차에 치였고, 나는 목이 메어서 운다. 그리고 나는 이런 신체 변화를 지각하고 이를 슬픔이라고 인지하거나 해석한다. 여기에서 신체 상태는 관련 인지 상태를 일으킨다. 그러나 인과관계가 뒤바뀐 것처럼 보인다. 인지적 상태는 수반되어서epiphenomenal 나타나는 것이다.

폭죽 같은 시끄러운 소음 때문에 우리가 깜짝 놀라고, 나중에 "정말 깜짝 놀랐네."라고 말하게 되는 경우가 물론 있다. 그러나 이것은 평범한 정서의 본보기가 아니다. 내가 라이벌을 질투하는 것은 내게 속해 있던 호감을 그가 빼어 갔다고 믿기 때문이다. 내가 질투의 화신이 되어 눈이 파랗게 된 괴물의 모습을 하고 있다는 것을 스스로 관찰한 후 내가 질투한다고 추측하기 때문이 아니다. 다시 한 번 공상과학 이야기의 예로 돌아가서 누군가가 내가 마지막으로 질투를 느꼈을 때의 감정을 약물로 위조한다고 상상해 볼 수 있다. 하지만 이때에도 내가 지금 질투한다고 말할 수는 없을 것이다. 아마도 내가 이승의 모든 애착을 성공적으로 끊어 버린 영혼의 달인이 되어 버렸기 때문이니 말이다.

따라서 우리의 상상적 실험은 고유 정서라고 부르는 것 역시 적어도 인지와 감정 상태 둘을 포함함을 암시한다. 그리고 이때 둘은 인지가 정서를 유발하는 방식으로 연결된다.[8] 이 설명에 따르면, 어떤 감성—영화 〈블리트Bullitt〉(1968)에서 차 추격 장면을 바라볼 때 생겼다고 보고되는 속이 울렁거리는 느낌—은 고유 정서의 보기가 아니다. 고유 정서는 인지적 요소를 필요로 한다. 물론 영화 분석에서 중요한 모든 감성이 이 범주에 들어가지는 않는다. 인지적으로 이해될 수 없는 감성—놀람 반응 같은—이라고 부를 수 있는 것들은 '고유 정서'가 아니다. 그럼에도 불구하고 영화 관람에서 경험되는 아주 많은 감성은 고유 정서의 특성을 지니고 있다. 이러한 것을 다루기 위해서 우리는 이제 이 정서에서 인지적 요소가 어떻게 작동하는지를 좀 더 이야기해야 한다.

나는 레슬리에게 화가 났다. 그가 모든 사람에게 내가 처음 응시한 운전면허 시험에서 떨어졌다고 떠벌렸기 때문이다. 레슬리를 완전히 신뢰하고 사실을 말했는데 그가 모든 이웃에게 이 사실을 떠벌리고 다녔다. 그가 내 비밀을 누설했다는 것을 알고 확인하게 되었을 때, 내 혈압은 급격히 상승했고 목에선 뜨거운 것이 느껴졌다. 다른 말로 하자면, 내 인지 상태가 신체적 혼란의 홍수를 초래했다. 이것은 어떻게 일어난 것인가?

이 사례에서 나의 분노는 레슬리의 경솔함 때문에 발생했지만 경솔함만이 정서적 반응을 일으키는 기능을 한 것은 아니다. 누군가 내 차를 부쉈거나 내가 아끼는 비디오테이프를 망가뜨렸다면, 그리고 이런 일이 너무 쉽게 그리고 용서할 여지없이 일어났다고 믿는다면, 나는 화가 날 것이다. 즉, 문제가 되는 사건을 나나 내 소유물에게 가해진 부당함으로 간주하거나, 그러한 믿음의 형성이 나의 내부에서 신체적 혼란을 야기할 때, 나는 화가 날 것이다. 다시 말해서, 인지는 신체적 변화와 관련되어 정서의 원인 제공자 역할만 하는 것은 아니다. 인지는 또한 우리가 놓여 있는 정서 상태가 무엇인지 규명해 주는 역할도 한다. 레슬리에 대한 내 반응은 분노다. 왜냐하면 내가 레슬리의 경솔함을 나 자신이나 내 소유물에게 일어난 부당한 일에 포함시키고, 이렇게 해서 생긴 믿음이 그에 합당한 신체적 혼란을 유발했기 때문이다.

이 사례가 암시하는 것은 분노와 같은 정서 상태는 적절함이라는 기준에 의해 인지적으로 지배된다는 것이다. 주어진 정서 상태에서 나 자신이나 내 물건에 대한 부당함에 어떤 사람이나 사건을 인지적으로 포함시킬 때, 정서 반응은 분노가 된다. 나아가서 다른 정서 상태도 이와 마찬가지다. 해로움이나 위험은 공포의 기준혹은 범주이다. 따라서 내가 어떤 대상이 해롭다고 파악할 경우, 다른 요소들이 동일하다면 나는 공포를 경험하게 될 것이다. 예를 들어, 내 손 옆에 전갈이 한 마리 있다고 해 보자. 내가 이 전갈을 해로운 것으로 인식하게 되면 이러한 인식이 내 피를 얼어붙게 한다. 이때의 전반적 상태가 바로 공포다.

마찬가지로 내가 X에게 동정을 느끼려면 X가 어떤 불운을 당했다고 믿어야만 한다. 즉, 동정의 기준은 불운이다. 마치 Y를 질투하려면 Y가 나에게 없는 뭔가를 가졌다고 내가 믿어야만 하는 것처럼 말이다. 만일 Y가 몸을 움직일 수 없고 내가 그 사실을 알고 있다면, 나는 Y의 운동신경을 부러워할 수가 없다. Y를 질투하기 위해서는 나는 내가 갖지 못한 또는 내 수준보다 훨씬 더 높은 강점을 Y가 갖고 있다는 믿음을 형성할 수 있어야 한다. Y를 질투한다는 것은 내가 Y를 나보다 더 많은 것을 소유한 사람의 범주에 포함시켰음을 알려 주는 것이다.

정서는 인지를 원인으로, 신체 상태를 그 결과로 요구한다. 나아가서 정서 상태를 구성하는 데 있어서 필수적인 인지 중에는 대상을 어떤 적절한 범주에 포함시키거나 언급된 대상들이 특정 기준을 충족하는 것으로 이해해야 한다. 공포의 경우 '그 대상은 해롭다'는 기준에 부합하거나 최소한 해로운 것으로 지각되어야 한다. 분노는 '뭔가 부당한 것이 특정 대상이나 나 자신에게 혹은 내 물건에 가해졌다'는 기준에 부합될 때 일어난다.

기능적으로 말하자면, 위에서 언급한 '기준'의 의미는 문제가 되는 정서에 부합하는 대상이 되기 위해서는 그 대상이 특정한 필요조건을 충족하거나 아니면 필수적으로 규정된 특정 범주 안에 포함되어야 한다는 것이다. X가 연민의 대상이 되려면 불운한 일을 당했다는 필요 기준을 X가 충족한다고 간주되어야 한다. Y가 내 질투의 대상이 되려면 그가 나에게 없는 뭔가를 소유했다는 필요조건일반적으로 나에게 부족하지만 갖고 싶은 무엇을 Y가 갖고 있다는 사실을 알게 되는 것을 충족하는 것으로 인지해야 한다.

따라서 우리가 '정서에는 인지가 필요하다'고 할 때 우리가 염두에 두는 인지는—첫 번째이며 가장 중요한—그 정서의 대상을 특정한 범주 속에 포함시키거나, 아니면 그 대상이 적절한 규준을 충족하는 것으로 지각하는 것을 말한다예를 들어, 공포의 경우에는 해로움, 분노의 경우에는 부당함으로 말이다.

물론 이것이 정서 상태라고 부르는 것의 전부는 아니다. 정서 상태는 시간적이다. 정서 상태는 일정 시간 간격에 걸쳐 지속된다. 정서 상태는 어떤 사건들이다. 우리가 정서 상태의 대상을 찾아내고, 적절한 인지가 뒤이어 나타날 때, 우리의 지각은 정서로 채워진다. 그러면서 그 원인이나 정서 상태의 대상에게 특별한 현상적 조명이 비춰진다. 우리의 관심은 그곳에 고정되며 중요성이 환기된다가령 'X는 위험하다'.

정서는 지각을 형성하거나 구성한다. 이러한 정서는 지배적인 정서 상태의 범주에 포함될 수 있는 자극의 특징들에 선택적으로 지각을 인도함으로써 상황의 적절한 일면에 관심을 쏟게 한다.

피드백 기제도 여기서 작동한다. 일단 하나의 정서 상태가 되면, 그 상태를 유지하는 데 적절한 좀 더 깊은 수준의 요소에 관심을 유도함으로써 우세한 상태는 계속해서 우리의 지각을 구성한다. 야영지를 기웃거리는 누군가 혹은 무엇이 있을 가능성에 대한 두려움 때문에 경계를 할 경우, 우리는 주변을 관찰하면서 또 다른 위험 신호를 찾으려 한다. 그리고 만일 그것이 발견되면, 이는 우리가 처해 있는 상황과 이에 연관된 피드백 과정 모두를 강화시킨다. 이런 방식으로 정서는 일정 시간 동안 우리의 관심을 통제한다. 이러한 지각 통제가 이루어지는 방식은 지배적인 정서 상태와 관련되는 지배적 범주와 얽혀 있는 상황 요소들에 관심의 초점을 맞추는 것이다가령 두려움이 수반되는 위험, 분노가 수반되는 경멸.

정서는 탐조등에 비유할 수 있다. 정서는 주의를 조종하여 우리 앞에 있는 세부 사항들을 조직해서 의미 있는 전체나 형태로 만들 수 있도록 해 준다. 정서적 상태가 두려움이라면, 우리는 위험한 것으로 강조되는 세부 사항들을 찾기 위해서 세밀하게 살펴본다. 그리고 동정의 경우는 불운의 범주에 포함될 수 있는 요소들에 기반을 둔다. 정서는 이른바 특별한 현상이 고조되는 가운데 관련 세부 사항을 두드러지게 한다.

더 나아가 우리는 일단 주어진 정서 상태에 들어가게 되면 일차적으로 선별했던 세부 사항에만 주의를 고정시키지 않는다. 우리는 더 많은 세목 중 상황에 대한 첫 번째 정서 평가와 유사한 것들을 탐색한다. 정서는 우리의 주의를 통제하며 우리가 찾는 것, 기대하는 것 모두를 관리한다. 더 나아가 주의 통제과정은 일부 조정된다. 먼저, 정서는 우리가 특정한 형태여기에 무엇이 포함 또는 배제되는지는 지배적 정서 상태에 관련된 범주들에 따라 결정된다에 주목하도록 하고, 다음으로 지배적인 정서는 주의를 더욱 정교하게 만들고 상황이 진행됨에 따라 탐색해야 할 것들에 대한 기대를 형성하게 한다탐색되는 것들은 지배적인 정서 상태를 표준적으로 결정하는 범주에 포함된다.

지금까지 우리는 정서와 이것이 지각과 갖게 되는 관련성에 대해 꽤 추상적인 방식으로 논의했다. 이 중 얼마나 영화 관람에 적용할 수 있을까?[9] 정서의 이런 추상적 특성에 대한 논의가 일반 극영화와 평범한 정서 간의 관계를 말해 줄 수 있을까? 난 할 수 있다고 생각한다. 단, 그 전에 일상생활에서 정서 반응이 활성화되는 것과 극영화 속 허구를 통해 정서 반응이 활성화되는 것 사이에 매우 크고 분명한 차이가 있음을 염두에 두어야 한다.[10]

허구의 경우와는 대조적으로, 실생활에서 우리 정서는 주로 비구조화된 자극의 거대한 집합 속에서 적절한 세부 사항들을 선별해야만 한다. 우리가 방에 앉아서 신문을 읽고 있다고 가정해 보자. 가까이에서 사이렌 소리가 들리면서 잠재적인 위험에 대해서 경고한다. 초기 두려움의 감각은 우리로 하여금 일어나서 창문으로 다가가 위험의 징후들을 찾도록 해 준다. 무엇인가가 타는 냄새를 맡는다. 경계를 하면서 아파트로 불이 접근하는지 살펴본다. 만약 그렇다면 우리는 화염이 우리 층까지 도달했는지 확인하기 위해 복도로 뛰쳐 나간다. 다른 말로 하자면, 두려움의 감각이 증가하면 지각이 방향을 결정한다. 두려움은 행동에 적절하도록 상황을 조직할 것인데, 이 경우 아마도 대피 행동으로 귀결될 것이다.

그러나 허구의 경우엔 상황이 다르다. 정서가 새로이 상황을 재구성할 필요가 없다. 극영화의 상황은 이미 감독이 관객을 위해 일상생활에서보다 훨씬 강하게 구조화해 놓은 것이다. 우리는 일반적으로 실제 생활에서 정서가 수행하는 일에 의존하는 것만큼 극영화적 사건을 조직하는 데 있어서 정서에 의존하지 않는다. 대체로 극영화적 사건은 관객을 위해 감독이 미리 정서적으로 처리해 준 결과이기 때문이다. 즉, 영화감독은 영화에서 사건의 특징이 두드러지게 표면화하도록 만드는 방법을 사용하여 관객을 위해서 장면과 시퀀스를 정서적으로 구성하는 작업을 이미 많이 해 둔다. 일상생활에서 정서가 주의를 집중시켜 주는 것과는 달리, 영화에서 관련 사건들은 이미 감독에 의해 정서적으로 미리 주의가 집중되어 있다. 감독은 그들이 생각하기에 정서적으로 중요한 신scene이나 시퀀스의 세부를 선택하고 우리 얼굴 앞에 들이민다. 감독이 이 목표 달성을 확보하기 위해 사용하는 수단들로는 카메라 위치와 구성, 편집, 조명, 미술은 물론 연기와 잘 구조화된 대본이나 내러티브 등이 있다.[11]

일상생활에서 아는 사람이나 동료가—가령 지나가는 말로—우리를 모욕했을 때, 우리는 마음이 상했더라도 즉시 화를 내지 않는다. 왜냐하면 그 모욕이 고의인지 혹은 단순한 부주의인지 알 수 없기 때문이다. 그러나 그런 말이 되풀이되면 우리는 분노에 사로잡히고 반복되는 경멸적 언사가 우리를 향하고 있음을 분명하게 인지하게 된다. 반면, 전형적인 극영화의 경우에 우리가 오래 망설이는 일은 드물다. 인물들은 자기 행동의 의미를 분명히 드러내 보이며, 또한 인물을 둘러싼 사람들의 비난도 참고할 수 있다. 우리는 대담하게도 의심의 여지없이 나쁜 짓이라고 확실히 지각할 뿐 아니라 상황에 대한 평가를 반영하고 강화해 주는 주변 등장인물들의 반응 또한 참고한다.

따라서 영화 〈샤인Shine〉(1996)에서 피아니스트인 아들이 장학금을 충분히 받을 수 있는 상황에서도 아버지가 장학금을 받는 것을 허락하지 않을 때, 우리는 필히 분노 반응을 보이게 마련이다. 일반적으로 극영화에서 정서의 탐지 작업은 얼마간 최소화되는데, 이런 종류의 영화 신과 인물들은 관객이 분노에서 시작하도록 미리 정서적으로 디자인되어 있기 때문이다. 또는 우리를 위해 정서적으로 미리 초점화되었거나 받아들이기 쉽게 만들어졌기 때문이다.[12]

그러나 어떻게 우리가 인물이나 신 또는 시퀀스에 미리 정서적으로 초점화되는 것이 가능한가? 여기서 우리가 이전에 개발한 '정서의 일반적 그림'을 언급하는 것이 도움이 된다. 우리가 논의한 바에 의하면, 정서는 적절함이라는 기준에 의해 좌우된다. 화가 나려면 우리 정서 상태의 대상이 나 자신 또는 내 소유물에게 해를 끼친 것으로 지각되어야 한다. 레슬리가 소문을 퍼뜨린 것이 나에게 나쁜 일로 인식되었기 때문에 나는 그에게 화가 났던 것이다. 마찬가지로 내가 어떤 펀드매니저에게 화가 났다면, 그것은 그가 내 어머니의 저금을 낭비했다고 믿기 때문이고, 이것을 나와 내 사람에게 나쁜 일로 지각하기 때문이다여기서 내 사람은 친구나 동포 또는 내가 호의를 지닌 허구적 인물을 포함하는 다른 사람으로 확장될 수 있다.

그러나 일상생활에서 정서가 적절함이라는 기준에 부합해야 하는 것처럼 허구에 반응하는 정서도 적절함의 기준에 따라 결정된다. 따라서 한 편의 영화 텍스트는 기준에 의해 미리 초점화됨으로써—즉, 텍스트에서 관심을 갖는 대상에 대한 서술과 묘사가 기준적으로 적절한 정서 상태의 범주에 포함되는 사건과 인물에 대한 가정들을 활성화하도록 구조화됨으로써—정서적으로도 미리 초점화될 수 있다.

일단 특정한 대상이 기준적으로 적절한 범주에 포함되는 것으로 인정하면—공포를 일으키는 해로움, 분노를 불러오는 불의처럼—관련 정서가간략하게 논의한 특정한 조건들 아래서 우리에게 쉽게 일어난다. 즉, 우리는 관련 인지를 즐긴 결과로 신체 변화를 경험하기 쉬울 것이다. 그래서 이상적으로 말하자면, 우리는 우스운 코미디를 보면 웃는다. 또 다음 절에서 논의하겠지만, 공포영화는 우리를 오싹하게 한다. 그리고 서스펜스 영화는 우리를 긴장시키고, 멜로드라마는 눈물을 흘리게 만든다.

마찬가지로 관심은 정서로 충만하게 된다. 우리의 정서 상태는 관심을 고

정시키고, 특별한 현상이 고조됨에 따라 부각된다. 우리의 관심은 우리가 처하게 된 정서 상태에 어울리는 정서의 대상이 갖고 있는 특징들에 집중된다. 정서 상태는 우리가 처한 이전의 정서 상태를 지지하거나 지속할 수 있는 또 다른 특징들을 찾기 위해 그 사건을 우리가 주의 깊게 살피도록 독려한다. 그리고 정서적으로 충만하게 된 우리의 상태는 현재의 정서 상태에 포함될 수 있는 또 다른 특징들의 출현을 우리가 잘 살펴보도록 만들고, 앞으로 다가올 것에 대해 예상할 수 있도록 한다. 첫 번째 신에서 어떤 인물에게 우리가 분노한다는 것은 이후 신에서 그의 야비함을 감시하라고 우리에게 주의를 주는 것이기도 하다. 요약하자면, 범주적으로 미리 초점화된 영화 텍스트는 관객을 올바른 정서적 초점화로 이끈다. 여기서 '정서적 초점 emotive focus'이란 관객의 정서 상태가 고정되고 주의집중이 구체화되는 방법 모두를 의미한다.

따라서 일반적 정서와 영화의 관계에 대한 이론적 이해에서 중요한 것은 관객의 정서적 초점과 관련해서 범주적으로 미리 초점화된 영화 텍스트의 개념이다. 이전의 논의에서 범주적으로 미리 초점화된 영화 텍스트는 정서적 초점을 보증하는 표준 조건이다. 그러나 범주적으로 미리 초점화된 영화 텍스트를 관객에게 단순히 제시하는 것은 그것이 아무리 잘 디자인되었더라도 관객의 정서적 반응을 보증하지는 않는다는 점이 분명하다. 범주적으로 미리 초점화된 영화가 감정의 동요 없이 관람될 수도 있다. 무엇이 열정적인 반응을 만드는가? 범주적으로 미리 초점화된 영화 텍스트 개념은 보충될 필요가 있다. 만약 우리가 내러티브 극영화에 의해 촉발되는 일반적 정서의 이론적 모델을 제안하고 싶다면 말이다.

나는 보충해야 할 것이 허구에서 서술된 상황이 진행하거나 진행하지 않는 방식에 대해 관객 입장에서 갖게 되는 관심이나 동조적 태도라고 가정한다. 즉, 내러티브는 범주적으로 미리 초점화되는 것에 더해서 그 영화 속 허구적 인물과 사건들그리고 그들의 전망에 대한 특별한 관심을 관객에게 제공해야 한다. 이러한 관심이나 동조적 태도는 일상적 정서에서 많이 발견되는 욕망과 유사한 기능을 수행한다. 그리고 범주적으로 미리 초점화된 영화 텍스트에서 도출되고 대상에 대한 정신적 내용이나 개념에 추가되어, 모두 동등한 조건 속에서 이들의 조합은 영화감독이 부각시킨 영화 텍스트의 범주적 특징들과 조화를 이루는 정서적 반응을 관객으로부터 이끌어 낼 것이다.

따라서 우리가 내러티브 극영화에 정서적으로 이끌리게 되는 구조는 어떤 관심이나 동조적 태도를 포함해서 범주적으로 미리 초점화된 영화 텍스트를 포괄하며, 더불어서 이들은 일반적인 경우에 원칙적으로 사이코패스를 제외한 일반적인 관객에게서 대략 예상할 수 있는정서적 초점을 포함하여 반응을 쉽게 이끌어 낼 수 있다. 범주적으로 미리 초점화된 영화 텍스트는 정서적으로 중요한 관점에서 상황이라는 개념을 구체화하고 있다. 그러나 관객이 무엇이 일어나고 있는지에 대해 무관심하다면 상황 개념만으로는 정서 반응을 유도할 수 없을 것이다. 정서 반응을 일으키고 정서적 초점을 획득하는 것은 관객이 스토리 안에서 무엇이 일어나고 있는지에 관심—찬성과 반대의 태도—을 갖고 몰두할 것을 요구한다.

이 가설은 영화 내러티브가 이야기가 진행되려는 방향에 대해 관객의 호의적인 지지를 얻으려 든다고 전제할 수 있을 것이다. 이 가정은 문제가 되지 않는다. 〈전함 포템킨Potemkin〉(1925)은 선상반란을 일으킨 선원들에 대해 관객의 우호적 태도를 끌어낸다. 이로써 관객들은 러시아 함대가 그들을 침몰시키지 않기를 바라게 된다. 〈하이눈High Noon〉(1952)에서 대상 관객들은 보안관이 살아남기를 원한다. 이러한 예로 영화가 항상 관객의 선호도를 따른다고 말하려는 것은 아니다. 〈단 하나뿐인 삶You only live once〉(1937)에서 우리는 에디헨리 폰다가 탈출하기를 원하지만 그는 그렇게 하지 않는다. 그럼에도 불구하고 이 영화의 결말이 주는 특별한 정서적 떨림은 감독이 또 다른 결과에 대해 긍정적 태도를 갖도록 관객들을 유도했다는 사실을 잘 보여 준다.

전형적으로 내러티브 극영화는 그와 같은 방식으로 전개되어 관객은 무엇이 일어나고 무엇이 일어나지 않을지에 대해 구조화된 전망을 갖게 된다. 사건의 진행과정에 따른 가능한 결과에 대한 느낌에 덧붙여, 사람들은 일반적으로 감독의 안내하에 허구 세계에서 바라는 결과 대 바라지 않는 결과에 대해 확신을 갖게 된다. 어떤 경우에는 더 선호하는 사건 경과가 주인공의 명확한 목표와 계획에 일치한다. 즉, 그들이 원하는 일은—가령 생명을 구조하는 의료용품을 전달하는 일처럼—관객이 원하는 일이다. 그러나 많은 다른 경우에 영화는 어떤 인물의 명확한 목표나 계획과는 독립적으로 더 선호하는 결말을 제시할 수 있다. 즉, 영화는 자신만의 진행방식을 가질 수 있다. 모든 영화 속 연인이 처음엔 결코 사랑에 빠지기를 원하지 않는 것처럼 말이다.

그러나 동기화가 어떻게 해서 이루어졌건 관객들은 영화에서 묘사된 상황과 관련해서 기대를 발전시킨다. 그리고 그들은 자신의 기대가 위협당할 때 불쾌한또는 불편한 감정으로 반응하는 경향이 있다.[13] 이에 반해서 자신의 기대가 내러티브의 전개에 의해서 더 강화될 때, 우리의 정서는 편안해진다. 영화 관람 중에 관객이 불편할지 혹은 편안할지와 연관되어 있는 것은 당연히 영화 텍스트가 범주적으로 미리 초점화된 방식에 달려 있다. 불편한 감정의 예를 들면, 내가 우호적 태도를 갖고 있는 인물이 잘못된다면—〈어라이벌The Arrival〉(1996)에서 찰리 쉰이 연기한 제인이라는 인물이 해고당했던 것처럼—그것도 사건의 불공평함이 너무나도 분명하다면, 나는 다른 것들이 동일할 경우 분노를 느낄 것이다. 이에 반해서 범주적으로 미리 초점화된 불운이 내가 관심을 갖게 된 사람들에게 일어날 경우—가령 재난영화의 희생자들처럼—나는 그들을 동정하게 된다.

이와 유사하게, 관련된 사건 전개의 방향에 대해 우리의 염려와 욕구가 충족되는 경우에는 영화 텍스트가 범주적으로 미리 초점화되는 방법에 일치해서 상이한 종류의 유쾌한 감정이 일어날 것이다. 우리가 호감을 갖고 있는 인물이 영화에서 분명하게 설정되어 있는 장애물을 극복할 때—가령 〈조스Jaws〉(1975)에서 보안관이 마침내 상어를 쳐부술 때처럼—우리는 감탄하게 된다. 반면, 우리가 이미 인정하는 사실상 무한한 힘—예를 들어 자연이나 신—은 경외감을 불러일으킬 것이다.

따라서 극영화에 대한 정서적 반응을 분석하기 위한 나의 제안은 범주적으로 미리 초점화된 영화 텍스트가 관객으로부터 정서적 반응을 쉽게 이끌어 낸다는 것이다. 이때 관객은 이야기의 특정한 전개과정에 대해 동조적인 태도를 취하도록 장려된다. 이야기 전개과정이 관객의 기호와 맞물릴 경우 정서 반응은 유쾌한 것이 되며, 충돌할 경우 정서 반응은 불쾌한 것이 될 것이다. 더 나아가 정서 반응에는 관객에게서 정서적 초점화를 촉발하는 것이 포함되며, 이 정서적 초점은 진행에 대한 수용을 인도하고 순간순간에 기초해서 스크린상에 일어날 사건을 내다본다.

나아가서 극영화에서 정서적 개입involvement에 대한 이 가설이 대략 옳다면 그로부터 영화 연구를 위한 특별한 방향이 제시될 수 있다. 영화가 관객의 정서 반응을 유발하는 방법을 분석하기 위해서는 우선, 영화나 그 일부가 범주적으로 미리 초점화되는 방법을 결정할 필요가 있다. 여기서 스스로를 탐지기로 활용하는 영화 비평가는 영화가 자신으로부터 끌어내는 정서에 주의를 기울이는 것부터 시작한다. 아마도 비평가는 보편적인 연민을 느낄 것이다. 그다음으로 문제가 되는 정서의 기준을 가설로 사용하여, 영화에서 관련된 정서의 범주에 부합하거나 개념을 예시하는 영화 속 관련 묘사나 기술을 추출하기 위해 영화적 재료가 결합되어 표현되는 방법을 검토할 수 있다.

이와 더불어 비평가는 관객에게 동조하는 태도를 유발하기 위해 영화의 어떤 특징들이 디자인되는지를 결정하기를 원할 것이다. 이 절차를 따름으로써 그는 영화의 정서적 구조의 정수를 추출할 수 있다. '영화의 정서적 구조를 추출pith the emotive structure of the film'한다는 것은 관객이 놓여 있는 정서 상태에 필요한 범주를 충족하는 정서 대상에 대한 묘사나 설명 부분을 찾아내는 것을 의미한다. 이것이 관객이 내러티브에서의 발전에 대해 갖는 관심과 선호를 촉발하는 묘사나 서술을 규명하는 것과 더불어서 관객의 정서 상태를 일반적으로 설명하는 방식이다.

물론 이 연구 절차가 항상 실행 가능하지는 않을 것이다. 어떤 경우, 분석가는 영화나 영화 일부에 대한 정서 반응을 정확하게 규정할 수 없을 수도 있다. 이럴 때 분석가는 텍스트의 분명한 묘사나 기술에 대해서 그것들이 무엇을 전면에 부각시키는지를 알고자 하는 관심을 갖고서 연구하는 것이 좋을 것이다. 그리고 이와 관련된 가설이나 질문을 도출한 후에는 영화가 전면에 부각시킨 것과 잘 알려진 정서 상태의 범주들을 비교할 수 있을 것이다. 이는 조사 중인 영화나 그 일부의 정서적 지향점을 분명히 해 줄 것이다.

말할 필요도 없이, 어떤 영화들의 정서적 지향점은 일부러 모호할 수 있고, 다른 영화들은 새로운 정서적 색조를 경험케 할 수도 있다. 그러나 이러한 경우에도 내가 추천한 방법론은 다소간 유용하다. 왜냐하면 그것이 문제가 되는 영화의 새로운 정서적 색조와 정서적 모호함에 있어서 일반적 윤곽을 대략적이지만 체계적으로 이해하도록 도울 수 있기 때문이다.

시공간의 측면에서 우리로부터 멀리 떨어져 있는 영화들을 볼 때, 우리는 종종 그 영화에 대한 우리 자신의 정서적 반응을 신뢰할 수 없을 것이다. 왜냐하면 우리에게는 적절한 문화적 배경지식이 없기 때문이다. 이 부분이 바로 영화 역사와 영화에 대한 민속학적 연구가 불가결한 역할을 수행하는 지점이 된다. 영화 역사가와 민속학자는 다른 문화와 다른 시대의 영화들이 갖고 있는 정서적 지향점에 우리가 정서적으로 접근하기 쉽게 만드는 데 필요한 배경지식을 줄 수 있다.

정서와 장르 Emotion and Genre

앞서 제시한 영화와 정서의 관계를 분석하는 틀framework은 인물과 시퀀스, 신 그리고 영화 전체에 대한 반응을 분석하는 데 있어서 유용할 것이며 보편적이라고 믿는다. 영화 관람 경험은 대부분 상이한 영화 표현 단위들, 즉 단순한 몸짓이나 시선에서부터 영화의 절반을 차지하는 추적 시퀀스에 이르기까지 다양한 표현 단위에 반응하는 다양한 정서를 수반한다. 앞에서 설명한 방법이 모든 종류의 경우에 유용하다는 것을 밝히려는 시도는 이 장이 허용하는 것보다 더 많은 세부적 설명을 필요로 한다. 그러나 아마도 내

이론적 제안의 경험적 신뢰성은 특정 장르의 분석과 관련하여 이 가설들이 어떤 도움이 되는지를 설명함으로써 도출될 수 있을 것이다.

이미 말했듯, 정서는 대부분이 아니라면 많은 영화 관람 경험 내내 순간순간에 기초하여 개입한다. 우리는 정서적 초점화라고 불렀던 것을 통해서 영화 내에서 펼쳐지는 많은 액션을 추적한다. 내 이론은 영화에서 정서적 개입과 정서적 추적의 모든 경우를 실질적으로 분석하는 데 도움이 되고자 한다. 그러나 특정한 영화적 표현의 차원이 있는데, 그것은 바로 정서적 지향점이 특히 분명하고 현저한 다양한 종류의 장르 영화들이다. 따라서 최소한 내 이론은 관련된 장르 연구에 기여하는 데 유익한 것이 될 것이다.

어떤 장르들은 본질적으로 특정 종류의 특별한 정서를 교환하는 듯 보인다. 즉, 특정한 장르는 관객에게서 특정한 정서 상태를 고정적으로 촉발하는 것처럼 보인다. 가령 아리스토텔레스는 동정심과 공포심의 발생이 그리스 비극의 핵심적 특징이라고 생각했다.

물론 모든 대중적인 영화 장르는 정서, 일반적으로 일련의 정서를 가담시킨다. 그러나 그리스 비극이 동정심과 공포를 불러일으키는 데 근거하고 있다고 아리스토텔레스가 생각했듯, 어떤 장르는 미리 결정된 특별한 정서 상태를 관객에게서 유발하도록 되어 있는 것 같다. 즉, 모든 장르는 분노, 기쁨, 증오 등을 불러일으키는 경향이 있는 데 비해, 어떤 장르는 이러한 정서에 덧붙여서 바로 그 문제의 장르가 되기 위한 필수조건으로서 관객에게서 특별한 정서를 불러일으키는 것을 목표로 한다. 달리 말해서, 어떤 영화 장르에서는 관객에게 미리 정해진 각양각색의 정서를 환기시키는 것이 필수조건이다. 이러한 경우 문제의 장르는 영화 전체의 색조를 결정하는 특별한 정서의 유발을 겨냥한다.

때때로 이런 장르는 바로 그 정서에 따라 명명되며 그것이 바로 그 목적이다. 이를테면 서스펜스와 공포가 그 예다. 더 나아가 멜로드라마 같은 장르는 그것이 유발하려고 예정한 정서 특징이 드러나는 이름을 갖고 있지는 않다. 하지만 그럼에도 관객으로부터 대략 특징적이고 미리 준비된 정서 반응을 유발하는 것이 목적이다. 이 정서 반응은 영화 전체에 분위기를 제공한다는 점에서 지배적이다.

관객에게서 특정한 부류의 정서를 끌어내는 데 봉사하는 장르의 적절한 실례로서 간주되는 세 장르는 바로 서스펜스와 공포, 멜로드라마다. 내 이론이 조금이라도 설득력이 있으려면 이와 같은 장르들에 대해 무언가 말할 수 있어야 할 것이다. 그래서 이 장의 남은 부분에서는 내 이론을 이들 장르에 적용하여 살펴보겠다.

멜로드라마 Melodrama

우리의 이론적 틀을 한 장르에 적용하는 데 있어서 첫 단계는 장르영화가 관객들로 하여금 서서히 젖어들게 하는 목표가 되는 지배적 정서를 규정하는 것이다.[14] '멜로드라마'라는 용어는 어쩌면 너무 포괄적인 용어일 수 있다. 그래서 이 개념 아래 분류할 수 있는 모든 것에 적용될 수 있는 한 묶음의 정서로 분리하기가 어려울 것이다. 그러나 때로 '눈물폭탄'이라 불리는 비교적 분명한 부류의 멜로드라마가 있다. 그것은 핵심 문제로 느슨하게 '인간관계'라고 불리는 것들을 주제로 하고 있으며 과도한 정서 반응을 촉발한다. 세 가지 예로 〈러브 어페어An affair to remember〉(1957)와 〈뒷골목Back Street〉(1932), 〈스텔라 달라스Stella Dallas〉(1937)를 들겠다.

이와 같은 멜로드라마가 종종 눈물폭탄이라 불리고 있다는 사실은 이들 영화의 지배적 정서에 대한 최초의 단서를 제공한다. 모든 조건이 동등할 경우 그것은 '울음을 보장'해 주어야 한다. 물론 울음은 많은 자극에 의해서 촉발될 수 있으며 많은 정서 상태를 수반할 수 있다. 그중 서로 연관이 있는 두 가지 상태가 바로 슬픔과 동정이다. 대부분의 멜로드라마에서 관객들이 동정심 때문에 눈물을 흘리게 되는 것도 그리 놀랄 일은 아니다.

물론 동정은 그 대상이 사람이어야 한다는 합당한 기준을 필요로 한다. 우리는 눈보라를 동정하지 않는다. 그리고 주인공은 어떤 불행에 괴로워한다. 따라서 우리는 일련의 멜로드라마가 주인공에게 괴로움을 주는 불행으로 분명하게 구성되어 있을 것이라 예상한다.

나는 여기에서 '괴로움suffering'을 강조한다. 주인공들은 반드시 그들이 처한 상황으로부터 고통pain을 느껴야 하기 때문이다. 실제로 그들이 겪는 불운의 일부는 상황의 결과로서 그들이 느끼는 고통이다. 더욱이 이런 불운은—부분적으로 그것을 구성하는 고통을 포함해서—단지 자업자득의 문제로 여겨져서는 안 된다. 우리는 마땅히 제거되어야 할 악당에게 동정을 느끼지 않는다. 멜로드라마의 동정은 좋은 사람에게 일어난 나쁜 일을 포함하거나, 최소한 좋지도 나쁘지도 않은 인물에게 일어난 지나치게 나쁜 일을 포함한다.

내 생각에 멜로드라마의 정서는 멜로드라마 영화의 전형적 상황에서 일어나는 동정만이 아닐 것이다. 표준적인 멜로드라마 영화는 단순한 피해자학victimology이 아니다. 이미 지적했듯이, 멜로드라마에서 우리가 울어 주는 불운한 인물들은 특정 부류의 인물들이다. 그들은 단순한 희생자가 아니다. 그들은 우리가 감탄하는 사람들이다. 실제로 우리는 가끔씩 그들이 불운을 헤쳐 나가는 방식에 감탄한다.

여기서 반복되는 한 가지 중요한 주제는 멜로드라마적 불운의 희생자는 가끔 개인적 욕망과 이익의 충족을 희생하면서 다른 사람들의 이득을 위해 자신의 괴로움을 받아들인다는 것이다. 때때로 인물의 불운은 사실상 다른 사람을 대신하여 자신이 자초한 희생의 결과다. 예를 들어, 스텔라 달라스바버라 스탠윅의 불행은 딸을 잃은 것인데, 이는 사실 그것이 딸에게 더 나은 삶을 제공해 줄 거라는 믿음에 기초하여 그녀 스스로 만들어 놓은 상황의 결과다.

따라서 우리는 스텔라 달라스를 단순히 동정만 하지 않는다. 우리는 그녀에게 감탄해 마지않는다. 그녀가 딸의 결혼식을 멀리서 바라볼 때 우리 안에서 솟아나는 정서는 단순한 동정의 결과가 아니며 경탄이 뒤섞여 있다. 이런 정서는 때로 '달콤 씁쓸하다bittersweet'라고 불린다. 아마도 동정 부분은 씁쓸할또는 거북할 것이다. 그러나 스텔라의 고귀한 자기희생에 대해 느끼는 반응 부분은 달콤할또는 좋을 것이다. 이와 같은 경우에 우리의 정서 상태를 단지 동정으로 제한하려는 시도는 정서적 반응에서 유쾌한 요소를 무시하는 것이 된다. 우리는 스텔라에게서 나쁜 감정만이 아니라 좋은 감정도 느낀다. 그것이 바로 전형적인 멜로드라마에서 지배적인 정서 반응이 동정과 함께 경탄—때때로 자기희생을 통해서 동기화되는—을 포함하는 이유다.

멜로드라마가 단지 동정—끔찍한 일이 사람들에게 일어나는 것을 목격하는 것—의 문제일 뿐이라면, 이는 상당히 가학적인 장르로 받아들여질 수도 있을 것이다. 하지만 내 생각엔 그렇지 않다. 왜냐하면 멜로드라마에서 불운은 인물이 역경의 와중에 고귀한 미덕을 보여 줄 수 있는 전형적인 기회를 제공하기 때문이다. 그리고 이것은 관객이 존경과 함께 동정을 하도록 촉진한다. 고통을 받는 사람이 고귀한 덕목에 의해서 구원받지 못하는 내용의 영화는 멜로드라마보다는 아방가르드 리얼리즘 영화에 가까울 것이다. 정서 반응의 관점에서 볼 때 멜로드라마가 완전히 음침한 것은 아니다. 승리와 고난이 혼합되어 동정과 존경심은 하나가 된다.

영화 〈러브 어페어〉의 여주인공 테리데보라 카는 오랫동안 기다려 온 연인 니키캐리 그랜트와 재회하러 가는 길에 교통사고로 크게 다친다. 엠파이어 스테이트 빌딩 꼭대기에서의 만남은 서로에 대한 약속을 상징한다. 테리는 사고 때문에 약속을 지킬 수 없었다. 테리는 오랜 남자친구리처드 데닝가 니키에게 무슨 일이 생겼는지 말하려고 했지만 이를 막는다. 그녀는 만약 그녀가 불구가 되었다는 것을 니키가 안다면 그의 반응은 사랑이 아닌 동정일 것이라고 생각한다. 다시 말해서, 그녀의 침묵은 도덕적인 것이다. 그녀는 니키의 책임감을 이용하고 싶지 않은 것이다. 우리는 테리의 행동방식이 무분별하다고 느낄 수 있다. 그러나 동시에 그녀의 원칙을 존중하고 그녀를 존중한다. 그 사이에 니키는 더욱더 낙담을 한다.

아마도 영화에서 정서적으로 가장 정교한 장면은 마지막 신일 것이다. 니키는 아직도 테리가 불구임을 알아차리지 못한다. 그는 할머니가 테리에게 유품으로 남긴 숄을 주러 그녀의 아파트를 방문한다. 그는 아직도 마음에 상처를 입고 화가 나 있다. 그러나 그는 막 집을 나서려는 순간 테리가 불구임을, 그녀가 재회의 기회를 놓친 이유를 깨닫는다. 그리고 우리는 그녀가 '그를 보호하려는' 자기희생적 소망 때문에 그 사실을 알리지 않았다는 것을 그가 깨달을 것임을 짐작한다.

이에 대해서는 아무런 언급이 없다. 관객은 니키의 마음속에서 그것이 일어날 것이라고 추론한다. 요약하자면, 영화가 진행되는 짧은 순간 동안에

이 장치는 관객에게 테리의 역경과 고결함의 이야기를 되돌아보게 한다. 남녀 가릴 것 없이 눈물을 터뜨리면서 말이다. 심지어 글을 쓰고 있는 순간에도 나는 훌쩍인다. 냉정해지는 것은 불가능하다.

멜로드라마에는 비슷한 승인과 인정의 장면들이 자주 등장한다. 내 생각에 〈뒷골목〉에서 가장 감동적인 신은 그들의 관계를 유지하기 위해 아버지의 정부가 한 희생에 대해 아들이 알게 되는 대목이다. 반면, 〈길버트 그레이프What's eating Gilbert Grape?〉(1993)에서는 길버트 엄마의 '바이킹 장례식 거구인 엄마가 죽자 아이들은 집에 불을 질러 장례식을 대신한다. 마치 바이킹족이 시체를 실은 배를 불태울 때처럼-역자 주'이 엄마의 모든 한계에도 불구하고 근본적으로 성실한 모성애를 기념하는 자리로 우뚝 설 때다. 〈러브 어페어〉의 경우처럼 승인과 인정의 장면들은 주인공들에게 닥친 나쁜 일뿐만 아니라 그들의 덕성에도 관객이 관심을 갖도록 해 준다. 동정이 불운과 연결되어 있다면, 존경은 미덕과 결부되어 있다.

심지어 〈미지의 여인에게서 온 편지〉의 결말은 존경의 느낌표를 이끌어 낸다. 주인공인 피아니스트는 미지의 여인이 보여 준 자기희생적 사랑을 알게 되자 더 이상 비열하게 행동하지 않는다. 그는 이기심을 벗어 버리고 모든 것을 포기한 후 죽음과의 싸움을 맞이한다. 그는 그의 삶에서 최고의 순간이 방금 끝났음을 깨닫는다. 그리고 가장 적합한 행동이 죽어서 그녀를 만나는 것임을 알게 된다. 우리는 그들의 죽음을 동정하지만 사랑을 위해 죽어 간 그들의 의지에 감탄한다.

따라서 멜로드라마는 동정과 감탄이 포함된 복합적 정서를 촉발하는 것에 근원을 둔다. 〈러브 어페어〉 같은 영화의 묘사와 기술은 한편으로는 불운을, 다른 한편으로는 인물의 미덕—특히 자기희생—을 부각시킴으로써

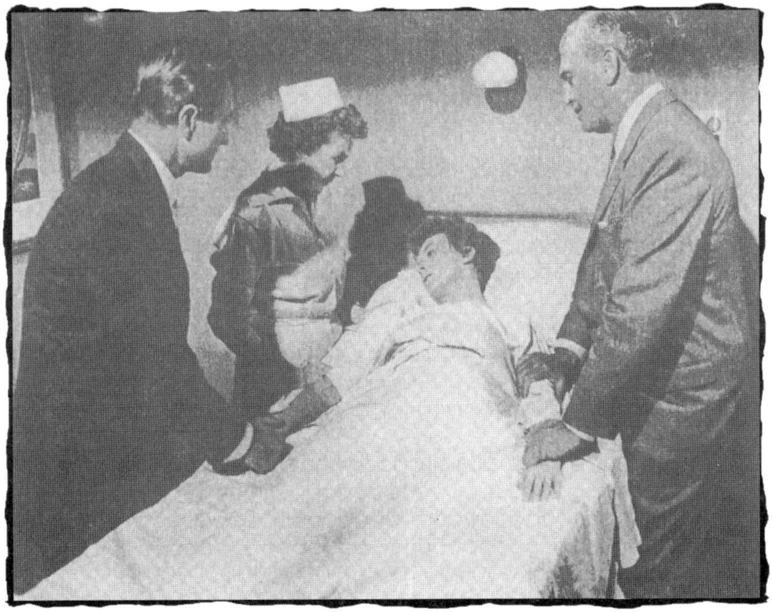

〈러브 어페어〉(1957)에서 불구가 되어 병원에 입원한 테리(데보라 카)

범주적으로 미리 초점화된다. 그다음으로 관객들은 등장인물들에게 동조하는 태도를 지닐 경우 그들에게 동정과 존경을 느끼게 된다. 〈러브 어페어〉에서 이것은 테리와 니키를 아주 매력적이고 멋진 사람으로 생생하게 묘사할 뿐 아니라 뛰어난 재치와 문화적 소양특히 영화의 여행 부분에서의 소유자로 설정함으로써 안전하게 확보된다.

일단 이런 동조적 태도가 설정되면, 불행이 엄습해서 우리로 하여금 그들, 특히 테리를 동정하게끔 만든다. 테리의 자기희생적 고결성이 드러나도록 드라마틱한 상황이 마련된다. 그리고 니키 또한 그녀의 고결성을 알게 됨으로써 그녀를 더욱 사랑하게 된다.

공포영화 Horror

멜로드라마가 눈물이 솟구치게 하는 다양한 특성을 지닌 것처럼, 공포영화도 혼합된 정서를 이끌어 내도록 디자인되어 있다.[15] 그리고 멜로드라마와 마찬가지로 이 정서 반응의 구성물 중 하나는 상당히 현저하다. 멜로드라마의 눈물폭탄이 관객에게서 동정을 이끌어 내는 것을 목적으로 한다는 데에 이론의 여지가 없다면, 공포영화는 공포를 불러일으키도록 디자인되었다는 것도 논란의 여지가 없을 것이다. 물론 공포의 기준은 해로움이다. 따라서 공포영화의 묘사와 기술은 허구 세계에서 현저한 해로움을 기대하도록 범주적으로 미리 초점화되어 있다. 여기서 적절한 해로움은 공포영화의 주인공들에게 위험—일반적으로 치명적인 위험—의 양상을 띠게 되며, 이 위험의 대상은 표준적으로 괴물이나 초자연적 존재 혹은 당대의 과학적 이해의 틀을 무시하는 공상과학 소설적인 것이다.

이들 괴물은 인간의 목숨을 위협하는 특성이나 힘을 갖고 있다. 그들은 대개 인간인 주인공들에게 매우 적대적이다. 그들은 보통 인간을 파괴하거나 노예로 만들려고 한다. 나아가서 그들은 교활함, 불굴의 기술, 초능력이나 심지어 사람의 눈에 보이지 않는 투명함 같은 강점이나 능력을 지니고 있다. 이것이 그들을 특별히 위험하고 무시무시한 존재로 만든다. 여기서 관객이 괴물에게서 느끼는 공포는 그 자체로 존재하는 공포가 아니다. 우리의 공포는 영화 속의 인간 캐릭터를 위해 발생한다. 런던의 늑대인간이 먹잇감에게 슬금슬금 다가갈 때, 우리는 그가 우리를 잡을까 봐서 두려운 것이 아니라 영화 속의 어떤 인물을 위해 두려워하기 때문에 움츠러드는 것이다. 〈거미Earth vs. the spider〉(1958)에서 거대한 거미가 록음악에 맞춰 깨어날 때, 우리는 우리 자신이 아닌 영화 속의 10대들을 위해 두려워하는 것이다.

하지만 공포가 공포영화를 위한 필요조건이라 해도, 그것만으로 충분하지는 않다. 많은 영화가 공포영화로 간주되지 않으면서도 과학적 비개연성에 기초해서 공포를 불러일으킨다. 가령 미래에서 온 무자비한 파시스트가 현재에 기지를 건설한다는 〈세계가 충돌할 때When worlds collide〉(1951)와 같은 시간여행 영화가 포함된다. 간단히 말해서, 동정이 멜로드라마의 전부가 아닌 것처럼 공포가 공포영화의 전부는 아니다.

〈세계가 충돌할 때〉에서 다가오는 행성에 대한 우리의 정서 반응이 두려움이기는 하지만, 이는 〈스피시즈Species〉(1995)나 〈엑스트로Xtro〉(1983) 또는 〈레릭The Relic〉(1997)에 나오는 괴물에 대한 반응과는 다른 것이다. 왜냐하면 우리는 이 괴물들을 무시무시하게 느낄 뿐 아니라 혐오스러워하기 때문이다. 가령 매우 끈적끈적한 에일리언의 촉수들이 우리 입으로 들어간다면, 우리는 속이 메슥거리며 그것을 토해 내고 싶어질 것이다.[16] 그런 생물체의 일부를 삼킨다는 생각은 구역질을 일으킨다. 만약 그중 하나를 건드렸다면 최대한 빨리 우리 손을 박박 문질러서 닦으려 할 것이다. 〈살아 있는 시체들의 밤Night of the Living Dead〉(1968)의 좀비들이나 〈세상에 도전한 괴물The Monster that Challenged the World〉(1957) 속의 꿈틀거리는 거대 달팽이를 생각해 보라.

우리는 공포영화의 괴물들을 역겨워하고 싫어한다. 그들은 무시무시할 뿐 아니라 본성이 어쩐지 불결하고 역겨우며 욕지기가 나온다. 예를 들어, 뱀파이어는 빈번하게 해충이나 질병에 연결된다.

일반적으로 괴물들은 성경에서 '혐오스러운 것'으로 불리는 범주에 포함된다. 그 괴물들이 위험하지 않다고 해도 그들의 존재 자체가 우리로 하여금 그들을 기피하고 접촉하고 싶지 않게 만든다. 그들에 대한 생각의 핵심은 혐오감이다. 온몸이 스멀거리고, 피부가 근질근질하며, 등뼈가 저리고, 목구멍이 꽉 막히게 만들기에 충분한 혐오감 말이다. 괴물들에게 가장 적당한 감탄사는 '으악'이나 '웩'이다.

따라서 공포영화에서 정서 반응을 포함하는 대상은 공포와 혐오라는 복합적인 반응을 이끌어 낸다. 우리의 반응 중 공포 요소는 허구의 세계에서 이들 괴물이 명백하게 존재하는 위험을 만들어 낸다는 사실에 기초한다. 그들은 유해하다. 그들은 또한 혐오스럽고, 혐오의 정서적 기준은 불결함이다. 따라서 공포영화의 묘사와 기술은 괴물의 유해함과 불결함을 부각시키는 방향으로 범주적으로 미리 초점화된다.

괴물의 위험성은 보통 그 행동에서 즉각적으로 드러난다. 그들은 사람을 죽이거나, 잡아먹거나, 신체를 절단하거나, 마음이나 영혼을 소유한다. 하지만 이러한 명백한 위험성에 더해서 공포영화의 괴물들은 불결하다. 이런 불결함은 일반적으로 되풀이되는 다양한 전략에 따라 표현될 수 있다. 그리고 여기에는 여러 가지 방법으로 기존의 문화적 범주들을 위반하는 것도 포함된다.

예를 들어, 공포영화의 괴물들은 이질적인 생물학이나 존재론적인 질서를 뒤섞어서 범주적으로 잡종일 수 있다. 〈레릭〉의 생물체는 파충류와 사람 그리고 물소의 일부 등 다양한 종을 혼합한 것이다. 〈살아 있는 시체들의 밤〉의 좀비들은 영화 제목 자체가 암시하는 것처럼 존재론적으로 자기모순적인—살아 있으면서 동시에 죽은—존재로 등장한다. 많은 공포영화 속 괴물은 그들이 소속되어 있는 종의 특성을 위반한다. 앞서 말했던 거대 거미는 현실에서 가장 큰 거미보다 적어도 천 배는 크다.

조지 로메로의 〈살아있는 시체들의 밤〉(1968) 속의 좀비

나아가 대다수의 공포영화 속 괴물들은 범주적으로 불완전한 존재다. 그들은 대개 팔이나 다리, 눈, 심지어 머리 같은 신체 부분을 갖고 있지 않다. 때로는 신체 없이 머리나 뇌뿐일 때도 있다. 심지어 어떤 공포영화 속 존재들은 어떤 범주에도 넣기 어려울 정도로 형체가 전혀 없다. 〈우주 생명체 블롭The Blob〉(1988)에서 블롭은 영화에서 내내 형체가 없다. 물론 대다수의 공포 생물체는 뱀파이어처럼 일부러 형체를 없애거나 누군가의 신체를 획득하기 전까지 형체 없이 움직일 수도 있다.

〈지옥 인간From beyond〉(1986)의 괴물은 공포영화의 불결함을 반영하기 위해 여러 가지 이런 전략을 개발하는 방식으로 디자인되었다. 에드워드 프레토리어스테드 소렐는 음파의 진동으로 칠성장어를 닮은 유해하고 성질 고

약한 생명체가 살고 있는 다른 차원으로 침투하는 장치를 개발한다. 다른 차원으로의 첫 이동 중에 그의 머리가 물어뜯긴다. 경찰은 그가 죽었다고 추정하고 그의 조수를 용의자로 체포한다. 조수는 그의 외상을 치료하는 정신과 의사의 도움을 받으며 프레토리어스의 실험을 재현한다. 다른 차원의 존재가 규명되면서 프레토리어스가 죽지 않았다는 것이 밝혀진다. 그는 다른 쪽에서 살기 위해 건너갔던 것이다.

그러나 미친 과학자 영화의 전개가 그런 것처럼 프레토리어스에게 모든 것이 잘된 것은 아니다. 그의 정신이 다른 차원의 존재와 뒤섞인 것이다. 그는 새로운 종류의 변종으로 변화하고 있는 중이다. 프레토리어스가 두 번째로 나타났을 때, 그의 신체 대부분은 거대한 세포 조직 덩어리 속으로 사라져 버렸다. 그는 썩어 가고 있는 젤 형태의 거대한 살덩어리 속에 얼굴이 반쯤 붙어 있는 모습이다. 그는 거의 부정형일 뿐 아니라 흐물거리는 물체 속으로 스며들어서 맘대로 사라질 수 있다. 그의 괴물적 특징의 일부는 무정형으로 들락날락할 수 있는 그의 능력이다. 끈적거리고 타액과 비슷해서 더욱 메스꺼워지는 그런 무정형 말이다.

프레토리어스는 단순히 신체적 형태를 무정형으로 변환할 수 있을 뿐 아니라 이질적인 생물 종의 일부가 될 수도 있다. 그래서 거대한 거머리의 흡반이 그의 이마를 뚫고 나올 수 있다. 따라서 정형과 무정형의 경계를 탐색하는 것에 덧붙여, 프레토리어스는 또한 범주적으로 잡종인 생명체이기도 하다. 그래서 때로 여러 종의 부분들을 동시에 보여 주기도 하고, 때로는 한 부류의 생물체에서 다른 부류로 연속해서 바꾸기도 한다.

내부와 외부의 범주적 구분 또한 프레토리어스의 신체에서 부정되고 위반된다. 그의 확장된 송과선은 안테나처럼 밖에서 흔들거린다. 그는 때때로

팔이 하나이거나 둘이다. 그의 다른 모든 문제에 덧붙여서, 그는 때로 범주적으로 불완전하기도 하다.

프레토리어스라는 생물체는 공포영화의 불결함이라는 문제에서 기본이 되는 모든 것을 건드려 보려는 시도처럼 보인다. 프레토리어스의 분장은 생물학적으로나 극적으로 모두 실제 모든 사람에게 역겨움을 주는 부분을 갖고 있다.

말할 필요도 없겠지만, 프레토리어스는 또한 매우 위험하다. 대다수의 미치광이 과학자들처럼 그도 자신의 신체에 기생하는 다른 차원에서 온 생명체들과 협력하여 세상을 정복하려 든다. 다른 차원의 경험에 의해 증폭된 지적 능력과 초인적인 힘 그리고 염력은 인류에게 거대한 위협이 된다. 그는 인류가 알고 있는 것 중 가장 거대한 잠재적 위험을 대변하며, 영화가 공언하듯 그가 다른 세상으로 열어 놓았던 출입구는 반드시 닫혀야 한다.

〈지옥 인간〉 같은 공포영화를 분석적 관점에서 살펴보는 것은 관객에게 공포라는 정서 반응을 유발하기 위해 괴물이 디자인된 방식을 면밀하게 조사하는 것을 필요로 한다. 이것은 공포라는 정서에 적절한 기준에 부합해서 괴물이 어떻게 구성되고 행동하도록 설정되었는지에 주목함으로써 시작된다. 〈지옥 인간〉에서 프레토리어스의 특성들은 많은 차원에서 불결함과 위험이라는 주제를 반복해서 보여 준다. 범주적으로 미리 초점화된 이러한 특성들을 부각시켜 보여 줌으로써, 감독은 불결함과 위험의 범주에 맞추어 관객이 이들 특성을 포착하거나 할당하도록 조장한다. 더 나아가서 내 가설이 옳다면, 일단 이런 부류의 정서적 초점이 통제력을 지니게 되면 관객들은 프레토리어스의 이미지를 불결함과 위험함에 대한 더 많은 증거를 찾기 위해 탐색을 계속할 것이고, 그 과정에서 정서적 처리과정을 지속할 것이다.

서스펜스 Suspense

서스펜스는 서로 다른 장르에서 자주 나타나는 정서이므로 정확히 그 자체로서는 하나의 장르가 아니다.[17] 〈러브 어페어〉에서 테리가 니키에 대한 사랑을 결코 포기하지 않았다는 것을 니키가 알게 될까 아닐까에 대해 우리는 서스펜스를 느낀다. 많은 공포영화에서 서스펜스는 날아다니는 비행접시, 미쳐 날뛰는 좀비, 껍데기만 남은 인간, 새와 같은 그 무언가의 맹공격으로부터 지구를 지킬 수 있을까 없을까 하는 질문에서 비롯된다. SF 공포영화인 〈어라이벌The arrival〉(1996)에서 서스펜스는 외계 생명체가 지구 대기층을 변형시키려는 시도가 폭로될까 하는 질문에 의해 발생한다. 서스펜스는 다른 장르를 가로지르는 장르 분류법이다.

그런데도 우리는 서스펜스 영화라고 이야기한다. 대략적으로 말해서, 이 영화는 이야기의 주요 부분으로 관객을 사로잡거나 기억할 만한 서스펜스 장면을 포함하고 있는 장르영화다. 아니면 서스펜스가 증가하는 시퀀스로 막을 내리는 영화이거나, 특정한 주요 미결 문제가령 '암살을 막을 수 있을 것인가?'를 해결하는 것이 실질적으로 영화 전체를 차지하는 영화가 될 것이다.

서스펜스는 미래 지향적인 정서다. 일상적인 삶 속에서 우리는 보통 과거에 있었던 일에 대해 서스펜스를 느끼지 않는다. 나는 제2차 세계대전의 결과에 대해 서스펜스를 느끼지 않는다. 이미 그 결말을 알고 있기 때문이다. 서스펜스는 이미 일어난 것이 아니라 앞으로 일어날 것에 대해 우리가 전형적으로 취하는 태도다.

그러나 서스펜스는 미래의 모든 사건과 관련하여 우리가 갖는 정서가 아니다. 나는 내가 내일 출근할지의 여부에 대해 서스펜스를 느끼지 않는다.

왜냐하면 나는 별다른 일이 없다면 아마도 출근할 것이고, 더욱이 출근하기를 원하기 때문이다. 일상생활에서 서스펜스는 내가 원하는 무언가가—막연하게나마—일어날 확률이 낮아 보이거나, 반대로 내가 원하지 않는 무슨 일이 일어날 것 같을 때 발생한다. 내가 반대하는 후보가 선거에서 승리할 것 같거나, 승리할 수 있는 기회가 내가 지지하는 후보와 거의 같을 때, 나는 선거 결과에 대해 서스펜스를 느낀다. 그러나 내가 반대하는 후보가 승리할 수 없고 또 내가 좋아하는 후보가 패배할 가능성이 없다면, 내가 서스펜스를 느낄 여지는 적다.

서스펜스는 확률의 문제다. 이는 단순히 불확실성의 문제가 아니다. 나는 많은 미래 사건의 결과에 대해 확신하지 못하지만, 그로 인해서 서스펜스를 느끼지는 않는다. 서스펜스는 가능성이 내가 원하는 결과와는 반대 방향으로 움직인다고 보일 때, 또는 바라지 않는 결과 쪽으로 진행될 때 지속된다. 일상생활에서 극영화로 넘어가서, 예를 들어 무법자들로 인해 마을이 무법천지가 될 때 우리는 서스펜스를 느낀다. 왜냐하면 기병대가 아직 멀리 있어서 우리의 희망마을 사람들의 구출은 거의 불가능해 보이기 때문이다.

서스펜스라는 정서는 원하는 결과가 불가능하거나, 적어도 원하지 않는 결과보다 가능성이 낮은 미래의 사건을 그 대상으로 필요로 한다. 실제로 서스펜스의 경우 원하지 않는 결과가 나올 가능성이 원하는 결과가 나올 가능성보다 현저하게 크다. 이는 곧 서스펜스가 있는 사건과 관련하여 유용한 정서적 기준은 그 사건에서 원치 않는 결과가 나타날 가능성이 높고 원하는 결과가 불가능해 보인다는 것이다. 따라서 감독은 서스펜스 에피소드를 구성할 때 관객의 바람과 그 가능성을 분리하는 방식을 통해서 묘사와 기술을 범주적으로 미리 초점화해야만 한다.

어떤 결과는 가능하고 다른 결과는 불가능하도록 감독이 사건들을 구성하는 방식은 멜로드라마의 측은한 인물들을 궁지에 빠뜨리거나 공포영화의 괴물들을 무시무시하게 만드는 방식보다 조금 더 많은 설명을 필요로 할 것이다. 불타오르는 빌딩에서 여주인공을 구출하는 것은 불길이 너무 높고, 영웅인 남자 주인공이 너무 멀리 떨어져 있으며, 무자비한 네 명의 악당과의 싸움에서 지고 있기 때문에 거의 불가능해 보인다. 그녀의 목숨은 막 끊어지려고 하는 팽팽하고 가는 줄에 달려 있다. 그러나 감독이 어떻게 관객으로 하여금 다른 결과보다 특정한 결과를 더 원하게끔 만드는지, 그 방식에 대한 답은 분명하지 않다.

관객에게서 서스펜스를 불러일으키기 위해서 영화감독은 자신이 서술하는 사건의 진행에 따른 결과들 중 하나에 관객이 관심을 갖도록 만들어야만 한다. 감독은 이야기가 서술되면서 아주 불가능하거나 적어도 대안으로 간주될 만큼 가능하지 않은 결과를 관객이 원하게 하는 방법으로 관객의 관심을 유발해야 한다. 하지만 감독이 그렇게 할 수 있는 확실한 방법이 있을까? 감독은 결국 개인적으로 알지 못하는 다수의 관객을 위해 영화를 디자인한다. 감독은 개별 관객의 개인적 기호와 욕구를 알 수 없다. 어떤 상황을 특정한 방식으로 구성함으로써 특정 장면이 서스펜스를 위해 작동하리라 확신할 수 있을까? 감독이 원하는 방식으로 감독이 관객의 관심을 얻게 될 것이라 확신할 수 있을까? 이것은 모든 서스펜스 영화감독이 맞닥뜨리는 문제다. 나아가 여기에는 실제 모든 서스펜스 영화에서 명백하게 드러나는 간단한 해결책이 있다.

서스펜스에서 필요한 종류의 관심을 촉진하기 위해 감독은 개인적으로 전혀 혹은 거의 알지 못하는 다양한 관객에게서 어느 정도 공유되고 있는 흥미나 취향을 찾아내야 한다. 즉, 감독은 관객에게서 서스펜스 반응을 유지할 만한 일반적인 흥미나 취향을 찾아야만 한다. 여기서 도덕성권선징악이 거의 모든 서스펜스 영화가 이용하는 수단으로 판명된다. 도덕성은 전형적인 관객들이 공유하기 쉬운 일반적인 감상sentiment의 집합을 제공한다. 따라서 대개의 서스펜스 영화에서 정서의 대상은 **사악한** 결과의 가능성이 높고 **정의로운** 결과가 불가능한 사건이다.

기차가 철로에 묶여 있는 여주인공으로부터 기껏해야 30미터 정도 떨어져 있을 때 악당의 사악한 음모는 피할 수 없어 보인다. 마찬가지로 〈비밀첩보원Secret Agent〉(1936)에서 '장군'이 온화한 노신사를 스파이로 오인해 절벽 아래로 밀어내려 할 때 우리는 서스펜스에 사로잡힌다. 살인을 피하는 것이 불가능해 보이기 때문이다. 이 사건을 막을 수 있는 유일한 사람인 에쉬든존 길거드은 반 마일 떨어진 천문대에서 망원경을 통해 고통스럽게 암살을 지켜본다. 동시에 우리는 이 행위를 부도덕하다고 간주한다. 이는 부분적으로 우리가 에쉬든의 번민을 공유하기 때문이고, 부분적으로는 노신사가 스파이라는 증거가 얄팍할 뿐 아니라 전체적으로 관대하고 개방적인 그의 태도와 모순된다는 것을 알기 때문이다. 비슷하게, 〈스피드Speed〉(1994)에서는 질주하는 버스가 무고한 승객을 죽이며 산산조각으로 폭파되지 않을 방법이 없다고 생각되기 때문에 서스펜스가 영화의 대부분을 차지한다. 〈랜섬Ransom〉(1996)과 같은 영화의 경우는 악당이 빠져나갈 것처럼 보이는 순간의 서스펜스가 가장 참기 어렵다.

물론 그런 영화들에서 작동하는 도덕률은 일상적인 사건을 지배하는 도덕성과 항상 같은 것은 아니다. 가끔 우리는 '실제 삶'에서는 결코 찬성할 수 없는 계획을 영화 속에는 하고 싶다고 느낀다. 예를 들어, 사기꾼 영화caper film들은 보통은 관용을 베풀기 어려운 못된 범죄자들을 그린다. 그러나 영화는 그들에 대한 우리의 도덕적 반응을 일상의 도덕적 판단과는 다르게 이끌어 낸다.

감독이 서스펜스 영화에서 장면들에 대한 도덕적 평가에 영향을 주기 위해 사용하는 가장 중요한 수단은 바로 인물 묘사다. 즉, 우리는 서스펜스 영화에서 고결하고 강렬한 인상을 주는 인물의 계획을 받아들이는 경향이 있다. 예를 들어 사기꾼 영화의 경우, 우리는 이야기의 주인공이 매력적인 점을 갖고 있으며 상대편은 그에 필적할 만한 것이 결여되어 있다거나 혹은 적의 공공연한 악행을 강조함으로써 사기꾼과 도덕적으로 동맹을 맺는 경향이 있다. 여기서 논의되는 미덕—강함, 불굴의 용기, 현명함, 용감함, 능력, 아름다움, 관대함 등—은 기독교인의 그것보다는 그리스적인 것에 더 가깝다. 우리는 인물들이 미덕을 보여 주기 때문에—우리가 인물들을 미덕으로 지각하기지각하도록 인도되기 때문에—그들에게 도덕적 신뢰를 보낸다.

만약 주인공이 어떤 미덕을 소유한 것으로 묘사되고, 상대편은 좋은 점이 적거나 없거나 철저한 악의를 지녔다면, 주인공의 노력은 도덕적으로 올바르기 때문에 서스펜스가 유지될 수 있다. 물론 전형적인 영화에서 주인공의 행위는 대다수 관객이 공유하고 있는 일반적인 윤리 기준에 따르고, 도덕적으로 올바른 경우가 대부분이다. 그러나 주인공이 윤리적으로나 도덕적으로 모호한 경우 주인공이 소유한 미덕강함, 용감함, 현명함, 능력, 아름다움 등-역자 주이 영화에 대한 도덕적 가치 판단에 반영될 것이고, 관객으로 하여금 영화의 윤리 기준을 받아들이도록 유도하게 될 것이다. 따라서 악당도 어떤 미덕을 소유하고 있을 경우 때때로 서스펜스의 대상으로 기능할 수 있는 것으로 드러난다. 실제로 일정한 한계 내에서 사악한 인물과 그가 처한 곤경은 그가 만일 힘없는 희생양으로 묘사될 경우 서스펜스의 대상이 될 수 있다고 생각한다. 왜냐하면 진정으로 힘없는 희생자가 해를 당할 경우 관객의 공정함에 대한 감각은 움츠러들기 마련이기 때문이다.

허구 영화의 한 사건이 서스펜스에 어울리는 대상으로 사용되기 위한 기준은 전형적으로 도덕성과 개연성을 포함한다. 서스펜스 영화의 묘사와 기술은 정의에 대한 기대는 약한 반면, 악의 승리가 확실시되는 결과를 특징으로 하는 사건들을 범주적으로 미리 초점화한다. 허구 영화에서 사건들의 이러한 전개상의 특징들을 현저하게 만드는 것은 서스펜스에 적합한 기준에 부합하는 정서적 초점을 쉽게 유도해 낸다. 따라서 서스펜스에 사로잡힌 관객들은 이야기에서 펼쳐지는 행위의 도덕성과 개연성에 등급을 매길 수 있는 세부 사항에 관심을 기울인다. 더욱이 일단 서스펜스에 사로잡히게 되면 관객의 정서적 초점은 스크린 위에서 펼쳐지는 도덕적 선과 악의 다툼에서 요동치는 개연성을 열심히 추적한다.

서스펜스 시퀀스나 서스펜스 영화를 분석하는 것은 영화 텍스트를 범주적으로 미리 초점화하는 데 기여한 주제와 스타일상의 선택을 분류해 내는 것을 포함한다. 이러한 것들이 서스펜스와 더불어서 묘사와 기술의 구성 요소가 될 것이다. 그리고 그것들은 관객으로 하여금 앞으로 펼쳐지는 행위가 지닌 대안적 결과의 개연성과 도덕적 가치와 관련해서 적절한 평가를 하도록 유인할 것이다.

공포영화가 두려움이라는 정서를 이끌어 내는 방식을 분석하는 것도 영화 텍스트가 범주적으로 미리 초점화되는 방식을 추적하는 것을 포함한다. 그러나 공포영화와 관련된 정서 기준은 개연성과 도덕성이 아닌 위험과 불결함이며, 논의되는 정서의 대상은 서스펜스의 경우처럼 사건이 아닌 어떤 존재, 즉 괴물이 된다. 따라서 공포영화 분석가는 괴물이 눈에 띄는 위험과 불결함의 기준에 따르는 특성들이 부각되도록 구조화된 방식에, 그리고 플롯이 두 가지 기회, 즉 괴물로 하여금 자신의 특성을 보여 주거나 혹은 등장인물들이 괴물을 묘사하고 그에 대해 이야기하도록 기회를 제공하는 방식에 관심을 가질 것이다.

멜로드라마와 관련해서는 범주적으로 미리 초점화하는 것이 매우 중요하다. 하지만 우리가 멜로드라마적인 정서라고 부를 수 있는 것—동정과 경외심의 복합체—에 적합한 기준은 불운과 미덕일반적으로 이타적이고 종종 자기희생적인 것이다. 멜로드라마적 정서를 발생시키는 구조를 함축적으로 요약하자면, 이는 인물들의 미덕과 불운이 나타나도록 설정된 사건과 그것이 극적으로나 내러티브상으로 또한 영화적으로 부각될 수 있는 방식에 관심을 갖는 것을 의미한다.

결론 Concluding Remarks

이 장에서 나는 영화와 고유 정서또는 다채로운 정서의 관계를 분석하기 위한 이론적 틀을 제안했다. 나는 또한 잘 알려진 정서 상태를 유발하는 것으로 일반적으로 인정되고 있는 다양한 장르를 분석하는 데 있어서 이 프로그램이 갖고 있는 중요성을 보여 주려고 시도했다.

앞에서 나는 정서적 초점을 촉발하기 위한 범주적 사전 초점화criterial pre-focusing의 중요성을 반복해서 강조했다. 나의 가설은 영화 텍스트가 범주적으로 미리 초점화되는 것에 의해서—여기에서 문제가 되는 기준들이 특정한 정서에 적절한 것일 경우—감독은 관객들이 스크린상의 사건들을 어떤 범주들, 즉 관련 정서 상태를 자극하는 적절한 범주들에 따라 평가하거나 포착하도록 유도한다는 것이다.

범주적 사전 초점화를 통해 영화감독은 말을 물가로 데려간다. 하지만 관객이 물을 마실 때까지 이 과정은 완료된 것이 아니다. 그렇게 되기 위해서는 관객들이 영화 텍스트를 감독이 범주적 사전 초점화를 통해서 부각시킨 방식으로 인식해야 한다. 이것은 스크린에서 일어나고 있는 사건들을 의도된 범주들 속에 포함시키거나 혹은 의도된 정서적 범주의 관점에서 평가하는 것을 의미한다. 그러나 당신이 어느 방식을 선호하든, 영화에 대한 정서 반응을 이끌어 내는 과정에서 관객의 인식과 판단 능력은 일정한 역할을 수행하게 된다. 따라서 우리는 영화와 정서의 관계에 대한 분석에서도 인지적으로 지향된 접근방법이 영화이론에 더 많은 기여를 할 수 있음을 알게 될 것이다.

2장
영화 관람 속 감상
Sentiment in Film Viewing

Ed S. H. Tan & Nico H. Frijda

들어가는 말 Introduction

한 아버지가 아내와 아이들 때문에 〈포카혼타스Pocahontas〉(1995)를 보러 갔다. 영화의 클라이맥스에서 주인공인 포카혼타스는 여러 사람 앞으로 나아가서 엄청난 권력을 가진 인디언 추장인 자신의 아버지와 맞선다. 그녀는 영국인들에 대한 복수를 하지 말 것을 설득하면서 앞으로 벌어질 끔찍한 전쟁을 막는다. 영화를 보면서 아버지는 어둠 속에서 눈물을 참느라 애쓴다. 그런데 함께 온 아들은 그 장면을 그냥 주의 깊게 쳐다만 보고 있는 게 아닌가. 아버지는 자신의 감정에 당혹감을 느낀다.

이러한 정서적 상황은 흔히 일어난다. 이와 같은 상황에서 대부분의 관찰자는 쉽게 그 아버지의 느낌을 감상적 정서, 즉 감상sentiment으로 이해할 수 있을 것이다. 하지만 **감상**이라는 용어는 사람들이 스스로의 정서 상태에 기꺼이 부여하는 명칭은 아니다. 첫 번째로, 이 용어는 경멸적인 의미를 내포하고 있다. 감상에 빠지는 것은 어리석은 일이고, 감상적인 정서는 종종 거짓이나 위선적인 것으로 간주된다. 특히 영화와 같이 인위적 자극에 의해 그 감성affect이 일어날 경우에 더욱더 그렇다. 감상성은 또한 반여성적인 맥락에서 여성성이나 나약함과 연관되기도 한다. 두 번째로, 감상은 정말로 무엇인지 파악하기가 쉽지 않다. 개개인마다 이 용어의 의미는 무척이나 다양하다. 그리고 이론적 관점에서 감상적 정서란 단일한 정서가 아닌 여러 가지 정서의 혼합체다. 이러한 불명료함의 한 가지 원인은 아마도 이 용어가 지시하는 정서가 공포나 슬픔, 분노와 같은 보편적 정서보다 훨씬 더 복잡하기 때문일 것이다. 또한 감상성은 실제 삶 속보다는 문화적 산물에 대한 반응과 연관되는 경향이 있다. 더군다나 대중 문학이나 연극, 영화 등의 문화적 산물들은 저급한 것으로 간주된다. 물론 항상 그랬던 것은 아니지만. 사실 감상과 감상성이라는 용어에 내포된 의미를 역사적으로 살펴본다면 감상적 정서에 대한 우리의 이해가 깊어질 수 있을 것이다. 하지만 그 전에 우리는 사전 단계로서 다른 종류의 감성affect에서 감상sentiment을 구분할 필요가 있다.

우선, 감상은 울음과 불가분하게 연결되어 있다. 물론 울고 싶은 다른 정서로는 슬픔 또는 뭉클함도 있다. 비록 이 두 가지가 비슷해도, 감상적 정서는 슬픔과 같은 것이 아니다. 슬픔의 경우에 우리는 '중요한 것을 상실했음'을 인식한다. 우리의 마음을 뒤흔든 것이 무엇인지 알고 그것의 중요성이 우리 정서의 강도에 합치된다고 느끼는 한, 우리는 감상적이 되지 않고 슬픔의 눈물을 흘릴 수 있다. 반면, 감상적 정서란 울고 싶은 충동이나 뭉클함을 넘어설 정도의 감정 상태를 의미한다. 앞으로 보게 되겠지만, 울고 싶은 충동은 결과적으로 일반적인 유약함이나 무기력함의 상태와 연결된다.

우리가 이야기하는 감상의 두 번째 특징은 그것이 대개 타인의 운명에 대한 반응으로 일어난다는 것이다. 우리는 타인의 행복이나 불행을 보면서 자신이 울고 있는 것을 깨닫는다. 왜 그 사건이 우리를 그렇게 감동시켰는지 정확히 이해하지도 못한 채 말이다. 마지막으로, 감상적 정서는 이유가 없다는 특성을 어느 정도 갖고 있다. 동기 부여가 되거나 행동을 자제하는 식의 의미를 찾기 어려운 것이다. 따라서 늘 그런 것은 아니지만 자주 감정의 위선이나 피상성이 문제가 된다.

〈포카혼타스〉를 보고 있는 아버지의 예에서처럼 감정의 솟구침이 어디에서 비롯되는지를 잘 이해하지 못할 때 '감상적sentimental'이라는 표찰을 자신의 정서에 또는 타인의 감정에 붙일 수 있다. 하반신 마비 환자들은 병문안을 온 친척들이 돌아가면 쉽게 눈물을 '펑펑' 흘리곤 한다.[1]

감상주의의 간략한 역사 A Short History of Sentimentalism

감상적 정서가 항상 싸구려 감성으로 간주된 것은 아니다. 그리고 몇몇 문화권에서는 감상이나 이와 유사한 정서가 예전이건 지금이건 미국 문화에서보다 덜 금기시되고 있다. 가령 인도에서는 자국의 대중을 위해 감상적인 영화를 만드는 산업이 호황을 누리고 있다. 또한 감상을 빚어내는 하위문화를 주변에서 쉽게 발견할 수 있다. 텔레비전 드라마가 모든 부류의 시청자들에게 인기 있다는 사실은 이를 증명한다. 그리고 감상이 우리 문화에서 복잡한 감정으로 간주되기 시작한 것은 그리 오래전이 아니다. 현재 사용하고 있는 것과 가까운 의미에서 '감상'이라는 용어는 고작 18세기 말로 거슬러 올라간다. 당시 이 단어는 처음에는 솔직한 평가를 의미했으며, 나중에 로렌스 스턴Lawrence Sterne의 『풍류여정기A Sentimental Journey through France and Italy』에서처럼 순수하고 미묘한 감정의 의미를 갖게 되었다. "브리센든R. F. Brissenden은 낭만주의 시대에서부터 현재에 이르는 감상 문학의 작가들이 고결하고 선한 것에 대한 독자의 정서와 자연스러운 감정에 호소하고 이를 세련화함으로써 독자의 도덕심을 고취시키고자 했다고 지적한 바 있다.[2] 브리센든에 따르면, 감상 소설의 중심 주제는 고결한 성품의 인물이 자신의 잘못이 아닌 상황으로 인해 곤경에 빠진다는 것이다. 그 소설 안에서 부각되는 것은 사건이 아니라 인물들이 느끼게 되는 감정이다. 복잡 미묘한 상황에 대한 분석과 그로 인해 만들어진 도덕적 차별이 주인공이 행한 착한 일보다 더 조명을 받는다. 안네미케 마이어Annemieke Meijer는 갑작스러운 반전이 곤경에 처한 고결함이라는 주제를 잘 드러낸다고 주장한다. 갑작스러운 재산 상실, 다시 만난 아이나 부모 그리고 또 다른 운명의 장난이 바로 그것이다. 두서없거나 미완의 스토리 라인 또한 인물의 강한 감정 묘사를 돕는다. 감상적 소설은 독창성에선 떨어진다. 이는 일련의 관습적 상황과 평범한 인물을 바탕으로 전개된다. 마이어에 따르면, 임종이나 재회 장면 같은 자극적인 대목이 반드시 들어가 있다.

감상주의에 대한 설명이 18세기 문학에 대한 것이지만, 동시대 대중 영화의 대부분, 특히 1910년에서 1960년대까지 할리우드 멜로드라마와의 현저한 유사점을 발견하는 것은 어렵지 않다. 이러한 유형의 멜로드라마는 결혼과 가족이라는 가정환경 속에서 설정된다. 주인공은 여성이다. 몇몇 임의적인 예를 들자면, 그리피스의 〈동부 저 멀리Way Down East〉(1920) 프랭크 보제이즈의 〈남자의 성A Man's Castle〉(1933), 데이비드 린의 〈밀회Brief Encounter〉

(1945), 더글러스 서크의 〈내가 원하는 모든 것All I Desire〉(1953) 등이 있다.

로버트 랭Robert Lang은 멜로드라마란 정체성의 드라마라고 지적하고 있다. 여성의 정체성을 규정하는 문제, 그리고 남성의 지배력과 여성과 남성의 역할에 대한 사회의 전통적 가치에 대항한 여성의 투쟁이 갈등의 핵심이 된다. 고난에 처하는 것은 바로 후자, 즉 여성의 정체성에 대한 전통적 가치다. 여성적 관점에 대한 강조를 통해 멜로드라마는 잠재적으로 문화적 저항에 기여한다. 그러나 가장 격렬한 멜로드라마라고 하더라도 과격한 변화를 직접적으로 요청하지 않는다. 이를 위해 멜로드라마는 더 나은 대안을 제시하지 않는다.[3] 토머스 샤츠Thomas Schatz는 다음과 같이 지적하고 있다.

> 로맨틱 코미디나 스크루볼 코미디에 등장하는 인물들이 이 사회의 예의범절을 조롱하는 데 반해서, 멜로드라마의 인물들은 사회적 관습에 의존하고 있다. 그리고 코미디가 무질서한 연인들을 그들이 처한 사회적 환경과는 다른 자기 충족적 결합으로 통합하는 데 반해, 멜로드라마는 사회적 · 가정적 전통을 비난하는 데서 물러선다.[4]

그렇다고 멜로드라마의 결말이 웨스턴이나 탐정영화의 경우처럼 남자 주인공의 행위를 통한 명백한 질서 회복으로 구성되었다는 것은 아니다. 여기에 멜로드라마와 감상적 소설 간의 공통점이 존재한다. 중요한 것은 액션이 아닌 감정의 분석이라는 점이다. 그리고 이 분석에는 영국 영화인 〈밀회〉의 경우처럼 '나는 고발한다j'accuse' 식의 요소가 내포되어 있을 수 있다. 그러나 일반적으로 할리우드 멜로드라마는 미덕과 악행을 아주 분명하게 구분하지 않는다. 반면, 이의 선구자였던 감상적 소설은 솔직한 고발을 감행하기도 했다.

멜로드라마와는 달리, 할리우드 액션 모험영화에서 선과 악의 구분은 머레이 스미스Murray Smith가 보여 준 것처럼 마니교도의 엄격한 구분과 닮아 있다.[5] 따라서 이 관점에서 '남성' 장르 영화들도 마찬가지로 감상적인 것으로 간주될 수 있다. 특히 액션의 묘사가 아무리 투박하고 대략적인 형식으로라도 주인공의 감정 표출에 의해서 보완이 된다면 그러하다. 이와 같은 맥락에서 스티브 닐Steve Neale은 할리우드 가족 멜로드라마만이 아니라 모든 액션 위주의 고전적인 장르들도 19세기 멜로드라마 연극에서 출발했음을 지적한 바 있다.[6] 이는 멜로드라마 연극이 강한 정서 촉발을 이끄는 다양한 장르를 포함하고 있기 때문이다. 감상적 소설과 마찬가지로 멜로드라마 연극 역시 급작스럽고 변화무쌍한 관습을 따른다. 복잡하고 화려한 특수 효과가 과도하게 사용되었고, 연기는 인물들의 감상을 관객들에게 직접적으로 전달하는 것으로 여겨졌던 규정된 움직임에 근거하고 있다. 완벽한 기교를 통한 감상의 창조라는 디드로Diderot의 생각이 보다 진지한 연극에서 더 널리 퍼져 있었겠지만, 멜로드라마 연극에도 영향을 미쳤을 것이다.[7]

멜로드라마 연극과 감상적 소설의 뿌리가 같다는 사실만 보아도 곤경에 처한 **미덕**의 화신고귀한 여자든 남자든을 그려 냄으로써 모든 고전 영화 장르가 어느 정도 감상성을 불러일으킬 수 있다는 가능성을 확인할 수 있다. 가족 멜로드라마의 주도적 정서는 감상성이다. 하지만 이는 또한 서부영화뿐 아니라 갱스터 영화, 탐정영화, 스크루볼 코미디 그리고 뮤지컬 영화의 일부이기도 하다. 여러 사람에 의해서 관찰된 것처럼, 할리우드 영화는 연극적이고 과장되어 있고 정서를 늘인다는 점에서 넓은 의미에서 전적으로 멜로드라마적이다.

관객이 느끼는 정서심리학 The Psychology of Emotion in the Film Viewer

심리학적 관점에서 보면 영화의 감상성cinema sentiment은 관객이 느끼는 정서 상태라고 볼 수 있다. 관객이 느끼는 정서에 대한 포괄적인 설명은 다른 곳에서 제시한 바 있다. 이는 대부분 칼 플랜팅거Carl Plantinga가 제안한 영화 관객에 대한 인지적·정서적 이론과 부합한다.[8] 다른 곳에서 우리는 영화 관람 시 관객이 일으키는 감성이 심리학적 관점에서는 독특한 정서 형태임을 밝힌 바 있다.[9] 우리는 프리다Frijda의 일반 정서이론이 영화 관객의 경험을 설명해 줄 수 있음을 보여 주었다.[10] 여기에서 우리는 그 설명 중 몇 가지 핵심 항목만을 요약할 수밖에 없다. 정서는 한 상황이 한 개인의 관심을 끌 때 일어난다. 이는 상황의 중요성에 대한 평가와 행동 경향으로 이루어져 있다. 정서적 경험은 관심과 현실, 난이도와 체감 행동 경향the felt-action tendency 등과 연관해서 상황의 특별한 의미를 의식하는 것이다. 행동 경향 자체는 특정한 방식으로 행동하려는 경향을 말한다. 가령 두려움은 육체적 위협에 직면할 때 그것을 막을 수 없는지 판단하고 스스로를 보호하기 위해서 달아나고 싶어 하는 충동이나 몸이 얼어 버리는 것을 말한다. 더 나아가 정서에서 행동 경향은 통제 우선권control precedence을 특징으로 한다. 통제 우선권이란 한 행동이 진행 중인 다른 행동이나 인지과정을 희생하고라도 실행되려는 경향성을 말한다. 이러한 경향이 있기 때문에 사람들은 순수한 인지적 생각에 비해 정서의 경우 어떤 것이라도 막대한 힘과 억제할 수 없는 충동을 일으키게 된다.

나아가서 영화를 통해서 촉발된 정서는 대부분이 관찰 정서witness emotions

다. 즉, 영화 관람의 주된 감정은 일상생활에서 우리가 관련을 맺고 있는 사람들을 관찰할 때 생기는 감정과 같은 것이다. 그 사람들은 정서적 상황에 포함되어 있지만 우리가 구경꾼으로만 가담할 수밖에 없고 행동을 할 수 없는 상황 속에 놓여 있다. 우리는 그들의 운명에 대해 걱정하지만 그 결과를 기다려야 한다. 영화의 관객은 허구세계 속에 실질적으로 존재하는 눈에 보이지 않는 관찰자라고 스스로를 생각하게 된다. 이러한 인지로부터 생기는 정서를 F정서Fictions emotions라 부를 수 있을 것이다. 왜냐하면 그것은 허구적 세계 속 사건에 대한 반응이기 때문이다. 영화 관람 시 일어나는 정서는 또한 인간이 만들어 낸 가공물에 대한 반응이기도 하다. 앞의 분류처럼 영화 관람 시 일어나는 정서는 영화를 영화답게 감상함으로써 얻어지는 기쁨과 감탄을 포함한다. 우리는 이 F정서에 집중할 것이다. 목격자라는 자격은 관객으로 하여금 사건과 연관해서 특별한 위치나 태도를 취하도록 해 준다. 이러한 태도는 대부분 영화의 내러티브에 의해서 조절된다. 이러한 사실은 주인공이 허구적 세계에 속해 있다는 관객의 인식이 매우 중요함을 강조한다. 이 경우 관객이 그 상황을 어떻게 보느냐 하는 시각에는 주인공이 세상을 보는 판단 기준이 포함되어 있다. 그러면서 관객은 주인공의 감정을 공유하게 된다. 여기에서 허구 정서F emotions는 감정이입적 정서로서 공감, 동정, 찬탄이 공통적으로 포함된다. 관객의 지식은 주인공의 그것과 다를 수도 있다. 가령 우리는 주인공이 자신도 모르게 위험에 처해 있을 때 공감적 두려움을 경험한다. 감상적인 정서를 포함해서 많은 공감적 정서는 관객과 주인공 간의 지식의 불일치에 의해 결정된다. 그러나 모든 공감적 정서에서 주인공이 처한 상황의 중요성은 관객의 정서에 결정적으로 중요하다. 반면, 비공감적 정서의 경우는 그렇지 않다. 영화 관객으로서 우리는 주인공의 운

명과 감정에서 그것이 갖는 의미와 상관없이 장대한 풍경이나 주인공의 모습을 보는 것을 즐긴다.[11]

관객의 감상과 영화의 감상 Viewer Sentiment and Film Sentiment

감상적 정서를 주제로 한 정서심리학 분야의 연구는 최근까지도 많지 않다. 아직까지도 감상적인 문화산물에 대한 역사적 통찰에 대한 연구는 소수에 불과하다. 첫 번째 주제가 자극에서의 감상성과 수용자에서의 감상성 간의 구분인데, 이는 일반적으로 영화에서의 정서와 수용자의 정서를 구분하는 것과 비슷하다. 자극에서의 감상성이란 허구적 인물이 느끼는 허구적인 감성을 재현하는 것인 반면, 수용자에게서의 감상성이란 경험적 개인에게서 나타나는 심리적 상태다. 그러나 여기까지이고, 관객 정서의 특징에 대한 분명한 설명은 많지 않다. 흔히 관객의 정서는 허구 속에서 재현된 것의 반복이라고 가정하지만, 이는 명백한 오류다. 물론 감상적인 눈물은 모든 눈물이 그러하듯이 전염성이 있다. 그래서 우리는 감상적 정서가 왜 슬픔보다도 더 전염성이 강한지를 간단하게 살펴볼 것이다.

그러나 영화 속에서의 감상적 정서가—어떤 정서를 유발한다고 한다면—반드시 관객에게 감상적 정서를 유발할 필요는 없다. 그리고 반대로 관객이 느끼고 있는 감상적 정서도 단지 스크린 위에서 보이는 감상적 정서에 대한 반응으로 일어나는 것은 아니다. 〈포카혼타스〉의 예가 다시 좋은 설명이 될 것이다. 영화관에 온 아버지는 포카혼타스라는 인물이 전혀 감상적이지 않은데도 운다. 우리는 전형적인 경우에 관객의 정서는 주인공에게서 관찰되는 정서와 동일하지 않다고 믿는다. 그 이유에 대해서는 나중에 논의하겠다.

감상과 무기력감: 일반적 효과 Sentiment and Helplessness: General Effects

일상적인 말이나 심리학적 연구 모두에서 감상적 정서는 울고 싶은 느낌과 연결된다. 이런 이유에서 우리 문화권에서는 앞의 〈포카혼타스〉의 예에서처럼 감상성이 사람들, 특히 남자들을 당황스럽게 만든다고 본다. 프리다는 울음이 슬픔이 아닌 '무기력함에 대한 반응'이라고 주장한다.[12] 실제로 그것은 일종의 복종 반응으로 막강한 힘을 갖고 있는 타인이나 사건들을 접할 때 생겨난다. 철학자 헬무트 플레스너Helmuth Plessner는 울음을 일종의 '항복 반응capitulation response'이라고 명명했다.[13] 기쁨의 눈물과 슬픔의 눈물이 갖는 공통점은 바로 이 눈물이 압도적인 것을 경험하거나, 통제하기 불가능하거나, 감당하기 어렵거나, 거리를 유지할 수 없는 상황을 경험할 때 발생한다는 점이다. 슬퍼서 흘리는 눈물은 사람이 느끼는 상실감이 돌이킬 수 없음을 의미한다. 그리고 기뻐서 흘리는 눈물은 사람이 느끼는 이득이 감당하거나 주체할 수 없음을 의미한다. 운다는 것은 그 사람이 정서적 상황과 관련해서 무기력에 빠졌다는 것을 의미한다. 그것은 그 상황에 대해 아무것도 할 수 없거나 아마도 의도적으로 포기함으로써 무력함에 빠지기 때문이다. 이러한 해석과 일치하게, 등장인물이 난관에 봉착해 있는 에피소드의 경우 등장인물이 포기를 하거나 더 이상의 저항이 불필요할 때 울음으로 끝맺게 된다는 사실을 관찰할 수 있다. 가령 에프런J. S. Efran과 스팽글러T. J. Spangler는 〈미러클 워커The Miracle Worker〉(1962)를 보던 관객들이 주인공의 행복을 위한 장애가 사라진 지점에서 정확하게 울음을 터뜨렸다고 주장한다.[14] 그들의 설명에 따르면, 이런 장애 제거가 긴장의 해소와 안도감을 낳았던 것이다. 하지만 좀 더 인지적인 설명이 보다 나아 보이기도 하는데, 그것은 정신분석적 은유수력학적 은유, hydraulic metaphor. 프로이트가 마음을 설명하면서 의식은 빙산의 일각으로, 무의식은 수면 밑에 잠겨 있는 것으로 은유한 것-역자 주를 사용하지 않기 때문이다. 등장인물의 저항은 다른 해결책이 등장했기 때문에 끝난다. 이는 관객들이 그 상황을 중요한 목표의 달성으로 받아들이거나, 주인공에 의해 변화될 수 없기 때문에 그것을 그냥 받아들일 수밖에 없음을 의미한다. 이러한 인지적 변화에 대한 반응으로 관객들은 등장인물을 놔주게 되고, 에피소드에서 발생하는 무기력함을 그냥 받아들일 수 있게 된다.

다른 책에서 우리는 고전적인 이야기 방식이 동기 수준이 높은 관객들에게서 일련의 정서적 에피소드를 불러일으킨다는 것을 밝힌 바 있다.[15] 데이비드 보드웰David Bordwell이 지적한 것처럼, 고전적인 내레이션 법칙을 차용한 영화 장면은 문제를 설정하고 일시적인 해결책을 제시한다.[16] 관객은 주인공이 처한 어려움이 증가함에 따라 희망과 두려움, 관심 같은 감정을 더욱 이입하게 된다. 그 결과에 따라서 그 감정은 기쁨이나 슬픔, 동정이나 찬탄으로 끝이 난다. 관객이 영화 속 결말을 깨닫게 되면 그 어떤 종류건 위에서 언급한 것과 같은 정서는 갑작스럽게 중단된다. 이렇게 되면 영화 속 사건을 있는 그대로 받아들이게 되고, 예상은 멈추며, 아직 해결되지 않은 문제로 인한 불편함의 표시로 눈물이 흐른다. 이는 전통적인 영화의 줄거리 중 어떤 형식으로든지 고조된 갈등이 해소되면 관객에게 감상이 발생할 수 있음을 의미한다. 모든 영화에는 관객의 관심이 지속적으로 증가하다가 정점에 도달하는 절정의 순간이 있고, 처음의 모호한 사인들에 해결의 실마리가 조금이라도 보이면 그 상승이 꺾이는 지점이 있다. 즉, 러브신에서의 키스나 마지막 이별 장면에서 결연하게 몸을 돌리는 것, 오랜 거부 끝에 누군가를 수용하려는 몸짓 등이 그 예다. 그러나 감상적 정서는 또한 〈포카혼타스〉의 경우나 〈귀여운 여인Pretty Woman〉의 경우, 그리고 〈이티E.T.〉에서 이티가 집에 가고 싶다고 말할 때와 같이 예상을 깬 돌연한 장면에서도 생겨날 수 있다.

플롯에서 감상을 유도하는 자극이 몰려 있는 특정 지점을 살펴보면 영화 속 감상이 왜 독특한 정서의 혼합물인지를 깨닫게 된다. 일시적인 혹은 지속적인 해결책이 제시된 순간, 관객들은 필연적으로 사건 결과와 주인공에게 부여된 정서를 자신도 경험하게 된다. 첫 번째, 즐거운 결말에 대한 반응으로서 즐거움을 느끼고, 덜 일반적이지만 불쾌한 결말이 확정적이고 삶의 일부가 될 때 슬픔을 느낀다. 두 번째, 희망이 충족되고 두려움이 제거될 때 안도감을 느낀다. 세 번째, 동정심이나 찬탄 같은 주인공을 향한 민감한 감정과 분노나 '샤덴프로이데Schadenfreude. 남의 불행을 보고 느끼는 즐거움-역자 주' 처럼 악당에 대해서 느끼는 감정을 느낀다. 이처럼 결말과 연관되어 있는 모든 정서는 관객들이 결과에 순종하고 복종하도록 한다. 우리는 우리에게 일어난 사건 속의 슬픔이나 기쁨이 그 정도에서, 혹은 주인공이 자신의 운명을 감당하는 방식과 순수함, 즉 감정의 완벽성에 비해 보잘것없다는 사실을 받아들인다. 최소한 이는 우리가 당연히 받아들이고 복종해야만 하는 어떤 것에 직면해 있다는 느낌을 갖게 한다. 특히 주인공과 관련해서 '당신의 승리나 비극은 나나 다른 누구의 것보다 거대하다.'는 결론을 내려야만 하는 것이다. 우리의 정서를 감상적으로 만드는 것은 바로 사건의 의미를 우리가 이해하는 부분에 달려 있다.

주인공의 삶이 좋아지거나 나빠지는 변화를 통해 감상적 정서가 일어난다. 변화의 성격은 그것이 어떤 정서인지를 결정한다. 정서가 관객들로 하여금 감상적 반응을 뚜렷이 인식하는 것을 방해할 것이다. 반면, 정서 자체는 관객들의 의식 안에서 또렷이 인식된다. 그들은 영화 속의 무엇 때문에 자신의 감정이 일어나는지 알고 있다. 반면, 감상적 측면은 내적 과정에서 일어나는 변화에 대한 반응이다. 즉, 그것은 대처 노력이나 기대의 반복을 갑작스럽게 포기하는 것이기도 하다. 영화에서 감상은 동정이나 즐거움, 찬양 등과 같이 허구적 세계에 존재하는 대상들과 연관된 감정 뒤에 숨기 쉽다.

감상은 진정한 정서의 변형이다. 이는 정서의 독자적인 변형이기도 한데, 감상은 독자적인 행동 양식을 갖고 있기 때문이다. 감상의 행동 경향은 압도적인 것에 굴복하는 것이다. 이러한 점이 사람들을 당혹스럽게 만든다. 일단 감상에 항복하게 되면, 우리 대부분은 우리가 선호하는 이상적이고 독립적인 자아의 지시를 따르지 않는다. 일반적인 상황에서 이렇게 되면 우리는 당혹하게 된다. 하지만 극장의 어둠 속에서, 그리고 관찰자라는 보다 안전한 위치에서 우리는 일시적으로 나약해지는 것을 즐길 수 있게 된다. 이것이 감상이 정서의 진정한 하부를 구성한다는 것을 보여 주는 두 번째 특징이다. 관객들은 개인적 안전을 확보하고 있으며 자신들의 상황에서 반드시 어떤 행동을 해야만 하는 의무로부터 해방되어 있다. 감상적 정서의 행동 경향 자체, 즉 압도적인 것에 대한 복종과 이유 없는 안도감 그리고 그에 수반되는 '그냥 내버려 두라'는 심정 모두가 여러 가지 통제 장치를 쉽게 제거해 버리게 만든다. 따라서 감상은 전반적으로 다른 모든 정서를 강화한다. 사람들은 자신의 감상적 행위가 잠재적 정서를 강화한다는 것을 깨닫게 되면 대부분 영화관에서 느낀 정서의 힘에 대해 매우 놀랐다고 보고하게 된다.

감상을 일으키는 영화 주제 Film Themes Provoking Sentiment

지금까지 우리는 감상을 압도적인 것에 직면했을 때 보이는 무기력함과 복종의 반응으로, 그리고 내러티브가 해결되는 순간 찾아오는 긴장 해소라는 특성과 연관 지어 논의하였다. 감상적 정서를 유발하는 데 특히 이바지하는 몇 가지 주요한 정서적 주제가 있다. 이러한 주제들의 기능에 대한 심리학 연구는 아직 태동기이고, 우리가 제시하는 생각도 대개는 순수 이론적인 것이다. 우리가 밝혀낸 세 가지 주제는 이별-재회의 주제와 위태로운 정의라는 모티브 그리고 경외-영감의 주제다.

이별-재회의 주제 The Separation – Reunion Theme

이별-재회의 주제는 감상적인 영화에서 아주 흔하다. 〈홀 인 더 헤드A Hole in the Head〉(1959), 〈리틀 킹The King of the Hill〉(1993)에서처럼 한 아이가 부모와 헤어지거나, 〈오즈의 마법사The Wizard of Oz〉(1939)에서처럼 길을 잃거나, 〈소공자Little Lord Fauntleroy〉(1980)에서처럼 거부되거나, 아니면 〈아나스타샤Anastasia〉(1956)에서처럼 다른 아이와 뒤바뀐다. 많은 난관 끝에 아이는 집으로 돌아오거나, 다시 받아들여지거나, 정체가 확인된다. 이 주제는 기본적인 애착관계에 근거를 두고 있다. 애착 관심이란 특정한 개인에 대한 은밀함이나 친밀함 또는 의존성을 추구하거나 유지하거나 회복하고자 하는 욕망이다. 이러한 관심은 해리 할로Harry Harlow의 유명한 연구가 보여 준 것처럼 인간의 보편적이고 기본적인 자질에 속한다.[17] 그것은 생물

〈오즈의 마법사〉(1939)에서 가족과 헤어진 도로시(주디 갈란드)

학적인 본능 중 하나라는 의미에서만 기본적인 것이 아니다. 또한 그것은 식욕과 같은 다른 관심과는 구별되는 기본적인 본능이기도 하다. 존 보울비John Bowlby는 애착 추구의 바탕과 그 발전에 대해 완벽한 설명을 제시한 바 있다.[18]

감상의 문제를 설명하기 위해, 우리는 한 개인의 일생에서 가장 강렬한 정서가 애착이 문제되는 순간에 일어난다고 하는 보울비의 의견을 강조할 수밖에 없다. 관심을 활성화하는 상황들은 애착관계의 형성과 유지, 와해 그리고 재생과 관련되어 있다. 애착 행동은 아이들에게만 제한되어 있지 않다.

애착 행동이 일평생 동안 잠재적인 것이며 절대적으로 중요한 생물학적 기능을 수행한다는 입장에서 보면, 성인이 애착 행동을 하게 될 때 그것이 어떤 병이나 미성숙한 상태로의 퇴행을 의미한다고 보는 것을 심각한 오류로 간주할 수밖에 없다. 거의 대부분의 정신분석 이론에서 특징적으로 나타나는 이러한 견해는 구강성orality. 정신분석에서 초기 구강 활동에서 유래하는 모든 정신적 관심, 기제, 성향을 포괄적으로 지칭하는 용어-역자 주과 의존dependency에 대한 이론에서 나온 것인데, 우리는 이 이론을 증거 부족으로 거부하겠다.[19]

왜 그렇게 많은 사람이 이별, 특히 재회 장면을 보면서 압도되는지를 설명하기 위해서 가정해야 할 것이 있다. 그것은 첫째, 행복한 인생을 산 사람들조차도 부모, 특히 어머니로부터의 분리가 예민한 외상을 남겼다거나, 아니면 둘째, 사회적 존재로서 사람들은 완전하게 충족될 수 없는 결합에 대한 갈망을 갖고 있거나 조금 의미가 있는 모든 재회를 일종의 '귀향'으로 만들어 버린다는 것이다. 세 번째 가능성은 대부분의 사람이 영아 때부터 안전과 따뜻함 그리고 수용에 대한 쉽게 접근할 수는 없지만 강력한 기억을 갖고 있다는 것이다.[20] 사람들은 타인과의 영속적 결합이 사실상 드물다는 것을 알게 되고, 그래서 영화나 현실에서 이러한 장면을 우연히 목격하게 되면 그 강렬한 결합의 가능성도 있을 수 있음을 믿게 되고, 일시적으로나마 실망도 줄어들 수 있다.

어찌되었건 감상적 반응은 서구 문화권에서는 자극에 의해서 갑작스럽게 조장된 애착을 느끼는 데 어느 정도 어려움이 있다는 것을 의미한다. 이별-재회의 주제는 여러 가지 변형이 있다. 그중 하나가 인정의 주제인데, 이는 남성의 감상을 자극하는 데 보다 더 효과적인 것으로 보인다.[21] 아버지나 형 또는 남자 공동체로부터 아들 또는 남자로 인정받는 것은 남성 관객을 극장에서 울게 만든다. 가령 로터 마이코스Lothar Mikos가 영화 〈귀여운 여인〉(1989)에서 관찰한 것처럼 말이다.

> 많은 남성이 이 영화의 어떤 장면에서 울었다고 보고하고 있다. 실제 플롯과는 상관없이 이 남성들에게 중요한 것은 장면을 통해서 이해되고 정서의 전달에 수반된 특별한 제스처다. 나이가 많은 회사 소유주인 제임스 모스가 마치 "잘했어, 내 아들"이라고 말하는 것과 같이 유능한 중개인인 에드워드 루이스의 어깨에 손을 올려놓는 장면에서 그렇다.[22]

〈귀여운 여인〉은 남자들에게 중요한 주제인 '거부'나 '반항' 외에 '인정'이라는 전형적인 주제를 다루고 있는 영화들 중 하나다. 그런 영화로는 〈허드Hud〉(1962), 〈이유 없는 반항Rebel Without a Cause〉(1955), 〈워터프론트On the Waterfront〉(1954) 등이 있다.

물론 이별-재회의 주제는 보편적이지만, 그 안에 개별적인 차이도 있다. 사람들은 평상시 정서를 통제하는 데 있어서 그 정도가 다 다르다. 어떤 사람들은 다른 사람들보다도 더 능숙하게 정서를 통제한다. 또한 피로해지거나 병을 얻거나 나이를 먹으면 더 감상적이 되는 경향이 있다.[23] 또한 어떤 사람들은 다른 사람들에 비해 이별-재회 주제에 더 예민하다. 살아온 삶의 여정이나 애착과 관심이 잘 충족되었는지에 따라, 그리고 이별과 상실을 극복하는 스타일의 차이에 따라 정서 통제의 정도는 저마다 다르다. 어떤 사람들은 다른 사람들에 비해서 친밀함과 친근함에 대한 욕구가 강하다. 아주 남성 중심적인 개인이나 가부장적인 문화에서 끊임없이 애착 욕망을 강력하게 억제한다면, 이는 오히려 이별-재회 주제에 대한 감수성을 강화시킬 수 있다 찰스 포스터 케인과 그의 '로즈버드'를 생각해 보라. 그리고 실제 생활에서는 낭만적인 표현이 상당히 제한되어 있는 문화권에서 사랑의 상실과 이별에 대한 아주 감상적인 영화들이 인기를 끌고 있는 것을 보라.

위태로운 정의라는 모티브 The Justice in Jeopardy Motive

감상적인 영화에서 계속 반복되는 두 번째 주제는 바로 위태로운 정의라는 모티브, 보다 일반적으로 말해서 유혹에 빠진 도덕적 올바름의 주제다. 타락한 세상에서 선함을 보기는 어렵다. 하지만 그럼에도 가끔씩 모습을 드러낼 때가 있다. 〈포카혼타스〉의 장면도 악이 만연한 가운데서도 선이 꿋꿋하게 버티는 무수한 전통적 영화 장면 가운데 하나에 불과하다. 가족 드라마의 경우 한 여자가 곤경에 빠지게 되고, 결국 기존의 도덕적 기준에 순응하거나 유혹에 빠지게 된다. 어떤 경우가 되었든 중요한 것은 그녀와 유혹 간의 싸움이다. 그것은 마치 스스로에게 가하는 고문처럼 보이며, 그녀가 어떤 선택을 하든 그녀의 운명은 불행할 것이다. 반면에 많은 이론가는 전통적이고 구속적인 도덕과 같은 역사적 실체와 주인공 개인 간의 충돌을 강조한다.[24] 가족 드라마의 주인공이 반드시 여성일 필요는 없다. 〈혈과 사 Blood and Sand〉(1929)에서 출세한 투우사인 후안 갈리아르도 루돌프 발렌티노는 가족과 아내를 버린다. 한 팜므 파탈이 그의 넋을 빼놓은 것이다. 임종 때가 되어서야 그는 자신의 어리석음을 깨닫는다. 가족 드라마를 포함해서 멜로드라마는 선과 악의 문제를 제기한다. 관객에게는 수동적인 역할만이 주어지며 도덕적 대안들 사이에서 우왕좌왕하게 된다. 이 경험은 장르 특유의 갑작스러운 반전에 의해서 더욱 고조된다.

이미 지적한 것처럼, 액션 중심적인 장르의 경우 선과 악 사이의 대비는 더욱 강렬한 대신 감정의 분석은 약화된다. 이러한 장르의 경우 지배적인 줄거리가 진행됨에 따라 서스펜스가 배가 된다. 노엘 캐롤이 강조한 것처럼, 서스펜스 영화에서 위태로운 정의의 모티브는 매우 중요하다. 그에 따르면, 서스펜스 장르에서 관객들은 서로 배타적인 두 가지 결과를 기대하도록 유도된다. 하나는 도덕적으로 올바른 결과이고, 다른 하나는 악하거나 올바르지 않은 결과다.[25] 다른 연구들도 허구적 인물들에 대한 관객의 성향에 있어서 도덕성이 중요함을 보여 준 바 있다. 돌프 질만Dolf Zillmann은 인물에 대한 관객의 지지도가 그 인물이 지배적인 도덕적 규범을 지키는 정도에 비례함을 설득력 있게 보여 준 바 있다.[26] 이와 더불어서 대중적인 영화들의 경우 주인공이 고수하는 도덕이 관객들이 지니고 있는 신념이나 가치에 일반적으로 부합한다는 주장도 있다. 하지만 영화문화학은 영화 관객과 영화산업이 갖고 있는 도덕성에 대해 특이한 해석의 여지를 좀 더 남겨 놓고 있다.[27] 액션 중심적인 영화 장르에서 관객들은 도덕적으로 올바른 결말에 대한 강한 희망과 두려움을 즐기도록 유도된다. 그리고 이야기의 반전이나 뒤틀림에 의해 즐거움을 느끼게 된다. 폴 코미스키Paul Comisky와 제닝스 브라이언트Jennings Bryant는 서스펜스 장면에서 관객들이 바라는 결과에 대한 주관적 개연성을 변화시키는 실험을 했다.[28] 이 실험에서 그들은 개연성이 가장 낮을 때 서스펜스 수준이 최고가 되고, 선호하는 결과가 거의 확실할 때 서스펜스가 최저가 됨을 발견하였다.

여기서 한 가지 핵심적인 측면은 관객이 영화를 처음 볼 때에는 정당하거나 도덕적으로 올바른 해결에 대한 희망이 전혀 없어야 한다는 것이다. 평가의 핵심은 멜로드라마의 경우처럼 여러 도덕적 갈등이 존재함에도, 또는 액션 장르의 경우처럼 상대가 수적으로 우세함에도 정의가 행해진다는 것이다. 이별-재회의 주제와 같은 점은 관객이 가능성이 없음에도 불구하고 믿음을 유지하는 것, 이 경우 정의가 승리할 거라는 희망이 결말에서 보상을 받는다는 것이다. 여기에서 다시 이별-재회 주제를 작동시킬 때처럼 해결책은 가능성이라는 측면에서 현실적인 것으로 느껴져야 할 것이며, 이것이 비록 짧은 동안이지만 관객의 보다 냉소적인 확신을 제거할 것이다. 따라서 위태로운 정의라는 모티브는 그 이름이 의미하는 것처럼 보다 넓은 의미에서 멜로드라마와 감상 문학에서 등장했던 **곤경에 빠진 미덕**이라는 역사적 모티브에 가장 근접해 있다.

이별-재회의 주제가 몇 가지 변형을 갖고 있는 것처럼, 위태로운 정의라는 모티브도 다양한 모습으로 등장한다. 그 하나가 '의심'으로, 이 경우 〈여자의 얼굴A Woman's Face〉(1941)이나 히치콕의 유명한 영화들에서처럼 착한 주인공이 무고하게 범인으로 의심을 받는다. 또 하나는 '거친 다이아몬드rough diamond'라는 주제겉으로는 거칠고 다듬어지지 않았으나 내면에 뛰어난 자질이나 미덕을 지닌 주인공에 대한 영화-역자 주다. 〈시계 제로Ceiling Zero〉(1935)에서 디지 데이비슨제임스 캐그니은 무책임하고 비도덕적인 바람둥이로, 동료 테스트 비행사의 애인인 토미준 트레비스와의 데이트를 위해 그를 희생시킨다. 마지막에 그는 그녀를 다른 비행사에게 넘기는데, 그 비행사는 '진심으로' 그녀를 사랑하게 된다. 디지는 그 비행사의 위험한 비행을 대신 하다가 죽는다. 주인공에 대해 부당한 반감을 갖고 있었다는 것을 깨닫는 순간, 관객들은 미안해지면서 정서가 강화된다. 거친 다이아몬드라는 주제와 비슷한 것이 '예민한 짐승sensitive beast'이라는 주제를 가진 인물이다. 〈미녀와 야수Beauty and the Beast〉(1991), 〈엘리펀트 맨The Elephant Man〉(1980), 〈영 프랑켄슈타인Young

베르너 헤어조크의 〈노스페라투〉(1979)에 등장하는 호감이 가는 흡혈귀(클라우스 킨스키)

Frankenstein〉(1974), 〈노틀담의 곱추The Hunchback of Notre Dame〉(1996), 그리고 헤어조크의 〈노스페라투Nosferatu〉(1979)나 코폴라의 〈브램 스토커의 드라큘라〉(1992)처럼 심지어는 몇몇 드라큘라 영화에서 우리는 처음에는 괴물 같았지만 세상의 모든 공격을 받고 있는 예민한 존재를 동정하게 된다.

〈시계 제로〉에는 또 다른 감상적 모티브가 작동하고 있는데, 그 역시 위태로운 정의에 근거를 두고 있다. 그것은 바로 자기희생이다. 경건하고 순결한 소녀가 겁탈을 당하고 죽은 후 범인이 독실한 승려가 된다는 이야기를 다루고 있는 〈성녀 마리아 고레티Maria Goretti〉에도 같은 것이 해당된다. 아마도 올바른 것을 위해 자기 자신을 버린다는 생각은 위태로운 정의라는 모티브의 핵심에 놓여 있는 극적 갈등 중 최고의 해결이 될 것이다. 전형적인 경우 주인공은 보상을 바라지 않기 때문에 희생을 비밀로 간직하는데, 이것이 더 가슴 아프게 하는 것이다. 고전적인 예를 〈마타 하리Mata Hari〉(1931)에서 찾아볼 수 있다. 이 영화에서 마타 하리그레타 가르보는 그녀의 애인인 로사노프라몬 노바로를 배신한 남자를 총으로 쏴 죽이고, 로사노프도 모르는 사이에 사형 선고를 받는다. 로사노프는 눈이 멀어서 마타 하리와 자신이 감옥이 아닌 병원에 있다고 믿는다. 그의 옆을 지나쳐서 마타 하리는 처형장으로 향한 계단을 내려간다. 그녀는 "의사 선생님, 고마워요."라고 간수에게 말한다.

할리우드 가족 멜로드라마에서 여성이 남편과 가족에게 돌아가는 것은 의심할 여지없이 자기희생의 가장 대표적인 예다. 또 다른 것으로 다른 사람의 짐이 되고 싶어 하지 않는 고결한 사람의 모티브가 있다. 가령 〈거대한 강박관념Magnificent Obsession〉(1953)의 헬렌제인 와이먼은 실명을 하자 사랑하는 메릭록 허드슨의 곁에서 사라진다. 다른 여성들도 많은 사람을 책임지고 있는 한 영웅을 위해서 자신을 희생한다. 가령 요제프 폰 슈테른베르크의 〈최후의 명령The Last Command〉(1927)에서 여자 주인공은 공산당원에게 자수함으로써 장군의 목숨을 구한다.

〈시계 제로〉의 예에서처럼, 자기희생은 여주인공에게만 한정된 것은 아니다. 〈홀 인 더 헤드A Hole in the Head〉(1959)에서 토니 매니타프랭크 시나트라는 자신이 진정으로 사랑하는 미망인인 로저 부인엘리노어 파커과 결혼하지 않는데, 그녀는 원했으나 그가 파산을 앞두고 있어 그녀를 끌어들이고 싶지 않았기 때문이다. 아마도 남성의 희생은 주인공의 고통보다도 그의 영웅적 특성에 더 많이 기여한다. 하지만 멜로드라마에서 여성의 희생은 또한 용기의 과시로 해석되는데, 이때 강조되는 것은 자신의 운명을 결정하고 자신의 욕망을 실현하지 못하면서도 살아가는 그녀의 능력이다.[29]

물론 진정으로 감상적인 영화의 경우 일련의 주제가 교묘하게 결합된다. 플롯을 절묘하게 비틂으로써 특정한 감상을 촉발하는 에피소드들이 이상적인 순서로 배열된다. 〈거대한 강박관념〉에서 헬렌은 메릭에 의해서 발생한 사고로 실명을 한다. 그녀가 실명하자 메릭은 위장을 하고서 그녀에게 접근하고, 그녀는 그를 사랑하게 된다. 그녀가 그를 떠난 후 한참 후에 그녀의 행방을 찾은 메릭과의 재회가 이루어진다. 무책임했던 메릭은 솜씨 좋은 의사가 되어 나타나서 헬렌의 시력을 회복시켜 준다. 이로써 그는 처음의 잘못을 상쇄하고 거친 다이아몬드로서의 빛을 발한다. 시작 사건과 마지막 사건의 논리적인 일치는 감상에 기여하는 것처럼 보인다. 왜냐하면 그것이 앞에서 논의한 것처럼 돌이켜 볼 때 길고 긴 고통의 에피소드를 무효화시키기 때문이다.

이 주제는 왜 강력하게 감상적 정서를 촉발하는가? 그것은 이별-재회의 주제가 갖고 있는 힘과 거의 비슷한 것이다. 사람들은 공정한 세상에 대한 낭만적 믿음을 갖고 있다. 우리는 선한 것이 잘되기를, 그리고 세상이 공정하기를 갈망한다. 그 반대의 경우를 많이 경험함에도 불구하고 말이다. 그리고 우리는 이러한 믿음을 뒷받침해 주는 징후들을 열렬하게 환영한다.

이때 맥락상 중요한 점은 플롯상의 오해가 발생함으로써 위에서 언급된 두 가지 감상적 주제가 강화되는 경향이 있다는 것이다. 모든 장르에서 오해는 서스펜스를 낳으며, 관객은 그 오해가 해결될 때까지 기다려야 한다. 액션 영화의 경우 이것이 오해의 유일한 기능이다. 코미디에서 오해가 관객의 우월감과 인물에 대한 정서적 거리에 기여하는 것처럼, 비극에서 이는 주인공에 대한 관객의 동정심을 강화시켜 준다. 감상적 영화에서 멜로드라마적 오해는 관객의 무력감을 강조한다. 공감을 느끼고 있는 주인공은 자신이 사랑받고 있음을 알지 못하고 그에 따라서 행동을 한다. 이는 종종 그가 자신의 행운을 거스르는 행동을 하고 있음을 의미한다. 그리고 관객으로서 우리는 그에게 그 사실을 알려 줄 수 없다. 오해가 감상적인 영화의 결말에 가서 해소되면, 관객은 '결국 세상은 공정하게 된다'는 자신의 낭만적 믿음을 확인받게 된다.

경외-영감의 주제 The Awe-Inspiration Theme

세 번째 주제는 가장 덜 특징적인 것인데, 그것이 영화 스토리상의 액션이나 주인공의 감정에 대한 이해와 즉각적으로 연결되지 않기 때문이다. 우리는 그것을 경외-영감의 주제라고 부를 것이다. 거대한 경기장이나 대성당과 같이 스스로가 보잘것없고 작은 것으로 느껴지는 장소에 있는 것, 광활한 풍경을 경험하는 것, 음악에 몰입하는 것 등은 두 종류의 정서적 반응을 촉발할 것이다. 두 가지 경우 모두 자극은 자신보다도 더 크게 느껴지며, 무력감과 항복 그리고 진지한 존경심을 유발한다. 한편으로 매력적인 자극은 관객을 매혹으로 이끌고, 자신을 잊고 계속적으로 영화에 몰입하도록 유도한다. 다른 한편으로 그것은 반발적 특성을 지닐 수가 있어서 전율을 느끼고 숨고 싶은 충동을 유발하기도 한다. 이 두 종류의 경외감은 복종과 관계가 있다는 의미에서 감상적인 것으로 간주될 수 있다.

몰입, 즉 자극 속에 빠져서 스스로를 망각하는 것에 대한 관심, 자신의 정체성을 포기하고 자기보다 더 위대한 무엇인가에게 자신을 내어주고 싶은 욕망 역시 애착과 믿음에 대한 욕망처럼 동등하게 근본적인 욕망일 수 있다. 경외스러운 감상을 촉발하는 하나의 방법은 현실에서 사람들의 말문을 막아 버리는 어떤 대상을 영화 속에서 보여 주는 것이다. 〈아웃 오브 아프리카Out of Africa〉(1985)나 〈마지막 사랑The Sheltering Sky〉(1990), 〈여행자The Passenger〉(1975) 그리고 〈자브리스키 포인트Zabriskie Point〉(1970)에 등장하는 황량한 풍경은 서사적 맥락에 따라서, 가령 러브 스토리가 그 안에 설정되어 있고 배경음악이 흐를 때, 그 안에서 스스로를 잊게 되는 경외감을 불러일으킨다. 다른 경우는 하늘이 디졸브한 화면이 서서히 사라지면서 다른 화면으로 바뀌는 장면 전환 기법-역자 주되는 서정적 엔딩이다. 장대한 크레인 숏크레인에 카메라를 장착해서 자유롭게 움직이며 촬영하는 기법-역자 주이 우리의 시야를 하늘 높이로 넓혀 준

레니 리펜슈탈의 〈의지의 승리〉(1934) 중 경외심을 불러일으키는 장면

다. 여기에서 감상적 반응은 관객을 중력으로부터, 그리고 자신의 정체성으로부터 자유롭게 해 주는, 하늘을 날아다니는 것 같은 움직임 속에서 생겨난다. 최근의 한 예가 〈브레이킹 더 웨이브Breaking the Waves〉(1996)의 마지막 시퀀스다. 여기에서 하늘을 나는 것은 또 다른, 거의 형이상적인 의미를 갖고 있다. 이러한 종류의 감상은 환희나 의기양양함과 잘 어울린다. 그리고 이 불분명한 에너지의 불분명한 행동 경향으로 인해 우리는 영화와는 다른 맥락 속에서 뛰고 춤추게 된다. 다른 한편으로 베르톨루치의 〈순응자The Conformist〉(1971)에 등장하는 SS 본부나 〈스타워즈Star Wars〉(1977)에 등장하는 죽음의 별처럼 사악한 제국의 웅장한 건물들 속에서 액션이 펼쳐질 때, 관객들은 일종의 방향 상실과 위협을 경험하게 될 것이다.[30]

허구적 극영화가 아닌 레니 리펜슈탈의 〈의지의 승리Triumph of the Will〉(1934) 역시 경외심을 불러일으키는 원형적인 이미지들을 제공해 줄 것이다. 나치 전당대회 장면들은 위협적 분위기와 탈개인화된 밀집 대형 그리고 장엄한 예식을 끊임없이 보여 줌으로써 관객들을 개인적 정체성으로부터 벗어나게 하는 것을 유일한 목표로 삼고 있다. 실제 생활 속에서 경외심과 울음이 함께하는 것에 주목하자. 이들의 연결은 종교 의식이나 팝스타나 정치 지도자와의 만남에서 관찰되고는 한다. 이는 울음이 지니는 항복의 의미를 강조한다.

결론 Conclusion

이상의 세 가지 주제의 공통점은 무엇인가? 그것은 아마도 이 모두가 완벽하게 받아들여졌거나 절대적으로 순수했던 이상화된 어린 시절의 기억에 호소하고 있다는 것이다. 그도 아니면 최소한 그러한 상태에 대한 욕망에 호소하고 있다는 것일 것이다. 그렇게 이상향적인 상태와 연결되어 있는 감정은 프로이트에 의해서 '대양적 느낌the oceanic feeling'으로 명명된 바 있다.[31] 이 대양적 느낌이란 영아기의 개성이 발전되기 이전 상태에서 나오는 것으로, 나와 외부 세계 사이에 분리감이 느껴지지 않는 것이다. 아이는 완벽하게 받아들여지고 일종의 절대적 통일체의 일부인 것으로 느낀다. 이상화되었건 실제 경험에 근거하고 있건 상관없이 이 기억에 순수함과 순결함이 소급해서 덧붙여지는데, 이는 대개 개인이 나중에 하게 되는 경험과는 상충하게 되는 것이다. 그렇게 되면 이 기억은 이상향의 상실이라는 함의를 얻게 되면서 그에 가해지는 자극은 압도적인 것으로, 그리고 우리가 본 것처럼 사람들이 스스로를 내맡기고 싶어 하는 것으로 느껴진다.

일상생활에서는 물론이고 특히 영화 속에서 감상적 행동 경향, 즉 자기 자신의 개인적 독자성을 버리고 보다 큰 존재 안에서 자신을 잃어버리는 것은 다른 정서의 행동 경향과 쉽게 뒤섞인다. 주인공의 관점에서 사건들을 평가하고 그의 감정을 이해하는 것에 근거를 두고 있는 공감적 정서는 특히 잘 섞인다. 공감sympathy은 주인공과 가까워지고 싶은 소망을 동반하며, 감상적 형태의 동감의 경우 이러한 경향은 항상 주인공의 가까운 곳에 있고 싶어 하는 열망을 수반한다. 동정pity이라는 행동 경향은 남을 보살피고 보호하고 돕는 것이다. 감상이 이것을 주인공이 처한 곤란한 상태에 감정이입하고 고통을 함께 나누려는 충동으로 바꾼다. 마찬가지로 감상이 가미된 존경admiration은 거의 완전한 동일시라는 극단적인 형태를 띤다.

3장
영화 속 숭고함
The Sublime in Cinema

Cynthia A. Freeland

숭고함의 부활 Reviving the Sublime

숭고함은 거대한 것, 때로는 자연의 것으로 간주되어 왔으며, 두려움, 경외감, 고양감이 주는 고통스러우면서도 기분 좋은 감정의 혼합으로 나타난다. 이마누엘 칸트Immanuel Kant는 일례로 "피라미드같이 거대한 얼음덩어리 또는 폭풍우가 몰아치는 어두운 대양에서 형체를 가늠하기 힘든 산처럼 거대한 덩어리들이 서로 무질서하게 업치고 덮치는 광경"[1]으로 묘사하고 있다. 숭고라는 용어는 또한 특정 예술작품과 그것이 관객에게서 불러일으키는 정서적 경험을 설명하는 데 사용된다. 미학적 용어로서 숭고함은 롱기누스Longinus. 그리스의 철학자이자 수사학자-역자 주에 의해 정교하게 다듬어졌고, 에드먼드 버크Edmund Burke: 1729~1797. 영국의 정치인이자 철학자-역자 주와 칸트에 의해 세련되어졌다. 그리고 풍경화가나 낭만적 시인, 고딕 소설가, 베토벤 같은 작곡가들의 작품들을 분석하는 데 사용되었다.

숭고한 영화가 있는가? 숭고라는 개념은 영화가 떠오르고 있을 무렵 힘을 상실하였고 영화를 설명하는 데에는 거의 사용되지 않았다.[2] 숭고가 최근 유럽 작가들에 의해서 새로운 주목을 받고는 있지만,[3] 예술에 대한 인지적 연구에 관심을 갖고 있는 사람들에게 이는 고작 낡거나 심지어는 '저질화된' 미적 개념을 의미하는 것처럼 보인다.[4] 『판단력 비판Critique of Judgement』의 삐걱거리는 낡은 지식 체계로부터 발굴해 낸 이 개념이 우리와 무슨 관계가 있단 말인가?

이 장에서 나는 숭고 개념을 통해서 가장 잘 설명될 수 있는 영화들이 있다는 것과 이 숭고 개념이 예술로서의 영화를 더욱 다양하게 설명하는 데 도움을 줄 수 있다는 것을 입증하고자 한다. 나는 버크와 칸트 같은 인물들이 현재의 인지과학 체제의 선구자였다고 믿고 있다. 버크는 진정한 경험주의자의 정신으로 인간 신경 조직과 지각 기관들 속에서 정서의 근원을 찾고자 했다.[5] 그리고 칸트는 예술에 대한 우리의 반응을 중요한 정신 능력, 즉 인간을 자연 세계와 연결시키는 능력으로 보았다. 현재 우리는 칸트와 버크를 넘어서긴 했지만, 현대 인지주의 연구는 아직도 그들로부터 교훈을 얻을 수 있다.

숭고함을 설명하기 위해 나는 칸트적 분석으로부터 도출된 네 가지 기본 특성을 이용할 것이다. 나는 먼저 이 기본 특성들의 윤곽을 밝히면서 영화를 예로 들어 설명할 것이다. 그다음에는 숭고의 심리에 대한 칸트의 설명을 개관할 것이고, 숭고가 어떻게 현대 인지주의의 두 가지 틀 속에서 기술되는지 생각해 볼 것이다. 두 가지 틀이란 심리학자인 에드 탠Ed S. Tan의 영화 정서에 대한 최근 연구와 여러 신경과학자의 정서에 대한 연구다.[6] 두 가지 관점 모두 숭고한 영화의 예술적 경험에 대한 몇몇 반론에 맞설 수 있을 것이다.

숭고함의 네 가지 특징 Four Features of the Sublime

사람들은 영화적 숭고함에 대해 각자의 후보들을 열거할 수 있을 것이다. 아마도 〈크리스티나 여왕Queen Christina〉(1933)에서 그레타 가르보의 얼굴,[7] 〈바람과 함께 사라지다Gone with the Wind〉(1939)에서 아틀랜타 시가 타오르는 장면, 〈2001 스페이스 오디세이2001:A Space Odyssey〉(1968)에서 우아하게 유영하는 우주선 장면 등이 이에 해당될 수 있을 것이다.[8] 소수의 영화는 전체가 숭고하다고 할 수 있을 것 같다. 여기에서는 〈잔 다르크의 수난The Passion of Joan of Arc〉(칼 드라이어, 1928), 〈아귀레, 신의 분노Aguirre: The Wrath of God〉(베르너 헤어조크, 1972), 〈천국의 아이들Children of Paradise〉(마르셀 카르네, 1944) 의 세 편을 다룰 것이다. 이 영화들은 특별히 강력해서, 이 독특한 미적 특성을 잘 보장해 준다.

일단 어떤 대상이 '숭고하다'고 일컫는 것은 무엇보다도 핵심적으로 '고통과 쾌락이라는 어떤 감정 사이의 독특한 갈등을 유발함'을 뜻한다. 버크는 이를 '감격스러운 공포rapturous terror'라 부르기도 하였다. 한편으로 숭고는 때때로 두려움, 공포, 무시무시함 등으로 명명할 수 있는 고통스러운 감정을 유발한다. 그러나 숭고한 대상은 단지 고통이나 두려움만 유발하는 것이 아니라 동시에 '감격스러움'도 일으킨다. 즉, 우리는 매우 신이 나면서 홍분하게 된다. 칸트와 버크가 강조한 것처럼, 우리가 안전한 한, 그 경외스러운 대상 속에 존재하는 말로 형언할 수 없는 엄청난 요소는 놀라움과 고양감이라는 지적 쾌락을 촉발한다. 칸트는 이 쾌락이 우리 안의 도덕적 자아의 특징을 인식하는 것과 관련된다고 생각했다. 반면, 버크는 예술가의

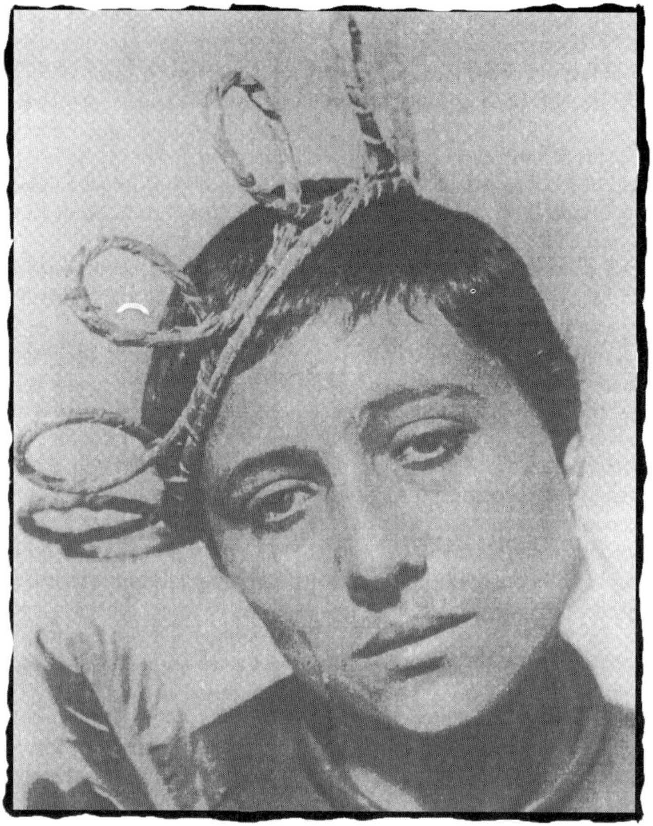

칼 드라이어 감독의 〈잔 다르크의 수난〉(1928)에서 잔(마리아 팔코네티)

창조적 정신과 결부시켰다. 나의 생각은 이 둘의 중간쯤에 놓여 있다.

첫 번째 특징인 정서 간의 갈등을 설명하기 위해 〈잔 다르크의 수난〉을 살펴보자. 이 영화는 굉장히 강력한 작품으로, 관객들에게 지속적으로 고양된 감정을 경험하게 한다. 한편으로 이 영화는 매우 고통스럽고 끔찍하다. 잔 다르크마리아 팔코네티를 고발한 사람들이 무자비하고 무시무시한 표정으로 그녀를 노려본다. 화형장이 준비되고, 그녀는 결국 화염 속에 휩싸인다. 〈잔 다르크의 수난〉은 고통스러운 감정의 시각적 연출이 너무 극단적이라 단순 묘사의 수준을 넘어선다. 그녀의 깊은 신앙심만이 그 극도의 고통에 필적할 수 있다. 잔 다르크의 심장을 꿰뚫는 듯한 비통함과 깊고 알 수 없는 믿음은 우리가 볼 수 있도록 그저 스크린 위에, 팔코네티의 놀랍고 기막힌 얼굴 속에 펼쳐 놓여 있다. '기막히다'는 표현은 이 영화를 우리가 경험하는 데에는 또 다른 정서, 즉 경탄스러운 쾌락이 개입되어 있음을 의미한다. 이 영화의 힘과 아름다움에는 무언가 의기양양한 느낌이 있다. 드라이어는 팔코네티의 경이로운 얼굴을 일관되고 면밀하게 탐색한다. 그녀의 얼굴은 고문을 받을 때조차 빛을 발한다.

이는 숭고한 대상의 두 번째 특징으로 이어진다. 그 대상은 무언가 '위대하고' 놀랍다. 롱기누스의 표현을 빌리자면, 그것은 두드러지고 장대하다. 또는 칸트의 말에 따르자면, "**숭고**란 **절대적으로 위대한** 것에 주어지는 이름이다." 숭고한 대상은 거대하고 막강하며 압도적이다. 어떤 예술작품에 쓰일 경우, 그것은 미적인 칭송의 표현으로 그 작품이 장엄하거나 최고로 위대함을 의미한다. 이것이 바로 숭고에 대한 설명이 종종 예술적 천재성에 대한 논의와 연계되는 이유다. 칸트는 또한 숭고함에 대해 다음과 같은 재미있는 관찰을 하였다. "숭고함의 외부에서 적절한 기준을 찾는 것은 불가능하다. 오로지 그 자체 내에서만 찾을 수 있다. 그것은 오직 스스로에게만 필적할 수 있는 위대함이다."(97/250. 앞 숫자는 판단력 비판의 번역본 속 인용한 페이지 숫자이며 뒤의 것은 독일판본 속 인용한 페이지의 숫자다. 칸트와 함께 나오는 모든 숫자가 그러하다-역자 주)

드라이어의 영화와 나중에 논의하게 될 영화들은 이러한 의미에서 위대하고 가장 독특하며 독창적이고 강력해서 '아름답다'는 묘사적 표현을 넘어서는 특별함을 지니고 있다. 틀림없이 〈잔 다르크의 수난〉은 아름답다.

영화는 클로즈업된 얼굴들을 수도원의 텅 빈 흰 감옥과 극단적으로 대비시키고 있다. 그러나 이 영화는 아름다움을 넘어서서 우리가 '숭고함'이라고 표현했던 종류의 위대함에 도달하게 만든다. 이는 일부 영화의 주제 때문이기도 하지만, 영화가 이 위대한 주제를 다루는 방식 때문이기도 하다. 잔 다르크는 영화 속에서 위대하고 극단적인 모습으로 재현된다. 고문하는 사람들에게 맞서는 그녀의 힘과 신앙은 심지어 불가해하기까지 하다. 이 영화는 경외감을 불러일으키는 한 여성의 모습을 효과적으로 묘사하고 있다. 이 영화는 위대한 걸작이다.

숭고의 세 번째 특징은 그것이 형언할 수 없는 고통스러운 감정을 유발한다는 것인데, 이 감정을 통해 쾌락과 인식의 변형이 일어난다. 표현할 수 없는 감정은 두 번째 특징인 위대함과 연관되어 있다. 즉, 숭고한 대상의 무엇인가가 너무나도 강력하거나 거대해서 파악하거나 받아들이기 어렵고 고통스럽다. 칸트는 숭고가 재현되거나 보여 주기에는 '너무나도 위대한' 무엇인가를 경험하는 것을 포함한다고 말했다(100/253).[9] 칸트가 생각하기에 숭고한 대상을 말로 형언할 수 없다는 것은 우리의 상상력과 감각에 과부하가 걸리는 것, 따라서 고통스러운 것이었다. 그러나 여전히 이것은 우리가 개념을 통해 설명하고 즐거움을 느낄 수 있는 무언가로 번역될 수 있다. 칸트는 숭고를 "자연 대상을 재현했을 때 우리의 능력을 벗어나는 자연의 고양감을 어떤 관념의 표현으로 여기게끔 마음을 움직이는 것"(119/268)으로 말하고 있다. 보다 현대적인 용어로 표현하자면, 숭고한 대상은 우리에게 너무나도 극단적이고, 불안정하며, 강력한 감각 및 감정적 경험을 주어 그 자체로도 충격적인 것을 의미한다. 하지만 그런 맥락하에서 경험은 우리를 또 다른 정신적 양식, 즉 인식 또는 생각으로 옮겨 가게 한다. 우리는 작품이 유발한 깊은 감정을 더 잘 다룰 수 있게 되고, 감정과 작품에 이름을 붙인다. 이렇게 새로운 성찰방식 속에서 우리는 대상을 특정한 방식으로 범주화하고, 고통스러움을 통해 즐거움, 신남, 고양감을 느낀다.

〈잔 다르크의 수난〉에서 형언하기 어려운 요소는 바로 영화의 어마어마한 정서적 밀도다. 감정은 영화 자체그리고 배우들에 의해 압도적인 수준으로 표현된다. 이 지점에서 나는 형언할 수 없는 것에서 인식 가능한 것으로, 고통에서 쾌감으로의 변화를 다시 설명하면서 칸트와는 조금 다른 입장을 취할 것이다. 즉, 강렬하게 우리의 정신을 고양하는 어떤 작품이 결정적으로 심오하고 고통스러운 감정을 유발했다고 여겨져야만 이러한 변화가 일어나는 것이다. 우리는 잔 다르크 영화의 표현 불가능한 고통과 정서적 밀도로 괴로워하면서도 영화가 그 고통을 예술적으로 재현한 것에 도취되어 있다. 이러한 정서적 모순은 영화의 주제에 대한 관점을 예술로 형상화하는 작업의 일부로 영화의 깊은 정서적 밀도를 개념화할 때 발생한다.[10]

숭고함의 네 번째이자 마지막 특징은 그것이 도덕적 성찰을 유발한다는 것이다. 나는 여기서 큰 관점에서는 칸트를 따르지만 세부적인 면에서는 다른 주장을 할 것이다. 칸트는 숭고함을 묘사하는 것이 우리 자신의 도덕적 능력과 의무를 깨닫는 것과 연관이 있다고 주장했다. 형언 불가함이란 위대한 '저기 바깥의' 자연 대상과 '우리 안의' 대상에 대한 깊은 감정 둘 다에 존재한다. 칸트는 우리 밖에 존재하는 대상의 숭고함에 대한 우리의 인식을 우리 자신의 도덕률과 도덕적 의무에 대한 인식으로 간주했다. 따라서 칸트는 숭고의 이 특징을 자연의 범목적론세 번째 비판의 핵심 주제의 일부라고 설명한다.

칸트는 미학과 윤리학의 관계에 관해 아주 난해하고 복잡한 견해를 견지

했다. 나는 칸트가 주장한 도덕성의 본질과 그와 관련된 인식에 동의하지 않기 때문에 칸트와 다른 입장을 취한다. 나는 자연적 혹은 미적 대상이 소위 보편적 도덕률을 재인식하도록 한다는 칸트의 견해를 받아들이지 않는다. 그래서 나는 이러한 숭고함의 특징을 다음과 같이 재구성해 보고자 한다. 어떤 미적 대상들은 숭고함에 핵심적인 정서적 갈등을 야기한다. 형언할 수 없이 무시무시하고 고통스러운 경험은 고양감이 주는 쾌락에 근거하는데, 왜냐하면 그것이 강력한 예술작품에 가치를 매기는 인간의 능력을 자극하기 때문이다. 특히 작품이 야기하는 고통이나 두려움을 인식하면서, 작품을 통해 몰입되면서 고양감을 느낀다.

도덕성은 〈잔 다르크의 수난〉의 분명한 주제다. 이 영화에 대한 깊은 정서적 경험이 어떻게 예술작품으로서 이 영화가 지닌 힘에 대한 고양된 인식으로 변화되는지를 설명하겠다. 관객들로 하여금 영화의 고통스러운 정서와 불쾌한 이미지를 버티게 해 주는 요소는 이 영화의 힘과 미적 수준에 대한 존경과 경외심이 담긴 깨달음이다. 프레임의 설정과 병치, 밀도를 통해서 매 숏이 함께 작용하여 어떤 도덕적 관점—이 여성, 즉 잔 다르크의 뼈아픈 고통과 고독 그리고 탄압—을 표현한다. 말하자면 이 영화는 잔 다르크의 신앙심과 신념을 영화가 그녀를 재현하는 바로 그 방식으로 나타내는데, 의기양양한 얼굴을 통해 죽음에 대한 두려움과 그녀를 벌하려는 사람들을 딛고 일어서는 성자와 같은 사람으로 묘사한다. 그렇게 엄청난 고통을 재현하는 것은 참으로 고통스럽지만, 이것은 영화의 탁월한 구성과 고통에 대한 태도를 통해서 정당화되고, 즐길 수 있는 것으로 만들어진다. 잔 다르크에 대한 다양한 반응이 영화 속에 묘사되어 있다. 그녀는 일부 재판관을 당황케 하거나 화나게 하고, 사람들이 그녀를 조롱하거나 침을 뱉게 만들며, 농부들에겐 폭동을 일으키도록 영감을 준다. 결국 이 영화에 대한 그리고 이 작품 안에서 팔코네티와 드라이어에 대한 우리의 미적 반응은 경외심과 공포 그리고 존경심으로 잔 다르크의 발아래 엎드리는 수도승과 비슷할 것이다. 영화 속의 묘사가 괴로운데도 우리는 어떤 심오한 즐거움을 느낄 수 있다.

숭고함의 네 가지 특징에 대한 나의 간략한 설명과 소개는 '감격스러운 공포'로 묘사되는 정서적 갈등에서 출발하였다. 이것은 내가 언급한 세 가지 다른 특징, 즉 위대함, 형언 불가능함에 대한 인식 그리고 도덕적 성찰과 촘촘하게 얽혀 있다. 이러한 특징들이 숭고함을 특별한 것으로 만든다. 다음에서 나는 이러한 특징들이 서로 어떻게 연결되어 있는지에 대한 칸트의 설명을 더 세밀하게 살펴볼 것이고, 그다음으로 내가 칸트에 동의하지 않는 이유와 영화에서 이 네 가지 특징을 어떻게 찾을 것인가에 대해서 설명할 것이다. 그렇게 함으로써 숭고의 정서에 대한 이론에서 내가 제기하는 개선점에 대한 이해가 좀 더 용이하게 될 것이다.

칸트의 숭고론 Kant on the Sublime

칸트의 '숭고함에 대한 분석'은 『판단력 비판』(1790)의 넓은 부분을 차지하고 있다.[11] 여기에서 미학은 칸트의 능력심리학faculty psychology. 정신 현상을 여러 가지 능력으로 분석 · 기술하는 심리학-역자 주이라는 틀 속에서 분석되고 있다. 칸트는 아름다움을 **상상력**이라는 능력과 **이해력**이라는 능력 사이의 상호작용과 관련된 것으로 기술하고 있다. 이 능력들은 아름다움에 의해서 촉발되고, 세 번째 비판이라고 일컬어지는 『판단력 비판Critique of Judgement』에서 논의했던 악명높은 '자유 유희free play' 속에서 즐겁게 활성화된다. 아름다움에는 일종의 평온한 관조 같은 것이 존재한다. 이는 숭고 속에서의 '정신적 활동' 또는 '흔들림'에 반대되는 것이다(107/258). 숭고함은 "훨씬 더 강력한 힘의 방출이 곧 뒤따르게 될 활기를 잠시 억제하는 느낌을 동반하고 있는, 단지 간접적으로만 일어나는 쾌락"을 불러일으킨다(91/245).

숭고함은 최고로 감각적인 능력인 상상력과 최고로 인간적인 능력인 이성 사이의 긴장에 결정적으로 의존한다. 칸트는 숭고가 일종의 '상상력 폭주'와 관련되어 있다고 이야기한다(91/245). 왜냐하면 그 대상은 너무나도 장대하거나 강력하거나 광범위해서 상상력의 한계를 넘기, 즉 오감을 초월하기 때문이다. 그 대상 중 하나는 아마도 『두 번째 비판Second Critique』의 결론 부분의 유명한 단락에서 언급되는 "내 위의 별이 빛나는 하늘starry skies above"일 것이다.[12] 칸트는 로마에 있는 성 베드로 대성당과 같이 압도적인 대상이 갖고 있는 강렬함과 대면했을 때 어떤 일이 일어나는지에 대해서도 비슷하게 설명하고 있다. "여기서 하나의 전체로서 관념을 표현하기엔 상상력이 역부족이란 느낌, 그 속에서 상상력은 극대화되고 한계를 넘으려 애쓰는 것이 소용없다는 인식으로 움찔하기도 하지만, 결국 감정적 기쁨으로 이어진다."(100/252) 마지막에서는 비록 상상력은 폭주하더라도 이성이 당당하게 모습을 드러내며 특유의 즐거움인 "존경Achtung, 즉 '**그것이 우리가 알고 있는** 법칙이라는 관념을 받아들이기에 능력이 부족한 느낌'"을 주게 된다(105/257). 숭고함의 경험은 우리의 의식을 증진한다. 자연과 독립적인, 우리 안에 내재된 합목적성finality의 느낌을 경험하도록 하는 것이다(93/246). 칸트는 숭고와 관련된 심적 긴장을 다음과 같이 요약하고 있다.

> 따라서 숭고함의 느낌은 대상에 대한 미학적 크기를 이성으로 가늠하려는 상상력의 부적절함에서 오는 불쾌한 감정인 동시에, 이성적인 관념과 조화를 이루며 관념을 받아들이려는 노력이 가장 위대한 감각 능력으로도 부적절하다는 판단에서 유래하는 유쾌한 감정이기도 하다.

칸트의 숭고 개념은 예술작품이 아닌 자연 대상에 가장 우선적으로 적용된다. 칸트는 자연적이건 혹은 인위적이건 숭고한 대상에 대해 유한한 끝을 내포하는 개념을 적용하지 않는다고 말한다(100/253). 그러나 물론 숭고한 대상은 흥미롭게도 자연이 어떤 목적에 합치되는 방식—모든 일상적인 목적론을 넘어서는 "고도의 합목적성"(92/248), 자연이 아닌 우리 자신의 합목적성—과 관련이 있다. 숭고함의 경험은 도덕률에 대한 존경과 인식을 환기시킴으로써 인간의 도덕적 본질을 강화하는 보다 높은 목적에 부합한다.

이제 칸트의 설명에서 영화라는 주제로 넘어가 보자. 나는 숭고함에 대한 칸트적 분석을 영화에 적용할 수 있도록 상세하게 설명하는 동시에 그와 조금 다른 내 입장을 설명하려고 한다. 그렇다면 칸트의 틀이 두 번째 영화인 헤어조크의 〈아귀레, 신의 분노〉에 어떻게 적용될 수 있을지 살펴보자. 이 영화를 여기에서 다루는 것이 흥미로운 이유는 어떤 의미에서 이 영화가 자연의 숭고에 대한 예술영화이기 때문이다. 영화는 숭고한 자연 풍경을 독특하게 연출하면서 영화 자체가 숭고해진다.

〈아귀레, 신의 분노〉는 안데스 산맥의 깎아지른 풍경을 멀리서 보여 주는 대단한 시퀀스로 시작한다. 여기에서 숭고한 것은 단순히 풍광뿐 아니라 그것의 연출이다. 도입 장면에서 헤어조크의 카메라는 문자 그대로 붕 떠 있다. 관객들은 구름에 휘감긴 산꼭대기와 구불구불한 협곡 사이를 공중에서 내려오며 으스스한 느낌을 받는다. 떠 있는 느낌, 불편하면서도 짜릿한 이탈감은 날카로운 음악이 반복됨으로써 확대된다. 아주 먼 거리의 카메라는 너무 작아 거의 보이지 않는 사람들의 행렬을 보여 준다. 이는 장대하고 압도적인 풍경과 그 안에서 꿈틀거리는 개미 같은 사람들의 대비를 통해 숭고의 느낌을 강화시킨다. 행렬은 갑옷을 입은 정복자들과 벨벳 드레스를 입고 풀 먹인 하얀 깃을 단 여인들, 인디언과 흑인 노예들, 말과 대포, 돼지 등이 줄줄이 이어진 긴 행렬로 밝혀진다. 그들이 애쓰는 모습의 위용도 보통은 아니지만 자연의 압도적인 장대함에 비하면 여전히 보잘것없는 것이다.

영화의 두 번째 숭고한 풍경은 정복자들이 구불구불한 산 정상에서 내려오다가 마주치게 되는 강이다. 정복자들은 첩첩산중 밀림 한가운데 빠진 것을 알게 되자 급류와 소용돌이의 위험 속에서도 뗏목을 타고 강을 내려온다. 카메라는 관객을 뗏목을 타고 익사할 위험에 처한 탐험가들과 같은 처지에 위치시킨다. 한 장면에서 뗏목에서 떨어진 말 한 마리가 소리도 흔적도 없이 그냥 물속으로 사라져 버린다. 드라이어의 영화가 팔코네티의 얼굴을 제시한 것처럼, 이 영화는 숭고한 경치를 시각적으로 제시한다.[13] 이 경치가 비록 위협적이고 낯설고 불길한 것으로 그려지고 있지만 또한 소름끼치도록 침착한 아름다움을 보여 준다. 장대한 경치는 상대적으로 왜소한 인간들에게 인상적일 정도로 무심하다.

이제 〈아귀레, 신의 분노〉에서 내가 위에서 우선적으로 언급한 두 가지 특징, 즉 숭고함의 독특한 정서적 갈등과 그에 연관된 장엄함이나 광활함을 살펴보자. 산맥, 강, 밀림은 자연적 대상 자체로 장대하기도 하지만 주인공 아귀레가 지닌 주제를 통해 기능하면서 장대해진다. 영화는 이 자연적 대상들을 힘, 광활함, 장엄함이 드러나도록 묘사하여 관객들이 정서적 갈등을 느끼게 한다. 〈잔 다르크의 수난〉에서 그녀의 고통이 시각적으로 연출되어 관객이 괴로워하는 것처럼, 이 영화에서도 관객은 엄청난 두려움을 느낀다. 우리는 영화 속 인물들이 또 다른 재난을 겪는 것을 기다리며, 장대한 풍경 속 인물들이 달팽이처럼 지난하게 나아가는 것을 바라보며 거의 고문을 당하게 된다. 그러나 이러한 측면에서 풍경과 인물들의 연출이 압도적이고 고통스럽지만, 영화의 다른 측면들은 감정을 고양시키고 즐거움을 준다. 그래서 우리는 칸트가 그런 것처럼 이 대상을 지각하는 데 있어 '감동'이나 '흔들림'을 이야기할 수 있다. 묘사된 정복자들과는 달리, 관객들은 밀림을 대면하더라도 안전하다는 사실이 중요하다. 우리는 힘과 공간 그리고 아름다움에 대한 영화의 탁월한 묘사를 보면서—아마도 아귀레의 광기조차도—즐길 수 있다 왜냐하면 우리는 그의 살인적인 난폭함에 당하지 않기 때문이다. 관객은 헤어조크가 영화 속에서 보여 주는 정글을 보면서 정글이 어떻게 인간을 짓밟는지 지적으로 음미할 수 있고, 곧 일종의 고매함과 존경심을 갖게 된다. 영화 속 인물들의 시도는 미친 짓으로 그려지고, 따라서 좌절된다.

그러나 이 부분이 내가 칸트에서 멀어지는 지점이다. 칸트에게는 숭고한 대상이 우리 안에서 불러일으키는 존경심이란 실제로는 우리 자신에 '대한', 우리 인간의 능력과 도덕률에 복종하고 존중해야 한다는 우리의 깨달음에 대한 것이다고 주장하였다. 칸트에게는 숭고의 세 번째와 네 번째 특징이 결정적으로 연결되어 있다. 왜냐하면 고통스러운 형언 불가능함에서 즐거운 인식으로의 전환은, 또한 감성에서 우리가 도덕률에 대한 존경심을 갖는 도덕적 틀로의 이동이기 때문이다. 〈잔 다르크의 수난〉이나 〈아귀레, 신의 분노〉와 같은 숭고한 영화를 경험하는 것이 어떤 면에선 고통스럽고 형언 불가능한 느낌을 포함한다는 것에 나도 동의한다. 〈아귀레, 신의 분노〉

는 전개가 매우 느리다. 헤어조크는 카메라를 통해 놀라운 자연 풍경이 펼쳐지는 것을 관찰하면서 장대함과 광활함을 표현하고, 그 막강함에 대한 두려움과 공포를 불러일으킨다. 나는 이것을 영화에서 묘사되고 보인 것들에 대해 과부하가 걸린 감각적 · 정서적 경험으로부터, 영화의 관점에 대한 도덕적 성찰을 포함해 영화가 주제를 다루고 있는 방식에 대한 좀 더 인지적이고 지적인 감상으로 바뀌는 과정이라고 제안한다. 영화의 묘사방식이 갖고 있는 어떤 극단적인 특징에 의해서 우리는 또 다른 차원에서의 경험을 의식하게 되고 이를 즐기게 된다. 이는 '도덕률'을 포함하지 않고, 대신 도덕적 성찰을 일으키는 강력한 예술작품으로 영화를 인식하게 한다. 칸트 이론에서 내가 수정하고 싶은 부분은 감각에서 인지로의 변화를 설명하는 데 있어 '고양감'은 영화 **속** 관점에서 벗어나 영화에 **대한** 관점으로 나아갈 때 생긴다는 것이다. 여기엔 정서적이거나 상상적인 감각적 단계의 경험에서 영화의 도덕적 관점에 대한 즐거운 성찰이 포함된, 보다 지적이거나 인지적인 경험으로의 변화가 동반된다.[14]

이제 나는 어떻게 숭고한 영화가 형언할 수 없이 고통스러운 것에서 즐거운 인식으로, 두려움에서 고양됨으로 전환하게 되는지에 대해 좀 더 심도 깊은 주장을 할 것이다. 이러한 전환은 대부분 우리가 어쩔 수 없이 영화를 영화로 인식하게 되는 다양한 순간에 일어난다. 어떤 영화는 전체가 숭고하다고 할 수 있지만, 영화 속 특정한 장면은 또한 특별히 숭고하거나 효율적일 수 있다. 즉, 특정한 인지적 전환은 재현에 균열이 생기는 순간, 다시 말해 영화가 우리의 관심을 영화 자체와 영화가 그리고 있는 것에 대한 영화의 관점으로 유도하는 순간에 일어난다. 이러한 균열은 우리가 한 인물이나 풍경에 대해 무엇인가를 보여 주려 하는 영화감독의 욕망과 능력을 인식하도록 해 준다.

〈아귀레, 신의 분노〉에는 그러한 인식을 부추기는 균열의 순간이 많이 있다. 나는 이미 영화의 시작 장면이 갖고 있는 효율성에 대해 언급한 바 있다. 여기에서 프레임 짜기와 낯설게하기dislocation의 장치들이 영화가 보여 주고 있는 인물들에 대한 영화의 관점을 알려 주고 있다. 또 다른 균열은 아귀레의 딸이 죽는, 아름답게 구성된 장면에서 의도적으로 사용된 프레임 구성 장치들에 의해서 일어난다. 감독이 그녀의 가슴을 관통한 화살을 가림으로써, 그녀의 죽음은 끔찍하고 고통스럽지만 그녀가 아버지의 팔에 안기는 모습은 신비롭고 우아하게 느껴진다. 영화의 결말 부분에서 다시 우리는 독특한 광경을 보게 되는데, 이 장면에서 미친 아귀레는 투구와 갑옷을 한 채 너덜너덜해진 뗏목 위에 앉아 있다. 그리고 갑자기 날렵한 작은 원숭이들이 뗏목 위를 가득 채운다. 카메라는 역사적 사실을 보여 줄 때의 느린 속도에서 보다 현대적인 방식으로 움직임을 변환함으로써 이 장면이 '보이고 있음'을 분명히 한다. 헬리콥터에 장착된 것이 분명한 카메라는 뗏목에서 한참 멀어져서 우리를 당황스럽게 한 후에 다시 급하강해서 미친 주인공을 맴돈다. 마지막에 카메라는 뒤로 물러나면서 다시금 조용히 밀착하여 관찰하는 처음의 사실적인 방식으로 되돌아간다. 이러한 변화는 우리에게 우리가 재현을 보고 있다는 사실을 상기시켜 주며 미친 정복자에 대한 독특한 시선을 강화시켜 준다.

이 영화에서 가장 독특한 균열이 일어나는 순간은 바로 화려하게 치장된 범선이 나무 위로 높이 떠오르는 모습을 보여 주는 환각 장면이다. 뗏목 위의 몇 안 되는 생존자는 화살독에 의해 정신이 나가고 목도 마르고 허기가 지고 열이 나서 이런 환각을 보며 "저건 배가 아니야"라고 말한다. 영화의

〈아귀레, 신의 분노〉(1972)에서 미치광이 정복자 아귀레

관객으로서 우리 역시 우리가 보고 있는 것이 진짜 배인지 혹은 환각인지를 확신할 수가 없다. 이 장면은 칸트가 지적한 것처럼 '흔들린다vibrate'고 말할 수 있을 것이다. 배는 진짜처럼 보인다. 그러나 나무 꼭대기에 있는 범선이라는 생각은 실제 가능성이나 인지 가능성을 넘어서는 것이다.

〈아귀레, 신의 분노〉에서의 이러한 균열은 일차적으로 영화의 이야기 속에서 느껴지는 정서로부터 영화에 대한 성찰로 나아가게 해 준다. 이러한 장치들은 〈잔 다르크의 수난〉에도 존재한다. 이 영화도 장면의 세심한 프레임 설정을 통해서—가령 넓은 흰 공간에 대비해서 머리가 작게 보이게 하는 프레임 구성이나 얼굴 아주 아래에서나 전경의 아주 위에서의 생소한 시각의 사용—영화 자체로 관심을 유도한다. 이 영화는 나아가서 '관객'으로서 우리의 존재에 대해 의식하게 해 준다. 영화는 재판을 기다리고 있는 사육제 광대들의 모습을 빈번하게 보여 준다. 이를 통해서 미리 정해진 결론이 있음을 알려 준다. 이와 같은 것들이 영화 속의 농부들과 마찬가지로 우리에게도 잔 다르크의 재판과 처형이 일종의 오락거리나 볼거리를 제공하고 있다는 사실을 강조해 준다.

칸트는 숭고의 경험이 미학과 도덕 사이의 경계 구역을 점유하고 있다고 주장했다. 나는 형언 불가능에서 인지로의 전환이 엄밀하게 상상에서 이성에 의한 도덕률의 인식으로의 전이라는 그의 주장을 거부하였다. 대신 숭고한 예술작품은 작품에 대한 감각적·정서적 몰입으로부터 미적 즐거움과 인지적 감상으로의 전환을 촉진한다. 그러한 감상은 예술성에 대한 인식과 도덕적 문제에 대한 성찰과 관련이 있다. 여기에서 나는 또한 버크의 이론을 따른다. 즉, 숭고에 의해서 우리는 어떤 인간적인 것에 대한 존경심—도덕률이나 우리의 의무에 대한 것이 아니라 도덕적인 통찰을 보여 주는 강력한 예술을 창조하는 능력에 대한 존경심—을 느끼도록 촉구된다.

나는 또한 우리가 영화를 단순한 오락거리나 감각적, 정서적 볼거리로서가 아니라 인지적 감상의 대상으로 대할 때 이러한 인식으로의 전환으로 나아갈 것이라고 주장했다. 영화의 예술성에 대한 인식은 영화가 보여 주는 고통스러운 것들에 대해 영화가 무엇을 말하고자 하는지에 대한 평가를 포함해서 영화 전체에 대한 성찰의 단계로 우리를 인도한다. 〈잔 다르크의 수난〉에서 드라이어는 잔 다르크에 대한 탄압과 고문에 대해 신랄한 비판을 가하고 있다. 그리고 〈아귀레, 신의 분노〉는 영화 속에 내포된 고통스러운 정서를 황금에 대한 탐욕과 욕망에 사로잡힌 식민지 개척자에 대한 도덕적 평가와 연결시키고 있다.[15] 작품의 감상은 그 작품이 제시하는 통찰을 반드시 받아들일 필요는 없지만 인식할 것을 요구한다.

인지주의에 의한 숭고의 부활 Cognitivism Revisits the Sublime

칸트의 능력심리학은 그의 숭고이론에 틀을 제공해 준다. 보다 현대적인 심리학 이론은 숭고의 정서적 갈등을 어떻게 설명할 것인가? 정서에 대한 현대의 인지적 접근 중 두 가지 보편적인 유형을 살펴보자. 그것은 심리학적 접근방식과 신경과학적 접근방식이다.

심리학자인 에드 탠은 그의 최근 저서인 『정서와 내러티브 영화의 구조: 정서 기계로서의 영화Emotion and the Structure of Narrative Film: Film as an Emotion Machine』에서 영화 속 정서에 대한 인지적 분석을 제시하였다.[16] 그는 영화 관람을 사고와 정서를 결합하는 적극적이고 의식적인 경험으로 탐구하고 있다. 다른 인지주의자들과 마찬가지로 탠도 정서를 환경에 대한 유기체적 반응을 촉진하는 적응적 행동 양식으로 보고 있다(232. 이 숫자는 탠의 정서와 내러티브 영화의 구조에 나오는 인용 문구의 페이지를 의미한다. 탠과 나오는 모든 숫자가 그러하다-역자 주). 그는 이미지와 내러티브적 장치들, 그리고 관객에게서 특정한 종류의 정서적 반응—과학자들이 실증적으로 연구할 수 있는—을 촉발하는 것들을 밝히고자 했다.

탠은 특별한 기능을 위해 인공적으로 구성된 것 또는 '기계'로 영화를 보았다. 영화는 우리가 적절한 감정으로 반응할 수 있는 방법으로 자연적 환경을 모방한다. '모방'과 관련해 탠은 과연 영화가 이미지인지, 표상인지, 아니면 현실인 '척'하는 그 무엇인지에 대한 논쟁이 분분한 영역으로 나아갔다.[17] 그의 관점에서 영화의 이미지는 비록 환상이지만 영화가 불러일으키는 감정은 진정한 것이었다. 우리는 관객의 맥박이나 호흡 수를 측정해 봄으로써 이를 알 수 있다. 따라서 탠은 〈엑소시스트The Exorcist〉(1973)의 장면에 대해 느꼈던 공포가 '진짜'인지 증명하기 위해 성찰적 방식에만 의존한 철학자 노엘 캐롤Noël Carroll을 비판하였다.[18]

탠의 관점에서는 플롯, 내러티브, 프레임 등의 장치가 효과적이다. 이 장치들은 관객들이 예측할 수 있는 방향으로 작동한다. 예를 들어, 고통받는 장면을 보여 주는 것은 동정이나 연민을 일으킨다(247).[19] 영화의 특정 요소들은 장면과 등장인물에 대한 특정 반응을 발생시키기 위해 환상을 지휘한다. 탠은 영화 관객을 수동적이라고 간주하진 않았지만—왜냐하면 관객들은 정보를 처리하고, 적극적으로 어떤 믿음을 형성하며, 나아가 행동까지 할 때도 있기 때문이다—관객은 "매우 잘 짜인 길을 따라가는 것"(236)이라고 여전히 주장하며, 우리의 '최대의 감정'과 '최소의 감정' 모두가 통제되고 있다고 주장한다. "관객들은 내러티브에 휘둘려 즐겁든 즐겁지 않든, 예상했든 예상하지 못했든 일어나는 각각의 사건을 모조리 겪어야 한다."(241)[20] 탠은 예술영화가 오락을 제1 목표로 삼는 내러티브 중심의 영화와는 매우 다르다고 하였다(52/243).

이러한 심리학적 틀 안에서 숭고함을 설명하기 위해서는 탠이 구분한 '허구적 정서'와 '인위적 정서'를 살펴볼 필요가 있다(65, 82). 허구적 정서는 '디제시스적 효과', 즉 허구적 세계가 보여 주는 환상에 종속되어 있다(52-56). 허구적 정서는 영화 속 형언할 수 없는 고통에 대한 즉각적인 공감 반응도 포함하는데, 예를 들면 고문당하는 잔 다르크에 대한 공감이나 〈아귀레, 신의 분노〉의 정복자들의 운명에 대한 두려움 등이 해당된다. 반면, 인위적 정서는 영화의 구성이나 예술성에 대한 인식과 관련이 있다(65). 인위적 정서는 훌륭한 연기력에 대한 경외감, 연출에 대한 놀라움 등을 포괄하는 미적 정서다. 따라서 인위적 정서는 앞서 내가 〈잔 다르크의 수난〉과 〈아귀레, 신의 분노〉에서 숭고함에 대한 관객의 반응이라고 했던 위대함에 대한 즐거운 인식을 포함할 수 있다.

탠은 인위적 창조물이라는 영화의 특성이 전면에 부각될 경우 어떤 내러티브적 효과를 지속시키기 위해, 즉 허구를 생산하기 위해 영화에 의해 그 특성이 종종 통제되기도 한다고 하였다(192, 82, 238). 그는 또한 숭고함이란 특정 관객만 경험하는 것이라고 덧붙였는데, 인위적 정서는 '영화광 cinephilia'이라는 요소와 연결되어 있다고 가정했기 때문이다(34-35). 즉, 특정 인위적 정서는 영화의 인지적 게임을 즐길 수 있는 특정 관객의 능력과 결부된다(49). 그런 정서는 '대부분의 일반 관객'에게는 인식되지 않는다. 예를 들어, 나는 숭고함이란 영화의 허구적 표면이 균열을 보이는 순간이 주는 고통스러운 어떤 것에서 얻는 즐거움이라고 보았지만, 탠은 대부분의 관객이 "허구의 인위적 설정에 주의를 돌리는" 중요한 이유는 "스크린에서 묘사된 핵심이 관객의 기호와 맞지 않기 때문"이라고 하였다(81). 영화광과 일반 관객을 이렇게 구분하는 것이 조금 위험스럽게 느껴짐을 고백해야겠지만, "관객에 대한 더 많은 연구가 확실히 필요하다."(65)라는 탠의 말에는 동의한다. 나는 탠이 주장한 심리적 기제에 대해 앞으로도 많은 논의가 있을 것이라 믿기에, 이젠 내가 꼽은 숭고한 영화의 마지막 예인 〈천국의 아이들〉의 특별한 장면의 효율성을 탠의 입장에서는 어떻게 설명할지 한번 생각해보기로 한다.

이 영화는 영화적 볼거리, 대사, 인물, 내러티브의 복잡성, 연기 등 여러 이유로 칭찬받을 만하다. 필적할 만한 영화를 찾기 힘들 정도로 이 영화를 위대하게 만드는 것 중 하나는 장 루이 바로의 마임 연기다. 그를 담은 몇몇 장면은 숭고함의 정서를 일으키는 데 특히 효과적이어서 그중 하나를 여기서 논해 보고자 한다. 이 장면에서, 바로는 밥티스트란 인물을 연기하는데 그가 창작한 연극 속 마임 연기를 펼치는 자다. 그는 피에로로 분장을 하고 자신이 숭배하던 여신상을 잃은 절망을 연기한다. 우리의 시점은 극장 안에 보이는 관객들이지만 그들보다는 조금 더 많이 알고 있다. 조각상을 한 여신은 가랑스알레티이며, 밥티스트가 사랑하는 여자이지만 그녀의 사랑에 대한 그의 확신이 부족해서 만남이 엇갈린다. 이 영화는 예술, 감정, 연기, 진정성의 본질에 대한 영화다. 이 영화는 사랑과 같은 감정은 '정말 아주 단순하며' 깊고 영원할 것이라는 관점을 지니고 있다. 밥티스트는 자신에 대한 가랑스의 사랑을 너무 자주 확인해 보려고 하였기에 기회를 잃는다.

무대에서 피에로는 밧줄을 발견하곤 목을 매려 하지만 빨랫감을 든 하녀가 빨랫줄로 사용하길 원하자 행동을 멈춘다. 우리는 또한 이 하녀가 사실 나탈리마리아 세자레이며, 밥티스트에 대한 어찌할 수 없는 사랑을 품은 인물임을 알고 있다. 잠시 정신이 다른 데로 쏠린 피에로는 수평선을 바라보며 잃어버린 여신을 찾는다. 지금까지 극장 안의 관객의 관점으로 화면 전체를 묘사했던 카메라는 갑자기 변화한다. 탠이라면 이 순간을 우리의 감정을 지시하고 만들어 낼 조종 장치라고 부를 만하다. 우리는 먼저 날개를 달고 새 연인인 프레데릭피에르 브라쇠르과 장난치는 가랑스를 보는 밥티스트의 시점 숏을 보게 된다. 그런 다음 그 반대의 숏, 즉 고통, 충격, 분노에 찬 밥티스트의 얼굴이 보인다. 밥티스트의 고통은 아주 통렬하고 이상하며, 관객이 그를 보는 시간은 유난히도 길게 지속된다. 탠은 이 길게 늘인 클로즈업은 동정pity과 동감empathy이라는 허구적 정서를 일으킬 것이라고 말할 것이다.

이 정도까지만 이야기한다면 이 장면의 어떤 특성, 어떤 요소가 숭고함을 만드는지에 대한 우리의 반응을 놓치는 셈이 될 것이다. 우리는 단순히 밥티스트에 공감하면서 어떤 감정을 단순히 느끼는 것은 아니다. 우리는 정서적 갈등 또한 겪게 되는데, 이 장면과 그것이 영화 전체에 맞아떨어지는 방식에 있어 어떤 강렬한 즐거움과 고양감이 있기 때문이다. 즉, 우리는 첫 번째 느꼈던 감정과는 좀 다른, 좀 더 넓은 시각에서 우러나오는 또 다른 감정, 즉 영화를 예술작품으로 평가하는 행위와 관련된 감정을 느낀다. 탠은 이를 인위적 정서artifact emotion라고 부를 것이다.

인위적 정서는 〈아귀레, 신의 분노〉에서 내가 설명했던 '균열'의 순간에 가장 강하게 느껴질 것이다. 여기서도 그런 순간을 찾아낼 수 있다. 〈천국의 아이들〉은 관객을 이중으로 보여 줌으로써 영화를 보는 관객인 우리를 마임 극장에 나오는 관객과 대조시킴으로써 인공의 창작물로서의 상태를 인식시킨다. 정보의 제한과 시점 숏 때문에 밥티스트가 긴 시간 동안 고통에 묶여 있을 때 그가 여전히 그 역할을 연기하는 것으로 생각할 것이다. 그들 시점에서 단순히 훌륭한 밥티스트의 연기가 우리에겐 거의 달콤한 모호함이나 긴장을 주는 것이다. 밥티스트는 마임을 하는 것인가, 고통을 표현하고 있는 것인가? 그는 피에로의 절망을 연기하는 것인가, 그 자신의 절망을 연기하는 것인가? 그리고 바로는 진실로 이 장면을 훌륭히 소화해 내고 있지 않은가![21] 영화가 강력한 정서적 효과를 창조하기 위해 예술적인 자기표현이란 반영적 요소를 활용하고 있음을 인식하기에, 이런 긴장은 그 장면을 즐거운 것으로 만들어 준다. 밥티스트의 연기는 너무 이상해서 무섭기까지 하다사실 그의 절망은 애끓다 못해 추후 살인 욕구를 표현하는 마임으로 옮겨 간다. 그의 이글이글 타는 시선은 너무나 고통스러워 겁먹은 나탈리로 하여금 마임을 멈추고

마르셀 까르네의 〈천국의 아이들〉(1944)에서 밥티스트(장 루이 바로)

충격과 공포 속에 "밥티스트!" 하고 외마디 비명을 지르게 한다. 그녀의 비명은 우리와 달리 무슨 일이 일어나는지 모를 극장 안 관객을 술렁이게 한다. 밥티스트와 피에로를 오가는 균열, 그리고 현재 전개되는 이야기와 대응적인 예술 기법을 동시에 감상하는 것과 평행을 이루어 나탈리 또한 비슷한 균열을 보인다.

탠은 여기서의 숭고함은 허구적 정서와 인위적 정서를 오가는 것과 관련 있다고 말할 것이다. 이 장면과 그 속 인물들이 창조된 효율적인 방식으로 영화는 마치 기계처럼 작동된다. 내러티브, 음악, 대사, 밥티스트와 나탈리의 클로즈업 시점 숏을 정교하게 구성하여 영화는 관객으로 하여금 갈등적인 정서적 반응을 일으킨다. 즉, 경외감과 존경심이 깃든 미적 정서와 결합된 슬픔, 공포, 동정, 무시무시함, 충격 등의 허구적 정서를 일으킨다. 탠의 현대 인지주의적 이론은 영화가 주는 전형적인 심리적 법칙 몇 가지를 설명하려고 한다. 이 법칙들은 어떻게 정서가 유도되고 인간 행동경제학에서 어떤 역할을 하는지 설명해 줄 것이다.

나 자신의 입장에서 수정한 칸트–버크 이론에서는, 숭고함은 압도적으로 고통스러운 정서에서 한 작품의 도덕적 시점에 대한 흥미로운 성찰로의 변화와 관련이 있다. 이 관점은 탠의 관점에 어떤 논쟁거리를 던져 준다. 관객의 인위적 정서를 연구하는 심리학자들은 관객의 예술에 대한 개념탠이 '영화광'을 대상으로 연구한다고 했던과 도덕에 대한 개념을 측정할 수 있는 도구를 개발해야 할 것이다. 〈잔 다르크의 수난〉과 〈아귀레, 신의 분노〉에서처럼, 〈천국의 아이들〉은 진한 감정을 불러일으킨다는 점뿐만 아니라 이런 감정이 도덕적 성찰과 관련이 있다는 점에서 숭고한 작품이다. 이 영화 전체의 주제는 예술, 연기, 감정을 느끼는 것과 관련된 가치를 다룬다. 예술과 미를 창조하는 힘은 사랑과 같은 진하고 충실하며 '단순한' 감정에 연관된다. 따라서 밥티스트와 가랑스는 영화 속 다른 모든 더 미약한 인물들에 비해 대조적으로 '예술과 미를 창조하는 힘이 뛰어나다'. 밥티스트는 그 연기가 관객을 휘어잡고 아름다운, 헌신적인 장인 예술가이며, 그 예술이 방해받을 때이 장면과 영화의 후반부에서 관객은 공포스럽고 고통스럽다. 이 장면에서는 영화감독과 바로란 배우 그리고 밥티스트의 마임을 병치하는 등의 여러 표현 기법을 통해 예술과 도덕적 가치에 대해 명상하는 독특한 반영성이 있다. 이러한 예술적 기술과 깊이가 영화 관객들을 즐겁게 만드는 것이다.[22]

인지신경과학 Cognitive Neuroscience

이제 나는 진화론적 관점에서 인간의 정신기능을 연구하는 보다 생물학적인 지향성을 지닌 인지신경과학자들의 접근방식을 살펴보겠다. 그들은 정서를 뇌와 신경 조직 안에 있는 다양한 시스템이 작동하고 발전하는 것으로 규정하고 설명한다. 인지과학은 칸트가 '능력'이라고 한 것을 '정보처리 시스템'과 상호작용하는 다양한 '정서 시스템'이라는 설명으로 대체한다.[23] 최근에 연구된 정서는 고양이에 대한 쥐의 두려움과 같이 아주 원시적인 것이다. 그럼에도 몇몇 연구 결과는 매우 홍미로우며, 공포나 두려움 대vs 심리적 고양감이라는 숭고한 정서 간의 갈등을 포함해서 보다 미묘하고 난해한 정서적 현상들에 대한 새로운 방식의 설명을 제시하고 있다.

인지주의 신경과학자는 서구 사상가들로부터 우리가 물려받은 민간 심리학folk psychology의 관점들에 도전한다. 먼저, 그들은 이성과 정서의 구분을 파기하는 것처럼 **합리성**에 대한 특정한 전통적 철학적 견해에 도전한다. 가령 그들은 어떤 정서는 인지와 뇌의 피질 조직을 다른 정보 처리가 여전히 필요함에도 우회한다고 주장한다. 또는 그들은 합리적 결정을 하는 데 있어서 정서가 수행하는 역할에 주목한다.[24] 이것은 숭고에 포함된 핵심적인 두 가지 정서인 공포와 고양감 모두가 감정의 차원뿐 아니라 인지의 차원을 포함하고 있음을 암시하는 것이기 때문에 홍미롭다.

인지신경과학자들은 또한 정서가 의식적인 것이라는 철학적 가정에 도전한다. 조셉 르두Joseph LeDoux. 신경과학자로서 뉴욕 대학교 신경과학 및 심리학과 교수－역자 주는 "우리가 우리의 정서를 알고 있으며 사랑 그리고 증오한다는 의식적인 감정은 정서에 대한 과학적 연구에서 핵심을 흐리는 것일 뿐이다." (18)[25]라고 주장했다. 다시 한 번, 나는 이것이 강력한 예술작품에 의해 유발된 '형언할 수 없는' 정서를 포함해서 우리의 정서를 우리가 항상 정확하게 꼬집어서 설명하기 힘든 이유를 설명해 주고 있기 때문에 매우 시사적이라고 생각한다. 그럼에도 어떤 종류의 경험이나 과정은 예술작품에 대한 반응으로 지속되며, 이는 칸트가 생각한 것처럼—칸트가 생각한 방식으로 되지는 않더라도—다른 정서나 인식으로 이끌 수도 있다.

르두와 다른 학자들은 또한 정서에 대한 의지주의적voluntaristic 설명에 도전한다. 르두는 다음과 같이 기술하고 있다.

> 정서는 우리가 일어나게 하는 것이라기보다는 우리에게 우연히 생기는 것이다. 우리는 우리의 정서적 반응을 직접적으로 통제할 수 없다. 정서에 대한 의식적인 통제가 미약한 반면, 의식은 정서에 의해 침잠될 수 있다. 이는 진화 역사의 현 시점에서 정서적 시스템에서 인지적 시스템으로의 뇌 신경 연결이 인지적 시스템에서 정서적 시스템으로의 연결보다 더 강력하기 때문에 그런 것이다.[26]

다시 말하지만 이는 그것이 정서가 사물에 대한 반응으로 생겨나고 우리에게 '몰려올' 수 있음을 의미하기 때문에 중요하다. 마찬가지로 숭고한 어떤 것에서 위대한 것이 갖고 있는 고통은 우리를 '압도'하거나 지각 시스템을 덮칠 수 있다. 그렇다면 만일 한쪽 방향으로 홍수가 일어났다면 반대 방향으로의 전환은 일어날 수 있는가?

다시 말해, 서로 갈등하는 기본 정서 시스템은 얼마나 많이 존재하며, 우리가 복잡한 자극을 경험할 경우 어떻게 상호작용하고 충돌하는가? 현재로서 이러한 문제들은 아직 해답이 없는 상태다. 미국의 저명한 신경생물학자 자크 판크세프Jaak Panksepp는 세 가지 기본 정서 유형을 구분하였고, 나아가서 뇌에는 최소 여덟 개의 기본 정서 시스템이 존재한다고 주장했다.[27] 다른 사람들은 우리의 정서/행동의 종류를 세 개의 기본 정서 시스템으로 분류한다.[28] 즉, 행동 접근과 투쟁/도주 반응 그리고 행동 억제가 그것이다. 다양한 과학자들이 이렇게 다양한 시스템 속에서 인간 정서가 반드시 인지를 포함해야 할 필요는 없지만 그래도 정보 처리를 요구한다는 데에 동의하고 있다.[29] 가령 피질이 제거된decorticated 고양이와 쥐를 통한 공포의 연구에서 특정한 자극, 가령 시각적 자극은 시신경 조직에서 편도체amygdala를 지나 정서 센터로 이어지는 뇌의 기본 비상 경로에 의해 처리되어 동물에게 위험을 경고하고, 그에 따라 생리적 변화가 일어나는 것으로 밝혀졌다. 반면에 피질이 제거되지 않은 동물의 경우에도 동일한 과정이 일어나지만, 이때의 자극은 동시에 시각에서 인지 센터로 이어지는 경로로 보내지며, 따라서 더 정밀하게 처리되고 분류된다.[30]

그렇다면 공포와 고양감의 독특한 결합인 숭고의 정서는 무엇인가? 칸트에게는 '존경'이 복잡하고 드문 정서'환희'로서 도덕률 앞에서의 불충분함에 대한 우리의 의식을 포함하고 있는 것임을 기억하자. 신경과학자는 현재 그렇게 복합적인 정서를 연구하지 않을 것이지만그런 연구를 희망하지도 않을 것이지만, 아마도 숭고와 같이 거대한 현상조차 뇌에 근거한 우리의 기본적인 정서 시스템에 그 뿌리를 두고 있을 것이라고 확신하고 있다. 흥미롭게도, 안토니오 다마시오Antonio Damasio는 환원주의reductivism라는 시초의 비난을 비껴가면서 다음과 같은 결론을 내리고 있다. "대부분의 숭고한 인간 행동의 이면에는 생물학적 메커니즘이 존재하고 있음을 깨닫는 것이 신경생물학의 기본 요점으로, 모든 것을 단순하게 축소하는 것을 의미하지는 않는다. 상대적으로 덜 복잡한 것을 통해서 복잡한 것을 부분적으로라도 설명하는 것은 절대 수준 저하가 아니다."[31]

여하튼 뇌는 자신의 다양한 능력에 대해서 스스로 의식할 수 있으며 다양한 시스템으로부터의 입력을 통합적인 의식적 경험으로 조직화할 수 있는 능력을 갖고 있다. 이는 상이한 정서 시스템으로부터의 입력 또는 정서, 정보처리, 인지 시스템으로부터의 입력 모두에서 사실이다. 르두는 자신이 설명한 세 가지 기본 정서 시스템의 '순수한' 상태가 **불안**, **공황** 또는 **격노** 그리고 **희망** 또는 **뿌듯함**elation으로 묘사될 수 있을 것이라고 제안한다. 숭고한 정서 중 하나인 공포가 뿌듯함과는 별개의 시스템 속에서 일어나는 것처럼 보인다고 지적하고 있는 점이 흥미롭다. 그리고 이러한 시스템들은 인지과정또는 신피질의 통로과의 서로 다른 종류의 연결을 통해서 상이한 방식으로 작동한다. 이것은 숭고 경험에서의 갈등을 논의하는 데 새로운 접근방식을 제안하는 것이다. 즉, 그러한 갈등은 다수의 정서 시스템의 동시적인 작동을 보여 주는 것으로, 이들 시스템은 우리의 인지 시스템에 상이한 종류의 연결 고리심지어는 각각 다수의 연결 고리를 갖고 있을 수 있다.

따라서 숭고의 대상이 상이한 정신 시스템에 의해서 상이한 방식으로 동시적으로 처리되는 것으로 밝혀질 수도 있다. 가령 무서운 자극의 지각적 처리과정의 어느 지점을 넘어서면 아마도 보다 원시적인 시스템이 한계에

도달하게 되고, 그러면 우리는 다른 종류의 입력과 다른 층위의 인지적 또는 범주적 분석으로 처리를 하는 다른 정서 시스템으로 옮겨 간다. 복잡하게 진화한 인간의 뇌 안에서 우리는 압도적으로 거대한 입력을 우리의 정상적인 기능 속으로 재통합할 수 있다. 쥐나 고양이는 할 수 없는 그 방식, 바로 그것을, 우리가 더 잘 다룰 수 있는 추상적인 것으로 바꾸는 것이다. 우리의 지각 시스템이 와해되거나 압도되기 시작할 때는 공포가 한 시스템 안에서 생겨난다. 우리는 지각된 대상을 우리의 합리적인 틀 속에 통합함으로써 장악하게 될 때 뿌듯함을 느낀다. 이 합리적인 틀은 예술과 도덕성에 대한 우리의 논의에서 사용되는 사회적으로 구성된 개념들을 포함하도록 복잡해야 할 수도 있다. 다른 정서를 지시하는 정서의 자기 성찰성이 또한 여기에 위치해야 할 것이다. 그래서 숭고를 경험함에 있어서 우리는 고통을 그와 관련해서 느껴지는 쾌락과 결합한다. 이것은 칸트가 이성과 상상이라고 하는 인간의 능력들 사이에 있는 것으로 파악한 숭고의 갈등에 대한 미래의 과학자들의 다분히 추측적인 설명이다. 그러나 칸트가 관찰했던 현상들에 대한 대안적인 인지적 설명이 있을지도 모른다는 점을 시사하고 있다.[32]

칸트는 그의 도덕평가 이론을 세우기 위해 마음을 세분하였다. '가장 높은' 능력인 이성은 또한 가장 높이 평가되는 것이기도 하다. 그 대신 인지과학에서 '최고의' 뇌 기능에 대한 이야기는 진화적 발전의 단계를 나타내는 것으로 보인다.[33] 그러한 논의는 전형적으로 도덕이론의 어떤 틀과도 연결되어 있지는 않지만 그럴 가능성이 있다. 최근 뇌 기능과 행동 이론을 윤리이론과 연계시키려는 흥미로운 시도가 이루어지고 있다. 이러한 시도는 이와 같은 새로운 종류의 심리학에서 윤리학의 근거를 찾으려는 일련의 새롭고 차

별적인 시도가 나오게 될 것임을 암시하는 것이다.[34]

결론 Conclusion

앞에서 설명한 것처럼, 숭고는 네 가지 핵심적인 특징을 포함하는 경험이다. 그것의 첫 번째 핵심에는 두려움 및 무서움과 고양감 사이의 정서적 갈등이 존재한다. 두 번째로, 숭고는 위대하고 거대한 무엇과 관련된다. 이 두 번째 특징을 이야기하면서 나는 칸트의 이론을 두 가지 중요한 점에서 수정하였다. 즉, 자연 대상이 아닌 예술작품에 초점을 두며, 장엄함은 작품 속에 그려진 세계에만 해당되는 것이 아니라 작품 자체, 그리고 그 세계가 그려지고 보이는 방식에도 해당되는 것으로 수정하였다.

세 번째로, 숭고의 위대함은 그 대상이 수용자에게 갖게 되는 압도적이고 고통스러우며 말로 형언할 수 없는 효과와 연관된다. 나는 이러한 형언할 수 없음의 특징을 개별 영화에서 우리를 방해하거나 우리의 경험 능력을 압박하는 특정한 감정이나 광경의 재현가령 잔 다르크의 신앙심과 고통, 밥티스트의 간절한 사랑 또는 아마존 정글 속 정복자의 두려움을 언급함으로써 설명하였다. 그러나 대상이 인식으로의 전환을 유발하는 순간에 이러한 형언하기 힘든 고통은 쾌감으로 바뀐다. 독특하고 숭고한 영화는 그것이 예술적인 방식으로 우리를 혼란에 빠뜨리기 위해서 어떻게 영화 매체를 사용하는지에 대해 우리가 경외심을 갖고서 성찰하도록 해 준다.

숭고의 네 번째 특징은 그러한 성찰이 강력한 도덕적 관점을 포함하고 있기 때문에 사람들을 고양시킨다는 점이다. 나는 칸트의 이론을 수정해서 이를 예술가가 자신의 작품 속에서 강력한 도덕적 성찰을 제공하는 방법에 대한 인지로 설명한 바 있다. 숭고한 정서 사이에서 우리가 오락가락하는 것감격스러운 공포을 설명하기 위해서, 나는 균열을 보이는 장면들에 집중해서 영화 예술의 자기 지시적 측면에 대한 우리의 인식이 어떻게 정서적 연관성과 좀 더 먼 거리의 미적 · 도덕적 평가 사이를 중재하는지를 설명하였다.

나는 또한 숭고의 이 네 가지 특징을 포착하는 데 있어서 인지주의자들의 설명이 직면하게 되는 난관을 개관하였다. 두 개의 일차적인 난관이 있다. 첫 번째 난관은 숭고와 연관된 정서가 갖고 있는 자기 성찰성에 대한 것이다. 숭고에서 핵심적인 것은 어떤 사람이 압도되거나 두려움을 느끼게 된 대상에 대해서 어쨌든 심적 고양이나 쾌감을 느낀다는 것이다. 정서에 대한 연구와 설명을 위한 경험적 접근들은 이러한 성찰적 요소들을 포착할 필요가 있다. 두 번째로 보다 큰 난관은 숭고의 경험에 가치가 개입되는 방식에 관한 것이다. 우리는 어떤 영화를 숭고하다고 생각할 때 그 영화를 탁월하고 위대한 예술작품으로 평가할 뿐 아니라 그것이 제기하는 도덕적 주제에 대한 성찰과 그 주제에 대한 영화의 입장에 의해 고양된다.

탠의 심리학적 접근은 예술작품과 허구의 정서가 갈라지고 상호 교류하는 방식을 설명함으로써 정서의 자기 성찰성에 대한 논의를 위한 토대를 제공해 준다. 그러나 나는 '기계'로 설명했던 그의 영화론이 어떻게 미적 정서가 도덕적 가치의 적극적이고 복잡한 인식에 결부되는지에 대한 우려를 앞에서 말한 바 있다. 비슷하게, 신경과학 연구는 숭고와 같은 정서적 갈등에 대한 뇌에 기반한 설명이 있을 수 있음을 지적하고 있다. 칸트가 자신의 정신력 이론을 통해서 예견했던 것과는 세부 내용이 분명 다를 것임에도 말이다. 그렇지만 신경과학자들은 인지와 정서 체계의 상호 연결의 복잡성과 뇌의 피드백 순환 시스템을 강조하면서 내가 정서의 성찰적 특성이라고 한 것을 포착할 수도 있다. 다시 말하지만 탠과 마찬가지로 신경과학자들도 두 번째 난관에 직면하고 있다. 왜냐하면 관객들의 상위 정서는 뇌 신경이나 생리적 특성뿐만 아니라 가치에 대한 고차원적 인지와 관련되어 있기 때문이다. 예술작품을 만들고 해석하는 존재로서 우리는 사회 조직을 반영하는 복잡한 개념을 사용하는 인간들이기 때문에 도덕적 비전을 이해할 수 있다. 잔 다르크가 고통받고 있는 것을 보고 그에 반응할 때, 우리는 가부장제와 국가주의 그리고 종교에 대해 생각할 필요가 있다. 마찬가지로 〈아귀레, 신의 분노〉는 식민주의와 근친상간 그리고 광기에 대한 개념화를 요구하며, 〈천국의 아이들〉은 예술적 독창성과 정서적 진정성의 가치에 대해 생각하게 한다. 가치 평가와 우리의 정서를 촉발하는 데 있어서 그것이 수행하는 역할에 대한 이러한 생각을 설명하는 것이 불가능하다고 주장하려는 것이 아니다. 내 목표는 오히려 그러한 영화를 숭고하게 만드는 것을 설명하는 것이 아주 복잡한 과제가 될 것임을 말하고자 하는 것이다.

4장
코미디 영화의 정서적 기반
The Emotional Basis of Film Comedy

Dirk Eitzen

〈쇼생크 탈출The Shawshank Redemption〉에서 '레드모건 프리먼'라는 이름의 죄수는 세 번에 걸쳐 엄숙한 얼굴의 가석방 심사관들 앞에 선다. 10여 년의 복역기간 중 처음 두 번의 심사가 이루어지는데, 영화 속에서는 거의 한 시간 사이를 두고 일어난다. 영화에서는 거의 한 시간가량 떨어져 있다.

"당신은 당신이 사회로 복귀해도 된다고 생각합니까?" 한 가석방 심사관이 물었다.

"네, 심사관님." 죄수가 대답했다. "솔직히 저는 변했습니다. 저는 더 이상 이 사회에 위험한 사람이 아닙니다. 신에게 맹세할 수 있습니다."

카메라는 잠시 동안 죄수의 얼굴에 머무른다. 그리고 죄수의 서류 양식에 도장이 찍히면서 '기각'이라는 글씨가 클로즈업된다.

세 번째로 레드가 심판관들 앞에 섰을 때는 20년이 지난 후로, 그는 노인이 되어 있다. 그리고 우리는 영화가 거의 끝나가고 있다는 것을 알고 있다.

"당신은 당신이 사회로 복귀해도 된다고 생각합니까?"라는 요식적인 질문에 그는 이렇게 답한다. "나는 그게 무슨 말인지 모르겠군요. 그건 그냥 하는 말이죠. 정치인들이 하는 말처럼……. 그러니 어서 그 서류에 도장이나 찍으시죠. 그리고 내 시간을 이제 그만 허비하시오. 솔직히 말해 아무 관심도 없수다."

카메라는 다시 죄수의 얼굴을 잡는다. 앞의 두 차례 경우와 똑같이 가석방 심사서에 도장이 찍힌다. 그런데 이번에는 '승인'이라는 도장이 찍힌다.

영화 〈쇼생크 탈출〉은 무의미한 잔인성과 통절한 비극, 냉혹한 풍자로 가득 차 있고, 거기에 유머는 거의 없다. 그러나 거의 마지막인 이 대목은 경쾌함이 넘치는 순간으로, 전혀 기대하지 않았기 때문에 더욱 유쾌하다. 관객들은 웃지 않을 수 없다.

〈더 록The Rock〉(1996)완전히 다른 종류의 영화이지만 운좋게도 이 역시 버려진 감옥을 배경으로 한다에서 숀 코네리와 니콜라스 케이지가 각각 존 패트릭 메이슨과 스탠리 굿스피드 역으로 출연하고 있다. 그들은 샌프란시스코에 위험한 화학폭탄을 떨어뜨리려고 계획하고 있는 해병대 출신의 미친 무리들에 의해 점령된 알카트래즈 감옥에 어쩔 수 없이 잠입하게 된다. 한 장면에서 메이슨이 큰 에어컨을 떨어뜨려 악당 한 명을 해치운다. 굿스피드가 치명적인 화학물질이 들어 있는 얇은 유리 폭탄을 조심스럽게 제거하려고 할 때 죽은 사람의 발이 꿈틀거리기 시작한다.

"당신은 시체를 많이 봤죠?" 굿스피드가 메이슨에게 묻는다. "이것이 정상인가요?"

"발 말인가?"

"그래요, 발."

"그럴 때가 있지."

"지금 집중을 해야 하거든요. 어떻게 좀 해 줄 수 있나요?"

"어떻게?" 메이슨이 대답한다. "그를 다시 죽여 줄까?"

이 영화의 다른 많은 부분에서처럼 숀 코네리가 맡았던 제임스 본드에 대한 조롱을 연상케 하는 케이지의 과장된 어투는 폭력적인 액션과는 잘 어울리지 않는 장난스러운 면을 부여한다. 여기서 관객은 웃지 않을 수 없다.

수차례 이야기가 된 것처럼, 유머는 정서가 아니다. 최고의 유머 연구자인 폴 맥지Paul E. McGhee는 유머에 대한 지각이 늘 특정한 정서적 반응과 연결되는 것은 아니라고 지적하고 있다.[1] 철학자인 존 모릴John Morreal도 유머를 정서로 간주할 수 없는 이유들을 열거하고 있는데, 거기에는 코미디의 개념적 복잡성과 코미디가 갖고 있는 효과, 즉 우리를 직접적으로 현실적인 관심으로부터 벗어나게 하는 효과가 포함된다.[2] 앙리 베르그송Henri Bergson도 세기의 전환기에 집필한 『웃음』이라는 자신의 영향력 있는 에세이에서 웃음과 정서는 명백히 양립 불가능하다고 주장하고 있다.[3] 그렇다면 정서에 관한 논문을 모아 놓은 이 책에서 코미디에 대한 글은 도대체 무엇인가?

네 가지 이유가 있다. 첫째, 위의 두 예에서 충분히 증명되었지만 비록 유머가 정서가 아니라고 해도 영화에서 코믹한 순간은 강력한 정서 반응을 수반할 수도 있다. 더욱이 정서가 우리로 하여금 특별한 방법으로 생각하고 행동하게 하는 자율 반응이라고 한다면, 유머는 분명 정서의 일종이다.[4] 두려움을 경험할 때 우리는 주변의 위험에 대한 가능성을 알고서 싸우거나 도망가려고 준비한다. 즉, 우리는 특별한 방식으로 생각하고 행동하는 경향이 있다. 유머의 경우도 마찬가지다. 우리가 무언가를 웃기다고 느낄 때, 우리는 그것을 심각하게 받아들이지 않거나 최소한 그 심각함을 좀 멀리서 보게 되는 경향이 있으며, 그러한 성향을 미소나 웃음을 통해서 신호한다.

둘째, 전형적인 코미디 영화는 정서적 자극emotional kick을 주지만 그 대가로서 이야기 전개를 방해한다. 할리우드 영화에서 이러한 부류의 유머가 계속해서 성공을 거둔다는 사실은 다음에 어떤 일이 벌어질까 하는 예상과 스토리 전체를 아는 것에 대한 만족보다 정서적 반응이 영화에 대한 재미와 흥미에 있어서 보다 더 근본적이라는 것에 대한 증거다.

셋째, 유머에 대한 수많은 경험적—윤명심리학적, 생물학적, 인종학적, 생태학적—연구는 웃음과 미소가 근원적으로 단순히 개인 감정을 표현하는 것이 아니라 사회적으로 동기화된 행동이라는 주장을 펴고 있다. 웃음과 미소는 모두 주로 상호작용적인 상황에서 나타난다. 웃음은 유희적 참여를 촉발하고 사회적 유대를 촉진한다. 미소는 공격성을 완화시키고, 사회적 결속을 강화하며, 온정과 호의를 나누도록 조장한다. 우리가 매일의 일상생활에서 유머로부터 경험하는 큰 즐거움은 인지적 숙달이나 소원 성취 또는 자아의 만족과 같은 혼자만의 기쁨이 아니라, 사회적 유대를 증대시키는 매우 중요한 적응 기능을 갖고 있는 행동을 실천한 것의 결과다. 이런 가설이 영화까지 확대 적용이 되는지를 시험하기 위해 유머 연구를 주목할 가치가 있는 것이다.

20여 년 전에 처음으로 출간된 『상상적 시니피앙The Imaginary Signifer』에서 크리스티앙 메츠Christian Metz는 영화에서 느끼는 매력이 너무나도 독특하고 대단하고 이성적 행동 지침에서 완전히 벗어나는 것이어서, 그것은 오로지 무의식적 과정의 이면에서 이루어지는 것으로 설명될 수 있다고 주장하였다.[5] 막강한 영향력을 갖고 있는 이 저서는 더 많은 영화학자가 그 후 영화의 즐거움을 기이하고 신비한 것으로 보도록 하는 데 막대한 영향을 끼쳤다. 나는 이 장의 결론이 그것과는 정반대의 것임을 위험을 무릅쓰고 서두에서 밝히고자 한다. 즉, 영화에서 느끼는 즐거움, 최소한 영화에서 느끼는 유머가 절대로 기이하거나 신비한 것이 아니라는 사실이다. 경험적 유머 연구는 영화 속의 우스운 요소들에 대해 우리가 느끼는 즐거움은 단순히 일상적이고 평범한 경험에 대한 일종의 특별한 정서적 반응의 확대일 뿐이라고 주장한다. 이는 마음의 진화된 습성의 산물이고, 이 진화된 습성은 영화에 대한 경험뿐만이 아니라 우리의 모든 경험을 결정짓는다. 그것은 특정한 종류의 잠재적 스트레스를 내포하고 있는 사회적 상황들에 대한 내재적인 정서 반응 속에 근거를 두고 있다. 그리고 그러한 상황들은 절대로 영화에서만 특유한 것이 아니다. 일부 영화가 그러한 상황들을 고도로 농축된 양 보여 주기는 하지만 말이다.

그래서 영화학자들의 영화에 대한 사고방식을 바꾸는 데 일조하는 것을 목적으로 하고 있는 이 논문집에서 유머 연구를 주목하는 네 번째 이유는 그것이 여전히 이 분야에서 널리 퍼져 있는 가정에 반하는 강력한 증거를 제공해 주기 때문이다. 그것은 영화가 주는 즐거움은 독특하고 기이하며 일상생활 속 경험에서 느끼는 즐거움과는 어쩐지 무관하다는 가정이다.

영화의 스토리텔링에 대한 한 유명한 이론은 대중 영화는 일련의 인물의 관점에서 본 문제와 관객의 관점에서 본 질문으로 구성되며, 이들은 그에 상응하는 해결과 답변에 연결되어 있다고 주장한다. 예를 들어, 〈더 록〉의 시작 부분에서는 한 특공부대가 군사 기지를 대담하게 습격한다. 그들은 차례대로 일련의 장애물과 보안 장치를 제거하는데, 이는 그들이 목표를 향해 나아갈 때

해결해야 하는 '문제들'인 것이다. '저 사람들은 어떻게 될까?' '과연 성공할까?' 하며 우리는 궁금해한다. 이러한 것이 바로 영화가 전개되면서 제공할 것으로 예상되는 질문이다. 문제와 해결, 질문과 답변의 연속으로부터 우리의 관심을 흐트러뜨리는 것은 장면 안에 전혀 없다고 할 수 있을 것이다. 이 구성 원칙이 대부분의 내러티브적 오락의 핵심인 것이다.

이와 같은 흥미로운 관찰을 통해서 우리는 영화의 주된 즐거움은 관객의 예상에서, 그리고 플롯에 의해 제기되는 질문과 문제에 대한 해결을 하나둘 발견해 가는 것에서 온다는 결론을 쉽게 도출할 수 있다. 이러한 이론을 가장 간결하고도 명확하게 펼치고 있는 것이 바로 노엘 캐럴Noël Carroll의 이론이다. 그는 영화의 정서적 충격의 주요 원천은 질문-대답 구조의 개념적 수용성conceptual comestibility이라고 하였고, 이를 '문답식 내레이션erotetic narration'이라고 불렀다.

> 실제 삶에서와는 달리 영화에서 관찰되는 행위들은 명료함의 단계를 갖고 있는데, 이는 그들이 질문과 대답으로 된 문답 시스템 속에서 수행하는 역할에 달려 있다. 질문/대답 구조로 인해서 관객은 묘사된 행위와 관련해 알아 두어야 하는 모든 중요한 것을 알게 되었다는 인상을 갖게 된다. …… 영화가 주는 강력한 인상은 문답식 내레이션에 의거하고 있는, 영화 속 행동의 특별한 명료함과 효율성 그리고 명확성에 다름 아니다.[6]

다시 말하면, 인기 있는 영화의 정서적 힘은 그것이 질서와 일관성 그리고 의미에 대한 인간의 타고난 욕망을 충족해 주는 강렬한 방식에서 오는 것이다.

데이비드 보드웰David Bordwell은 보다 세밀한 '문제 해결로서의 내레이션 이론the narration-as problem-solving theory'을 주창하고 있다. 그는 영화가 '틈새gaps'를 만든다고 주장한다. 영화는 주인공을 명확한 곤경에 빠뜨리지만 가능한 해결책이나 대응에 대한 정보는 유보하며, 이를 통해서 관객들이 다음에 일어날 일에 대해 추측하거나 가정하게 만든다. 고전적인 할리우드 영화의 플롯에 의해서 제기된 문제들은 주인공이 그들이 처한 곤경에 대한 가능한 대응 방안과 대부분 연관되어 있기 때문에, 그 질문들은 단 하나의 질문으로 압축될 수 있다. 그것은 '이 인물이 이제 무엇을 할 것인가'다. 대개 관객들은 주인공의 일반적인 행동과정을 올바르게 예측하게 된다그것이 '논리적'이기 때문에. 비록 그 행동이 예측하지 못하고 때로는 놀라운 방식으로 이루어지더라도 말이다. 관객들은 추측과 예상 그리고 부분적인 만족의 과정 속에 잡혀 있게 된다. 이 '게임'이 고전적 오락영화를 하나로 유지해 주는 접착제인 것이다.[7]

보드웰은 영화의 모든 정서적 힘이 이 예상과 추측 게임에서 기인하는 것이라는 점에 대해서는 신중한 입장을 취하고 있다. 하지만 그는 고전적 극영화에서 전형적으로 등장하는 반응의 유형은 감성이 기대와 그것의 지연된 충족과 결부되어 있다고 보는 이론과 가장 잘 부합한다고 적고 있다.

> 우리가 가설을 세울 때, 특히 시간의 압박 속에서 가설을 세울 때는 그것이 맞는다는 것을 확인하게 되면 정서적 흥분을 느끼게 된다. 유기체는 통합을 창조하는 것을 즐기기 마련이다. 내러티브가 어떤 기대의 충족을 지연시키면, 알게 되는 것의 지연은 보다 강렬한 관심을 촉발할 수 있다. 그리고 한 가설이 부인되면, 그러한 실패는 관객으로 하여금 새로

> 운 행동을 하도록 자극할 수 있다. 예측과 충족, 그리고 차단되거나 지연되거나 꼬인 결말이 뒤섞임으로써 커다란 정서적 힘이 창출될 수 있다.[8]

캐럴의 경우와 마찬가지로, 보드웰에게도 주류 오락영화의 관객은 주로 내러티브의 발전에 대한 호기심과 내러티브의 일관성과 결말에 대한 예측에 의해 동기화된다.[9] 다른 말로 하자면, 주류 영화의 주된 즐거움은 스토리상의 문제를 해결하는 데 있는 것이다.

영화의 '유일한' 즐거움이 스토리상의 문제를 해결하는 데 있는 것이라면, 내러티브상의 '문제'는 모두 차이가 없이 좋은 것이 될 것이다물론 '해결'이 너무 뻔하거나 난해하지 않을 경우에 한해서. 우리는 글쓰기 교육처럼 평범한 문제 해결로 가득한 영화들을 만나게 될 것이다. 그러나 그것은 명백하게 그렇지 않다. 할리우드 영화를 움직이는 것은 그냥 '단순한 문제just questions'가 아니라 '화급한 문제burning questions'다. 그 문제는 늘 강한 정서적 자극을 수반한다. 그것은 영화 속 등장인물들의 육체적 혹은 정서적 안녕에 대해 중대한 결과를 야기하는 상황들과 결부되어 있다. 질문과 대답 구조에 완벽하게 부합하는 영화를 만드는 것은 가능할지도 모르지만, 그 결과는 무척이나 따분한 영화가 될 것이다. 분명한 것은 그것이 할리우드 고전 영화 속에서 벌어지는 것이 아니라는 점이다. 실제 이야기는 섹스와 폭력, 멜로와 빠른 액션, 긴장과 놀람, 환상과 공포 그리고 유머로 가득 차 있다.

그래서 문제 해결로서의 내러티브라는 이론은 본말을 전도시키는 것이 될 수도 있다. 아마도 문제 해결 구조는 관객이 문제 해결 자체에서 강렬한 즐거움을 얻기 때문이 아니라 그것이 영화 관객에게서 강렬한 정서적 반응을 유발하는 데 있어서 가장 효과적이고 신뢰할 수 있는 방법이기 때문에 대두된 것일 것이다. 이 구조는 아마도 그것이 지적인 만족을 주기 때문이 아니라 정서를 담고 있는 사건들을 요리해서 내놓기 위한 가장 경제적인 틀을 제공해 주기 때문에 개발된 것일 게다. 코미디의 경우가 이러한 가설을 뒷받침해 준다.

〈더 록〉의 시작 장면에서는 특공대가 한 군사 요새를 습격한다. 문제와 해결, 질문과 대답의 연속에서 벗어나는 것은 아무것도 없다. 같은 것이 굿스피드가 폭탄을 해체하려고 하는데 죽은 시체가 꿈틀거린다는 앞에서 묘사된 웃기는 장면에도 해당될 수 있다. 그러나 이 장면에서 거의 정보 가치가 없는 것들—니콜라스 케이지의 매너리즘적인 연기, 대화의 엉뚱함 그리고 꿈틀거리는 발—이 우리가 이 장면에서 유머를 느끼는 데 결정적으로 중요하다.

농담, 과장된 행동, 패러디, 개그 등의 영화 속 코믹 요소들은 캐럴과 보드웰이 설명한 것 같은 문제 해결 구조에 잘 부합하지 않는다. 그것은 종종 예측 불가능하고 엉뚱하다. 그리고 추후에 돌이켜 보면 완벽하게 들어맞는 경우라도 대부분의 플롯 요소처럼 질문을 제기하거나 질문에 대답을 하기보다는 하늘에서 뚝 떨어진 것같이 보일 수도 있다. 그것은 또한 스토리가 부드럽게 전개되는 것을 방해하거나 흐트러뜨리기도 한다. 이러한 주장에 대한 근거가 다른 곳에서 이미 충분하게 제시되었기 때문에 여기에서는 단일한 예만을 들겠다. 그것은 바로 〈해리가 샐리를 만났을 때When Harry Met Sally〉(1989) 중에 나오는 가짜 오르가슴 장면이다.[10] 나는 다른 분명한 예를 〈웨인스 월드Wayne's World〉(1992)나 〈에이스 벤츄라Ace Ventura〉(1994)에서 찾아볼 수도 있었다. 하지만 상대적으로 차분한 로맨틱 코미디를 의도적으로 선택했는데, 그 이유는 코믹한 요소들이 분명하게 '고전적'인 질문과 대답의 구조 속에 묻혀 있을 때라도 그로부터 우리가 얻는 즐거움이 그런 구조에 들어맞는지의 여부에 의해 설명될 수는 없다는 것을 보여 주기 위해서다.

해리빌리 크리스털와 샐리맥 라이언는 기질적으로 정반대다. 해리는 격식 없고 직설적이다. 반면, 샐리는 까다롭고 새침을 떤다. 그런 이유로 두 사람의 낭만적 관계는 말도 안 되는 것처럼 보인다. 그래서 그들은 좋은 친구 사이가 된다. 붐비는 레스토랑에서 점심을 먹던 어느 날, 샐리는 해리에게 그 많은 여자와의 관계를 어떻게 관리하는지 물어본다.

"그래서 그 여자들과 어떻게 해?" 그녀가 묻는다. "그냥 침대에서 일어나 나와?"

"물론이지." 그가 대답한다. "난 일찍 미용실에 가야 하거나, 모임이 있다거나, 스쿼시 약속이 있다고 말하지."

"스쿼시 안 하잖아."

"그녀들은 그걸 모르지. 만난 지 얼마 안 되었거든."

"그건 너무 심하네." 샐리가 말한다.

"나도 알아. 찜찜하지." 해리가 음식을 베어 물며 대답한다. 일말의 가책이나 아이러니의 흔적도 없이. "하지만……." 그가 말을 잇는다. "그녀들은 좋은 시간을 가졌다고 생각해."

샐리는 해리가 진짜 여자들이 좋은 시간을 가졌는지 알 수 없다고 말한다. 특히 그가 그렇게 빨리 떠나곤 했으니까. 해리는 거만한 웃음을 지으며 자기가 정말로 잘 안다고 대답한다. 우리는 그 이유를 이미 알고 있다. 왜냐하면 남자친구와의 앞선 대화에서 그는 섹스 중에 여자가 고양이 신음을 내도록 만들었다고 자랑했기 때문이다. 샐리는 해리에게 여자들이 종종 상대방을 위해서 그런 척하기 때문에 어떤 여자가 정말로 오르가슴에 도달했는지를 정확하게 알 수 없다고 주장한다. 해리는 확신에 차서 자기를 속일 수 있는 방법은 없다고 말한다.

샐리는 의심스럽다는 표정으로 해리를 바라본다. 잠시 후 그녀는 가볍게 얼굴을 찡그리더니 신음을 내기 시작한다. 해리가 "괜찮아?"라고 묻는다. 샐리는 계속해서 점점 더 큰 소리로 신음한다. "아, 맙소사!" 그리고 의자에 앉은 채로 몸을 꼬기 시작한다. 해리는 그녀가 무엇을 하려는지 눈치채고는 의자에 등을 기대고 재미있게 구경한다. 샐리의 신음이 점차 격렬해지다 절정의 탄식으로 바뀌면서 "아, 좋아, 좋아, 좋아." 하는 절규가 테이블을 두드리는 소리에 맞춰 이어진다. 이제 가게 손님 모두가 고개를 돌려 그녀를 보고 있다. 우리는 많은 사람이 이해할 수 없다는 표정으로 쳐다보고 있는 영화장면들을 보게 된다. 해리의 느긋했던 표정도 이제는 곤혹스러움으로 바뀐다. 그는 옆 테이블에 앉아 있는 손님에게 어색하게 인사를 한다. 샐리의 연기가 절정의 신음과 함께 마침내 끝나자, 그녀는 포크를 들어 해리에게 다정하게 웃으며 샐러드를 한 입 먹는다. 다른 테이블에 앉아 있던 한 여성이 웨이터를 부르더니 샐리를 가리키면서 말한다. "그녀가 시킨 걸로 주세요."

이 장면의 상당 부분은 가설적인 질문과 대답의 구조에 잘 들어맞는다. 예를 들어, 전체 영화를 이끄는 질문은 '해리와 샐리가 같이 잠을 잘까?'다. 이 장면은 해리와 샐리가 더욱 친밀해짐을 분명하게 지시함으로써 그에 대한 대답을 암시해 준다. 이 독특한 장면에 담겨 있는 또 다른 질문은 '이 싸움에서 누가 이길까?' 또는 '해리가 자기 방식의 잘못을 알게 될 것인가?'다. 샐리의 대담한 작전은 이 싸움에서 그녀에게 승리를 안겨 주면서 이 장면의 끝을 마무리한다. 그래서 질문들이 이 장면에 힘을 제공한다는 것은 부인할 수 없는 사실이다.

예상치 못한 대답 또한 이 장면이 담고 있는 유머의 일부를 설명해 준다. 샐리의 주장에 대한 해리의 고집스러운 거부에 대해 샐리는 어떤 응수를 할 수 있을 것인가? 놀랍게도 공개적으로 창피를 주는 것이었다. 아무리 예상치 못했던 것이라고 하더라도 샐리의 거짓 오르가슴은 명백히 결정적인 답변인 것이다. 비슷하게, "그녀가 시킨 걸로 주세요."라는 장면의 마지막 대사는 샐리의 시범을 일종의 '바통 터치'로 마무리함으로써 장면을 만족스럽게 마무리하고 있다. 이 대사가 전혀 예측 불가능한 것이기는 하지만, 이는 '누가 이 싸움에서 이길 것인가?'의 질문에 훌륭한 마무리 터치를 해 주고 있다.

하지만 이 장면의 많은 유머는 그러한 질문이나 대답과 무관하다. 사실 이 장면에서 제일 재미있는 것은 시끌벅적한 레스토랑 한가운데에서 큰 소리로 오르가슴을 가장한다는 것으로, 이는 거의 믿기 힘든 사회적 일탈 행동이다. 한 인물로 하여금 그렇게 노골적으로 사회적 관습을 깨뜨리도록 하는 선택은 질문과 대답의 시스템과는 완전히 상관없는 것이다. 이는 별개의 것이다. 그리고 대본에서도 명백하게 드러나듯이 그 별개의 것이 관객에게 초미의 관심사인 것이다. 우리는 일 분이 넘도록 맥 라이언이 신음하는 장면을 본다. 이는 어떤 질문을 제기하거나 답변하는 데 필요한 것을 훨씬 넘어서는 것이다. 사실 이 기나긴 가짜 오르가슴 장면은 본질적으로 보자면 이야기를 정지시킨다. 우리는 또한 이야기를 단순히 전달하기 위해서 필요로 하는 것보다 훨씬 많은 반응 숏을 보게 된다. 이 모든 '과잉'은 이 장면이 지니는 사회적 차원을 강조하는 데 기여한다. 즉, 기가 찰 정도로 부적절한 샐리의 행동, 그녀가 끌어들이는 시선들, 자신이 벌이고 있는 장면에 대한 그녀의 계산된 무시, 그리고 해리의 당혹스러움이 그것이다. 나아가서 맥 라이언의 행동이 '일어날 수 있고 그럴듯한 것'에 대한 우리의 기대를 위반하기 때문에, 코믹한 영화가 늘 그런 것처럼 저절로 이 장면의 모든 눈에 띄지 않는 반응 숏에 관심이 가도록 한다. 이 장면을 그처럼 재미있게 만드는 것은 바로 이 모든 추가적인 요소다. 질문과 대답의 연결선이 깜짝 놀라게 비틀어져 있는 것 때문만이 아닌 것이다.

반복하자면, 이 예에서 말하는 핵심은 영화에서 우리를 웃게 만드는 것은 그것이 아무리 뒤섞여 있을지라도 문제 해결 구조와는 관계가 거의 없다는 것이다. 그리고 유머는 할리우드 영화에서 여전히 한 부분을 차지하고 있기 때문에 이는 분명히 아주 중요한 매력 중 하나다. 문제 해결로서의 내러티브 이론이 이런 매력을 설명하지 못하는데, 그것을 어떻게 풀 수 있을까?

이에 대한 가장 간단한 대답은 이렇다. 보통의 영화 팬이 영화에서 원하는 것은 내러티브 자체가 아니라 강하고 농축된 감성적 반응이다. 영화는 안전한 상황 속에서 강력한 정서적 자극을 제공한다. 이것이 주류 관객들이 영화에서 보상받기를 가장 갈구하는 것이다. 문제가 해결되는 것을 보는 즐거움이 아니라 일상생활에서 촉발되지 않는 정서, 즉 슬픔, 두려움, 공포, 흥분, 사랑의 절정에서 느끼는 행복감, 죽음과의 조우에서 살아남는 스릴, 그리고 여기 제시된 예에서처럼 부적절한 행동이 재미있어지는 측면과 같은 여러 정서의 응축된 경험에서 오는 즐거움 말이다. 내 생각에는 이것이 바로 고전적 할리우드 영화의 형태에 가장 많은 영향을 끼친 압력이다.

이 이론은 코미디 외에 스펙터클이나 멜로드라마, 공포와 같은 영화의 다른 비내러티브적 매혹을 설명해 준다. 그것은 또한 역사적으로도 일정하게 유의미한데, 그것이 할리우드 영화를 놀이동산의 기구들, 버라이어티 쇼, 비디오 게임, 논픽션 방송, 그리고 기타 대중적인 비내러티브적 오락에 더욱 가깝게 위치시키기 때문이다. 더 나아가 그것은 우리가 왜 연속해서 같은 영화를 두 번씩이나 즐길 수 있는지를 설명해 준다. 이는 문제 해결로서의 내러티브 이론과 같은 것이 설명하기 어려운 점이다. 우리는 비록 무슨 일이 일어날 것인지 이미 알고 있다고 하더라도 같은 정서를 두 번째에도 경험할 수 있다.

정서이론은 영화 같은 상상의 시나리오가 어떻게 그렇게 강한 정서적 반응을 촉발할 수 있는지에 대해 오랫동안 고민해 왔다. 우리는 영화에서 맹렬한 회오리가 다가오고 있는 것을 볼 때 정말로 놀라는가, 아니면 그냥 놀란다고 상상하는 것인가? 정말로 놀랐다면, 우리는 왜 거기에 그냥 앉아 있는가? 놀랐다고 그냥 상상하는 것이라면 우리는 왜 그렇게 긴장을 하는가? 두 경우 모두 우리는 왜 6달러 이상의 돈을 지불하고 그런 스트레스를 받으려고 안달을 하는가?

문제 해결로서의 내러티브 이론의 한 가지 매력은 이 이론은 이런 문제들을 배제한다는 점이다. 만약 사람들이 영화가 제시하는 상황에 대한 직접적인 정서적 반응이 아니라 영화의 내러티브 형식에서 나오는 미적 반응을 경험하러 주로 영화를 보러 가는 것이라면, 위와 같은 문제는 쉽게 폐기할 수 있다. 우리는 영화에 나오는 회오리에 왜 놀라는가? 아, 그것은 미적 반응으로 단지 비유적인 놀람이다. 그러나 위에서 본 것처럼 문제 해결만으로는 〈해리가 샐리를 만났을 때〉에 나오는 가짜 오르가슴 장면을 보고 우리가 웃는 것에 대해 충분히 설명할 수 없다. 그것은 또한 죽음 장면에서 흘리는 눈물, 낭만적인 섹스의 묘사로 인한 홍분, ILMIndustrial Light and Magic, 미국의 유명한 특수효과 전문회사-역자 주사에서 만들어 낸 토네이도에 대한 두려움을 포함하는 다른 정서적 반응을 설명하기에도 충분하지 않다.

코미디를 사용하여 미적 반응이 영화의 즐거움을 완전하게 설명할 수 없다는 것을 보여 주었다. 그렇다면 스크린상의 그림자에 불과한 이미지들이 어떻게 독특한 정서를 불러일으킬 수 있는가 하는 질문에 대한 가설적 답변을 마련하는 데 코미디 장르를 사용할 수 있는가? 유머 반응에 대한 경험적 연구들은 관객들이 샐리의 가짜 오르가슴 같은 즐거운 놀람뿐만이 아니라 잔인함이나 공포, 죽음과 같은 덜 유쾌한 경험에 대한 묘사도 역시 찾는지에 대한 어떤 이론이라도 제안할 수 있는가?

현대 영화정서 이론의 주된 옹호자로 네덜란드 출신의 학자인 에드 탠Ed Tan이 있다.[11] 그의 최근 저서인 『내러티브 영화의 정서와 구조Emotion and Structure of Narrative Film』는 오래된 카타르시스 이론에 대한 새로운 접근이다.[12] 간단하게 말하자면, 이 책에서 그는 영화를 볼 때 우리가 아무런 정서적 반응이 없는 둔한 순간이나 불안과 같은 불유쾌한 정서적 반응으로 인한 불쾌한 순간을 정서적 긴장에서 최종적으로는 벗어나게 된다는 보상을 기대하면서 참는 것이라고 주장한다.

탠의 카타르시스 이론은 코미디의 즐거움을 일부 설명할 수 있다. 하지만 내가 설명한 것처럼 〈쇼생크 탈출〉이나 〈더 록〉의 장면에서 우리의 웃음은 실제로 일종의 정서적 해소를 수반한다비록 〈더 록〉에서 우리의 웃음이 긴장된 장면의 마지막이 아닌 한가운데서 터지기는 하지만. 그러나 탠의 이론은 〈해리가 샐리를 만났을 때〉의 가짜 오르가슴 장면에서 정서적 긴장이 형성되는 것으로부터 우리가 경험하는 일련의 즐거움을 설명해 주지는 못한다. 더욱 결정적으로 이 이론은 슬픔과 공포, 근심과 같은 '고통스러운' 정서로부터 나오는 직접적인 만족을 설명하는 데 실패했다.

스크린 위에서 맹렬한 회오리바람을 볼 때, 나는 그 순간 그 자체에서, 즉 안전한 상황에서 극단적인 정서를 경험하는 그것에서 일정한 만족을 얻게 된다. 나는 그 광경과 허구 속 인물들의 정서, 그리고 재앙에 대한 예견 등에 의해 흥분된다. 이러한 흥분은 그 자체로서 보상이 될 수 있다. 이 보상은 긴장이 나중에 해소됨에 따라 배가될 수도 있지만 그에 의존하지는 않는다. 〈트위스터Twister〉(1996)와 같은 영화를 볼 때 내가 원하는 것은 또 다른 맹렬한 태풍이 출현하는 것이지 그것이 사라지는 것이 아니다. 영화에서 내 관심은 단지 불안 해소의 약속에 의해서가 아니라 불안 자체에 의해서 야기된다. 이러한 관점에서 한 편의 영화는 롤러코스터를 타는 것과 유사할 수 있다. 이 현상을 설명하는 데 가장 적합한 탠의 이론은 '걱정거리'즉, 정서적 반응을 촉발하는 모든 것에 단순히 관심을 기울이는 데에도 내재적인 즐거움이라는 것이 존재한다고 주장한다. 그래서 가령 니콜라스 케이지가 치명적인 독극물이 들어 있는 유리 용기를 다룰 때 그의 얼굴을 바라보는 것도 우리를 즐겁게 하는데, 어떤 수준에서 사람들의 정서 표현은 늘 우리에게 '관심거리concern'가 되기 때문이다.

이 점에 대해 머레이 스미스Murray Smith는 좀 더 포괄적으로 기술한 바 있다.[13] 그는 사람들이 다른 사람들의 정서적 경험을 상상하도록 심리적으로 예정되어 있으며, 허구 영화에 대한 우리의 정서적 반응은 이 관점에서 말이 되는 것이라고 주장했다. 그의 이런 주장은 아마도 사실일 것이다. 하지만 그것은 〈쇼생크 탈출〉에서 레드의 말에 우리가 웃음을 터뜨리는 것을 설명하지 못한다. 이는 레드의 감정에 대한 반응이라기보다는 우리가 느낀

놀람의 표현인 것이다.

이와 같은 예에서 우리가 터뜨리는 웃음은 즉각적이고 직접적인 것으로, 마치 아이맥스IMAX 영화에서 헬리콥터에서 찍은 장면을 볼 때 우리가 느끼는 어지러움 같은 것이다. 인물의 감정을 느끼기 위해 우리는 상상력을 동원하여 중재할 필요가 없다. 영화에서 웃기는 순간에 대한 관객의 정서적 반응은 즉각적이고, 이러한 반응은 인물의 정서와는 별개다. 이러한 사실은 영화 속 정서를 탐구하는 데 있어서 코미디를 관찰하는 것이 매우 유용하다는 또 다른 증거가 된다.

유머에 대한 광범위한 저서들이 있다. 아리스토텔레스나 홉스Hobbs, 칸트와 같은 저명한 사람들이 연루된 당당한 철학적 논쟁의 전통을 포함하고 있는 그러한 저서들은 대부분 주로 내적 성찰introspection에 근거를 두고 있다.[14] 그런데 내적 성찰은 심리학적인 사색을 위한 근거로서는 신뢰할 수 없는 것으로 악명이 높다. 또한 실제적인 상황과 웃음, 미소, 재미를 일으키는 자극에 대한 관찰과 분석을 기초로 하는 연구 전통도 존재한다. 이러한 연구들은 지극히 사색적인 이론들을 쏟아냈지만, 이에 덧붙여서 언제 그리고 왜 사람들이 유머에 빠지게 되는지에 대한 광범위하고 타당한 발견들을 내놓기도 했다.

가령 유머의 인지적 · 행동적 기초는 선천적이라는 사실에 대한 압도적인 증거가 있다. 먼저 유머는 인류 보편적인 것이다. 모든 문화에서 웃음과 미소 그리고 즐거움을 묘사하는 단어들이 등장한다. 서로 다른 문화에서 사는 사람들은 서로 다른 것에 대해 웃는다고 하더라도 같은 것에 대해 그리고 같은 상황 속에서 웃는다.[15] 웃음과 미소는 아기가 출생하고 첫 6개월 동안에 발달되며, 사회적 자극에 대한 통상적인 반응이 된다.[16] 아기들은 얼굴을 알아보고 구별하기 전부터 움직이는 얼굴 모양의 물체를 보고 웃으며, 선천적으로 듣고 보지 못하는 아이들도 정상적인 아이들과 같은 상황에서 웃고 미소를 짓는다. 이는 그것이 학습된 표현이 아니라는 것을 보여 준다.[17] 마지막으로, 원숭이들 사이에서도 인간과 유사하게 우리가 익숙한 상황, 가령 몸싸움 놀이에서 웃음과 미소가 일어난다.[18] 이 모든 관찰은 유머가 진화된 반응으로 적응을 위한 기능을 수행한다는 주장을 강력하게 뒷받침해 준다.

또 다른 강력한 결론은 유머가 현저하게 사회적인 반응이라는 것이다. 그것은 사회적 상황 속에서 대부분 발생한다. 가령 유치원생들에 대한 한 연구에서 보면, 아이들의 웃음은 대부분 다른 아이들이나 장난감과의 유희적인 상호작용, 사회적으로 수용될 수 없는 것으로 간주되는 행동, 그리고 농담에서 생겨난다.[19] 이러한 상황들은 모두 그것이 갖는 사회적 차원에 의해서 규정된다. 프로이트는 대개 농담이 사회적 금기를 건드린다는 사실에 주목했다.[20] 인류학자와 사회학자들도 마찬가지로 농담이라는 행동이 한 문화의 사회적 스트레스가 만연하는 지점에서 일어남을 관찰하였다.[21] 웃음의 전염성 역시 그것의 사회적 기반을 잘 보여 준다. 많은 연구에 따르면, 녹음된 웃음소리, 다른 사람의 존재, 심지어 다른 방에 있는 누군가가 웃기는 경험을 공유하고 있을 거라는 단순한 가정, 이 모든 것이 웃음과 미소를 확산시킨다.[22] 이것은 유머가 비록 개인적으로 경험되는 것이라고 하더라도 그 근본은 사회적 경험 속에서 기능함을 시사한다.

이러한 결론을 위한 발달적 · 행동학적 증거들은 특히 강력하다. 생후 3개월에서 5개월까지의 아기들이 사람 얼굴을 향해 무차별적으로 웃는다는 사실은 그들이 건강한 발육을 위해서 필요로 하는 사회적 반응을 이끌어 내는 데 있어서 미소의 중요성을 입증해 준다. 아기와 엄마 간의 상호작용에 대한 관찰은 이러한 가설을 뒷받침해 준다. 마찬가지로 아기의 웃음은 상호작용에 대한 일종의 초대인 것이다.[23] 침팬지들 중에서 웃음과 유사한 것은 거의 항상 유희적 행동을 수반하며 싸움이나 장난이 진지한 것이 아님을 신호한다. 웃음은 때때로 눈을 마주치거나 가벼운 터치와 같은 우호적인 행동을 이끌어 낸다. 그리고 다른 때에는 그것이 복종적인 행위에 수반되어 공격적 행동을 누그러뜨리기도 한다.[24] 비록 '미소'와 '웃음'이라는 행동이 인간들 사이에서보다 원숭이들 사이에서 더 드물지만, 이들 행동은 모두 거의 전적으로 상호 교류적 상황 속에서만 나타난다. 이 두 행동은 친절한 의도를 신호하고 친절한 반응을 이끌어 낸다. 영아와 영장류에 대한 연구는 모두 미소와 웃음이 인간들 사이에서 수행하는 기본적인 기능, 즉 (1) 사회적 유대와 친밀감을 만들어 내는 기능, (2) 친밀하고 적대적이지 않은 의도를 신호함으로써 사회적 긴장을 감소시키는 기능을 강력하게 지적하고 있다.[25]

유머의 즐거움을 설명하는 많은 경쟁 이론이 있지만, 대부분은 세 가지 유형으로 압축될 수 있다. 첫 번째 이론은 모순-해결 이론incongruity-resolution theory으로, 대부분의 농담처럼 많은 유머는 상상적 과제에 대한 예상치 못한 해결책에서 나온다는 것이다.[26] 캐럴이나 보드웰의 내러티브의 문제해결 이론처럼 이 이론은 유머의 주된 즐거움이 문제에 대한 해결코미디의 경우 어울리거나 깜짝 놀라게 하는 해결을 예측하고 발견하는 것을 통한 만족으로부터 나온다고 주장한다.

두 번째 이론은 카타르시스 또는 긴장이완 이론tension-relief theory이다. 영화의 즐거움에 대한 에드 탠의 이론처럼, 이 이론은 유머의 즐거움이 정서적 긴장의 이완에서 나온다고 주장한다. 이것은 지적인 과제의 해결이나 사회적으로 곤란한 상황의 개선을 포괄할 수 있다. 긴장이완 이론은 때로 안전이론safety theory과 결합된다. 이 이론에 따르면 유머의 대상이 되거나 그와의 동일시는 재미를 반감시키는데, 그것이 그 상황에 대한 우리의 정서적 투자를 증가시키고 그럼으로써 정서적 긴장의 이완을 방해하기 때문이다.

세 번째 이론은 우월성 이론superiority theory이다. 모순-해결이론 모델이 대부분의 유머가 사회적 규범이나 일반적인 행동의 일정한 파괴를 포함하고 있다는 사실을 설명하는 데 실패한 것에 주목하면서, 이 이론은 유머가 타자에 대한 공격이나 사회적 일탈에 대한 교정 중 상대적으로 비폭력적이고 따라서 사회적으로 수용 가능한 한 형식으로 설명될 수 있다고 주장한다. 이 이론에서 유머의 즐거움은 자부심 확인에서 기인하는 것이다. 즉, 유머는 우리가 그 웃음이 겨냥하고 있는 이들보다 우월하거나 특권적인 인그룹in-group의 일부인 것으로 느낄 수 있게 해 준다.

이상의 세 가지 이론은 서로 일치될 수 없다. 어떤 특정한 관점은 가능하다가령 긴장 이완은 부적합한 해결 속에 포함될 수 있다. 그러나 어느 것도 다른 것과 완전하게 호환되지는 않는다. 왜냐하면 각 이론들이 유머의 기본적인 즐거움에 대해서 극단적으로 상이한 설명을 제시하고 있기 때문이다. 이들 이론은 각각 그것을 뒷받침해 주는 확고한 경험적 증거들을 갖고 있다. 각 이론은 또한 설명할 수 없는 상이한 경험적 결과도 갖고 있다.

모순-해결 이론은 이 장의 서두에서 설명한 〈쇼생크 탈출〉 중 한 장면의 유머를 설명하는 데 적합한 것 같다. 레드는 가석방 심사관들 앞에서 두 번 올바른 말을 했고 가석방이 거부되었다. 그가 아무렇게나 말을 한 세 번째에 그는 가석방을 허락받았다. 이와 같은 모순은 우리를 한순간 당황하게 만들지만, 우리는 다시 재빨리 그것이—이야기라는 측면에서나 형법 제도의 전횡을 꼬집는 은유로서도—적절하다는 것을 깨닫게 된다.

다른 한편으로 모순-해결 이론은 〈해리가 샐리를 만났을 때〉의 가짜 오르가슴 장면에서 빌리 크리스탈이 놀라고 당혹스러운 표정을 짓는 것이 왜 웃기는지를 설명하지 못한다. 이는 우월성 이론으로 설명될 수 있을 것이다. 실제로 잘난 체하는 해리가 인과응보의 상황에 처하는 것을 보는 것은 즐겁다. 그러나 우월성 이론도 레드의 가석방 장면에서 우리가 웃는 이유를 충분히 설명해 주지는 못한다. 그리고 앞서 언급한 것처럼 긴장이완 이론 역시 〈해리가 샐리를 만났을 때〉의 장면에서 정서적 긴장이 형성되는 데서 우리가 느끼는 즐거움을 설명해 주지 못한다.

다른 이들과 마찬가지로 나 역시 이 모든 이론에는 일정하게 맞는 부분이 있고 각 이론이 적용될 수 있는 상황들이 존재한다고 본다. 극장에 앉아서 낄낄댈 때, 우리는 종종 옆자리에서 같이 낄낄거리는 사람들과 특별한 유대감을 느낀다. 우리는 특별한 **인그룹**의 일부인 것처럼, 그래서 우월하게 느낀다. 나는 이것이 나와 같이 영화 〈파고Fargo〉에서처럼 시체를 톱밥기계에 넣어 버리는 반어적 잔혹함에 웃음을 터뜨리게 되는 사람들의 경우에 특히 해당이 된다고 생각한다. 때로 우리의 웃음은 긴장의 이완을 신호한다. 실제로 내가 〈파고〉의 그 장면에서 웃는 이유는 부분적으로 공포를 누그러뜨리기 위함이다. 또 부분적으로 그것의 완벽한 터무니없음, 즉 **모순** 때문에 웃는다. 도대체 어떤 사람이 그런 범죄영화에서 그런 무서운 장면을 보게 되리라고 기대하겠는가? 아마 코엔 형제의 범죄영화 정도일 것이다. 그리고 여기에서 영화계에 대한 이와 같은 특별한 지식은 우리를 다시 우월성 이론으로 이끈다.

모순-해결 이론과 긴장이완 이론 그리고 우월성 이론은 각각 코미디 영화가 주는 즐거움에 대한 부분적인 설명으로서 의미를 지닌다. 그러나 나는 이 세 이론 모두가 부차적인 설명이라고 감히 주장하는 바다. 유머의 즐거움은 선천적인 것이다. 즐거움은 진화의 과정에서 놀이에서의 역할 분담처럼 인간의 사회적 결속을 낳는 행동을 영속화하고 노골적 공격성처럼 사회적 분열을 조장하는 행동을 통제하기 위해 발전된 심리적 기제들 중 하나인 것이다. 다른 말로 하자면, 우리가 유머를 즐겁게 느끼는 근본적 이유는 우리가 설탕이 달다고 느끼는 이유와 동일하다. 즉, 우리가 그렇게 진화되어 왔기 때문인 것이다.

이러한 설명은 너무도 일반적이어서 코미디 영화 특유의 즐거움을 논하는 데 있어서 설득력이 적은 것처럼 보인다. 사실 많은 유머 연구자는 이를 이미 알려진 사실로 여기고 있다. 그렇지만 두 가지 이유 때문에 이 자리에서 그것을 명백하게 설명할 필요가 있다. 왜냐하면 그것은 먼저 코미디의 심리적 · 사회적 근거를 이해하기 위해서는 유머 감각이 어떠한 적응 기능에 이바지를 하는지를 생각하는 것이 특히 중요하다는 점을 분명히 해 주기 때문이다. 실제로 그것은 유머를 연구하는 대다수의 사회학자나 인류학자에 의해서 다루어졌다.[27] 두 번째 이유는 코미디 영화가 절대로 영화 특유의 것이 될 수 없는 정서 반응을 촉발하고 있기 때문이다. 이것은 영화의 즐거움은 무언가 영화만의 독특하고 특별한 것이라는 생각, 즉 다른 종류의 경험이 주는 즐거움과는 관계가 없는 것이라는 생각과 배치된다.

다윈은 진화론적 관점에서 정서가 모든 동물에게서 두 가지 기본 기능을 갖고 있다고 주장했다. 첫째, 정서는 주변에서 벌어지는 위험한 사건에 대한 적절한 반응을 통해 각자가 생존할 수 있는 확률을 높여 준다. 둘째, 정서는 웃음과 미소 같은 다양한 표현 행동을 통해서 미래 행동의 의도에 대한 신호로서 기능한다.[28] 웃음과 미소는 싸움이나 비행과 같이 즉각적인 행동을 해야 하는 급박한 상황과는 대체적으로 무관하기 때문에, 유머는 첫 번째보다는 두 번째 기능과 더 깊은 관련이 있다. 유머 반응으로 종에게 주어지는 적응적 이점은 대부분 사회적인 것임이 틀림없다. 가령 사회적 상호 교류 능력이나 사회적 집단을 형성하려는 기질의 향상처럼 말이다.

특히 원숭이와 어린아이의 행동은 웃음과 미소의 가장 본원적인 기능을 분명하게 드러낸다. 즉, 사회적 스트레스를 개선하고 사회적 유대를 공고히 하는 기능이다. 어린아이들 사이에서 웃음은 모든 종류의 놀이뿐 아니라 간질이기나 장난으로 때리기, 공중에 매달리기와 같은 다른 장난스러운 공격에서도 수반된다. 아이들이 자람에 따라 그들의 웃음은 허세나 의도적 비행, 그 밖의 사회적 품위 훼손 등으로 확대된다. 이 모든 경우에서 웃음은 위협할 의도가 없음을 신호함으로써 사회적 스트레스를 개선하며, 유희적인 상호작용을 통해 사회적으로 연결되게 한다. 이러한 유머의 기능은 수많은 유머 연구자가 지적한 것처럼 심지어는 성인들 사이에서도 매우 현저하게 드러난다.

유머는 한편으로 공격성과 수치심에 밀접하게 연결되어 있으며, 다른 한편으로는 한 사람의 사회적 입지를 일정하게 돋보이게 하거나 강화한다. 우리는 장난에 성공하거나 테니스 게임 중 특히 힘든 포인트를 이길 경우 미소를 짓거나 웃는다. 이러한 경우 유머는 긴장을 이완시키면서 우리의 사회적 자존감을 확인시켜 준다. 우리는 또한 장난의 희생양이 되거나 공공장소에서 넘어질 때처럼 당황할 때에도 유머를 찾게 된다. 이때의 유머는 망신을 당한 것으로부터 스스로 거리를 두기 위한 시도다. 우리는 또한 누군가가 당황해할 때에도 웃는다. 우리는 지지를 표명하기 위해 우호적인 웃음을 보낼 수도 있다. 우리는 그 사람이 수치심을 느끼지 않도록 가볍게 웃을 수도 있다. 심지어 우리는 그 사람을 우리의 사회적 영역에서 추방하는 의미를 담아서 조소를 던질 수도 있다. 이 모든 경우에 우리는 사회적 스트레스를 이완시키고자 하는 것이다.

조소는 때때로 사회적 스트레스를 경감시키기보다는 증폭시킨다고 이야기된다. 그것은 분명히 공격의 한 형태이며, 따라서 사회적 안정에 대한 도전으로 간주될 수 있다. 그러나 조소는 또한 보다 직접적이거나 폭력적인 공격을 대신하는 것이 될 수 있고, 보다 더 심각한 방식으로 사회적 관계가 무너지는 것을 방지한다. 누군가를 놀릴 때, 우리는 우리의 적대적 행동이 '심각하게' 받아들여지면 안 된다는 것을 알려 주기 위해서 웃는다. 누군가가 우리를 놀릴 때에도 우리는 어떠한 '심각한' 위협도 의도된 것이 아니라는 사실을 알려 주기 위해서 웃는다. 그래서 유머는 적대적인 상황에서도 사회적 유대를 놓치지 않게 하는 데 일조한다.

그렇기에 유머에 진화론적 토대가 있다는 사실은 유머에 사회적으로 유발된 스트레스를 다루는 데 도움을 주는 기능이 있다는 주장을 조금 더 뒷받침한다. 유머를 통해 우리는 사회적 지위나 자존심을 위협하는 상황들을 정서적으로 통제할 수 있고, 자존심을 지켜낸다. 어떤 스트레스 상황으로부터 실질적인 해를 입을 급박한 위험이 존재하지 않는 한 거리를 둘 수 있게끔 그 상황을 격리시킴으로써, 나는 그 상황에서 한 발 물러설 수 있다. 정서 이론가인 니코 프리다Nico Frijda에 따르면, 유머는 "예전에 촉발되었던 관심으로부터의 초월"[29]이다. 가령 내가 많은 사람 앞에서 망신스럽게 넘어진다면, 나는 꼴사납고 창피하다는 느낌이 몰려오는 스트레스 상황에서 내 자존심을 훼손하기보다는 '웃기는' 사건이라는 맥락을 만들어 냄으로써 스트레스를 경감시킬 수 있다. 내가 누군가가 넘어지는 것을 목격할 경우에도 마찬가지다. 나는 불운한 사건을 보고 웃음으로써 내가 그것을 가볍게 생각한다는 것을 보여 주고, 이는 우리 모두의 스트레스를 감소시켜 준다. 나는 유머러스한 입장을 취함으로써 내가 포함되어 있는 상황에 너무 얽매이지 않는 외부자의 관점을 가질 수 있다. 이는 일종의 합리화 아이러니의 경우에서처럼 의도적으로 다른 지적 틀을 적용하는 방어기제의 일종이라 할 수 있겠다. 그러나 그것은 또한 우리의 생물학적 하드웨어의 일부로서 자동화된 정서적 반응이기도 하다.

유머는 정서적으로 긴장된 사회적 상황에 대한 하나의 자연스럽고도 진화된 반응이다. 우리는 위협이나 모욕을 완화시키기 위해 웃는다. 우리는 개인적인 부적절함의 느낌을 지우려고, 특히 공적인 자리에서의 부적절감을 지우려고 웃는다. 우리는 당황했을 때나 또는 누군가가 당황해할 때 웃는다. 일반적인 믿음과는 달리, 할리우드 영화는 일차적으로 해피엔딩에 대한 것이 아니다. 그것은 단지 정서적으로 긴장된 개인적 혹은 사회적 상황에 대한 것이다. 그것은 일련의 잠재된 재앙을 모면하고 극복하는 것에 대한 것이다. 영화에서 더 이상 장애나 고통의 즉각적인 위험이 존재하지 않을 때, 우리는 영화가 끝난 것임을 알게 된다. 우리는 물론 해피엔딩으로부터 즐거움을 얻지만, 오직 그것 때문에 영화를 보러 가는 것은 아니다. 그것에 도달할 때까지의 과정 때문에 가는 것이다. 고전적 할리우드 영화는 해피엔딩에 의해 규정되는 것이 아니라 해피엔딩을 늦추고 정서적 정점들을 유지시키는 것으로 규정되는 것이다. 인물들이 위험하고 고통스럽고 당황스러운 상황 속에서 몸부림치는 것을 보는 것이 할리우드 영화의 일차적인 관심이다. 유머는 그러한 상황에 대한 지극히 자연스러운 반응이기 때문에, 우리가 할리우드 영화에서 유머를 경험하는 것은 당연한 일이다.[30]

물론 영화 속 엉덩방아는 인위적으로 꾸며진 것이고, 따라서 실제의 엉덩방아와는 중요한 점에서 다르다고 할 수 있다. 영화는 우리의 유머 감각에 특별한 도전과 의외의 재확인을 제공해 준다. 한편으로 영화는 일상생활에서는 거의 드문 빈도로 재미있는 상황을 이야기할 수 있다. 다른 한편으로 영화는 그것을 재현하는 과정에서 '유희'를 위한 독특한 가능성을 제공한다. 가령 앞에서 언급했던 〈더 록〉의 우스꽝스러운 장면은 단지 케이지가 분한 굿스피드라는 인물의 상황에 대한 반응 때문이 아니라, 케이지라는 배우가 그 장면에서 연기를 하는 방식 때문에 웃기는 것이다. 유머의 일부는 이야기하는 스타일에 포함되어 있다. 화면 구성이나 숏의 병치, 음향의 배합 등에 대한 감독의 조작은 모두 이야기 안과 밖에서의 유희적 가능성이라는 영화 특유의 차원을 더해 준다.

영화를 볼 때 우리는 또한 위협이나 문제로부터 안전하며, 이것이 관찰한 상황에 대해서 일상적인 경험에서보다는 훨씬 더 자유롭게 유머러스한 반응을 보이도록 해 주는 것이다. 일상적인 상황에서 누군가의 불행을 보면서 웃는 것은 자칫 진짜 모욕으로 간주될 수 있다. 이러한 관점에서 영화 관람은 비밀 거울 뒤에 몰래 숨어서 일상의 상황을 관찰하는 것에 비견할 수 있다. 나아가서 허구 영화는 또 다른 차원의 안전을 제공한다. 그것은 우리가 보고 있는 것은 '단지 영화일 뿐'이라는 확신이다. 즉, 그것은 배우들의 연기에 의해서 펼쳐지는 시나리오이고 그 안에서는 우리가 '기꺼이 의심을 정지'하고 있지만 아무도 정말로 다치지 않음을 알고 있는 것이다.[31]

그러나 이런 차이에도 불구하고 영화에서 경험하는 유머는 단지 일상적인 경험에 대한 부분적인 정서 반응의 확장에 불과하다. 영화 속 유머와 일상의 유머는 같은 인지 전략을 갖고 있다. 그리고 같은 정서적 반응을 촉발한다. 이것은 동일한 인간의 선천적 경향에 근거를 두고 있으며, 기본적으로 잠재적인 스트레스를 주는 특정한 사회적 상황에서 정서적 균형을 유지하게 만드는 특성이 있다.

이 이론은 엉덩방아가 변함없이 웃기는 이유를 설명해 준다. 그것은 〈더 록〉에서 죽은 사람이 경련하는 것과 연관된 유머를 설명해 준다. 이 이론은 〈해리가 샐리를 만났을 때〉 중 샐리의 거짓 오르가슴 장면에서 우리가 즐거워하는 이유를 설명해 준다. 이 이론이 여전히 설명하지 못하는 한 가지는 바로 〈쇼생크 탈출〉 중 레드의 가석방 장면에서 우리가 웃는 이유다. 레드는 그 장면에서 창피를 당하거나 우리가 웃기게 생각할 만한 어떤 종류의 스트레스도 받지 않고 있다. 다른 이들도 마찬가지다. 레드는 가석방 심사관들에게 자신의 생각의 일부를 솔직하게 밝힘으로써 '규칙'을 깨뜨렸다. 하지만 그것이 웃기는 것은 아니다. 웃기는 것은 그의 가석방이 허용됨으로써 우리의 예상이 일순간 뒤집힌 방식이다. 여기에서의 웃음은 일종의 심미적 반응이라 할 수 있다. 즉, 어떤 스토리가 있는 상황에서 모순이 발생하기 때문에 웃은 것이다.

모순의 해결은 무시할 수 없을 만큼 유머의 많은 부분을 차지하는 측면이라 할 수 있다. 이는 영화 속의 무수한 개그 장면과 위트 있는 대사나 〈쇼생크 탈출〉에서 레드의 예상치 못한 가석방 같은 재미있는 이야기의 반전을 잘 설명해 준다. 유머러스한 장면들이 갖고 있는 이 측면, 즉 문제가 놀랍게 해결되고 모순이 해결되는 것은 영화가 문제를 해결하려는 우리의 성향을 만족시켜 줌으로써 우리에게 즐거움을 준다는 캐럴과 보드웰의 이론과 완벽하게 일치한다. 이것은 유희적 즐거움의 일부다. 그것은 농담이 주는 즐거움의 일부다. 마찬가지로 그것은 의심의 여지없이 영화를 보는 즐거움의 일부분인 것이다.

그렇지만 진화론적, 발달론적, 심리학적인 관점에서 보자면 이것은 여전히 부수적인 즐거움이며, 사회적 문제를 해결하는 기술을 가진 우리의 성공에 근거를 두고 있는 것이다.[32] 보드웰과 캐럴이 인정하듯이, 문제 해결이 우리에게 주는 정서적 활력은 우리가 문제 해결에 관심을 갖도록 하는 일차적인 이유라고 가정할 수 있다. 영화는 음악이나 극적인 특수효과, 얼굴표정, 성적 묘사 등과 같은 무수한 다른 방식 속에서 우리에게 유사한 정서적 활력을 준다. 코미디 영화의 역사는 이를 자세하게 보여 준다. 할리우드 영화에는 무수한 모순 해결의 예—위트 있는 대사, 개그 장면 등—가 존재한다. 그러나 그러한 순간들은 공격하기, 당황스럽게 하기, 상스러운 개그, 그리고 개인적 존엄함이나 사회적 관습을 위반하는 수많은 유머러스한 상황에 의해 문자 그대로 압도된다.

따라서 전체적으로 영화에서 코미디는 일상생활에서 유머와 같은 목적을 지니고 있는 것처럼 보인다. 그것은 먼저 잠재적인 도발이나 스트레스 상황을 설정하고 그다음에 우리가 그것을 유희로, 즉 '진지한' 모욕이나 상처를 줄 의도가 없는 것으로 보도록 해 줌으로써 즐거움을 준다. 우리가 경험하는 즐거움은 카타르시스 이론가들이 주장하는 것처럼 긴장 이완의 결과가 아니다. 그것은 오히려 '유희적 틀' 자체와 연결되어 있는 보다 근본적인 정서적 반응이다. 즉, 사회적 유대와 자존의 느낌을 주며, 우리의 사회적 자세나 개인 능력에 도전할 수 있는 느낌을 감소시키는 반응인 것이다.

2부 영화 기법, 영화 내러티브 그리고 정서

FILM TECHNIQUE, FILM NARRATIVE, AND EMOTION

5장

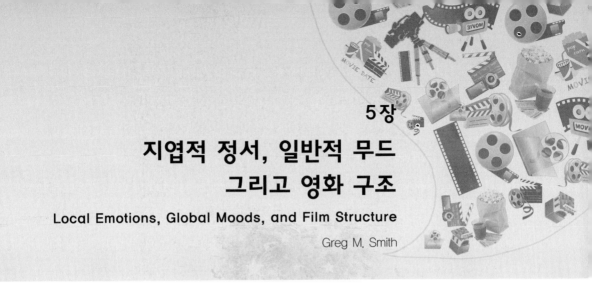

지엽적 정서, 일반적 무드 그리고 영화 구조

Local Emotions, Global Moods, and Film Structure

Greg M. Smith

최근까지도 영화와 정서에 대한 인지주의적 가설을 적용한 저작들은 드문 편이었다. 산발적인 소론들과 저서 한 권이 고작이었다.[1] 또한 핵심 질문이 좀 기이하게 보이는 것도 사실이다. 즉, 이성적 과정을 강조하는 인지주의가 어떻게 영화적 정서라는 비이성적 세계를 설명할 수 있단 말인가? 하지만 최근 몇 년 동안 이 질문에 설득력 있는 답변들을 제시한 다수의 기념비적인 저서가 출간되었다.[2] 이제는 인지주의적 관점에서 영화적 정서를 논의하기가 보다 쉬워진 것이다.

정서와 인지를 상반된 관계로 파악하는 구시대의 낭만적 입장들을 뒤집어, 인지주의자는 정서를 인지과정의 체계적 보완물로 본다. 이러한 방식에 의하면, 정서란 사람들로 하여금 자신의 목표를 향해 더 빠르게 움직이도록 동기 부여하는 것이다. 그 목표가 포효하는 사자로부터 몸을 피하는 것이건 사랑하는 사람과 친밀감을 획득하는 것이건 간에, 정서는 논리적 생각이 줄 수 없는 추동력을 우리에게 제공한다. 정서는 우리의 합리성을 방해하는 역

기능이 아닌 것이다. 반대로 그것은 기능적인 과정이기도 하다. 소장파 인지주의자의 관점에서 보면, 정서란 우리로 하여금 목표 지향적인 동기를 부여하는 기능적 행동 경향인 셈이다. 그리고 특정 상황에 대한 우리의 기대가 이러한 경향을 강화하게 된다.[3]

이러한 주장의 취지에 동의하지만, 내 생각에 우리는 또한 다음과 같은 질문을 던져야만 한다. 즉, 이러한 가정들을 통해 정서 시스템을 바라보는 것은 어떤 점에서 생산적이거나 비생산적인가? 인지주의자들의 전통적인 개념들가령 목표와 기대과 정서에 대한 기능주의자들의 설명이 거의 일치하는 것에 사람들은 솔깃해한다. 하지만 우리의 연구를 인도해 줄 영화적 정서 시스템에 대한 독특한 이해를 본격적으로 다루기 전에, 우리는 현재의 인지주의적 가정들이 정서 시스템의 중요한 부분들을 누락하지는 않았는지 살펴보아야 한다.

정서 시스템은 기능주의적 설명에서 얘기하는 것보다도 훨씬 더 복잡한 것이다. 그래서 나는 목표와 행동의 밀착된 연결이 아니라 훨씬 느슨한 연결 원칙연합에 근거하고 있다고 생각한다. 정서 시스템에서는 행동 경향뿐 아니라 목표 지향성goal orientation과 '대상' 지향성object orientation도 똑같이 중요하다.

따라서 이 장에서는 정서의 기능주의적 모델과는 별개인 연합 모델association model을 제안하고자 한다. 이 모델은 고유의 정서뿐 아니라 '무드mood' 처럼 정서와 연관된 상태에 우리의 관심을 돌리도록 해 주고, 이러한 상대적으로 덜 격렬한 정서 상태도 영화적 정서를 이해하는 데 있어서 원형적인 정서만큼 중요하다고 본다. 그래서 앞부분에서 나는 이 대안 모델을 세부적으로 설명할 것이다. 두 번째 부분에서는 이 모델의 가정들을 통해 정서와 내레이션에 대해서 무엇을 알 수 있는지 논의할 것이다.

초창기 단계이기 때문에 정서 시스템에 대한 우리의 기본적 입장인지주의이 영화적 정서를 이해하는 데 어떤 제한점을 주지는 않는지 조심해야 할 필요가 있다. 이 장에서 우리는 특정한 영화 텍스트들이 관객에게 행하는 정서적 호소력을 분석하려는 시도를 할 것이다. 이러한 시도는 하나의 영화 안에 있는 복잡한 정서적 신호/단서들의 범위를 세밀하게 파악하게 해 줄 것이며, 이를 위한 첫 단계로서 정서 시스템에 대한 우리의 이론이 정서적 경험을 논의하는 데 제약을 주지 않도록 조심할 것이다.

영화 인지주의와 기존의 정서: 정서의 원형

Film Cognitivism and Emotion Thus Far: The Emotion Prototype

정서는 현실적이고도 실제적인 범주category다. 따라서 원형prototype을 갖고 있다. 예를 들면, 보통 상황이라면 왜가리가 새인지 아닌지 규정하기 위해 개별적인 왜가리들을 다른 울새 같은 원형적인 새들과 비교할 것이다. 이때 왜가리가 새로서 분류될 수 있는 린네Linné식 생물 분류법의 모든 요소를 가지고 있는지 비교하는 것보다는 왜가리와 울새 사이의 여러 가지 공통점을 인식하는 것이 훨씬 간단할 것이다. 왜가리는 깃털이 있는가? 그것은 알을 낳는가? 온혈동물인가? 원형은 우리로 하여금 범주에 속하는 일원들을 빠르고 효과적으로 인식하게 해 준다.

그렇다면 원형적 정서의 특징은 무엇인가? 이는 영화 인지주의자들이 신봉하고 있는 원칙들에 따라 구조화된다. 원형적으로 정서는 가령 두려움이 우리가 위험한 동물로부터 달아나게끔 하는 것처럼 행동 경향이 존재하는 것으로 생각되어 왔다. 이런 정서는 목표동물의 위협을 제거하는 것가 있는 것이다. 정서는 의도적이고, 프란츠 브렌타노Franz Brentano의 개념에 의하면 목적/대상이 있다나는 그냥 무서워하는 것이 아니라 무엇 때문에 무서운 것이다.[4] 인지주의 철학에 근거해서 정서는 이러한 원형적 정서의 핵심적 특징들, 즉 행동 경향action tendency, 대상 지향성orientation toward objects 그리고 목표 지향성goal orientation이 결합된 것으로 정의된다. 영화 인지주의는 이러한 가정을 받아들였다.

이러한 가정에 따르면, 원형적 정서는 인지주의자들이 설명한 다른 목표 지향적 현상들과 별반 다르지 않다. 가령 데이비드 보드웰David Bordwell[5]은 고전적 할리우드 영화에서 볼 수 있는 규범적 내러티브 형식은 주인공으로 하여금 분명한 하나의 목표를 추구하도록 한다고 했다. 자신의 목표를 달성하기 위해서 인물들이 하는 행동이 플롯을 전개하기 위한 기초가 된다. 관객은 자신들의 경험을 토대로 다음에 무슨 일이 일어날지에 대해서 가설을 세운다. 이러한 관점에서 보면 영화에서 내레이션을 이해하는 것과 정서를 이해하는 것 사이의 연관은 생각보다 간단하다. 왜냐하면 기대와 목표, 목적 지향적 행동은 두 과정 모두에서 핵심적인 것이기 때문이다.

원형적 정서에 근거해서 노엘 캐럴Noël Carroll, 에드 탠Ed Tan, 토번 그로달Torben Grodal과 같은 영화 인지주의자들은 영화적 정서에 대해서 독특한 통찰과 설명을 제시했다. 캐럴은 공포영화에서 공포의 핵심 대상인 괴물의 특성들을 논의했고, 탠은 관객들이 내러티브상의 정보를 어떻게 해서 응집된 정서적 시나리오로 만드는지 설명했다. 이를 통해서 실제 관객이 어떻게 인물의 행동과 동기, 목표를 이해하는지에 대한 독특한 가설을 세울 수 있었다.[6] 그로달은 목표를 달성하려는 인물들과 동일시하는 관객들의 정서적 경험을 기술할 수 있는 풍부한 개념을 제공했다.[7] 원형적 가정들을 가지고 정서를 설명함으로써, 이들 이론가는 통찰적으로 그리고 특별함을 가지고 영화적 정서 경험을 기술할 수 있었다.

그러나 여기에는 장점과 단점이 있다. 영화적 정서를 대상과 행동, 목표 지향적인 것으로 파악할 경우, 이는 영화 중에서 이 범주에 잘 들어맞는 부분을 특별 취급하는 결과를 낳는다. 캐럴, 탠, 그로달에게는 영화적 정서가 피할 수 없이 인물 지향적이다. 극 중의 인물들은 우리 정서의 분명한 대상이 된다. 그들은 목표를 갖고 있고 그 목표를 일련의 행동을 통해서 추구한다. 인물의 기능과 정서의 기능성이 너무나도 일치해서, 그들은 다른 고려 사항보다도 인물의 행동과 동기, 목표를 특별 취급한다. 캐럴의 경우 공포를 이해하는 핵심은 특정한 인물, 즉 괴물의 특성을 이해하는 것이다. 탠은 행동/플롯 구조와 인물 구조가 우리의 정서적 기대를 안내하는 일차적 결정자라고 했다. 그로달은 관객과 인물 간의 동일시적 연결을 영화적 정서 이해를 위해 핵심적인 것으로 강조하고 있다. 이처럼 정서에 대한 원형 모델은 영화적 정서에서 인물과 행동의 중요성을 최전방에 부각시킨다.

하지만 덜 대상 지향적이고 덜 목표 지향적이며 행동 경향성이 더 적은 다른 특징들은 어떻게 설명할 것인가? 예를 들면, 스타일 같은 것은? 캐럴, 탠과 그로달은 모두 스타일이 영화를 정서적으로 호소하는 데 도움을 준다고 인정했다. 그러나 그들 중 누구도 스타일을 자신의 정서 시스템의 핵심 개념으로 삼지는 않았다. 캐럴의 예를 보면, 그는 공포영화의 미장센이나 음악적 관습을 검토하는 대신 특정한 인물의 행동과 특성에 주목했다. 그것은 바로 괴물이다. 평소 캐럴은 스타일에 많은 관심을 기울였다. 하지만 그는 인물 중심적 성향이 덜한 스타일 요소인 영화음악을 검토할 때,[8] 그것의 일차적 기능이 인물과 플롯, 상황에 의해서 제공되는 보다 중요한 정서적 단서들을 '수정'하는 것이라 적고 있다. 앞의 이론가들은 모두 스타일이 중요한 수정 역할을 담당한다는 데 동의하고 있다. 하지만 대상, 행동, 목표 지향적인 것으로서 정서에 대한 그들의 가정은 스타일을 부수적인 역할에 한정하고 있다. 인지주의 이론에서 영화적 정서에 대한 지배적인 메커니즘은 인물과 그들의 행동에 의존하고 있다.

할리우드 영화가 인물에 집중하고 스타일을 부수적인 것으로 보도록 부추긴다는 사실을 고려해 볼 때, 이러한 접근은 의미가 있다. 그러나 영화적 정서를 고찰하고자 하는 우리도 인물과 행동을 우선시해야 하는 걸까? 이에 대한 대답은 분명하지 않다. 아마도 정서 시스템에 대한 이해를 원형을 넘어서서 확장하는 것이 영화와 그것의 정서적 호소를 보다 풍부하게 읽게 해 줄 것이다.

정서 시스템은 원형적 정서에 명확하게 부합하지 않는 정서 상태에 의해서도 촉발된다. 가령 우울증의 경우는 목표를 향하는 '행동 지향적'인 것으로, 저절로 지속되는 정서적인 것이라고 볼 수는 없다. 우울증 같은 정서는 사람들의 안녕을 도모하지 않는다. 방 안에서 혼자 있는 우울한 사람들은 그것이 기능적이지 않다는 단순한 이유 때문에 덜 강력한 정서를 경험하는 것이 아니다. 정서 상태는 우울증처럼 비지시적이고, 무척이나 모호한 자극, 예를 들면 화창한 날씨에 의해서 유발될 수 있다. 날씨가 좋아서 기분이 좋다면, 이 정서는 원인이 있지만 대상내 주변의 모든 것은 강력한 의미를 지니기에 애매모호하다.

우울증이나 날씨 좋은 날의 행복감은 분명한 정서가 아니라는 반론이 제기될 수도 있다. 이런 상태는 짐승에게 쫓길 때의 공포심이나 어머니에게 느끼는 사랑과는 전혀 다른 것이다. 이는 정서와 연관된 혹은 정서적인 **상태로**, 이처럼 덜 집중되고 덜 강력하며 인지적으로도 덜 정교한 상태는 진정한 정서라고 할 수 없다. 가령 캐롤은 정서적 경향을 갖는 육체적 상태의 존재에 대해서 언급하고는 있지만 진정한 정서로부터 그것을 배제하고 있다.

이런 정서적 상태를 '진짜' 정서로부터 배제하는 것은 그것을 무시하도록 한다. 비록 그러한 정서와 연관된 상태의 존재는 인정하지만, 그것이 순수한 정서 자체라고 간주하지 않기 때문에 영화적 정서이론의 일차적 심리과정에서 제외되고 있다.

이러한 배제는 영화적 정서를 관장하고 있는 주요 심리과정에 대한 설명을 시도할 때 특정한 의미를 갖는다. 강렬하고 응집된 영화적 정서에 대한 설명을 제시하는 것이 상대적으로 덜한 정서적 상태를 설명하는 것보다 직관적으로 볼 때 더 중요한 것처럼 보인다. 하지만 직관은 속일 수가 있다. 더 좋은 척도는 정서 시스템이 원형적 정서와 다른 더 애매한 정서적 상태 양자에 비슷하게 반응하는지 여부를 측정하는 것일 것이다. 만일 그렇다면 이는 우리의 정서 시스템 개념에 비정형적인 정서 상태를 포함시키는 것이 잠재적으로 더 유용함을 방증하는 것이 된다. 특정한 정서 상태가 원형적 정서보다 약하고 낮은 수준이라고 해서 그것이 정서적 시스템의 작동을 이해하는 데 있어서 덜 중요하다는 것은 아님을 명심하자.

정서 시스템: 연합 모델 The Emotion System: An Associative Model

우리는 자극과 반응을 유연하지만 안정적으로 연결시켜 주는 정서 모델이 필요하다. 여기에서 제안하는 모델은 연합이 바로 그런 연결을 제공할 수 있으며, 연합의 탁월함은 정서 시스템의 신경생리학적 구조에 의해서 뒷받침되고 있다.

정서란 다차원적인 반응 신드롬을 말한다.[9] 이는 여러 가능한 유발 시스템에 연결된 일련의 반응행동 경향, 지향적 반응과 표현을 포함하는이다. 정서는 개별적 성향이나 사회적 상황의 특성, 문화적 관습 등에 따라서 반응이 달라진다는 점에서 반사reflexes와는 구별된다. 곤란에 처했을 때 사람들은 얼굴이 붉어지거나, 위축되거나, 자기비하적인 농담을 하거나, 관심을 피한다. 이처럼 특정한 사람이 특정한 정서적 상황에서 어떤 일련의 반응을 보이는지를 확실하게 명시할 수는 없다. 가능한 일련의 반응을 열거할 수 있을 뿐이다.

정서는 일련의 반응을 촉발할 뿐만이 아니라 여러 가지 하부 시스템에 의해서 야기될 수도 있다. 그런 하부 시스템 중에서 정서를 일으키는 데 중요한 것은 안면 신경과 근육, 발성, 체위, 골근육, 해부학적 신경망, 의식적 인지 그리고 중앙신경망에 의한 무의식적 과정이다. 이들 각자가 정서를 촉발하는 전체 과정에서 한 부분을 담당한다.

심리학자들은 정서의 기초를 탐색하는 과정에서 이 여섯 가지 영역을 연구했다.[10] 이 모든 시스템이 정서 시스템에 영향을 미치지만, 그중 어느 것도 그 자체로서 정서를 야기하기에는 불충분한 것으로 드러났다. 정서 시스템 중 오직 단 하나의 구성 요소만이 정서에 반드시 필요한 것으로 드러났다. 그것은 바로 의식할 수 없는 중추신경 과정nonconscious central nervous processing에서의 대뇌 변연계 시스템the limbic system이다.

대뇌 변연계 시스템은 복잡하게 서로 연결된 신경 중추로서 넓은 범위의 입력 시스템으로부터 정보를 받아들이고 평가하며, 이 평가를 근거로 해서 정서적 부호를 제공하고, 시초 반응을 촉발하며, 정서적 자극과 반응의 흐름을 체크한다의식적 과정과 연계해서. 대뇌 변연계 시스템특히 편도은 정서적 데이터가 지나가는 공동의 신경 경로다.

따라서 이 모델은 자극과 정서적 반응 간의 연계를 의식되지 않는 과정으로 규정한다. 대뇌 변연계 시스템은 다른 하부 시스템으로부터 받은 자극에 대한 일차적인 정서적 평가를 하는데, 이는 의식적 과정의 도움 없이 이루어진다. 대뇌 변연계 시스템은 데이터에 정서적 '색깔'로 '색조'를 주며 상황에 대한 행동 반응을 촉발한다. 일차적 평가 이후, 대뇌 변연계 시스템과 의식 과정은 상호작용하면서 정서적 표현과 경험의 과정을 감시하고 조율한다. 이 편도가 정서 시스템의 핵심이다.

대뇌 변연계 시스템의 구조는 정서적 시스템이 구조화되는 방식에 대한 단서들을 우리에게 제공한다. 이 시스템을 제외하고 어떤 정서적 하부 시스템도 정서에 필수적인 것이 아니라는 것이 밝혀졌기 때문에—물론 이들은 모두 어떤 방식으로든 정서에 영향을 미친다—단순한 정서 시스템 모델은 불가능하다. 정서 시스템은 순서가 고정되지 않은 다층적인 원인을 허용하는 모델을 필요로 한다. 왜냐하면 하나를 제외한 모든 잠재적 원인은 우회될 수 있기 때문이다. 어떤 하부 시스템도 다른 것의 도움 없이 정서를 일으키는 데는 충분치 않은 것으로 밝혀졌기 때문에, 모델은 복합적 원인을 허용해야 한다.

나는 정서 시스템의 연합 네트워크 모델을 제안한다. 이는 대뇌 변연계 시스템의 고도로 연결된 구조와 일치하는 것이다.[11] 내 모델에서는 정서 시스템의 다양한 구성 요소가 서로 일련의 연합적 고리로 연결되어 있다. 정서와 정서 상태시스템의 교점는 특정한 생각과 기억 그리고 생리학적 반응 패턴들에 연결되어 있다. 기억, 사회적 관습, 정서적 수준과 같은 의식적 인지, 자율 및 중추 신경계 패턴, 행동 경향, 발화 그리고 안면 패턴들은 모두 서로 연관되어 있다.

예를 들어, 네트워크 안에 '두려움'으로 분류된 교점은 높은 곳에서 떨어졌던 어린 시절의 기억, 떨리는 목소리, 뜀박질, 증가된 심박수, 증가된 우반구의 전두엽 활동 그리고 동그래진 눈과 연결되어 있을 것이다. 이 여섯 개의 시스템 중 단 하나만이 활성화된다면, 두려움이라는 교점이 연합적 네트워크 안에서 활성화될 가능성은 낮다. 두 개가 활성화된다면, 가능성은 증가해서 '실제와 흡사한' 정서적 경험을 하게 해 준다.[12] 더 많은 교점이 활성화된다면—즉, 더 많은 입력 채널이 정서적 단서를 제공한다면—정서는 더 잘 경험되고 표현될 것이다. 한 상황에서 정서가 일어나는지의 여부는 얼마나 많은 정서 채널이 정서적 단서들을 전달하는지, 그리고 그 신호가 얼마나 강한지에 달려 있다.

이것은 특정한 입력 채널에 묶여 있지 않고 다양한 여러 경로에서 정서적 단서를 받을 수 있는 유연한 시스템을 낳는다. 정서적 네트워크에 접근할 수 있는 방법은 다양하다. 왜냐하면 어떤 요소도 일련의 정서적 연쇄를 촉발할 수 있기 때문이다. 하지만 대뇌 번연계 시스템을 제외하면 그중 어느 것도 반드시 필요한 것은 아니다.

그러나 정서 시스템은 변덕스러운 것은 아니다. 심장이 빨리 뛸 때마다 '두려움'의 교점이 활성화되지는 않는다. 정서를 경험하고 표현하는 것은 가령 실제 생활과 같은 풍부한 환경 속에서 가장 빈번하게 일어나는 것과 같은 잉여적인 단서들을 필요로 한다. 대부분의 일상적인 정서적 촉발의 경우, 인지, 표정, 몸짓과 같은 복합적인 자극이 중복된 단서들을 제공해서 어떤 정서가 호출되고 있는지를 알려 준다. 정서 시스템의 이와 같은 연합 모델은 강력한 정서를 촉발하기 위해서 실제 세상의 잉여적 단서들에 의존하고 있다. 그러나 이는 실험실 환경에서 제한적인 자극들에 의해 생성된 상대적으로 덜 정서적인 현상들도 설명해 준다.

연합적 네트워크 모델 개념은 신경학적 수준에서도 뒷받침된다. 왜냐하면 대뇌 변연계 시스템은 서로 연결되어 있기 때문이다.[13] 다양한 정서 촉발 하부 시스템 간의 상호 연결이 정서를 감각 시스템과 구분해 주는 것이다. 시각 정보 입력 채널은 하나눈이지만, 여러 입력 채널을 갖는다는 것은 정서 시스템을 더욱 복잡하고 동시에 잘 보호되도록 해 준다. 이 분산 시스템은 한 길이 불능화되더라도 다른 길이 이를 보완할 수 있도록 해 준다. 특정한 채널을 통해서 입력되는 감각과는 달리, 정서는 다양한 소스로부터 오는 광범위한 자극을 처리해야 한다. 상호 연결로 이루어진 분산 네트워크는 다른 채널들이 정상적으로 기능하지 않더라도 여전히 정서가 절박함을 전달할 수 있게 해 준다. 위급한 자극이 한 하부 시스템의 주의를 끌지 못할 경우, 주변을 감시하고 있던 다른 시스템들이 그 위험에 적절하게 대처할 정서적 행동을 촉발할 수 있다.

연합 모델은 인지와 정서의 병행과정과 함께 시작된다. 감각 데이터가 의식적 과정을 위해서 대뇌피질로 전달되며, 동시에 동일한 데이터가 감각적 상태를 얻기 위해서 뇌의 정서 중추대뇌 변연계 시스템로 전달된다. 한 과정은 일차적으로 인지적이고, 다른 과정은 일차적으로 정서적이다. 하지만 둘 다 동시에 시작된다. 인지와 정서가 분리되어 활성화되면, 두 과정은 심하게 상호작용하기 시작한다. 인지나 정서 어느 것도 다른 것을 선행 조건으로 요구하지 않는다. 하지만 일단 촉발이 되면 이들 과정은 거의 항상 결합된다. 특히 강한 정서의 경우 그렇다. 생각은 정서 시스템으로의 입력 중 하나가 되고, 정서적 신호는 진행을 위해서 대뇌피질로 전달된다. 상호 연결에 근거한 모델에서 인지와 정서 간의 연결은 결정적인 것이 되며, 정서적 표현과 행동의 순응성malleability에 대한 설명을 제공한다. 생각과 느낌이 병행해서 진행된다는 것은 한 사람이 정서적 하부 시스템에 즉각 반응할 수 있게 해 준다. 하지만 이 상호 연관성은 사회적 상황에 근거한 감정을 억제하거나 강화하도록 해 준다.

중요한 점으로, 의식적 생각과 대뇌 번연계 시스템 간의 이러한 연결은 원형적 정서가 정서적 경험과 표현을 형성하도록 해 준다.[14] 이러한 인지적 스크립트는 한 정서에 대해 풍부한 정보를 저장할 수 있게 해 준다. 즉, 어떤 반응이 적절한가, 어떤 대상이 그 정서의 원인일 수 있는가, 그리고 정서가 진행되는 과정에서 어떻게 바뀔 수 있는가에 대한 스크립트 등이 그것이다. 이러한 정보는 대뇌 번연계 시스템에 주어지고, 그것이 자율신경계, 즉 얼굴 등에서 호출하는 반응들을 변경한다. 이 하부 시스템들은 자신들의 변경된 기능을 다시 대뇌 번연계 시스템에 보고해 주고 정서적 경험을 정서적 원형과 스크립트에 비춰 변경하는 순환과정이 일어난다. 인지와 정서는 별개의 병행과정으로 시작되지만, 곧 서로 데이터를 교환하기 시작한다.

별개의 인지와 정서 시스템 간의 이런 상호 교환은 행동, 목표, 대상 지향성이 정서의 **원형적 특징**이 될 수는 있지만 꼭 **필요한** 것은 아님을 설명해 준다. 원형과 스크립트라는 인지주의적 정서 개념은 우리의 정서적 경험을 정서적 중추 시스템과의 상호작용을 통해서 조직하고 관리한다. 이러한 인지적 도식Schema은 정서적 반응의 효율성을 보증하기 위해 중요하며, 우리가 어떻게 두렵거나 사랑스러운 상황에 반응하고 그것을 해석해야 하는지에 대한 스크립트를 제공한다. 원형적 정서는 우리가 경험하는 실제 세계에서의 대부분의 상황에 유용하다. 우리는 무서워할 경우 대개 **어떤 것을** 무서워하며, 그래서 그에 합당한 행동을 취하기를 원한다. 그러나 실제 세계는 또한 숨겨지고 부분적인 정보들로 가득하다. 정서 시스템은 그러한 단서들이 비록 원형에는 부합하지 않지만 그에 반응할 수 있어야 한다. 연합에 근거한 네트워크는 이러한 유연성을 허용한다. 그래서 우리에게 낮은 수준의 정서 경험을 줌으로써 가능한 정서적 단서를 찾기 위해서 우리 세계를 더욱 세밀하게 살펴보도록 격려한다. 숲 속에서 예상치 못한 나뭇가지가 부러지는 소리나 영화에서 음악이 어색하게도 빠져있는 경우, 두려운 연상을 촉발하기에 충분할 것이다.

이 장에서 설명한 정서 원형에 근거한 정서 시스템 모델은 상당히 단순하다. 이는 정서를 전통적인 이해방식에서의 인지처럼 다룬다. 그러나 이 모델은 비원형적인 정서에 대한 고려를 배제함으로써 정서 시스템의 반응성을 높일 수 있는 복잡성을 상실했다. 반면, 유연한 정서 네트워크 모델은 한 정서와의 다양한 정서적 연상을 가능케 해 준다. 우중충한 비오는 날, 축 늘어진 자세, 찡그린 얼굴, 오보에 단조음악 이 모두는 슬픔을 연상시킨다. 그리고 이 연상은 우리가 어떤 정서를 경험하고 표현하도록 단서를 제공할 수 있다. 설사 그 상황이 그 정서에 대한 우리의 원형적 이해에 부합하지 않더라도 말이다. 그러한 연상의 유연성 때문에 정서 시스템은 원형으로 제한될 수 없다.

여기에서 설명된 시스템은 원형 정서를 사용하지만 그것에만 의존하지는 않는다. 원형 정서의 중요성을 충분히 인정하면서, 연합적 네트워크 모델은 연합이 정서 시스템의 근간임을 주장하는 데 있어서 신경학적 구조에 의존하고 있다. 비정형적 정서 상태와 정형적 정서 상태 모두 고도로 상호 연결되어 있는 정서적 중추대뇌 번연계 시스템에 의존하고 있기 때문에, 원형적 구조들은 목표와 대상, 행동 경향을 중심으로 조직되는 특별한 종류의 연합으로 간주될 수 있을 것이다. 연합은 시스템의 건축재이며 모든 정서적 기능의 기본이다.

요약하면, 내가 제안한 연합적 네트워크 모델은 얼굴을 통한 피드백, 자율신경계, 의식적 인지와 같은 복합적인 입력 소스를 갖고 있고 정서적 '교점'과 상호 연결된 시스템이라 할 수 있다. 단일한 입력이 정서를 촉발하지 못하며, 여러 상이한 하부 시스템이 촉발되면 그에 부속되어 있는 정서 교점들이 활성화된다. 자극과 정서적 반응이 논리적으로 연결되지 않더라도 말이다. 이 정서 시스템은 의식적 인지에 의존하지 않고서도 촉발될 수 있다. 정서적 평가는 자극에 대한 의식적 평가와 병행해서 일어난다. 정서적 시스템의 신호가 충분히 강해서 의식에 도달하면 정서적 경험이 된다. 일단 의식적 생각과 정서적 시스템이 모두 촉발되면 고도로 연결된 연동 장치를 통해서 상호작용하려고 하며, 생각이 정서의 추이에 영향을 미치거나 그 반대의 경우가 일어난다.

이 시스템은 무한정 늘릴 수 없고 분명 한계가 있다. 시스템의 문지방을 아주 높여서 아무런 정서도 느낄 수 없게 하는 것은 불가능하다. 또한 의식적 지각 이전에 행해진 정서적 평가를 크게 수정하지도 않는다. 그러나 한계를 인정하더라도 이 정서적 시스템은 아주 유연하다. 연합이 정서를 프로이트가 페티쉬에서 지적 하고 있는 것처럼 연관성이 없어 보이는 대상에 연결시킬 수 있고, 정서 시스템은 상반되어 보이는 정서를 연결시킬 수 있다. 롤러코스터 애호가는 낙하에 의해서 활성화되는 두려움에 즐거움을 결합시킬 수 있고, 공포영화 팬은 통제할 수 없는 놀람 반응이 요동을 칠 때 신나는 재미를 느낄 수 있다. 연합이 정서 시스템의 기본적인 연결 조직이기 때문에, 이는 한 개인이 환경에 잘 적응하는 데 필요한 유연성을 네트워크에 부여한다.

무드 Mood

이 모델로부터 얻은 통찰을 영화의 정서적 호소에 적용하는 방법을 논의하기 전에 한 가지를 더 고찰해 보자. 그것은 정서와 시간에 관한 것이다. 정서적 에피소드에 대한 기억은 정서가 상당히 오래갈 수 있음을 보여 준다. 기억에 따르면, 난 하루 종일 사장에게 화가 났거나 혹은 주말 내내 행복했다. 하지만 정서에 대한 기억은 실제 정서에 대한 의심스러운 증거물이다. 인간은 자기 경험의 특징을 오래 기억하지 못한다. 그리고 그것에는 이유가 있다. 경험의 모든 세목을 저장하는 대신 그것을 압축하고 요약해서 분명한 라벨을 붙여 기억 속에 넣는 것이 더 효율적이다. 특정한 에피소드 동안 우리의 경험을 '질투'라는 스크립트가 덮고 있을 때, 그 라벨이 우리가 느낀 모든 정서적 요동에 적합하지 않더라도 그 기억을 질투 에피소드로 이름 붙일 수 있다. 정서적 경험을 떠올리는 것은 종종 우리가 그 경험과 그 세목들을 이름 붙인 방법을 상기시켜 준다.

다시 한 번 강조하지만 정서적 원형의 힘은 중요하다. 원형과 스크립트는 우리가 우리 주변을 해석하는 방법뿐 아니라 우리 경험에 대한 정보를 저장하고 상기하는 방법 또한 조직해 준다. 정서적 기억은 정서적 경험의 세목을 제공하는 것보다는 우리의 정서 스크립트에 대한 증거를 제공하는 것을 더 잘한다. 이는 특히 우리가 정서적 기간을 기억하는 방식에서 맞을 것이다.

정서적 경험과 표현이 발생하는 순간을 좀 더 면밀히 주목해 보면 우리가 기억하기 쉬운 것과는 전혀 다른 정서적 기간에 대한 그림이 나온다. 우리는 하루 종일 화난 채로 있지는 않는다. 그 대신 증거들에 의하면 정서란 상대적으로 짧은 상태로, 시간이나 날이 아닌 초 단위로 측정된다.

연구에 따르면, 정서적 표현은 정서적 기간 중에 빈번하게 바뀐다. 폴 에크먼Paul Ekman의 관찰에 따르면, 얼굴에 나타난 대부분의 정서적 표현은 1.5~4초 동안 지속된다.[15] 다른 정서 시스템의 하위 요소들가령 자율신경계은 조금 느리게 변화한다. 심박수는 얼굴표정만큼 빨리 변화하지 않는다. 그래서 정서적 표현은 하부 시스템마다 다른 기간을 갖게 된다. 정서적 기간은 정서에 따라서도 다르다. 가령 피오 리치-비티Pio Ricci-Bitti와 클라우스 쉬어러Klaus Scherer에 따르면 슬픔이 두려움보다 더 오래 지속되기 쉽다.[16]

정서와 그 하위 시스템에서 정서의 지속 기간은 다양하지만 전반적으로 정서의 지속 기간은 상대적으로 짧다. 이는 EEG유형에서부터 부부간의 상호관계에 이르기까지 아주 상이한 연구방법을 이용한 연구자들에 의해 이미 밝혀졌다.[17] 연구에 따르면, 유럽 문화권에서는 정서적 지속 기간에 있어서 차이가 거의 없는데, 이는 아마도 시스템의 정서적 지속 기간에 한계가 있기 때문일 것이라고 한다.[18] 누군가가 기억에 대한 자기보고가 아니라 진행되고 있는 실제 정서를 조사한다면, 정서란 상대적으로 짧은 상태라는 사실을 발견하게 될 것이다.

이 중요한 발견은 우리의 직관에 반하는 것이기 때문에 약간의 설명을 필요로 한다. 우리가 일련의 짧은 정서 분출을 경험한다면, 한 상황에 대해서 우리는 어떻게 일관되고 오래 지속되는 정서적 태도를 가질 수 있는가? 그 답은 정서 시스템의 부수적인 능력에 있다. 정서 네트워크는 또한 우리로 하여금 자신의 환경에 주목하도록 해 주기 때문이다.

정서는 선택된 행동과정에 절박함을 제공해 줄 뿐 아니라 우리가 정보를 취합하는 방식에도 급박함을 부여한다. 가령 놀람은 한 유기체가 아직 적절한 준비 태세에 있지 않을 경우에 반응할 수 있게 빨리 준비시켜 주는, 하나의 정서와 연관된 상태다. 놀람의 탐색 단계에서 자극을 재빨리 평가한 후에는 적절한 행동 지향적두려움이나 기쁨 같은 반응이 이어진다. 이러한 탐색 반응은 보다 행동 지향적인 정서 상태로 나아가도록 해 주는 준비 상태인 것이다.

탐색 정서는 준비 상태가 되게 한다. 그것은 몸을 준비시키고 특정한 자극으로 주의를 환기시키며, 그럼으로써 우리가 우리 주변을 해석하는 방법을 바꾼다. 정서의 탐색 기능은 우리 상황 중에서 정서에 일치하는 부분을 부각시켜 준다. 가령 사랑에 빠진 사람은 날씨를 자신의 긍정적 감정과 연결시켜 해석할 것이다. 그래서 연인은 화창한 날을 화난 사람이나 무서워하는 사람과는 전혀 다르게 지각할 것이다. 정서의 탐색적 기능은 우리의 내적 상태를 확인해 주는 주변 단서들을 찾도록 해 준다. 우리는 우리의 정서에 의해 제공된 탐색 방향에 비추어서 우리의 주변을 해석한다. 짧은 정서적 경험에 대해 견고한 틀을 제공해 주는 것이 바로 이 중요한 탐색인 것이다.

일련의 일차적인 탐색 정서 상태가 바로 무드다.[19] 무드란 특정한 정서나 정서 다발을 표현할 기회를 모색하고 있는 준비 단계다. 무드란 우리가 특정한 정서를 갖게 될 거라는, 특정한 정서를 촉발할 단서들을 만나게 될 거라는 기대다. 이러한 기대는 우리로 하여금 우리 상황을 탐색하게 하고, 우리의 무드에 일치하는 방식으로 환경을 평가하도록 한다. 무드는 우리 환경이 정서를 야기하는 단서들로 구성된 것이라고 해석하게 한다. 경쾌한 무드는 그 무드와 일치하는 우리 환경의 부분들에 특권을 부여하도록 한다. 무드란 주의집중과 동일한 정서 시스템의 등가물로서 기능하며, 우리로 하여금 특정한 자극에만 집중하도록 해 준다.

이런 기대 자체는 정서보다도 더 산만하고 오래 지속되기 쉬운 낮은 단계의 정서적 상태다. 그것은 정서 자체가 아니라 정서를 표현하고자 하는 경향이다. 따라서 무드란 오래 지속되지만 힘은 상대적으로 약한 정서적 상태로, 그 탐색적 기능은 특정한 종류의 정서를 표현하도록 해 준다. 무드가 정서만큼 강렬한 것은 아니지만, 그 긴 지속 기간은 그것이 정서 시스템의 중대한 부분이 되게 한다.

무드는 타성이 있다. 그래서 동일한 정서를 표현하고 경험하도록 우리의 방향을 조정한다. 그것은 자극을 다시 반복해서 찾게끔 하고, 매번 새로운 정서의 분출로 정서적 경험에 신선함을 준다. 이러한 정서의 동요는 반대로 무드를 지탱해 주어서 우리가 계속해서 세계를 정서적으로 보도록 해 준다. 두려운 무드는 우리를 정서적 긴장에 빠뜨리고, 그래서 우리는 무서운 대상을 찾아 우리 주변을 두리번거리게 된다. 두려움은 우리로 하여금 어두운 그림자나 기이한 소리, 갑작스러운 움직임 등에 주목하게 만들고, 그래서 더 무서운 단서들을 제공한다. 무서운 장면을 보게 되면 이것이 무드를 강화해서 미래의 자극을 무서운 것으로 평가하도록 만들며, 그럼으로써 무서운 무드를 유지시킨다. 정서적 자극이 존재하는 한 이러한 순환은 계속된다.

무드가 유지되기 위해서는 이렇게 짧고 강력한 정서가 주어져야 한다. 그러나 무드는 정서적 자극을 발견하지 못하면 서서히 사라진다. 따라서 무드는 정서와 협력관계에 있다. 무드란 우리가 더 쉽게 정서를 경험할 수 있게 해 주는 소인predisposition이다. 무드는 정서의 표현을 후원하며 북돋는다. 동시에 짧은 정서의 분출은 무드가 유지되게 해 준다. 때때로 정서가 분출되지 않으면 그 정서를 갖고자 하는 소인을 유지하기도 어려워질 것이다.

이렇게 되면 정서 시스템은 장기적으로 탐색하려는 경향과 단기적인 정서적 상태의 조합이 우리로 하여금 우리의 환경을 평가하고 그에 따라서 행동하게끔 해 주는 하나의 과정으로 통합된다. 단기적인 정서는 환경 속 변화에 빠르게 반응하도록 해 준다. 우리는 변화하는 실제 세계 상황의 복잡함을 지속적으로 재평가하고 적절한 정서로 반응할 수 있다. 그러나 시스템의 제한된 탐색 능력은 대부분의 상황이 초 단위로 바뀌는 것을 허락하지 않는다. 대부분의 환경은 점진적으로 변화하고, 따라서 그런 환경에 대한 일관된 정서적 자세가 요구된다. 정서의 짧은 기간은 세상에서의 갑작스러운 변화를 처리할 수 있는 급박함과 속도를 부여할 수 있다. 그러나 안정된 환경을 다루는 데 필요한 안정적인 정서적 탐색을 제공하지는 못한다.

무드는 바로 그런 지속적인 기대를 제공한다. 즉, 우리는 정서적 경험의 변화에 끊임없이 주의를 기울이지 않아도 된다. 무드는 중요해 보이는 자극을 선별하도록 해 주고 불필요한 정서적 자극은 걸러 주며, 사건에 통일성을 부여하여 우리의 경험과 기억을 단순화해 준다. 장기적인 무드와 단기적인 정서는 외적 자극들과 결합해서 정서적 에피소드를 만들며, 이는 우리로 하여금 우리의 경험을 일관된 단위로 저장하도록 해 준다. 이 두 가지 서로 다른 시간성이 합쳐져서 유연성과 효율성, 속도와 안정성, 적응성과 일관성이 잘 조화된 정서 시스템을 만든다.

정서 시스템과 영화 구조 The Emotion System and Film Structure

정서에 대한 이러한 이해는 영화적 정서에 관심 있는 사람에게 무엇을 제안하는가? 정서 시스템이 아무리 유연하다 해도 대중 매체 형식이 넓은 관객층 사이에서 일정한 일관성이 있는 정서적 반응을 촉발하는 것은 어려워 보인다. 만일 정서 시스템이 고도로 유연해서 그런 정도의 정서적 반응을 위한 자극을 제공한다면, 광범위하고 다양한 관객으로부터 신빙성 있는 자극을 촉발하기 위해서 영화는 어떻게 구조화될 수 있는가? 정서가 그렇게 짧은 상태라면, 영화는 상영 시간 내내 어떻게 일관된 정서적 호소를 유지할 수 있는가? 정서적 원형과 스크립트는 영화에서 어떤 부분을 담당하며, 원형에 속하지 않는 정서적 자극은 어떻게 한 영화에서 정서적 호소를 할 수 있는가? 정서 시스템에 대한 나의 기본 모델에 대한 소개를 마쳤기 때문에, 이제 나는 내러티브 영화가 연합적 모델에 근거해서 정서적 호소를 할 목적으로 사용하는 텍스트 구조 분석에 매우 유용한 접근법을 제시하겠다.

크리스틴 톰슨Kristin Thompson의 방법을 따라서 나도 **방법론**이 아니라 영화비평에 대한 **접근법**이라고 말하겠다. 접근법이란 "상이한 예술 작품들에 의해서 공유되는 특성들과, 모든 예술 작품을 이해하는 데 있어서 관객들이 거치게 되는 과정, 그리고 예술 작품이 사회와 연결되는 방식에 대한 일련의 가정들"이다. 나는 어떤 방법"실제 분석 과정에 적용되는 일련의 절차"을 개발하는 것이 아니다.[20] 접근법은 비평을 인도한다. 하지만 비평 활동을 대체하지는 않는다. 그 대신 접근법은 비평의 주도면밀함을 장려하고 그것에 의지한다. 내가 무드-단서 접근법mood-cue approach이라 이름 붙인 이 접근법의 목표는 관객의 정서에 호소하는 영화적 구조를 비평이 통찰하고 설명할 수 있도록 돕는 것이다.

영화의 일차적인 정서적 효과는 무드를 창조하는 것이다. 짧고 강렬한 정서를 창출하기 어렵기 때문에 영화 구조는 정서 경험을 향한 경향을 만들어 내려고 한다. 무드는 우리가 정서를 표현하고 경험할 수 있도록 준비해 준다. 무드는 특정한 정서적 방식으로 자극을 해석하도록 유도하는 탐색적 상태다. 무드는 정서의 분출을 표현하고 경험할 기회를 적극적으로 찾도록 해 준다. 그런 기회를 찾지 못하면 우리의 무드는 쇠퇴하고 다른 상태로 변화한다.

무드를 유지하기 위해서 우리는 때때로 정서적 순간을 경험해야 한다. 무드는 미리 자극을 가능한 정서 촉발자로 간주하도록 해 주기 때문에, 그런 순간을 경험할 가능성을 높여 준다. 따라서 무드와 정서는 서로를 유지시켜 준다. 무드는 정서를 경험하도록 해 주고, 정서의 경험은 현재의 무드를 지속할 수 있게 해 준다.

무드를 촉발하고자 하는 영화 구조는 정서 시스템에 접근할 다양한 수단을 이용할 수 있다. 영화는 다양한 잉여적 정서 단서를 제공해서 서로 다른 정서적 접근에 우선권을 가진 관객들이 적절한 정서적 방향으로 인도될 가능성을 높인다. 잉여적 단서란 얼굴표정, 내러티브 상황, 음악, 조명 그리고 미장센을 포함하며, 이 모든 것은 어떤 정서적 무드가 호출되는지를 관객들에게 알리기 위해서 협력한다. 관객은 그 모든 요소에 의식적으로 주의를 기울일 필요는 없다. 정서의 연상적 네트워크가 그중 몇몇 단서에 의해서 활성화되면, 이는 낮은 단계의 정서를 만들어 낸다. 영화가 관객에게 다양한 잉여적 정서 단서를 제공한다면, 이는 관객을 미리 예정된 무드 상태로 움직일 개연성을 높인다.

이렇게 정서적 잉여를 강조하는 것은 할리우드 영화에서 스토리 정보에 대해서 내러티브 상의 잉여가 많아지는 경향과 일치한다. 관객이 필요한 스토리 정보를 확실하게 이해하게끔 인물과 사건, 환경에 대한 설명을 반복함으로써, 고전 영화는 우리에게 잉여적인 정서적 데이터를 제공해서 우리가 적절한 정서적 방향으로 확실하게 인도되도록 한다. 슬픈 무드는 인물의 대사, 조명, 음악, 미장센, 얼굴표정 그리고 내러티브 상황에 의해서 신호될 수 있고, 보통 그것은 이들 중 몇 가지의 조합에 의해서 신호된다. 관객의 관심이 끊임없이 변하기 때문에 내러티브상의 잉여가 존재하는 것처럼, 정서적 잉여도 다양한 연상 채널을 통해서 관객의 정서 시스템에 접근할 수 있기 때문에 존재한다.

잉여적 단서는 상당히 확실하게 정서적 소인어떤 무드을 창조할 수 있다. 무드는 일단 만들어지면 스스로 유지되는 경향이 있다. 그러나 무드가 완전히 자기 영속적인 것은 아니다. 그 유지를 위해서는 때때로 강한 정서의 순간이 필요하다. 정서를 표현할 수 있는 기회를 무한정 찾을 수는 없다. 정서적 경험은 무드를 강화하기 위해서 필요하다.

영화는 우리를 어떤 무드, 즉 정서 경험을 위한 소인에 빠뜨리기 위해서 정서적 단서들을 사용한다. 무드는 정서적 단서들의 조율된 분출에 의해서 강화되고, 관객들에게 그 결과를 제공한다. 이러한 결과 제공은 장애물이 등장할 때처럼 서사적으로 중요한 순간에 일어난다. 아니면 플롯 과정을 진행시키거나 지체시키지 않는 에피소드에서 일어난다. 단서란 텍스트의 정서적 호소를 분석하는 데 있어서 최소의 단위다. 서사적 상황에 대한 정서적 단서, 얼굴과 몸의 정보, 음악, 음향, 미장센, 조명 등은 정서 시스템에 원형적인 방식과 비원형적인 방식으로 접근한다. 영화는 주어진 서사 상황과 얼굴표정에서 인물의 행동을 해석해야 할 때 원형적인 스크립트를 요청한다. 하지만 정서적 단서는 또한 정서에 대한 비정형적 접근의 가능성도 제공한다. 따라서 그것은 잉여적으로 사용되기가 쉽다. 그러면 그것은 유연한 정서 시스템에 접근할 수 있게 된다. 정서적 단서는 정서에 호소하기 위해서 보다 커다란 서사적 구조를 만드는 데 쓰이는 집짓기 블록이다. 무드는 단서가 연속됨으로써 유지된다. 이 단서들 중 일부는 더 커다란 구조로 조직되고, 일부는 그렇지 않다.

영화의 정서적 호소 분석에 있어서 무드-단서 접근법의 기본은 간단하다. 작은 정서적 단서와 그것의 조직화에 주의를 기울이는 것이 분석가의 임무다. 기본 가정은 영화가 관객으로 하여금 텍스트에 대해서 통일적인 정서적 방향무드을 형성하게끔 해 준다는 것이다. 그래서 분석가는 관객에게 적절한 방향을 알려 주는 고도로 조율된 일단의 정서적 단서를 찾는다. 무드는 일단 조성되면 때때로의 정서 분출에 의해서 뒷받침되어야 한다. 그래서 분석가는 기본적인 정서적 방향을 유지하거나 변경할 일련의 정서적으로 표식된 순간들을 찾는다. 분석가는 장기적인 무드와 단기적인 정서가 어떻게 영화 내내 상호작용하는지에 주의를 기울여야 한다. 정서적 연상과 정서적 스크립트 모두 영화의 정서적 호소를 분석하는 데 있어서 핵심적인 요소다. 분석가는 정형적인 스크립트가 어떻게 우리의 영화적 정서 체험을 형상화하는지에 주의를 기울여야 한다. 동시에 비정형적으로 정서 시스템을 활성화할 수 있는 가능한 다양한 단서에도 주의를 기울여야 한다.

정보밀도, 목표 지향성 그리고 정서 표식

Informativeness, Goal Orientation, and Emotion Markers

이러한 소수의 기본 구성 요소를 이용해서 무드-단서 접근법은 정서적 호소를 위해서 텍스트가 선택하는 상이한 방식에 대해서 논의할 수 있게 해 준다. 이 접근법이 텍스트 속에서 찾아야 하는 일련의 내러티브 구조를 규정하지는 않지만, 이 접근법을 적용하면 서사 구조를 기술하는 새로운 용어들을 도출할 수 있다. 이어질 간략한 사례연구에서 나는 정서적 정보밀도emotional informativeness와, 정서 표식emotion markers이라는 신개념을 소개할 것이다. 그것의 도입 목적은 이 용어를 영화적 정서 호소를 이해하는 핵심어로 추천하기 위해서가 아니라 무드-단서 접근법이 진정으로 생산적이라는 것을 보여 주기 위해서다. 그것은 정서적 호소를 꼼꼼하게 분석할 수 있게 해 주며, 동시에 영화의 정서 구조를 기술하기 위한 어휘를 제공해 준다. 하향식 개념 시스템을 텍스트에 적용하는 대신, 이 접근법은 특정한 텍스트를 탐구하고 비교하는 상향식 과정에 의해서 밝혀진 구조들을 가치 있는 것으로 본다. 다양한 텍스트에서 무드-단서 접근법을 사용하는 것은 영화적 정서 호소를 기술하기 위한 보다 명확한 용어를 탄생시킬 것이다.

무드-단서 접근법을 이끌고 있는 이 가정이 옳다면, 우리는 영화를 서사적으로 가장 중요한 요소들한 인물의 목표 달성을 방해 또는 촉진하는 행동로 축소할 수 없다. 무드를 유지하는 정서를 제공하기 위해서 서사적으로 중요한 순간들에만 의존하고 있는 텍스트는 거의 없다. 따라서 우리는 명백한 디제시스적영화가 그럴듯하게 보이도록 하는 것-역자 주 목적목표의 달성에 거의 아무런 영향도 미치지 않는 정서적 단서들의 고도로 조율된 분출을 발견할 수 있어야 한다.

여러 영화에 이 접근법을 적용하면서 그런 분출을 발견했으며, 그래서 이를 '정서 표식'이라고 했다. 정서 표식은 짧은 순간의 정서 분출을 일차적인 목적으로 하는, 눈에 잘 띄는 텍스트상의 단서들의 배열이다. 이 표식은 관객에게 내러티브의 목표 지향적 길을 따라 내려오도록 신호한다. 그리고 짧은 정서적 순간에 빠지도록 신호를 보낸다. 이러한 정서적 순간은 무드의 소인을 강화시켜 주고 무드가 지속되게 해 준다.

정서적 표식은 단순히 내러티브 과정을 진행시키거나 지체시키기 위해서 거기에 있는 것이 아니다. 목표에 대한 방해는 관객에게 중요한 결말을 제공하는 여러 강력한 정서적 단서를 갖고 있을 수 있다. 그러나 '정서적 표식'과 그런 방해는 다른 것이다. 정서적 표식은 이야기에 대해 더 자세한 것을 제공해 주는 정보적 수단도 아니고 디제시스 세계에 대한 작가적 해설도 아니다. 그것의 일차적 목적은 짧은 정서 분출을 촉발하는 것이다. 그런 순간들은 종종 서사적 목적 달성에 거의 아무런 영향도 미치지 않으면서 삭제될 수도 있다. 그러나 이러한 표식은 중요한 정서적 기능을 수행한다. 그것은 적절한 무드에 빠져 있는 관객에게 그러한 무드의 방향을 유지하도록 돕는다.

예컨대, 목표 지향적이고 행동에 의해서 추동되는 시퀀스는 스필버그의 〈레이더스: 잃어버린 성궤를 찾아서Raiders of the Lost Art〉(1981)의 오프닝 장면으로, 이 장면에서 인디애나 존스해리슨 포드는 정글을 통과해서 함정으로 가득한 동굴 속으로 황금상을 찾아서 들어간다. 이 시퀀스에는 영화에 합당한 정서적 방향을 신호하는 잉여적 단서들이 포함되어 있다. 영화의 무드는 긴장감이 넘치고 정글속 원주민들의 공격이 임박했음을, 또는 감춰진 덫이 금방이라도 튀어나올 것임을 알려 준다. 음악은 기이한 멜로디의 연주가 불안하게 뒤섞여 있고, 주변 환경은 그늘을 깊이 드리우고 있으며, 카메라는 존스의 뒤를 쫓아가고 있다. 존스는 가이드 한 명이 뒤에서 그에게 총을 쏘려 하자 주인공이 무기를 다루는 솜씨를 보여 주는 것이기도 한 채찍을 휘둘러 목숨을 구한다. 이 채찍이 존스와 나머지 가이드가 깊은 구덩이를 건널 수 있게 해 준다. 이 채찍과 구덩이 장애물은 동굴을 나올 때 다시 건너야 한다. 이 장애물들은 복합적인 정서적 단서들쏘는 듯한 음악,[21] 얼굴 클로즈업을 사용해서 두려움

〈레이더스〉(1981)의 오프닝 장면에서 인디애나 존스(해리슨 포드)는 부비트랩으로 가득한 동굴에서 도망쳐 나온다.

이라는 정서를 표현하는데, 이 둘은 중요한 서사적 기능을 수행하고목표로 나아가는 것을 방해하고 미래의 서사적 사건을 위한 설정을 제공함 정서적인 클라이맥스를 제공한다. 〈레이더스〉의 도입 시퀀스는 우리의 유연한 정서 시스템에 호소할 수 있고 적절한 무드의 방향을 환기시키는 많은 잉여적 단서를 갖고 있다.

동시에 특별히 목표 지향적인 서술 기능에 기여하지 않으면서 고도로 정서적으로 표식된 순간도 있다. 울창한 정글을 헤치며 여행하는 가이드 중 한 명이 기괴하게 생긴 석상을 발견하고 비명을 지르는데, 붉은 빛의 새 무리가 시끄럽게 날갯짓을 하고 쏘는 듯한 음악이 이어진다. 이것은 분명 관객들에게서 놀람 반응을 일으키기 위해서 결집된 정서적 단서들이다. 하지만 앞에서 살펴본 정서적 촉발자와는 달리 이 정서적 표식은 주인공이 목표를 향해 가는 과정을 방해하지도 돕지도 않는다. 또 그것은 새로운 스토리 정보도 제공하지 않는다. 이 순간이 하는 일은 이 시퀀스의 긴장된 무드를 유지하는 데 도움이 될 적절한 정서가 확실하게 분출될 수 있게끔 하는 것이다. 이것이 석상의 일차적 목적이다.

내러티브의 상호 연관적 특성으로 인해서 어떤 순간이 전적으로 어떠한 목표를 향한 과정이나 스토리 정보에 기여하지 않는다고 주장하기는 어렵다. 석상은 이야기 정보의 상황에 부수적인 기여를 할 것이다존스가 보물이 있는 곳에 가까이 있음을 우리에게 알려 준다. 그러나 이 서사적 사건의 기능성은 서사적 정보 밀도를 능가한다. 이 석상의 주된 목적은 관객들에게 "와!" 하고 소리치게 하는 것이고 이 순간을 무서운 것으로 표시하는 것이다. 이 정서적 표식은 일종의 붉은 청어사람들의 관심을 엉뚱한 곳으로 분산시키는 행위-역자 주로, 말하자면 서사적 목적에는 아무런 실질적 위협이 되지 못하는 어떤 것에 의해서 촉발된 위협이다. 그것이 내러티브를 지체시키거나 진전시키는 데 있어서 미미한 기능을 수행하더라도, 석상은 일차적으로 정서를 향한 무드의 소인을 뒷받침해 준다.

이 접근법에 따를 때, 영화의 초기 시퀀스의 일차적 임무 중 하나는 영화 내내 관객을 안내할 정서적 방향을 설정하는 것이다. 그래서 관객들이 무드에 일치하는 방식으로 단서들을 평가하도록 하는 것이다. 이러한 무드를 설정하기 위해서는 광범위한 영화적 기호들을 포함해서 조율된 단서 제공이 필요하다. 이 단서들 중 일부는 보다 포괄적인 내러티브 목표 추구와 통합되어 있다. 하지만 서사적 결과를 내지 못하는 단서들에 대해서도 주의를 기울여야 한다. 〈레이더스〉처럼 고도로 목표 지향적이고 플롯 비중이 큰 영화라도 무드를 강화하기 위해선 정서적 표식플롯을 진행시키지 않는 정서 단서의 고도로 조율된 폭발이 필요하다. 이러한 정서적 표식의 개념은 정서에 대한 구조화된 호소의 필요성이 내러티브 목표와 행동에 의해서 조직되는 기능적 정보를 넘어선다는 것을 보여 준다.

목표 지향적 단서와 그렇지 않은 단서를 포괄적으로 사용함으로써,[22] 개별 텍스트는 영화가 어떤 종류의 정서적 단서를 사용하고 그것은 어떻게 구조화되는가에 대한 우리의 가설적 구성을 인도하는, 정서적으로 해석적인 기초 구조를 구성한다. 서로 다른 텍스트가 단서를 배열하는 방식을 비교하면 우리는 영화의 정서적 호소력emotional appeals을 분류하고 논의할 수 있는 개념들을 얻게 된다. 예를 들어, 우리는 한 텍스트의 기초 구조를 다소간 일관된 장르 기대를 따르는 것으로 규정할 수 있다. 영화 텍스트는 그것이 정서를 얼마나 높은 정보 밀도로 다루는가에 따라서 구분될 수 있다. 높은 정보 밀도의 정서적 내레이션이라는 개념은 〈레이더스〉처럼 고도로 조작적인 영화와 빌 포사이스의 〈시골 영웅Local Hero〉처럼 난해한 영화 간의 차이에 대해서 이야기할 수 있는 길을 열어 준다.

정서적으로 밀도 높은 정보를 갖고 있는 영화는 아주 빈번하고 특이한 방법으로 정서를 촉발하려고 한다. 이러한 텍스트는 많은 잉여적 단서를 사용하고 빈번하게 그것을 드러낸다. 〈레이더스〉는 그런 정보의 밀도가 높은 텍스트다. 예를 들어, 이 영화는 주요 나치 캐릭터의 등장을 강조해서 표시하는데, 그들이 증오의 대상임을 분명하게 표시하기 위해서 시끄러운 음악과 로우 앵글 달리 숏dolly shot. 카메라를 크레인에 매달아서 낮은 위치에서 촬영하는 기법-역자 주 그리고 위협적인 얼굴표정을 사용한다. 이처럼 많은 잉여적 정서 단서의 공조는 정보 밀도가 높은 영화의 특징이다. 밀도가 낮은 영화는 잉여적 단서를 적게 제공한다. 이 개념들은 비교적인 것이다. 그래서 그것은 우리가 영화들 사이에 존재하지만 분명하지는 않은 차이와 그 연계를 알 수 있게 해준다.

이 개념들은 상이한 영화를 비교할 수 있게 해 줄 뿐 아니라, 단일 영화가 정서를 신호하는 데 있어서 어떻게 변화를 주는가를 기술할 수 있게 해 준다. 예를 들어서 한 편의 영화는 일정한 수준의 정보 밀도를 유지하지 않는다. 정서적 정보의 수준은 변화한다. 그래서 〈레이더스〉와 같이 극도로 정보적인 영화조차도 영화 내내 동일한 양의 정서적 단서를 제공하지 않는다. 영화 텍스트는 특정 부분에서는 정보 밀도가 높지만, 다른 부분에서는 정보 밀도가 낮다. 〈레이더스〉에서는 네팔 술집에서의 싸움을 음악 없이 연출함으로써 영화의 절정 장면에서의 대결과 추적보다는 그것이 정서적으로 덜 표식된 시퀀스가 되도록 했다.

영화 텍스트는 또한 목적 지향성의 정도에 따라서 분류될 수 있다. 〈레이더스〉처럼 목적 지향성이 높은 내러티브는 분명한 목표처녀를 구하고 성배를 찾음를 향해 움직이는 행동들을 보여 준다. 이런 내러티브는 원형적인 정서 스크립트와 쉽게 비교될 수 있다. 분명한 목표가 주어지면 인디애나 존스와 같은 인물의 정서적 상태를 규정하고 다른 정서적 단서들로부터 의미를 유추하는 것은 더욱 쉽다. 정서적 정보의 밀도뿐만 아니라 목적 지향성의 수준도 영화가 진행되면서 변화한다. 〈시골 영웅〉도 분명한 서사적 목적—정유소를 짓기 위해 스코틀랜드의 한 마을을 매입하는 것—을 제시한다. 매킨타이어는 협상을 타결 지으라는 임무를 부여받고 영화 도입부에서 사업가적인 방식으로 이를 시도한다. 하지만 〈시골 영웅〉의 중간 부분은 이렇게 분명한 서사적 목표를 엄격하게 추구하지 않는다. 이 영화에서 관객은 목표 지향적인 정서원형이 아니라 은밀한 정서적 단서들에 더 의존하게 된다. 하지만 영화는 나중에 다시 목표 지향적으로 되돌아온다.

여기에서 개관된 것에 따르면, 〈시골 영웅〉은 목표 지향성이 수시로 변화하는, 정보 밀도가 높지 않은 영화다. 이 영화는 구체적인 포괄적 예상이 거의 존재하지 않는 영화다아마도 기이한 공동체에 대한 영화거나 낡은 가치 시스템을 침해하는 테크놀로지에 대한 영화라는 것이 〈레이더스〉와 비교할 때 주요한 상호텍스트적인 차이점일 것이다. 이 영화는 평론가들로부터 '무드영화'나 '가냘픈' 혹은 '미묘한' 영화로 평가되었다.[23] 여기에서 개관된 텍스트 접근법과 개념들은 그런 '무드 영화'가 어떻게 구성되어 있는지 보다 잘 특징화할 수 있게 해 준다. 그것을 세부적으로 살펴보도록 하겠다.

〈시골 영웅〉은 일련의 표준적인 장면에 의해서 정보를 주는 분명한 서사적 목표를 지향하는 것으로 시작한다. 선상 미팅에서 우리는 정유소의 중요성과 스코틀랜드에서 이 지방이 갖고 있는 의미를 요약해서 제공받는다. 우리는 매킨타이어가 사무실에서 스코틀랜드를 향해 떠날 준비를 하는 것을 본다. 여기에서 우리는 대화를 통해 그가 이번 임무에 특별한 흥미가 없음을 알게 된다. 이런 장면들은 인물과 상황을 소개하는 표준적인 수단들이다. 각 인물과 상황은 미장센에서 조금 삐딱하게 배치된다. 선상 미팅은 내내 속삭이며 진행되어서 해퍼버트 랭커스터는 잠에서 깨어나지도 않았다. 매킨타이어는 바로 옆의 동료와 자신의 임무에 대해서 이야기를 하는데, 전화를 통해서 하고 있다. 각각의 상황에서 실제 서사적 정보는 미장센에서 강조되는 예기치 못한 요소잠자고 있는 해퍼, 전화, 유리벽에 의해서 가려진다. 〈시골 영웅〉은 서사적 도입을 직설적으로 제시하면서 이 정보를 코미디적 단서와 뒤섞고, 코미디적 무드의 적합성을 동시에 신호하면서 목표 지향적인 틀을 세운다.

매킨타이어는 스코틀랜드에 도착해서 마을 전체를 사기 위해 변호사와 협상을 시작한다. 변호사는 자신이 해결할 것이니 그동안 그 지역에 대해 알기 위해 돌아다니라고 한다. 이 지점에서 매킨타이어의 분명한 목표에 대한 서사적 추구는 장애가 없기 때문에 정지된다. 마을 사람들은 땅을 팔게 되어 기뻐하고 녹스 오일 회사는 땅을 사게 돼서 기뻐한다. 변호사는 너무 탐욕적으로 보이지 않으려고 애쓰지만, 목표를 달성하는 데 반대하는 알려진 세력이 존재하지 않는다. 〈시골 영웅〉은 이 지점에서 분명 목표 지향적 텍스트가 아니다.

우리에게 주어진 것은 일련의 코미디적 단서와 표식이다. 매킨타이어와 그의 조수는 음식을 먹는데 눈에 주스가 튄다. 시끄러운 오토바이가 그들을 거의 칠 뻔하면서 굉음을 내며 지나간다. 위층에서는 변호사와 그의 부인이 유희적 섹스를 하며 희희덕거린다. 초기의 목표 지향적 장면들은 그런 코미디 단서들을 기대하도록 했고, 일차 목표 추구가 사라지자 이 코믹한 무드가 지속적인 정서 단서와 시끄러운 오토바이가 붕 소리를 내며 지나가는 것과 같은 간헐적인 정서 표식에 의해서 유지되어야만 한다. 이러한 단서들은 대개 지나치게 잉여적이거나 고도로 표식적이지 않고, 초기 목표의 부재 속에서 일차적인 정서 촉발제로서 기능한다.

그러나 〈시골 영웅〉은 매킨타이어가 마을에 도착했을 때, 모든 목표 지향성을 상실하지는 않는다. 대신 초기의 목표마을 구입를 보다 덜 구체적인 목표로 대체한다. 그리고 이 목표는 빈약한 단서들을 통해 조금씩 추구된다. 스코틀랜드에서 펼쳐지는 영화의 부분은 결국 여피 출세주의자인 매킨타이어가 마을의 느린 리듬에 적응한 편안하고 친절한 사람으로 바뀌는 모습을 보여 준다. 여기에서 영화는 덜 목표 지향적인 내러티브로 바뀐다. 그의 옷은 점점 평상복이 되고, 그는 바다에 시계를 빠뜨린다. 그리고 오토바이에 치이지 않기 위해서 호텔을 떠나기 전에 잠시 멈추는 것도 배운다. 우리는 간결한 묘사를 통해 제시된 일련의 세부사항으로 그가 변모하는 과정을 천천히 알게 된다.

고전 영화는 전통적으로 주인공의 변화에 관심을 둔다. 분명한 서사적 목표를 달성하기 위해서 고전적 주인공은 종종 성격을 바꾸어야만 한다. 이런 내적 변화는 행동 지향적 목표의 달성을 가능케 한다. 이런 방식에서 분명한 목표 지향과 인물의 변화는 불가분의 관계다.

그러나 〈시골 영웅〉에서 인물의 변화와 분명한 서사적 목표는 분리되어 있다. 토지 거래라는 목표의 추구가 중단되자, 매킨타이어는 느긋한 사람으로 변화하기 시작한다. 이 변화는 처음의 목표와는 완전히 별개로 독자적인 목표가 된다. 하지만 이 목표는 간헐적으로 짧은 코미디적 단서 속에서 추구된다. 행동 지향적인 서사적 목표를 추구하는 과정에서 인물의 변화가 수반되는 대신, 〈시골 영웅〉은 주인공의 변화를 일련의 코믹한 순간의 일부로 암시한다. 그에 대한 묘사를 제공하는 부분들은 마을 사람들과 관련된 묘사보다 더 분명하게 제시되지 않는다. 초기의 분명한 서사적 목표는 더 이상 그것을 달성하기 위해서 직선적인 과정으로 장면들을 구성하지 않는다. 대신 이런 과정은 목표 지향적이라기보다는 단속적이고, 직선적이라기보다는 에피소드적이고, 지속적이라기보다는 산발적이다. 〈시골 영웅〉은 목표 추구를 완전히 포기하지는 않지만 스코틀랜드 장면에서는 목표 달성을 위해 치밀하게 조직되어 있지 않다. 이러한 상대적으로 약한 목표 지향성이 이 영화의 정서를 덜 분명한 것으로 분류하게 한다.

첫인상으로 〈시골 영웅〉은 특별나게 빠른 텍스트는 아닌 것 같다. 하지만 자세히 보면, 그것은 빠른 일련의 정서적 단서를 제시해 준다. 이런 단서들은 간략하고물속에서 숨을 참는 연습을 하는 매킨타이어 비서, 단역들과의 사소한 대화들 잉여적인 경우가 드물다. 이런 단편적 단서들을 통해서 관객은 짧은 정서적 경험을 하게 되고, 영화 제작자는 일련의 정서적 단서를 빠르게 나열한다. 〈시골 영웅〉이 목표 지향에 있어서는 빠르지 않지만그래서 영화를 '친절한' 영화로 느끼게 되는 이유를 설명해 주지만, 목표 지향적 정서 원형이나 강력한 장르적 틀의 도움을 받지 못하는 이 영화는 코믹한 소인들을 유지하기 위해서 빠르게 정서적 단서들을 제시해야 한다. 이 단서들이 두드러지게 표시되거나 잉여적이지 않기 때문에 〈시골 영웅〉은 '미묘한' 영화로 평가된다.

〈시골 영웅〉은 이 미묘함을 전달하기 위해서 음악을 선택적으로 사용한다. 〈레이더스〉의 음악처럼 전면에 부각된 음악은 너무나도 분명하게 정서적 호소를 전달한다. 그래서 〈시골 영웅〉은 주인공이 스코틀랜드에 도착하는 순간 전적으로 음악을 포기한다. 앞부분에서만 간헐적으로 음악이 사용되는데, 그때도 영화가 다른 시간과 장소로 이동할 때의 전이 도구로서 기능한다. 그러한 음악적 단서들이 기능적으로 너무나 분명하게 동기화되기 때문에, 그것은 두드러지게 시각적인 혹은 청각적인 정서 단서로서 전면에 배치되지 않는다.

다음 음악은 사람들이 춤을 출 때 분명하게 표시된 디제시스적허구적 소리에 합당하게 소리를 사용한다는 것, 즉 춤을 출 때 배경음악으로 음악이 흘러나온다-역자 주 원천으로 들을 수 있다. 공동 춤 장면이 끝난 후, 영화는 두드러진 비디제시스적촬영이 끝나고 작곡된 음악. 화면 속 내용과 상관없는 음악-역자 주 음악을 사용한다. 비디제시스적 음악이 등장하는 것은 〈시골 영웅〉이 원래의 목표 추구를 재개했을 때인데, 이것은 우연이 아니다. 공동춤 장면이 끝난 직후 변호사는 그 해변이 매각을 거부하는 한 노인의 소유라는 사실을 알게 된다. 이것이 최초의 목표를 달성하는 데 있어서 첫 번째 장애물이다. 이 장애물은 영화의 3/4지점에서 등장한다. 영화의 마지막 1/4은 목표 지향적이고 비디제시스적 음악을 두드러지게 부각시켜 사용한다.

요약하면, 〈시골 영웅〉의 장면은 대부분의 시간을 강력한 목표 지향도 음악 반주도 없이 스코틀랜드를 배경으로 제시된다. 음악은 처음에 짧고 기능적인 전이 수단으로 도입된다. 그러나 음악은 디제시스춤에 의해서 분명하게 동기화된 것으로 쓰인다. 마지막으로 정서적 반응을 신호하기 위해서 비디제시스적 음악을 사용한다. 그리고 그것은 조명과 미장센과 같은 정서적 단서들과 결합해서 잉여적으로 사용된다. 처음에는 잉여적 정서 단서를 거의 쓰지 않던 영화가 후반부에는 점점 잉여적인 것에 의지한다. 이러한 과정으로 〈시골 영웅〉의 정서적 호소는 〈레이더스〉와는 달리 '미묘한' 것으로 평가된다. 그리고 이는 영화 후반부에 등장하는 잉여적 단서들에 의해 제공되는 정서적 힘을 이용한다. 영화 초입에서의 잉여 부족은 비교적 적은 정서적 단서를 기대하게 했다. 영화의 절정에 가까워질수록 점점 잉여적 정서 단서들로 점진적으로 진행함으로써 중대한 정서적 클라이맥스가 제시된다.

미묘한 '무드 영화'에 대한 이런 작은 분석은 정서적 정보의 밀도나 목표 지향성의 정도와 같은 특징은 상대적이라는 사실을 강조해 준다. 한 텍스트는 다른 것에 비해서 정보적 · 정서적 밀도가 높다고 말할 수 있을 뿐이다. 상호 텍스트적인 비교 없이 이러한 특징을 언급할 수는 없다. 가령 〈레이더스〉는 〈시골 영웅〉보다 정보 밀도가 높은 텍스트이고 두드러진 음악을 더 많이 사용한다. 좌충우돌하며 보물을 찾아 탈출하는 장면이 끝난 후 〈레이더스〉는 상대적으로 음악이 조용해지고 전환 수단으로만 음악을 사용한다.

스코틀랜드의 기이한 어촌마을을 매입하기 위한 여정에서 막강한 정유사 임원 올슨과 맥켄타이어가 한 변덕스러운 토끼를 도우려고 멈춘다. 빌 포사이스의 〈시골 영웅〉(1983) 중에서.

다음 액션장면인 네팔의 술집에서의 싸움은 아무런 음악없이 전개된다. 존스와 매리언이 시장에 들어서는 순간, 우리는 디제시스에 의해 동기화된 이국적인 동양음악 소리를 듣는다. 이 디제시스적 음악 이후에 〈레이더스〉는 다시 음악적 단서를 비교적 밀도있게 사용한다. 음악 없이 시작해서, 전이수단으로 음악을 사용하고, 그다음 디제시스적 음악, 마지막으로 비디제시스적 음악을 사용하는 점점 두드러진 음악 사용의 패턴은 〈시골 영웅〉이 '미묘한' 정서 상태를 조성하기 위해서 음악을 사용하는 방식과 동일하다.

서로 다른 텍스트가 유사한 정서적 단서 패턴을 사용할 수 있다. 〈레이더스〉의 음악은 그 자체로서 미묘한 과정을 갖고 있지만 이 음악의 두드러진 잉여적 단서가령, 날카로운 음악은 나치를 소개한다는 〈레이더스〉를 상대적으로 정보

학에 근거할 때 훨씬 더 결과가 만족스럽다는 점을 밝히고 있다.[2] 정서와 인지는 뇌가 기능하는 두 가지 방식인 것이다. 우리의 몸과 마음은 진화의 맥락 속에서 발전해 왔다. 이 과정에서 정서는 우리의 이해와 목적을 대변하도록 진화해 왔고, 주의와 행동을 통제하는 강력한 동기 부여적 기능으로 욕구를 충족하도록 만든다. 동시에 인지적 전략을 통해 관심의 초점이 되는 상황을 분석하고 목표를 성취한다.

이 장의 핵심 내용은 감정과 정서가 동기를 부여하는 힘을 가진 점, 따라서 정서의 원인뿐 아니라 미래의 행동에 대해 정서가 동기 부여의 역할을 하는 면을 살펴보는 것이다. 이는 사랑과 공포와 같은 강렬한 정서뿐 아니라 사고과정에 수반되는 감정과 반응도 마찬가지다. 이런 내용이 이 장에서 더 상세하게 설명될 것이며, 현실 또는 비현실의 감정이 행동으로 이어지는 과정, 주의력의 구성 요소인 생생함과 뚜렷함의 성질, 그리고 인물과 장면에 대한 관객의 반응에 영향을 주는 친밀한 또는 낯선 감정도 포함될 것이다. 결론적으로 영화 관람이라는 경험은 공명판으로서의 신체 반응을 수반하는 하나의 과정이나 정신적 흐름으로 볼 수 있다는 것이다. 이 흐름은 두 겹으로 되어 있다. 즉, 눈과 귀에서 뇌와 마음으로 시청각적 데이터가 흘러가는 동시에, 내러티브 속 사건들은 이야기 세상 속에서 시작에서 끝으로 흘러간다.

중요한 심미적 · 정서적 기능들은 이 흐름이 부자연스럽거나 막히게 되는 과정과 연관이 있다. 예를 들어, 멜로드라마나 비극에서처럼 등장인물의 행동이 방해받을 수 있다. 그러나 실체를 가진 '구체적' 현상으로 경험된 이미지들이 허구의 맥락 속에서 정신적 또는 시적인 것으로 경험되면 다른 종류의 차단이 일어난다. 이는 비내러티브적인 몽타주의 연속을 통해서도, 이미지의 현실 조건 재규정을 통해서도 일어날 수 있다. 이 장은 그러한 과정을 스티븐 스필버그의 〈레이더스Raiders of the Lost Ark〉(1981)와 〈이티E.T.: The Extra-Terrestrial〉(1982)의 예를 통해 설명하려 한다. 이 두 주류 영화는 주요 내러티브 원형을 잘 보여 준다.

두드러짐, 생생함, 흥분, 정서, 각성

Salience, Vividness, Excitation, Emotion, and Arousal

영화가 관객에 미치는 효과는 서로 다르지만 동시에 연관성이 있는 두 개의 측면으로 나누어 볼 수 있다. 하나는 양적 측면으로서, '소'나 '녹색 잔디'처럼 특정한 경험적 형태에 연결된 지각적·인지적 감각질qualia. 심적 표상과 정신 활동의 활성화다. 다른 하나는 정서적-동기적 측면으로서, 주어진 감각이 마음을 활성화하는 도구이자 영화 장면이 촉발한 정서적 강도다.

우리는 영화의 한 요소가 표상하는 것과 그것으로 촉발된 정서와 감정 사이의 융합을 종종 경험하기도 한다. 이러한 정서적 활성화는 몇 가지 특별한 특징을 갖고 있다. 가령 다음 장면들로 자극이 '넘치는' 현상은 내용과는 상관없이 일어날 때가 있는데, 이것은 촉발 원인보다 흥분이 더 오래 지속되도록 하는 자극의 관성 때문에 일어난다. 이러한 양적-동기적 융합은 신체와 신경 체계의 활성화와 연결되어 있으며, 내러티브에서 주인공의 관심사를 결정하는 전체적 도식schema 속의 다양한 지각과 인지적 활동이 통합되면서 형성된다.

'양적quantitative' 활성화는 단순한 수준에서 복잡한 수준까지 걸쳐 있다.

〈레이더스〉의 첫 장면에서 새가 날개를 퍼덕거리는 장면은 지엽적인 활성화라고 할 수 있다. 사운드는 다소 전체적인 관계극적인 장면을 위해 분위기를 깔아 주는에 통합되지만, 그것 또한 그 자체로서 주의를 끄는 대상이다. 지엽적 활성화는 상황에 근거한다. 인디애나 존스해리슨 포드와 매리언카렌 알렌이 카이로에 도착할 때, 첫 숏은 일종의 '관광객 관점', 즉 도시의 전경을 보여 준다. 우리는 아이들이 조그마한 원숭이를 보며 웃는 것을 본다. 원숭이는 테이블보에 적포도주를 엎지르고는 매리언의 어깨로 뛰어오른다. 그녀는 숨기려고 애쓰지만 놀라고 당황해한다. 정서적 활성인자들—어린아이들의 웃음과 흘린 적포도주에 대한 매리언의 걱정 그리고 원숭이로 인한 불쾌—은 개별적인 정서적 활성체를 한곳에 모으면서 각성을 일으킨다. 이 지점에서 이 상황은 전체 내러티브의 주제와 아무 관련이 없다. 하지만 원숭이와 연결된 부정적 연상은 나중에 중요해진다. 이 에피소드에서 촉발된 각성은 다음 시퀀스로 넘치게 될 것이며, 동시에 관객의 마음속에서 원숭이는 감성으로 채워지게 된다. 이 감성은 나중에 그 원숭이가 다시 나타날 때 재활성화된다.

일련의 활성화 과정이 전체적인 맥락에서 막바지에 이르면 더 큰 구조의 복합적 내러티브와의 관계에서 중요한 현상들이 나타난다. 〈레이더스〉 중 타니스 에피소드에서 독일군과 벨로크 박사폴 프리먼가 존스로부터 성궤를 빼앗을 때, 이 행위의 정서적 중요성은 전체 내러티브와 연관되어 있다. 복합 내러티브의 핵심은 성궤를 지키려는 인디애나 존스의 개인적 소신이다. 그러나 관객들이 '거대한' 역사적 내러티브나치즘, 제2차 세계대전, 원자폭탄의 발명와 유대인 성경의 내러티브에 친숙하다면, 그 정서적 효과는 더욱 증대될 것이다. 이러한 주제들이 갖고 있는 정서적 감동이 활성화되면서 내러티브를 뒷받침해 주는 것이다. 그러한 감동은 때때로 '부분적으로 활성화' 된다. 감동의 부분적 활성화는 무의식적이거나 의식적 관심사의 변방에 위치한다.

지엽적인 것부터 전체적인 활성화에 이르는 위계 구조에 대한 몇 가지 용어는 분석에 유용할 것이다. 생생함vividness이란 단일 지각의 힘이고, 반면에 두드러짐salience이란 어떤 맥락에서 나타나는 그 지각의 효과다.[3] 종종 생생함이 두드러진 효과가 될 수도 있다. 홍분excitations은 인간의 주요한 관심, 즉 상처나 키스, 엎질러진 와인 등의 단독 장면과 연관된 지엽적 활성화다. 정서는 이티가 죽는 것처럼 보일 때 엘리엇헨리 토머스이 보인 슬픔과 같이 전반적인 내러티브 맥락과 관계된 활성화다. 전체적인 내러티브 틀은 생생하고 두드러지고 홍분시키는 현상들을 통합해서 인간적인 관심으로 이루어진 하나의 구조물로 만든다.

정신적 또는 내러티브적 흐름의 감성적 효과는 자율신경계와 망상활성계에 의해 지지되고 강화된다. 자율신경계라는 이름은 그것이 '자율적', 즉 통제가 불가능함에서 유래했다. 자율신경계는 동공과 눈물, 침 흘림, 심장 박동, 위, 방광, 혈관의 수축과 확장, 아드레날린 분비 등을 관장한다. 자율신경계의 교감부는 환경에 대한 적응가령 사냥 또는 다른 유의 대상 통제을 도와주는 데 반해, 부교감신경계는 전형적으로 먹기, 소화하기, 긴장 이완 또는 성적 접촉과 같은 행위들을 돕는다.[4] 뇌간 안에 자리하고 있는 망상활성계RAS의 신경세포가 활성화되면 뇌의 각성 수준이 높아져 집중력 증가,[5] 정서의 증폭을 일으킨다.[6]

영화 관객의 직접적인 통제가 미치지 못하는 자율신경계 반응은 영화의 주제와 상황에 대한 의식적 경험과 밀접하게 관계한다. 그러나 자율신경계 반응이 일어나는 데는 시간이 오래 걸리는데, 영화 장면의 시각적 지각에 비해 느리고 불특정적이며, 반응이 사라지는 데도 오랜 시간이 걸린다. 특정한 장면, 가령 존스와 매리언의 네팔 장면이 어떤 각성을 일으키면, 이 각성 수준은 주인공들이 카이로에 도착할 때에도 관객들 속에 여전히 존재하며, 카이로라는 새로운 낭만적인 배경의 맥락 속에서 재해석되고 재정의될 것이다.[7] 종종 웃기는 반응이나 이중 초점과 같은 거리두기 장치들도 각성의 재정의 과정에 활용된다. 〈레이더스〉에서 위기 상황—독일군에 의해 포위된—과 연결된 홍분감은 로맨스존스가 매리언을 밧줄에서 풀어 준다에 의해서 증폭되고, 그녀가 다시 묶이게 되었을 때 약간의 거리두기를 통한 유머라는 각성으로 계속 증폭이 일어난다.

각성의 심미적 복합체는 생생함과 두드러짐에서부터 홍분을 거쳐 전체 내러티브 구조의 창조에 이르기까지 각기 다른 활성화 작용의 조합이다. 예를 들어, 스필버그의 몇몇 영화에서는 음식을 엎지르거나 인형이 망가지는 것과 같은 일상적인 행동이나 사건들이 카메라 기법에 의해서 생생해지고 두드러짐으로써 각성의 홍분을 부추긴다. 그러면 정서적 흐름은 정서적 패턴을 촉발하는 전체 내러티브에 통합된다. 〈이티〉나 다른 스필버그 영화에서 묘사되고 있는 갈등적 유대관계가 이를 잘 보여 준다. 또 다른 예를 들자면, 〈인디아나 존스〉 시리즈에서 홍분은 주인공이 뱀이나 거미 등 '꿈틀거리며 기어 다니는' 것을 접촉함으로써 생기는 불쾌감이라는 강력한 감정을 활성화하는 것과 연관되어 있다. 이러한 전율은 보물 사냥 장면에 의해 촉발된 긴장감반응에 더욱 기름을 붓는다. 각성의 복합체는 〈미지와의 조우 Close Encounters of the Third Kind〉(1977)의 마지막 장면에서 순수한 형태로 발견될 수 있다. 이 장면에서 외계인들은 데블스 타워와이오밍 주에 있는 용암이 침식되어 생긴 암석 봉우리-역자 주에 있는 기지 근처에서 지구인들에게 모습을 드러내는 데, 여기에서 생생하고 두드러진 장면들과 음악, 그리고 일련의 반응을 보여 주는 숏들이 접촉, 화답, 존재의 인식이라는 내러티브의 주제에 통합되고 있다.

생기, 의도와 감정의 요소와 영화의 감성적 에너지

Bio-forces, Intentional and Feeling Agents, and the Affective Energy of Film

내러티브 영화의 핵심 활성화 기제는 캐릭터, 즉 뚜렷한 특징을 가진 살아 있는 존재의 재현이다. 그 가장 기본적인 형태로서 우리는 캐릭터를 물리적 힘에 비유해서 묘사할 수 있을 것이다. 캐릭터는 내재적인 심리적 기제에 의거해서 관객들이 생명체로서 경험하게 되는 에너지 장energy field의 근원이다. 언어학자인 조지 라코프George Lakoff는 성적 상호작용을 묘사하는 데 사용된 많은 은유가 가령 인력과 반발력 등 물리적 힘의 영역에서 차용되고 있음을 보여 준 바 있다.[8] 만화의 기법이 이를 분명하게 보여 준다. 만화는 캐릭터의 인력 또는 매력 그리고 반발력 또는 거부감을 나타내는 방법으로, 물리력이 표현된 선과 도형, 모양을 사용한다. 심리학자인 미쇼트A. Michotte는 일련의 실험을 통해서 사람들이 움직임, 의도, 인과관계를 항상 염두에 두는 경향이 있으며, 심지어 추상적인 점과 네모의 움직임까지도 의인화해 생각한다는 것을 밝힌 바 있다. 이것은 우리가 종종 어떤 현상을 생물체의 도식 안에 포함시켜 조직하고 이해한다는 것을 말해 준다.[9] 어떤 컴퓨터 게임들은 치즈가 점을 먹을 수 있게 하거나, 게이머들에게 '죽이다' '고통을 느끼다' '살다' '죽다'와 같은 인간화된 특징을 호소하거나 부추긴다. 이러한 현상은 '의미 있음'의 활성화가 작은 '물활론적' 도식으로부터 시작됨을 보여 준다. 즉, '의도'와 '지각 능력', '기쁨과 고통을 느끼는 능력', '먹고', '배설하고', '교미하고', '돌보고', '소유하는' 힘, 그리고 무엇보다도 중요한 상태인 '살아있는' 또는 '죽은' 상태가 그것이다. 이러한 것은 고등 생물의 기본 특징이며, 종종 물리적 세계에서 벌어지는 현상들에 적용된다. 만화는 이런 특징의 일부를 심지어 추상적인 형식으로 사용함으로써 살아 움직이는 느낌을 활성화할 수 있다.

이러한 의인화 경향은 캐릭터에 대한 우리의 정서 반응에까지 확장된다. 심리학자인 에드워드 홀Edward Hall은 인간과 동물이 문화적으로 어느 정도까지 한정이 되긴 하지만, 공간에 대한 특정한 선천적 욕구를 갖게 되는 방식을 설명한 바 있다.[10] 지나친 밀착은 각성을 촉발한다. 이는 타인의 육체적 현존에 대한 후각적 단서들과 체온을 전달하기도 하며, 경우에 따라서는 촉각적인 경험으로 이끌기도 한다. 밀착에 대한 시청각적 단서들이 연상 작용에 의해서 체온과 촉각, 후각적 단서들에 연결되면, 이러한 연상은 단지 시각적 단서들에 의해서만 활성화될 수도 있다.[11] 시각적 밀착의 특별한 점은 관객이 비언어적 소통을 인식한다는 것이다. 미소나 화난 표정 또는 행복하거나 화난 목소리는 관객에게 직접적인 영향을 준다.[12] 시선의 방향을 이용한 시각적 주목은 강력한 활력화 수단이다.[13] 보다 더 복잡한 종류의 메커니즘은 캐릭터와의 '동일시'와 '공감'이다.[14] 공감과 동일시는 인간의 유대와 돌봄에 있어서 핵심적인 것으로, 아마도 선천적 성향에 가까울 것이다.[15]

영화에서의 내러티브 패턴이란 허구 속 허구적 행위와 변화하는 양상이 관객으로 하여금 캐릭터에 이입되어 유도된 각성 상태를 변화시키게 하는 메커니즘인 것이다. 아래에서 나는 캐릭터 또는 생기에 의해 정서가 촉발되며, 내러티브가 흘러가는 동안 캐릭터 지각의 변화는 우리의 정신 기능에 근거함을 보여 주겠다.

지각에서 시뮬레이션까지에 이르는 사고의 흐름

The Mental Flow from Perception to Simulated Enaction

관객이 영화를 볼 때는 정신적 흐름이 촉발된다. 이 흐름은 영화의 정서적 효과를 이해하기 위한 기본 틀이다. 이 과정은 대략 다음과 같은 방식으로 일어난다. 먼저, 한 프레임/숏이 눈과 귀를 활성화한다. 이 지각 단서는 뇌의 뒷부분으로 전달되어, 여과와 종합을 통해 대상에 대한 3차원 형상이 만들어진다.[16] 그 뒤엔 일련의 정신적 과정가령 본 것을 기억된 정보와 맞춰 보기을 통해서 보고 들은 것을 정신적으로 재현한다. 그다음 주의에 의해 부분적으로 결정되는 감성적 반응과 기억과 연상이 활성화된다. 그렇게 되면 영화가 수용되는 과정에서는 시뮬레이션에 대한 표상이 활성화되고, 이는 아마도 운동 기능과 연결된 전두엽, 전전두엽 영역의 활성화와 근육의 긴장으로 이어질 것이다.[17] 가령 인디애나 존스가 수상비행기에 올라타자, 그와 관객은 뱀 한 마리를 보게 된다. 이는 뱀에게 물리는 것 같은 연상과 그러한 가능한 시나리오에 대한 감성적 반응을 활성화한다. 그다음으로 그것은 회피 반응, 즉 가능한 시뮬레이션에 대한 심상이나 구체적인 행동을 활성화한다.

이 흐름의 방향은 생태학적으로 설명된다. 즉, 우리의 뇌와 몸은 생존의 도구로 진화되어 왔기 때문에, 우리가 생존이나 인간적 유대, 권력이나 성과 관련된 것을 본다면 정서와 가능한 행동이 서로 얽혀 있는 구조 안에서 영화는 종종 더 강한 정서적 효과를 갖게 될 것이다. 전형적으로 내러티브는 정서적 반응을 통해서 표현되는 선호 경향을 통해 지각과 행동을 연결시키는 하나 혹은 일련의 에피소드로 구성되어 있다. 인디애나 존스가 거대한 돌이 자신을 향해 굴러오는 것을 보자, 그는 고통스러운 충돌을 피하기 위해서 달아나려고 한다. 그의 반응과 관객의 반응은 활성화된 정서의 합리적 귀결이며 진화사의 흔적에서 기인하는 것이지, 일부 정신분석 기호학자가 주장하는 것처럼 '가부장적'이거나 '오이디푸스적'인 것에서 오는 것이 아니다.

지각으로부터 인지와 정서적 과정을 거쳐 시뮬레이션화된 가상의 행동에 이르는 이러한 흐름을 나는 '하향적 흐름downstream'이라고 부르는데, 이것은 기존 체제에 의해 형성되는 전형적인 사고의 흐름을 일컫는다. 이 하향적 흐름은 상향적 흐름의 과정을 돕기도 할 것이다. 말 그대로 하향적 흐름은 감각에서 시작해 뇌의 뒷부분으로 가서 연합 영역을 활성화한다. 이는 다시 운동 중추를 향해 흘러가고, 그다음으로 밖으로 향한, 근육을 움직이는 신경들로 흘러 '내린다'.

반대로 관람과정은 또한 우리가 어떤 것을 '찾거나' 어떤 것이 일어나기를 기대할 때처럼 중추에 의해 유도될 수 있다. 그러면 우리의 마음은 우리의 시각적 지각과 신체의 움직임을 '통제'할 것이고, 우리의 기대는 우리가 보고 듣는 것의 처리과정을 하향식의 메커니즘에 의해 조정할 것이다. 어떤 기대라도 중요한 역할을 수행한다. 장르적 단서로 형성된 기대가 내러티브적 상황에 대한 우리의 반응에 매우 중요하게 작용하듯, 내러티브 내에서 설정된 목표들은 미래 사건에 대한 우리의 기대에 단서를 준다. 이는 〈레이더스〉의 그 유명한 장면에서 잘 드러난다. 인디애나 존스와 아랍인의 칼싸움이 예상되는 상황에서, 영화는 인디애나가 고전적인 무사의 방법이 아니라 더 현대적인 무기인 권총으로 상대방을 쏴 버림으로써 우리를 놀라게 한다. 그럼에도 불구하고 우리의 내러티브에 대한 기대, 그리고 특정한 내러티브상의 결과에 대한 우리의 욕망은 항상 내러티브에 의해 유도되면서, 행동화캐릭터의 행동이든 관객에 의해 상상된 가상의 행동이든로 나아가는 지각적 입력으로 시작된 부단한 '하향적 흐름' 위에서 말하자면 파도타기를 하는 것이다. 지각에 의해 하향 흐름을 유도하는 영화 관람 상황은 이러한 실세계 상황의 정신적 하향 흐름을 증폭한다. 우리가 지각적 단서를 찾아내야만 하는 실세계 상황과는 달리, 영화는—어느 정도까지—우리를 위해 지각적 입력을 선별해서 장면의 어떤 측면을 두드러지게 만드는 내러티브상의 행동 흐름에 맞추어 우리가 집중해야 할 대상을 알려 준다.

이 흐름은 가장 단순하게는 인디애나가 거대한 돌을 보고 달리기 시작할 때처럼 자극-반응의 패턴으로 발생한다. 그러나 이 흐름은 하나의 제일 중요한 목표가 일련의 행동 전체를 지배하고 있을 때 더 복잡해진다. 〈레이더스〉에서 인디애나는 독일군으로부터 성궤를 지키려고 애쓴다. 이 목표는 많은 다양한 행동, 즉 티베트, 이집트, 그리스로 가는 것을 통제하는 자극으로 기능한다. 주인공이 하나의 목표를 추구할 때, 우리는 내러티브를 자극과 흡사한 일련의 사건으로서 경험하는 것이 아니라 의도에 의해서 조정되는 목적 지향적인 것으로 경험한다. 내러티브는 일종의 '밀고 당기는push-pull' 기계가 된다. 존스가 뱀을 피하려 하거나 눈꺼풀에 사랑한다는 말을 적어 넣고 그를 바라보는 여대생으로부터 구애를 받았을 때처럼 즉각적인 상황들은 원인이 되는 미는 지각push-percept으로 기능한다. 보다 먼 캐릭터의 목표들은 주인공에게 끄는 지각pull-percept으로서 도움을 준다.

내러티브가 목표를 활성화하면, 그것은 인간이 복잡한 임무를 수행하기 위해 사용하는 아주 강력한 정신적 동기화 메커니즘을 가동시킨다이 메커니즘은 공간적으로 뇌의 전면부에 존재한다. 누군가가 박사가 되거나, 인도로 여행을 가거나, 사냥 여행을 가거나, 도자기를 굽기로 결정을 한다면, 이 목표는 여러 가지 하위 목표를 조종하게 되고, 심지어 일어나지 않은 사건들에 대한 대처방식까지 조종한다. 목표 지향적인 행동들의 이러한 위계는 한 물건을 향해 손을 뻗는 것과 같은 개인적인 행동들에서부터 중요한 목표를 향한 여행처럼 거시적 내러티브까지 확대된다.

하향적 흐름의 경험은 목표 지향적telic, 쾌락 지향적paratelic, 자율적autonomic이란 세 가지 방식을 통해 형성된다.[18] 먼저 목표 지향적 방식은 성궤를 싣고 있는 트럭을 추격해 차지하는 존스에게 우리가 감정이입이 될 때처럼 자발적이고 목표 지향적인 행동과 사고를 경험할 때 발생한다. 우리의 관심, 생각, 근육은 우리 스스로 자유롭게 선택했다고 믿고 있는 목표를 향해 활성화된다. 두 번째, 쾌락 지향적 방식은 뚜렷한 목표 없이 주인공의 순간순간 경험과 관련된 경험과 행동, 생각이 일어날 때 활성화된다. 목표 지향적 행동의 목적은 종종 흥분의 경감이다. 존스는 성궤를 손에 넣는 일에 흥분해 있고 그 흥분을 성궤를 소유함으로써 경감시키기를 원한다. 반면에 쾌락 지향적 상황은 춤추는 장면이 에로틱한 욕망을 끌어내고, 사랑의 노래가 로맨틱한 감정을 배가하거나, 빠른 속도의 액션 장면처럼 흥분을 증가시킨다. 이러한 쾌락 지향적 시도들은 목표 지향적 방식의 대상 지향적 과정 대신 '원초적'인 주체가 원하는 과정 속의 반복적이고 리드미컬한 행동들을 통해서 표현된다. 〈이티〉의 첫 장면은 지각과정을 중심으로 일어나는 쾌락 지향적 상황의 좋은 예를 보여 준다. 아무런 목표 지향적 틀도 갖고 있

독사가 우글거리는 구덩이에 빠진 인디애나 존스(해리슨 포드)와 매리언(카렌 알랜). 스티븐 스필버그의 〈레이더스〉(1981) 중에서.

지 않은 상황에서 우리는 어떤 현상들을 지각하게 된다. 1960년대 예술영화들은 종종 외적인 목표보다는 내적인 쾌락 지향적 힘에 의해서 추동되어 아무런 목적도 없이 방황하는 주인공들을 그리고 있다.

'하향적 흐름' 식의 관객 경험의 세 번째 방식인 자율적 방식은 캐릭터가 역사, 자연, 숙명과 같은 외부적 힘에 의해 희생자가 되고, 결과를 어찌할 수 없을 때 활성화된다. 그러한 상황에서 관객과 캐릭터는 함께 눈물을 흘리거나, 떨거나, 웃음을 터뜨린다. 주어진 상황이 목표 지향적인자발적인 행동이나, 쾌락 지향적인 행동이나, 자발적이지는 않지만 자율적인 반응의 수용을 유발하는지는 관객의 느낌의 문제다. 관객 경험에 수반되는 변화무쌍한 방식들은 각성 현상이 내러티브상에서 조직화되는 과정의 한 측면이다. 그러한 변화를 촉발하는 장면의 한 예가 바로 〈레이더스〉에서 존스가 먼저 뱀 소굴에서 무시무시한 절망을 경험하지만 나중에 목표 지향적인 환경 적응과 목표 지향적인 행동으로 변화하는 대목이다.

영화가 어떤 일상적 경험의 흐름을 묘사하는 이미지를 보여 주자마자 바로 그 흐름을 차단할 때, 우리는 거슬러 올라가는, 즉 '상향적' 흐름의 느낌을 갖게 된다. 이는 형식과 조명의 변형을 통해 어떤 형상을 보여 주는 듯하다가 결국 명확한 형태는 보여 주지 않는 추상영화에서도 볼 수 있다노먼 맥러런의 추상영화에서처럼. 프레임, 초점, 편집, 움직임 모두 관객의 형식에 대한 지각을 일시적으로 차단하거나 흐리게 할 수 있다. 그렇게 되면 이것은 추상적인 패턴으로 지각될 것이다. 이 과정은 또한 〈옛날 옛적 서부에서Once Upon a Time in the West〉와 같은 내러티브 영화에서도 일어난다. 하모니카찰스 브론슨의 첫 번째 회상 장면들은 완전히 초점이 흐린 상태로 보인다. 이러한 흐릿한 시각 효과에서는 눈과 시각 피질의 메커니즘이 오히려 부각된다.

영화는 상징적이거나 실제적인 행동으로 이어지는 어떠한 '배출구'도 없는 아주 격렬한 이미지를 보여 주면서 하향적 흐름을 더 밑에서 차단할 수도 있다. 그렇게 유도된 활성화는 1차적 시각 분석과 연상적 사고로 구성되나, 시뮬레이션 예측은 포함되지 않는다. 〈이티〉의 첫 장면이 그러한 차단을 잘 보여 준다. 영화는 소나무, 우주선, 토끼처럼 보이는 형상을 보여 준다. 이미지는 선명한 윤곽선이 있다. 그 생생함과 두드러짐은 1차 시각 메커니즘을 가동시키며, 동시에 '의미'에 대한 단서로 연결성과 범주화를 활용한 일종의 연상망을 활성화한다가령 소나무와 토끼는 평온한 자연을 상징한다든지. 밤의 분위기는 밤이라는 공간에 대한 축소된 인간 경험으로 인해 '서정적'인 느낌을 불러일으킨다. 나중에 우리에게 더 많은 내러티브 정보가 주어지게 되면 이 차단은 제거되고 서정적 분위기는 자율적 역행이 일어나는 긴장 상태로 변화한다.

정지 화면에서처럼 하향적 흐름의 더 아래쪽에서 차단이 일어날 수도 있는데, 이때는 '서정적-연상적' 단계로의 전환이 일어난다. 정지 화면일 때 행동의 완결로 향한 움직임은 중단되고, 이미지는 시간적인 고정 기능이 제거된 채 비시간적이고 연상적인 구조의 일부가 된다. 뮤직 비디오나 다양한 몽타주 시퀀스도 비내러티브적 연상 구조들을 불러일으킨다. 연상 구조들은 흐름의 차단이 일어나지 않아도 활성화될 수 있고, 이 연상이 초점화된 행동으로 이어지는지 혹은 시간적으로 활성화된 흐름에서 벗어나는지에 따라 정서적 경험은 달라진다.

내러티브가 차단되지 않을 때, 사고의 전형적인 흐름은 내러티브 속 문제를 해결하고 마침내는 내러티브의 종결로 나아간다. 내러티브의 종결은 일종의 이데올로기적 장치라 주장되어 왔다. 그러나 내러티브의 종결이 인간의 선천적 특징, 즉 세상을 완결될 수 있는 행동들로 구조화하는 능력과 결부되어 있다는 견해 또한 함께 고려해야 한다.

이러한 흐름의 심미적 편성은 질적으로 서로 다른 특징으로 경험된다.

즉, 한 영화가 어떤 인간적 또는 내러티브상의 관심과는 무관하게 생생하거나 두드러진 지각을 야기한다면, 우리는 강렬함intense이라고 부를 수 있는 특정 유형을 경험하게 된다. 〈이티〉의 첫 시퀀스는 그 예가 될 수 있다. 〈레이더스〉에서 뱀의 등장이나 원숭이가 포도주를 쏟는 것처럼, 한 영화가 두드러진 장면들과 음향을 통해서 강력한 연상을 활성화한다면, 이는 포화된saturated 특징이라고 볼 수 있다. 한편, 인디애나 존스가 굴러오는 바위를 피하려고 할 때 근육이 긴장되는 것처럼 행동에 대한 준비를 유발한다면, 그 특징은 긴장tense이라고 부를 수 있을 것이다. 〈레이더스〉나 〈미지와의 조우〉의 종교적이거나 우주적인 힘에 직면하는 숭고한 장면에서 눈물이나 웃음, 전율과 같은 자율적인 분출이 야기된다면, 그 특징은 감정을 자극하는 것emotive이라 할 수 있을 것이다.

대부분의 관객은 많은 예술영화처럼 장시간 동안 내러티브의 '하향적 흐름'을 차단하는 장면을 보는 것을 괴로워하거나 지루해한다. 그런 관객들은 〈이티〉와 같은 드라마나 멜로드라마 또는 공포영화나 코미디에서처럼 지각과 기억 활성화가 긴장된 행동이나 강력한 자율적 분출로 이어질 때만 즐겁게 생각한다. 〈옛날 옛적 서부에서〉(1969)의 첫 시퀀스는 그 경계에 있다. 이 영화는 생생하고 두드러진 장면들과 소리들을 강조하고 있고, 실제로 분출이 활성화되지는 않으면서 포화된 기억을 활성화한다. 각성의 조성이 보다 큰 내러티브 틀을 제시하거나 분출을 활성화할 가능성을 제공하지 않은 채로 실제보다도 더 오랫동안 지속될 경우, 대부분의 관객은 그 영화가 '지루'하거나 '밋밋'하다고 느낀다. 그러나 어떤 관객들은 주류 영화의 전형적인 내러티브 도식이 너무 뻔하고 반복적이라고 생각하며 강렬한 지각과 포화된 연상 활동을 부추기는 예술영화를 더 선호한다. 그러한 관객들은 영화

관람에 대한 전문적인 식견을 갖고 있거나 즐겁고 적극적인 반응으로 여겨질 수 있는 연상의 활성화를 도와주는 일반적인 문화 상식을 갖고 있기가 쉽다.

흐름과 차단을 조절하는 한 가지 방법은 몽타주나 다른 서정적인 차단을 음악적 리듬과 멜로디를 통한 '활성적' 운동 에너지와 결합시켜 사용하는 것이다. 허구적 영화든 뮤직 비디오든 그 장면에 동시에 쓰인 배경 음악이 막히지 않는 흐름의 느낌을 돕는다면, '주류 영화 관객'도 종종 내러티브 흐름의 서정적 차단을 받아들이게 된다.

정서, 영화의 규범적 내러티브, 생태적 관습

Emotions, Canonical Film Narratives, and Ecological Conventions

무엇이 내러티브를 구성하는가에 대한 여러 가지 상이한 설명이 존재한다.[19] 광의의 의미에서 시청각적 내러티브는 시공간의 연속을 촬영한 영화로, 보통 살아 움직이는 존재가 등장하며 시각적, 청각적 사건들이 그 살아 있는 존재의 관심사와 연결된 것을 말한다. 이런 관점을 통해 비내러티브적 설명과 융통성 있는 경계를 둘 수 있고, 살아 있는 존재와 그의 관심이 관객의 활성화에 필수적인 유도체로 필요하다고 상정한다.

우리는 허구 영화나 다큐멘터리 또는 뉴스 보도의 장면들을 그것이 지니고 있는 '초점 없는' 볼거리 때문에 볼 수 있다. 초기 영화는 때때로 이러한 '놀라게 만드는' 볼거리에 바탕을 두었고, 세르게이 에이젠슈테인은 영화를 어트랙션 몽타주[20] 어트랙션이란 특정한 효과를 내기 위해 임의로 선택된 것의 독립적인 효력을 말함. 넓게는 하나의 에피소드나 하나의 장면이 될 수 있고 좁게는 독백, 노래, 춤이 다 어트랙션의 구성단위가 될 수 있다. 어트랙션 몽타주란 이런 어트랙션을 자유롭게 조립하는 것을 지칭한다-역자 주로 보았다. 가령 〈레이더스〉의 카이로 에피소드 중 몇몇 측면은 '초점 없는' 볼거리다. 활성화가 지각되긴 하지만가령 그림같이 아름답다 그 광경 이상의 다른 행동을 지시하거나, 원숭이가 포도주를 엎지르는 경우처럼 포화된 감성의 경험이 일어나진 않는다. 다른 종류의 볼거리는 쾌락 지향적 각성을 유발하고, 이 각성 상태는 좀 더 초점이 명확한 내러티브 시퀀스에 의해 결국 '명명된다'.

그러나 강렬한 정서의 활성화는 좀 더 특별한 의미의 내러티브를 요구한다. 주요 내러티브 원형 또는 규범적 내러티브는 하나 이상의 핵심적인 것, 즉 일련의 정서를 불러일으키는 조건, 그리고 조건을 조합하고 향후 선호하는 정서 상태를 불러일으킬 일련의 행위로 구성된다. 이러한 특징들은 정서의 역할과 기능으로부터 도출된 것이다. 정서는 몸-마음의 동기 유발적인 활성화 작용으로, 시뮬레이션화된 행동이나 시뮬레이션화된 다른 인물의 행동과 연결된다. 심리학자인 니코 프리다Nico Frijda는 정서를 "관계적 행동의 준비 상태로, 환경과의 관계를 형성, 유지, 중지하려는 형태로 나타나거나 관계를 맺을 준비 상태 자체로 나타나는 것"[21]으로 보았다. 각성 상태와 특정 행동 경향성의 조합은 프리다와 다른 사람들이 정서의 핵심적인 측면으로 간주하고 있는 것이다. 각성은 많은 상이한 자극과 상황에 의해서 촉발될 수 있다. 그리고 이 각성 현상을 처리하기 위해서 필요한 행동이 무엇인지 인지적으로 평가하는 과정을 거쳐 정서로 변화한다. 인디애나 존스가 독사를 만났을 때 공격을 시도하고 또 죽일 수 있다는 자신이 있다면, 그가 느끼는 정서적 각성은 분노일 것이다. 그러나 그가 적을 퇴치하는 자신의 능력을 의심한다면 그 각성은 공포가 될 것이며, 그가 자신의 대처 시도를 포기한다면 그 각성은 좌절로 바뀔 것이다. 따라서 상황에 대한 인지과정은 느껴지는 정서의 유형을 결정하며, 또한 정서는 그다음의 인지와 행동을 동기화한다. 긴장된 정서일 경우 정서의 인지적 명명 과정에는 중심 캐릭터나 다른 캐릭터가 이끄는 방향이 필요하다. 분노나 두려움, 사랑과 같은 정서는 오직 행동 경향성으로만, 행동 조건에 대한 인지적 명명으로서만 의미가 생긴다. 명명과정은 캐릭터의 관심과 연관되어 이루어진다.

시청각적 내러티브는 관객이 행동과 욕망을 개념화하고 평가하여 내러티브를 이해하는 도식과 시나리오를 제공한다. 인디애나 존스든 관객이든, 바람직하거나 그럴듯하거나 가능한 결과에 대한 아무런 기대도 없다면 정서는 존재할 수 없다. 예술영화나 서정적인 영화에서처럼 활성화와 각성은 산만하거나 포화된 특성을 지닐 것이다. 그러한 영화들이나 영화 시퀀스들은 분명한 내러티브상의 진행이나 주인공과 관련 없는, 그리고 특정한 결과에 대한 강력한 편향성을 드러내지도 않는 이미지와 소리로 보여 준다. 따라서 생생하고 두드러진 활성화와 포화된 흥분이 내러티브상의 행동들에 의해서 변화될 수 없는 것이다. 그것들은 어떤 행동 준비 상태에 맞춰 명명될 수 없으며 오로지 포화된 형태로 느껴질 수 있을 뿐이다. 프리다는 그러한 정서적 상태를 '무드mood'라고 하였다.[22]

규범적인 내러티브—예를 들면 전형적인 동화 이야기—는 행동이 시간 흐름에 따라 일어나며, 주인공의 문제와 연결되고, 이유, 결과, 의도, 행동에 의해 형성되는 이야기다. 이 이야기의 '흐름'—한 상황을 지각적으로 알아차림에서부터 인지적 · 정서적 · 동기적 평가를 거쳐 활성화된 배출에 이르기까지—이 우리의 주요 정신 기능의 방법과 일치하기 때문에 이는 규범적인 것이다. 내러티브는 그것을 통해서 우리의 경험을 체계화하고 행동과 기대를 형성하는 도식들이다.[23] 규범적 내러티브는 지각과 정서, 선호와 행동을 연결하는 가장 경제적인 방식이다. 원인을 보기도 전에 결과를 보여 주는 등 규범적 내러티브 구조에 역행해서 사건들을 재배열한다면, 적절한 하향적 흐름의 활성화는 일어나지 않을 것이다. 이미 결정되어 수행된 결말을 지닌 내러티브에서는 강렬하고 긴장된 각성을 경험할 수 없다. 강력한 긴장감이나 긴박감을 불러일으키려면 사건들을 규범적인 미래 지향적인 방식으로 제시해야만 한다.[24] 반면, 내러티브의 목적이 프리다가 말한 무드, 즉 아무런 "단계적 구조"[25]도 없는 포화된 느낌을 유발하는 것이라면 인과적 · 시간적 애매함이 더 커야 한다.

〈레이더스〉는 주인공의 정서적 바람이 적극적으로 이루어진다는 면에서 '성공적'인 일련의 행동으로 구성되어 있다. 그러나 또 다른 영화들은 목표를 위해 의도한 행동들이 일시적 혹은 영원히 차단되도록 구성되어 있기도 하다. 〈이티〉의 훌륭한 장면 중 일부는 주인공이 아무 행동도 할 수 없고 자율적인 반응가령 울음을 분출할 때 일어난다. 여기에는 이티가 죽은 것 같았던 장면과 영화 마지막의 극적인 이별 장면이 포함된다. 〈미지와의 조우〉와 마찬가지로, 〈이티〉는 생생하고 두드러진 우주의 이미지로 가득하고 포기와 무기력함이라는 기본적인 '감상적' 감정을 제공한다. 영화에서 표현된 핵심적인 소원은 이티가 '집으로 돌아가는' 것이다. 하지만 그의 집이 멀고 신비롭기 때문에 관객과 엘리엇은 그러한 소망에 기여하는 행동을 거의 할 수가 없다. 또한 엘리엇의 아버지가 없다는 사실이 뒤에서 소년의 행동을 조절하며 그의 슬픔을 낳는다. 따라서 영화는 이러한 강렬한 각성에 대해 수동적이고 자율적인 배출을 촉발한다. 원형적이고 신화적인 의미 모두에서 이 각성은 핵심적인 인간의 관심사가족 간의 유대, 우정, 삶과 죽음와 자연적인 주제자연, 태양, 우주를 결합함으로써 만들어진다.

〈이티〉에서 주인공들은 수동적이지만 무수한 '운명'의 희생자들이기 때문에 중요한 것이다. 따라서 자율 반응을 통해서 숙명을 수동적으로 받아들이는 경험을 하고, 동시에 죽음이나 이별 그리고 자연이라는 숭고한 주제를 위해 스스로를 포기하는 것이 가능하다. 가령 공포영화와 같은 다른 장르들은 종종 상대방을 순수하게 부정적인 힘을 대변하는 것으로, 그리고 주인공은 수동적으로 방어하는 반응으로 축소한다. 그러한 내러티브는 앞을 지향하는 시간적 흐름과 그것에 집중하는 주인공들과 더불어서 어떤 의미에서 규범적인 내러티브를 닮는다. 그러나 이 경우 주인공의 역할은 희생자이고, 따라서 내러티브 사건들은 분명한 목표를 설정하지 않으며 일련의 부정적인 감성을 산만하게 불러일으킬 것이다. 사악한 힘에 대한 팽팽한 '저항'이 강력한 자율 반응과 결합되어 존재한다.

실제적인 것, 구체적인 것, 익숙한 것 그리고 뒤바뀜

The Real, the Concrete, the Familiar, and Their Reverse

앞서 논한 것처럼, 정서는 관계적 행동의 준비 상태로 이루어져 있다. 각성의 체제에 있어 또 다른 필수 요소들은 현실감 또는 비현실감이다. 영화는 우리에게 보이는 현상이 조작·통제 가능하고, 준비 행동에 내포된 긴장된 행동으로 이어짐을 확신시키기 위해 현실감을 이끌어 낸다.[26] 만일 어떤 주어진 대상이나 사건이 긴장된 행동과는 상관이 없다면 다른 종류의 감정이 활성화된다. 현실의 다른 수준가령 기억, 꿈, 환각, 거울 또는 영화 속의 영화과 연결된 감정은 그러한 현상의 특수한 상태를 나타낸다. 현실과 기억 또는 꿈 사이의 차별적 특징을 일시적으로 흐리게 함으로써 영화는 이러한 효과를 정서 체제의 한 요소로 활용할 수 있다. 기억이나 꿈, 이미지에 의해 활성화되는 감정은 행동화되지 않는다. 당연히 과거는 행동적 관계로부터 단절된 개념이지만, 심리 스릴러의 정신분석 세션이나 공상과학 영화에서 단선적이고 돌이킬 수 없는 시공간과는 다른 개념이 나타날 때는 예외다. 과거에 의해서 촉발된 강한 감정은 행동화로 이어지지 못하기 때문에 종종 일종의 '감상적' 인 자율적 배출을 필요로 한다. 〈옛날 옛적 서부에서〉에서 어린 시절의 트라우마에 대한 하모니카의 복수처럼 과거의 이미지들이 영화적 현재에서 행동으로 이어지더라도, 감정의 원인이 갖고 있는 특수한 현실적 수준은 (미래의) 긴장된 복수 행동과 더불어 이 영화의 경우 멜로드라마적인 이미지와 음악의 도움을 받아서 자율 반응을 내포하고 있다. 〈미지와의 조우〉와 같은 영화들은 감정의 '편성' 이 현실의 서로 다른 수준 간의 변화에 근거하고 있다는 사실을 잘 보여 준다.

현실감의 부분집합은 구체적인 것과 추상적인 것, 상징과 유형, 개인과 종족 간 관계에 뿌리를 둔다. 우리는 단지 개인으로서 행동할 수 있을 뿐이다. 반면, 하나의 종족으로서 우리는 행동적인 정체성을 포기하고, 아마 집단 정체성의 일원으로서 각성의 자율적 배출을 허용해야만 한다. 〈이티〉나 〈미지와의 조우〉에서 사람들은 인간이란 종족의 차원에서 외계인을 만난다. 따라서 관객은 울음과 전율 등과 같은 자율적 반응으로 내러티브 사건에 반응하게 된다. 때때로 영화는 개개 캐릭터들로 하여금 역할이나 집단의 대표로서, 가령 '어머니'나 '아들', '남자'나 '여자', '미국인' 또는 '영웅'

으로 행동하게 함으로써 '감상적' 감정을 활성화할 것이다. 멜로드라마는 종종 캐릭터들을 실제보다 더 과장되게 그린다. 우리는 개별적인 자발 행동에 대한 기대를 포기해야 심리적으로 그들과 동일시할 수 있게 된다.

다큐멘터리 영화의 요소들은 비슷하게 추상적인 방식으로 경험될 수 있다. '실제' 요소들이 정보를 배포하는 특별한 과정이나 행동들에 연계되어 있다면 그것은 실제로서 경험될 것이다. 그러나 다큐멘터리적 재현은 장면과 대상, 사람들이 행동이나 정보 제공과정과의 연계없이 제시될 경우 서정적인 감정을 일깨운다. 이러한 경우 재현이 '추상적' 관심 대상이 되기 때문이다. 장 뤽 고다르와 다른 누벨 바그1950년대 프랑스에서 일어난 영화 혁신 운동-역자주 감독들은 '실제' 다큐멘터리 장면들을 추상적이고 무시간적이며 서정적인 분위기로 변화시키는 데 매우 탁월했다. 재현된 대상들과 영화 장면들은 유형과 범례로 변형되며, 구체적 현실감을 잃게 된다.

같은 효과로, 지각과정 또한 '구체적'인 것에서 추상적이고 신화적인 것으로 바뀔 수 있다.[27] 〈이티〉의 첫 번째 시퀀스에서처럼 두드러진 대칭과 화면 구성은 행동으로부터 고립된 지각과정을 활성화한다. 정지 화면freeze-frames이나 슬로 모션, 흐릿한 초점과 같은 기법들은 종종 행동화될 필요 없는 심리적 상태의 변화를 나타낸다. 긴장되고 구체적인 수준에서 추상적이고 자율적인 상태로의 이러한 변화는 종종 내러티브의 결말을 맺는 데 사용된다. 그래서 주인공과 상황이 '현실'에서 상징이나 표상으로 바뀌는 것이다. 구체적인 것에서 추상적이고 상징적인 것으로의 전이는 또한 내러티브적 수단들, 가령 자연 현상에서 도출된 시각적 은유의 활용에 의해서도 이루어진다. '파도', '바람', '구름', '불', '안개'가 그 예다. 이 모두는 사랑이나 열정, 증오나 공포와 같은 인간의 정서를 이끌어 내는 데 사용되었다.[28]

〈이티〉(1982)의 작은 외계인

〈이티〉의 앞부분에서 등장하는 안개가 예가 될 것이다. 구체적인 행동의 기회가 심리적 현상을 위한 수단으로 변형되면 자율 반응이 촉발된다. 〈이티〉에서는 아이들이 자전거를 타고 하늘을 날며 석양을 지나가는 모습이 실루엣으로 보인다. 이 장면에서 태양의 추상화를 통해서태양의 엄청난 크기와 등장인물의 배경이 되는 일상적이지 않은 역할을 통해서, 그리고 아이들의 실루엣을 통해서 이미지들은 부분적으로 '심리적인 것'으로 지각되며, 따라서 행동을 통한 배출 수준을 넘어선다. 영화의 마지막에서 이티의 실루엣이 태양 모양의 불빛을 배경으로 등장할 때 이 태양의 주제가 되풀이됨으로써 그 추상적인 심리적 관점이 강조된다.

구체적 시간이 추상적으로 바뀌는 것도 비슷한 효과를 주는데, 예를 들어 〈미지와의 조우〉의 결말에서 행방불명된 조종사와 선원들이 복귀했을 때, 그들의 나이를 알 수 없다. 그러한 변형은 구체적인 행동화를 차단하고 자율 반응을 촉발한다. 공상과학 영화는 시간적 왜곡에 있어서 자유로우며, 종종 숭고한 느낌을 풍긴다. 이러한 왜곡은 자율적 반응을 기저에 깔고 긴장된 감정을 '고양'시키는 것을 목적으로 한다. 시간적 왜곡은 공간의 확장과 자주 연관된다. 행동화의 차단은 예를 들어 산을 보여 주는 장면의 지각적 경험과 결합될 수 있다. 공상과학 영화에서 우리는 종종 무지막지하게 거대한 우주선을 '수동적'인 앙각피사체를 아래에서 올려다 보며 촬영하는 기법-역자 주. 인간 존재를 보잘것없게 만드는으로 보는 동시에, 끝없는 우주 공간의 무한성으로 인해 내러티브적 행동의 차단과 지각적 흥분이 유사한 방식으로 결합된다.

우리는 공간과 대상의 모호하지 않은 인지적 재현을 행동과 방향성의 전제조건으로 삼기 위한 지각적-인지적 '추동'을 가지고 영화를 본다. 이러한 추동은 영화적 '현실' 구조와 관련된 또 다른 감정을 이끌어 낸다. 때때로 지각-인지적 퍼즐에 의한 각성은 다른 정서와 고립되어 활용되지만,[29] 종종 지각-인지적 애매함은 전체적 내러티브의 주제에 대한 반응을 고양시키기 위해서 사용된다. 가령 로맨스나 미스터리 영화에서 안개나 비, 희미한 불빛은 우리가 분명하게 볼 수 없다는 의미에서 지각을 어렵게 하고 정서적 반응을 증대시키기 위해서 사용된다. 애매하지 않은 재현에는 엄청난 생존 프리미엄이 연관되어 있고, 따라서 지각적-인지적 애매함이나 차단에는 강력한 각성이 결부되어 있다. 옵 아트옵티컬 아트의 약어. 기하학적 구성을 특징으로 하는 추상 미술의 한 방향–역자 주에서부터 범죄소설이나 공포영화에 이르기까지 많은 다양한 예술 형식이 이러한 종류의 각성을 다양한 형식으로 사용한다.

천상의 존재에서부터 유령, 뱀파이어에 이르는 초자연적인 대상과 사건 그리고 마술적 무기는 영화의 '현실'을 구성하는 데 있어서 중요하고, 때때로 자율 반응을 불러일으키는 데 사용된다. 초자연적인 것들은 일반적인 인과관계를 초월하고, 따라서 주인공이 세상과 관계를 맺는 일상적인 방식을 방해한다. 가령 유령들이 눈에는 보이지만 만질 수는 없을 경우, 또는 그 반대의 경우는 지각 경험의 일반적 통합 방식을 해체한다. 더 나아가서 초자연적인 존재의 행동 동기는 종종 애매모호하다. 이 이유, 그리고 그들이 특정한 지각 차원을 결여하고 있다는 이유 때문에 우리는 그러한 존재들과 상호작용할 수 없다. 이러한 행동 차단은 전율이나 오한, 소름, 메스꺼움 혹은 무력감의 눈물과 같은 자율 반응을 낳게 된다. 이는 숭고함을 통한 긍정적 경험, 사악한 힘이 지배할 때처럼 부정적인 경험, 〈레이더스〉에서 성궤의 정령들이 풀려났을 때처럼 애매한 경험 모두에 적용된다.

행위 준비성을 부분적으로 결정하는 또 다른 대표적인 감정은 친밀함과 낯섦이다.[30] 일반적으로 우리는 어떤 주어진 현상에 많이 노출될수록 그것을 '더 친밀하게' 느낀다. 친밀성은 긍정적인 감정을 조장하고, 저항적 각성과 행위 준비성을 감소시킨다.[31] 친밀성은 또한 새로운 '낯섦' 현상의 배경이 되기도 한다. 관객들이 낯선 환경 속에서 친밀한 인디애나 존스의 얼굴을 볼 때, 영화는 각성을 증대시킨다. 이는 많은 공상과학 영화가 친밀함과 낯섦과 관련된 복잡한 각성 상태를 일으키는 것과 마찬가지다.

내러티브 장르에 의해 여과된 정서

Emotion Filtering by Narrative Genre

다양한 영화 장르는 내러티브상의 행동에 의해 관객의 내면에서 활성화되는 정서를 여과하기 위해 수용 메커니즘mechanisms of reception을 사용한다. 이는 정서를 무력화하거나 정서적 거리를 둠으로써 이루어진다.[32] 공감을 통한 캐릭터들과의 동일시를 촉발하는 '힘'은 다양한 수단에 의해서 조정되고 제한되어 더욱 정교한 유형의 정서적 변조를 가능케 한다. 거리를 만들어 내는 핵심적인 장치는 '분열증적인 무감각'과 희극적 기능, 그리고 거리를 통한 이중 초점이다.

많은 영화, 가령 스플래터 영화splatter movie. 주로 잔혹한 신체 훼손 장면과 유머가 공존하는 공포영화의 일종-역자 주들은 섬뜩한 장면들 때문에 대부분의 관객이 심지어 착한 캐릭터들에게도 완전한 공감적 동일시를 하지 않도록 만든다. 그렇게 하면 그 경험의 부정적 영향이 감소되기 때문이다. 그러한 관객들은 일종의 '분열증적인 무감각', 즉 내러티브적 경험으로부터 정서를 분리하여 영화를 경험하게 되는 것이다.

희극적 수용 전략에 근거하고 있는 영화들은 훨씬 더 큰 규모의 관객들을 대상으로 한다. 관객의 정서를 재명명하기 위한 핵심적 방법은 영화가 불러일으키는 감성에 대해 희극적 반응을 보이는 것이다. 이는 정서에 대한 감정이입적 반응을 방해한다. 타니스의 한 텐트에서 매리언을 발견한 후, 인디애나 존스는 먼저 그녀를 풀어 주고는 다시 묶는다. 매리언에게 감정이입을 한다면 그의 차가운 이성에 반대하고 마땅히 고통과 분노감을 느껴야 한다. 그러나 그 장면이 아랍 족장 영화의 오랜 전통에 근거한 상호텍스트적인 농담으로 해석이 되고 놀라울 정도로 우리의 기대를 내동댕이치기 때문에 공감적 각성은 무효화되고 관객은 매리언의 분노에 '잔인하게' 웃게 된다.

정서적 개입을 여과시키는 세 번째 방법은 정서적 거리를 조성하는 것이다. 이는 이중 또는 다중의 관심 초점을 설정함으로써 얻어진다. 또 다른 예를 든다면, 정서적 거리를 유지하는 가장 단순한 방식은 정서를 일으키는 사건들에 대해 시각 혹은 청각적 거리를 증가시키는 것이다. 〈레이더스〉는 자기 반영적 농담으로 시작한다. 즉, 파라마운트 영화사를 상징하는 산이 영화 속 허구 세계의 산으로 바뀐다. 이는 이 영화가 '만들어진 것'이고 '실제가 아님'을 나타내는 것이다. 이를 통해서 영화는 관객에게 거리를 둔다. 뒤를 잇는 크레디트의 일부도 같은 역할을 한다. 가령 주인공의 '자의식적' 실루엣을 통해 실제보다 과장된 인물 이미지를 보여 준다. 영화의 뒷부분에서 인디애나가 카이로의 결투에서 총을 쏴서 깜짝 놀라게 하는 장면, 그리고 타니스의 천막에서 매리언을 풀었다가 묶는 장면 또한 상호 텍스트성을 희극적으로 사용함으로써 거리 두기를 암시하고 있다.

그렇다면 왜 감독들은 할 수 있는 모든 종류의 정서 활성 매커니즘을 사용하면서 동시에 또 정서를 걸러 내는가? 주요한 이유는 영화의 어떤 측면을 수사학적으로 강조하기 위해서다. 일종의 '균형'을 유지하기 위해 영화감독은 다양한 활성화 작용에 고립적인 경계를 설정하는데, 예를 들어 주어진 영화 속 사건이 특별하게 되도록 만든다. 〈레이더스〉를 보는 성인 관객은 그와 같은 가벼운 주제를 즐길 수 있는 구실을 갖게 된다. 왜냐하면 영화가 그들이 의식적으로 참여할 수 있는 일종의 게임이 되어 주기 때문이다.

결론 Conclusion

영화의 수용은 사람이 갖고 있는 대부분의 재능을 활성화하고, 따라서 그 경험은 복잡하다. 그러나 우리가 살펴본 것처럼 상이한 재능들 사이에 강력한 기능적 연결이 존재한다. 왜냐하면 지각과 인지, 정서 그리고 행동은 관객이 좋아하는 것을 위해 함께 전개되기 때문이다. 이에 대한 좋은 예가 바로 사건들이 지닌 현실성에 대해 인지적으로 빠르게 평가하거나, 관심을 돕기 위해 감정이 기능하는 방식이다. 규범적 내러티브는 이러한 재능이 함께 작동하도록 해 주는 방법을 가장 적절하게 보여 준다. 규범적 내러티브는 관객의 반응과 인간의 주된 관심사를 연결시킨다. 주인공의 관심이 목표를 향하든, 아니면 멜로드라마적 힘의 희생자가 되든 상관없이 말이다. 규범적 내러티브는 비선형적이고 비시간적인 연상 네트워크의 도움을 받은 인식, 정서, 관심, 행동의 상호작용이 선형적 흐름에 의해 기능하기 때문에 선형적이다.

상업 영화는 강력한 정서를 촉발하는 규범적인 허구의 내러티브를 주로 생산하는 영화가 되었다. 이러한 발전은 서양, 남성, 백인 헤게모니의 표현으로 해석되었다. 그러나 내가 말한 바대로, 규범적 내러티브 및 그것의 멜로 드라마적이고 수동적인 변형물들은 선천적인, 따라서 보편적인 메커니즘이 작동하도록 하는 형식으로 우리의 정신 능력을 사용하고 있다. 이 메커니즘은 우리가 주위의 세계를 이해하고 그 안에서 행동하는 데 사용하는 기술들과 비슷하거나 일부는 동일하다. 영화에 대한 정치적 혹은 문화적 비평은 영화의 형식보다는 내용과 관련해서 더 유용할 것이다.

'일탈적' 이거나 '대안적' 인 현실 수준을 활성화하는 데 사용되는 많은 내러티브적 기교와 시각적 기법은 낭만주의 시대에 개발이 되었고 후에 영화로 넘어왔다. 낭만주의자들은 꿈, 기억, 지각적 혹은 실존적 모호함거울과 초자연적 현상 등의 정신적 · 지각적 현상에 의해 촉발되는 강력한 주관적 감정과 정서가 주도적 사회 질서와 합리적인 과학적 사고와 반대되는 현실성을 나타낸다고 믿었다. 영화와 문학 비평의 중요한 부분은 낭만적 인식론의 전통을 이어받았고, 특별한 현실성이라는 강렬한 감정은 존재의 진실하고 무의식적이며 비이성적인 차원을 보여 준다고 주장한다. 그렇게 되면 현실성에 대한 감정에 대한 심미적 유희는 단순한 게임 이상이 된다. 이는 합리적 세상을 거부하는 것이다. 그럼에도 불구하고 내가 말한 것처럼 감정과 정서는 생존의 가능성을 극대화하기 위해서 개발된 합리적인 총제적 틀의 일부다. 주관적 감정은 막히지 않는다면 합리적 행위와 사고에 대한 동기 유발이 된다. 다행히도 이 정서와 감정은 관객의 각성을 이끌어 내고 영화가 제공하는 다양한 현실성을 경험하는 기쁨을 제공함으로써, 또한 심미적 목적에도 이용될 수 있는 것이다.

7장

마음을 움직이는 음악으로서 영화음악: 정서, 인지 그리고 영화음악

Movie Music as Moving Music: Emotion, Cognition, and the Film Score

Jeff Smith

나는 데이비드 린치David Lynch의 영화 〈엘리펀트 맨The Elephant Man〉(1980)의 마지막 장면에서 항상 감동을 느낀다. 이 장면에서 불쌍하게도 기형이 된 주인공 존 메릭존 허트은 아주 간단한 방법으로 자신의 삶을 마감하기로 결심한다. 어느 저녁, 극장을 다녀온 후 메릭은 자신의 침대에서 베개 커버를 서서히 벗기고는 무거운 머리를 베개 밑으로 밀어 넣는다. 메릭은 자살을 시도한다. 이 자세로 잠을 자면 메릭이 자신의 체중에 의해 질식사하리라는 것을 그도 우리도 알고 있다. 관객들은 메릭의 평범함에 대한 갈망, 사회적 인정에 대한 열망은 크지만, 질병이 갉아먹어 가는 일그러진 육체가 그런 갈망을 처음부터 불가능하게 만든다는 것을 알고 있다. 이 슬픈 장면은 감독 데이비드 린치와 배우 존 허트에 의해 아름답게 연출되었다. 그래서 몇 번이고 영화를 볼 때마다 난 목이 메인다.

하지만 내 속의 순진한 관객이 휴지를 향해 손을 뻗고 있는 동안 분석가로서의 나는 이 장면이 왜 그렇게 정서적인 반응을 자아내는지 묻는다. 나

데이비드 린치의 〈엘리펀트 맨〉(1980)에서 존 메릭(존 허트)

는 이 장면의 극적인 요소 때문에 슬픈가, 아니면 고도로 영감을 주는 음악 때문에 슬픈가? 다른 말로 하자면, 내가 감동을 받은 것은 메릭의 처지를 알게 되었기 때문인가, 새뮤얼 바버Samuel Barber의 '현을 위한 아다지오'의 애처로운 선율 때문인가, 아니면 둘의 어떤 조화 때문인가? 바버의 음악은 단지 그 장면의 정서적 특징을 증진시키는가, 아니면 자체만의 정서적 흥분을 제공하는가? 나의 반응은 무관심이나 조롱과 같은 다른 관객들의 대조적인 반응과 화해할 수 있는가?

스탠리 큐브릭Stanley Kubrick의 〈시계태엽 오렌지A Clockwork Orange〉(1971) 중 유명한 장면도 비슷한 질문들이 제기된다. 알렉스말콤 맥도웰가 루도비코

치료작품 속에서 허구적으로 고안된 일종의 혐오 치료 요법-역자 주를 받는 중, 그는 포르노와 뉴스에서 따온 불쾌한 장면들로 구성된 한 편의 영화를 본다. 알렉스가 비록 강간, 살인 그리고 핵전쟁 장면을 목도하지만, 그를 가장 무섭게 만든 것은 그 영화에 깔린 베토벤 음악이다. 알렉스는 그가 사랑하는 '루트비히 반'의 이런 모독에 항의하지만, 그는 그 음악이 일종의 정서적 증강자 역할을 한다고 듣는다. 영화 속 영화를 본 관객이 베토벤에 대한 알렉스의 개인적 감정에 동의하지 않을 수도 있지만, 그럼에도 알렉스의 치료에 왜 음악이 필요한지에 대해서는 궁금해할 것이다. 결국 베토벤의 음악이 이미 그 자체로서 너무나도 역겨운 이미지들에게 무엇을 더해 줄 수 있을까?

위에서 설명한 〈시계태엽 오렌지〉의 장면은 큐브릭의 영화와 버제스 소설의 핵심적인 착상—베토벤과 다른 서구 문화의 인물들이 알렉스의 극단적인 폭력 안에 내포되어 있을지도 모른다—을 알려 줄 뿐 아니라, 영화음악의 극적 중요성과 관련된 일반적인 가정을 보여 주기도 한다. 영화음악이 일련의 내러티브적이고 구조적인 기능을 수행하지만, 그것의 가장 중요한 기능은 정서의 기표로서의 기능이라고 간주된다. 일련의 학자가 지적하듯이 영화에서 음악은 빈번하게 캐릭터들의 정서 상태를 나타내고, 한 장면의 주된 분위기를 암시하며, 관객들의 적절한 정서 반응을 촉구하는 데 기여한다. 〈시계태엽 오렌지〉에서는 마지막 요소, 즉 관객들에게 정서 반응을 촉구하는 것이 특히 중요해 보인다. 왜냐하면 이것이야말로 우선적으로 베토벤의 음악을 쓰는 유일한 이유로 추정할 수 있기 때문이다.[1]

그러나 이러한 가정이 친숙함에도 불구하고 영화음악과 정서의 관계는 여전히 불가사의하다. 이 관계를 이론화하는 데 있어 어려움은 영화음악의 정서적 특성이 그것의 내러티브나 재현상의 기능에 묶여 있는 방식에서 연원한다. 〈이브의 모든 것All about Eve〉(1950)에 쓰인 앨프리드 뉴먼Alfred Newman의 주제곡을 설명하면서, 클로디아 고브먼Claudia Gorbman은 영화음악의 극적 기능을 분류하는 데 있어서 존재하는 몇 가지 개념상의 문제점을 다음과 같이 정리하고 있다. "영화 시작과 함께 등장하고 이어서 이브앤 백스터가 등장하는 순간 정서적으로 다가오는 이 멜로디는 이브 자신을 나타내는 것인가, '관객'그녀가 조종하는 영화관객과 캐릭터에 대한 그녀의 정서적 영향을 나타내는가, 아니면 단지 영화 〈이브의 모든 것〉에 대한 표시인가?"[2] 하지만 더욱 중요한 것은 고브먼의 질문이 영화음악의 기능을 기술하고 특징지을 수 있는 이론적 얼개의 부재에 대해서 암시를 주고 있다는 사실이다.

이 장에서 나는 영화음악과 정서의 관계를 인지적으로 이론화함으로써 이러한 질문에 답하고자 한다. 하지만 영화음악과 정서의 관계에 대한 가설을 세우는 것은 부분적으로 우리가 어떻게 음악 자체를 하나의 정서적 자극으로 규정하는가에 달려 있다. 다른 말로 하자면, 영화음악과 정서에 대한 질문을 제기하기 위해서는 음악과 정서의 관계에 대한 보다 광범위한 질문들에 먼저 답변을 해야만 한다.

나는 이 문제를 두 가지 독립된 측면에서 접근할 것이다. 제일 먼저 나는 음악이론과 분석철학 속에 작업을 위치시킴으로써 영화음악의 정서적 중요성을 순수한 음악적 표현성에 대한 보다 일반적인 이론 속에 위치시키려고 한다. 여기에서 나의 논점은 관객들이 영화음악의 정서적 특징을 일련의 상이한 수준에서 이해하며, 이 수준들은 음악적 감성에 대한 인지주의 이론과 정서주의 이론의 조합 속에서 가장 잘 이해될 수 있다는 것이다. 음악적 감성에 대한 인지주의 이론은 음악이 청중에게 정서적 의미를 신호할 수는 있지만 그것을 일깨울 수는 없다고 주장한다. 이에 반해 정서주의 이론은 음악이 청중에게서 정서적 반응을 일깨울 수 있을 뿐 아니라 가끔은 진짜로 정서적 반응을 일깨운다고 주장한다.

두 번째로, 음악이론과 심리음악학psychomusicology 분야에서 이루어진 연구들을 이용해서 나는 영화음악을 정서적으로 경험하는 데 있어서 핵심적인 두 가지 과정인 편극화polarization와 감성적 합치affective congruence를 살펴보고자 한다. 편극화란 음악의 특정한 정서적 특징이 음악에 의해서 전달된 정서적 극을 향해 화면의 내용을 움직이는 상호작용을 가리킨다. 감성적 합치란 관객이 음악의 정서적 요소들을 내러티브의 정서적 변화에 맞추는 일종의 교차양상적cross-modal 확인을 가리키는 것이다. 이러한 종류의 상호작용이 영화에서 비교적 일상적이지만, 인지주의 연구에서는 그것의 효과는 그렇지 않다는 것을 보여 준다. 부분들의 합 이상으로서 감성적 합치는 음악이나 단일한 시각적 통로에 의해서 만들어지는 것보다 더 강한 정도의 정서적 가담을 낳는다.

왜 영화음악과 정서에 대한 인지적 설명을 제안하는가? 표면적으로 단순한 한 가지 이유는 음악이론에서 인지주의적 가정들이 우세하기 때문이다. 지난 20년 동안 이 분야에서 가장 영향력 있는 저작들은 공공연하건 암암리에건 음악 수용의 질문에 대해 인지주의적 관점을 차용하고 있다.[3] 과장하고 싶지는 않지만, 이러한 다양한 문헌을 하나로 통합하는 요소는 청중이 정신적으로 음악적 구조를 설계하고, 음악을 처리하는 과정에서 음악적 정보를 '조각낸다'는 기본 가정이다. 물론 어떤 이론 학파의 우세가 그것의 유용성이나 해명의 힘을 보장해 주는 것은 아니다. 결국 한 가설의 유용성에 대한 유일한 기준이 대중적 열광이라면, 동일한 논리가 영화에서 인지주의적 설명을 무시하고 정신분석 이론을 지지하는 데 사용될 수 있을 것이다. 그보다 나는 인지 음악이론이 연구를 시작하기에 자연스러운 자리이자 이용할 만한 가치가 있는 음악 연구의 한 전통임을 주장하기 위해 이 이론의 우세함에 대해 언급한 것뿐이다.

그러나 인지주의적 가설들이 음악이론과 분석에서 행해진 많은 연구에 기여를 하였지만 영화음악의 연구에서는 거의 수확이 없었다. 다른 곳에서 지적한 것처럼, 영화음악에 대한 최근 연구는 대부분 후기 구조주의와 교조적인 정신분석 이론의 한계 내에 위치하고 있다.[4] 영화음악의 극적 기능에 대한 논의를 펼침에 있어서 많은 연구자는 음악과 정서적 표현의 포괄적인 연관에 근거한 음악 효과에 대한 일종의 민간 모델fork model을 차용하고 있다.[5]

그러나 머레이 스미스Murray Smith가 지적하고 있는 것처럼, 정서적 관여의 민간 모델folk models of emotional engagement은 광범위하게 사용되고 이해되고는 있지만, 원숙한 이론이 가져야 하는 체계성과 포용력은 결여하고 있다.[6] 영화음악 연구에 대한 스미스의 언급이 타당하다는 것을 보여 주기 위해, 나는 잠깐 이 학파의 전형적인 예를 세밀하게 살펴볼 것을 제안한다. 〈우리 생애 최고의 해The Best Years of Our Lives〉(1946)에 대한 새뮤얼 첼Samuel Chell의 분석은 이 논의를 위해 아주 유용한 시사점을 제공해 준다. 왜냐하면 그의 분석이 후기 구조주의와 정신분석 영화 비평의 가정을 분명하게 차용하고 있지만, 궁극적으로는 민간 모델에 더 가까운 분석적 접근을 하고 있기 때문이다.[7]

첼은 자신의 논문 서두에서 영화음악을 크리스티앙 메츠Christian Metz. 프랑스의 영화기호학자-역자 주와 장 피에르 우다르Jean- Pierre Oudart. 프랑스의 영화 이론가로 봉합이론 주창-역자 주의 주체 위치화 개념의 맥락 속에 위치시키고 있다. 첼에게는 음악이 비록 전적으로 정서적 수준에서 작동하는 것이기는 하지만 관객을 허구 세계 안에 '봉합하는' 많은 수단 중 하나로 기능한다. 영화와 캐릭터 그리고 관객 사이에 정서적 유대를 창조함으로써 영화음악은 관객이 스크린상에 묘사된 정서가 자신의 것임을 '주장'할 수 있는 권리를 부여한다. 이 방식으로 음악은 관객을 허구에 묶어 두는 데 기여한다. 그리고 음악은 캐릭터의 정서를 표현할 뿐 아니라 또한 관객 안에서 그 정서적 반응을 재생산한다. 첼의 설명에서 음악은 일종의 관객 반응을 텍스트에 각인시키는 기능을 한다. 그만큼 영화음악의 정서적 굴곡은 관객의 정서적 경험을 청각적으로 반영한다.

그러나 첼이 마지막으로 〈우리 생애 최고의 해〉의 음악을 분석하기 시작하자, 바로 그가 말한 방식 그대로 기능하는 예는 찾기 힘들었다. 그가 인용한 한 예는 윌마캐시 오도넬가 상이 군인인 호머해럴드 러셀에 대한 사랑을 고백하는 장면이다. 첼은 다음과 같이 적고 있다.

> 이 장면에서 바이올린이 '윌마'의 주제곡을 부드럽게 애무하듯이 들려주면서 호머는 신체적으로 줄 수 없는 포옹을 관객에게 선사한다. 이 음악은 호머가 사랑스럽게 "잘 자요."라고 말할 때까지 이어진다. 그 순간 윌마의 주제곡은 반짝이는 듯한 화음 속으로 사라진다. 그 화음이 지속되는 순간에도 나무에 바람이 스치는 소리가 그 주제곡의 오랜 여운을 남긴다. 우리는 호머가 울고 있는 것을 보게 된다. 호머의 눈물은 우리 자신의 눈물을 반영하는 듯하다. 왜냐하면 음악은 호머의 외로움과 결부된 첫 곡에서부터 우리가 느꼈던 해소되지 않은 긴장으로부터 우리를 해방시켜 주었기 때문이다.[8]

보다 일반적으로 말하자면, 첼은 어떤 주어진 한 주제곡이나 악곡을 '쾌활하다', '음침하다', '밝다' 또는 '섬뜩하다'고 묘사한다. 그러고 나서 특정한 정서적 특징을 그 주제곡과 연결되어 있는 특정한 캐릭터나 장면에 부여한다. 이와 같은 경우, 휴고 프라이드호퍼Hugo W. Friedhofer의 음악은 한 장면의 정서적 특징을 전달하는 것에 불과하며, 청중들 속에서 그 정서를 반복할 필요는 없는 것이다.

사실 첼의 가장 핵심적인 예 중의 하나인 영화의 절정 장면, 즉 프레드 데리다나 앤드류스가 추락한 B-17전투기 안에서 전쟁을 다시 떠올리는 장면은 '정서적 결속'과는 정반대로 기능한다. 이 장면에서 프레드는 집 짓는 재료로 쓰이기 위해 막 해체되려는 전투기 안으로 기어오른다. 그가 비행기 조정석에 앉자, 계속되는 악몽의 원천인 전쟁 때의 트라우마가 갑자기 떠오른다. 트라우마는 또한 비행기 엔진 소리, 비행기의 추락과 기관총의 총격 소리를 흉내 내는 듯한 사운드 트랙을 통해서 전달된다. 여기에서 프라이드호퍼의 음악은 관객에게 프레드가 비행기 안에 앉아 있으면서 무엇을 기억했는지를 우리에게 말해 줄 뿐만 아니라, 그 기억에 의해서 야기된 정서적 혼란을 전해 주고 있다. 프라이드호퍼의 음악이 우리 자신의 전시 경험의 트라우마를 재생산한다는 것을 인정하지 않는다면, 이는 음악이 비록 관객에게 정서적 불안을 전할 수는 있지만 그것을 불러일으키지는 않는 좋은 본보기가 될 것이다. 이것은 관객이 허구에 대한 정서적 반응을 한다는 것을 부정하기보다, 관객의 정서적 경험이 허구적 캐릭터에게서 묘사되는 것과는 다르다는 것을 제안하는 것이다.[9]

따라서 첼의 〈우리 생애 최고의 해〉에 대한 실질적인 분석은 매우 매력적이지만, 그의 설명에 대한 정신분석적 근거는 너무 빈번하게 영화음악의 정서적 기능을 영화음악과 정서의 지나치게 넓고 미분화된 관계 속에 우겨 넣도록 만들었다. 이러한 관점에서 최소한 영화음악에 대한 인지론적 접근은 정신분석적 설명을 개선할 수 있다. 인지적 설명을 통해 영화음악의 정서적 기능, 즉 관객의 정서 반응을 강화시키고, 캐릭터의 정서 상태를 신호하며, 한 장면의 전반적인 분위기나 색조를 전달하는 역할을 규명하고 분류할 수 있다. 다음 절에서 보게 될 것처럼, 이 기능의 범위는 정서적 구성 요소를 전달하고 그것을 불러일으키는 것을 엄격하게 구분하는 데 달려 있다. 인지적 영화음악이론은 그러한 구분을 하는 데 더 적합할 뿐 아니라 영화음악의 정서적 기능과 어떤 종류의 관객 반응에도 작동하고 있는 정서적 관여의 단계 간 대응관계를 설명하는 데도 더 적합하다.

정서와 음악: 인지이론 대 정서이론

Emotion and Music: Cognitivist Theories versus Emotivist Theories

음악 연구에서 음악이 어떻게 정서를 표현하는지의 문제보다도 더 분분한 문제는 아마 없을 것이다. 수세대에 걸쳐서 철학자와 미학자 그리고 이론가들이 이 문제에 대해 논쟁을 해 왔으며, 이에 대한 문헌은 방대하다. 이 문헌에 대한 완벽한 개관은 이 장의 범위를 벗어나기는 하지만, 그럼에도 이 문제에 대한 다양한 범위의 시각을 지적하는 것은 유용할 것이다. 수잔 랭거Susanne Langer와 같은 몇몇 이론가는 음악이 정서의 상징화를 통해 중요한 의미를 획득한다고 주장한다. 그러나 그런 상징화는 음악이 어휘에 해당하는 어떤 것도 갖고 있지 않다는 점에서 언어적 상징과는 구별된다. 랭거는 음악이 일반적인 감정의 상태를 반영한다고 본다. 하지만 음악은 분노, 우울함 등과 같은 구체적이고 특정한 감정을 표현하는 것은 아니다. 이 관점에서 볼 때, 특정한 음악 효과는 그 형식이나 양상에 있어서 정서와 너무나도 유사해서 청중들이 순진하게 그것을 정서라고 오해한다는 것이다.[10] 다이언 래프먼Diane Raffman과 같은 다른 이들은 랭거의 논법을 수정하였다. 그래서 그들은 음악의 감성은 언어를 통한 이야기보다는 음악 속에서 표현되기 때문에 '형언할 수 없다ineffable'고 주장했다. 래프먼에게는 음악의 표현성이 비트의 세기, 운율상의 강세, 그리고 연장을 통한 긴장과 같이 무한한 종류의 음악 특유의 감정으로부터 일어난다. 이러한 음악적 감정은 언어를 통해서만 근접할 수 있기 때문에, 정의가 불가능한 정서적 구성 요소들은 당연히 설명도 불가능한 것으로 간주된다.[11] 에두아르트 한슬라크Eduard Hanslick와 이고르 스트라빈스키Igor Stravinsky와 같은 다른 사람들은 여전히 음악과 정서 간에 어떤 의미 있는 관계가 존재한다는 것을 부정한다.[12]

게다가 적어도 시초에는 내 계획의 타당성에 대해 처음부터 의문을 제기하는 한 무리의 이론이 있는 것 같았다. 이 이론들에 따르면, 음악이 정서를 표현한다는 생각은 (1) 틀린 것이거나 (2) 오로지 구어나 문어의 영역 밖에 놓여 있는 음악적 구조들에 의해서 이해될 수 있을 뿐이다. 이 이론가들의 말을 그대로 믿는다면, 음악의 정서적 표현성은 영화적 내러티브의 그것과는 근본적으로 다른 것이 될 것이다. 〈다크 빅토리Dark Victory〉(1939)나 〈애정의 조건Terms of Endearment〉(1983)과 같은 영화들이 우리를 슬프게 한다는 사실을 우리는 단언할 수 있다. 반면, 그러한 감상적 정서가 이 영화들에 수반되는 음악들에 의해서 이루어진다고 단언할 수는 없다.

이러한 이론적 입장이 음악적 감성에 관한 논쟁의 중심에 자리 잡고 있지만, 그것은 **영화음악적** 감성이라는 개념과는 대부분 무관하다. 한편으로 음악과 정서 간의 연관은 래프먼이 지적하고 있는 것처럼 매우 높은 수준의 일관성과 상호 주관적 동의에 의해 입증될 수 있는 심리적인 사실이다. 그러한 것으로서 음악과 정서 간의 관계에 대한 연구는 비록 그것이 심미철학이나 분석철학의 분야를 벗어나 있다고 하더라도 정신분석적 연구의 아주 정당한 분야인 것이다. 다른 한편으로 음악과 정서 간의 연계에 대한 대부분의 반대는 '순수' 음악, 다시 말해서 그 자신 외에는 어떠한 대상이나 특성 또는 감각도 지시하지 않는 음악이라는 개념을 전제로 하고 있다. 그러나 영화음악은 이러한 제약에 명백하게 들어맞지 않는다. 영화음악은 영화적 내러티브를 동반하기 때문에 일종의 **표제 음악**programme music으로 간주되어야 한다. 대부분의 영화음악은 내러티브의 정서적 특성을 지시할 뿐 아니라 다양한 극적 기능을 수행하면서 특정한 장소와 시간, 캐릭터를 지시한다.

더 나아가서 비슷한 이유로 음악은 의도적인 대상을 갖고 있지 않다는 반대 역시 유지되지 않는다. 이 관점에 따르면, 정서는 전형적으로 그 감정이 의도적으로 지향하고 있는 외적 대상을 갖는다. 그러한 대상들은 실제이거나 상상일 수 있다. 그러나 그것은 명확하다. 가령 나는 악마를 두려워할 수 있고, 사랑하는 사람의 죽음으로 슬퍼할 수 있고, 또는 출근길에 끼어들기를 하는 사람에게 화를 낼 수 있다. 각각의 경우에 나는 내 불안의 원인을 지적할 수 있다. 하지만 순수한 기악은 이러한 의미의 의도성을 갖고 있지 않은 것처럼 보인다. 그것이 어떤 것에 **대한** 것이라는 생각을 거부한다는 의미에서 말이다. 그러한 것으로서 우리가 음악이 어떤 방식으로는 표현적이라고 인정을 하더라도 그것이 의도성을 결여하고 있다는 사실은 우리가 늘 실제 세계에서의 경험과 연결시키는 표현적 의미의 미세한 차이들을 갖고 있지 않음을 의미하는 것이다.[13]

이 점을 우리가 순수 기악을 고려해서 인정한다고 하더라도, 이는 영화음악의 정서적 표현력과는 무관하다. 왜그런가? 영화란 재현예술이며, 피터 키비Peter Kivy가 지적한 것처럼 재현예술에서는 의도적 맥락이 정말로 가능하기 때문이다.[14] 설사 외적 대상 자체는 실제가 아니더라도 우리는 한 캐릭터의 죽음에 슬퍼할 수 있으며, 영화 속 악인의 행동에 분노할 수 있으며, 영화의 마지막에서 남녀 주인공이 포옹하는 것에서 고무될 수 있다. 여기에서 다시 한 번 내러티브가 존재함으로써 영화음악이 너무 모호한 표현력을 지니고 있다는 문제를 피하게 해 준다. 다른 음악작품들에서 가사나 제목이 하는 것처럼 말이다. 따라서 영화가 재현예술이기 때문에 제기되어야 할 적절한 질문은 영화에 수반되는 음악이 정서적 의미의 세밀한 차이를 만들어 낼 수 있는가보다는 영화음악 자체가 그 과정에 어떤 기여를 하는가가 될 것이다.

형식주의자와 '형언불가주의자'의 반대를 피했기 때문에, 이제 영화음악의 표현성에 대한 다른 후보 이론을 살펴볼 수 있다. 남은 이론 중에서 가장 중요한 두 가지 이론은 음악을 통한 표현에 대한 인지주의자와 정서주의자의 설명이다. 지난 50년 동안 인지주의자의 입장을 가장 강력하게 옹호한 사람은 피터 키비다.[15] 그는 음악적 표현성에 관한 이론을 발전시키면서 무엇을 **표현하는 것**과 **그것이 표현되는 것** 사이의 핵심적인 차이를 구분하였다. 세인트 버나드의 슬픈 얼굴 사진을 통해, 키비는 그 사진 속의 개가 슬픔을 느끼는 것도 아니고 우리가 그 슬픔을 보는 것도 아니라고 주장했다. 그럼에도 불구하고 그 개의 얼굴은 슬픔을 표현하는 것이며, 그 사진에 관한 우리의 설명 안에서 우리는 이런 정서적 특징을 쉽게 인식하는 것이다. 키비에 따르면, 음악은 거의 같은 방식으로 작동한다. 음악이 작곡가나 청중의 정서적 상태를 표현하는 것이 이론적으로는 가능할지 모르지만, 그의 주장에 따르면 음악은 보통 그렇게 하지 않으며 특별한 감성적 특징을 표현하는 것으로 보다 정확하게 기술될 수 있다.[16]

키비에 따르면, 음악은 멜로디 음조나 양식, 박자, 역동성 등과 같은 특정한 형식적 요소들을 통해 정서적 표현성을 실현한다. 이런 음악적 정보를 정신적으로 처리하는 과정에서 청중의 반응은 감성적이라기보다는 인지적이다. 왜냐하면 음악적 표현성은 정서에 대한 우리의 감성적 경험보다는 정서를 재인식하는 데 있기 때문이다. 따라서 우리가 한 곡의 음악에 슬픔이라는 정서를 배당할 때 우리에게 슬픔의 감정이 일어나는 것이 아니다. 대신 우리는 슬픔을 표현하는 것으로 인정받고 있는 특별한 음악적 관습들을 위한 일련의 상호 주관적이고 공적인 기준을 적용하고 있는 것이다. 더 나아가서 키비가 지적한 것처럼 한 곡의 가사와 제목은 종종 그 곡의 표현적 성격에 대한 중요한 단서들을 제공함으로써 이러한 기준을 명확히 하는 데 도움을 준다.[17]

키비의 음악적 표현성에 관한 이론은 영화음악이 어떻게 관객에게 정서를 전달하는가의 문제에 대한 상식적인 접근방식을 제공해 준다는 의미에서 영화음악 연구자들에게 명백한 호소력을 지녔다고 할 수 있다. 음악적 정서를 인식하는 것과 그것을 경험하는 것 간의 차이를 구분함으로써, 키비의 연구는 영화음악의 가장 중요한 두 가지 극적인 기능을 위한 토대를 제공하였다. 즉, 관객들이 특정한 음악적 요소들로부터 정서적 특징을 식별해 낼 수 있게 되었기 때문에, 그들은 이제 그 정보를 캐릭터들의 정서적 상태나 한 장면의 전체적인 분위기를 평가하는 데 사용할 수 있게 되었다는 것이다.

그러나 한 캐릭터의 정서적 상태를 드러내 놓고 나누는 관객이 도대체 누구란 말인가? 그리고 〈엘리펀트 맨〉의 마지막 장면 중 나 자신이 경험한 슬픔이란 무엇인가? 누군가가 〈엘리펀트 맨〉에 대한 나 자신의 반응을 이상한 것이라고 생각하더라도, 〈스텔라 달라스Stella Dallas〉(1937)와 〈티파니에서 아침을Breakfast of Tiffany's〉(1961), 〈꿈의 구장Field of Dreams〉(1989), 〈쉰들러 리스트Schindler's List〉(1992)와 같은 정서적으로 매우 강력한 영화들에 대해서 관객들이 공유하는 반응을 간과할 수는 없을 것이다. 키비가 영화 속에서의 슬픈 장면보다는 음악을 논의했기 때문에, 우리는 그가 이와 같은 예들을 과연 어떻게 다룰 것인가에 관해서는 단지 추측만 할 수 있을 뿐이다.[18] 그러나 우리가 그러한 예들에 키비의 인지주의 모델을 적용할 경우, 영화음악이 관객의 내부에서 정서가 일깨워지는 데 아무런 역할도 수행하지 않는다는 사실이 드러나게 될 것이다. 그러한 촉발 기능은 다른 요소들, 내러티브 상황 속에 우리가 몰입하거나 캐릭터에 관여하는 것과 같은 것들에 의존하고 있는 것처럼 보일 것이다.

그러나 그러한 입장은 우리의 일상적 경험과 합치되지 않으며 또한 직관에 반하는 것처럼 보인다. 보다 중요한 것은 이 입장이 또한 그러한 음악을 맨 앞에서 사용하는 영화산업의 지혜에도 반하는 것이라는 점이다. 만일 스텔라 달라스가 딸의 결혼식 날 로렐과 헤어지는 것이 관객으로 하여금 눈물을 흘리게 하는 데 충분하다면, 이 장면을 위해 앨프리드 뉴먼의 호소하는 듯한 음악은 전혀 필요가 없었을 것이다. 따라서 인지주의적 설명이 영화음악의 극적 기능의 한 측면—무드와 정서적 상태를 신호하는 능력—을 설명해 주지만, 영화에 대한 주목할 만한 반응, 즉 관객들이 감상적이고 애절한 음악이 반주되는 감상적이고 애절한 장면에서 운다는 사실을 설명하기에는 충분히 포괄적이지 않다.

엄격하게 인지주의적인 관점을 수정하는 이유들은 다음과 같이 요약될 수 있다. (1) 키비의 이론은 '음악'만 놓고 보았을 때처럼 영화음악에 그렇게 잘 적용되지 못한다. 왜냐하면 영화음악은 다른 종류의 표제음악과 함께 분류될 수 있기 때문이다. (2) 음악은 최소한 정서를 각성시키려는 경향을 갖고 있을 수 있다. 영화음악을 들을 때 정서를 각성시키는 요소를 증명하기 위해 이들 반론을 개별적으로 조금 상세하게 설명하겠다.

맨 먼저 영화음악은 키비의 이론에서 예외적인 것처럼 보인다. 왜냐하면 영화음악은 다른 종류의 표제음악과 특정한 특징들을 공유하고 있기 때문이다. 앞에서 언급한 것처럼, 각성이론에 대한 키비의 핵심적인 반론의 하나는 음악에는 그 정서가 향해질 의도적인 대상이 부재한다는 것이었다. 그러나 이것은 영화에서나 영화음악에서나 사실이 아니다. 반대로 관객은 존 메릭의 죽음이나 레이 킨셀라의 아버지와의 재회, 스텔라 달라스의 딸의 결혼식으로부터의 배제와 같이 감동적이라고 생각하는 아주 특정한 극적 상황들을 지적할 수 있다. 다시 한 번 말하지만, 각성이 음악에 대한 반응인지 혹은 내러티브에 대한 반응인지 하는 질문은 논쟁의 여지가 있다. 클로디아 고브먼의 표현을 빌리자면, 음악과 내러티브는 함께 "표현의 조합"[19]으로서 기능하기 때문이다.

두 번째, 콜린 래드퍼드Colin Radford가 키비의 연구에 대한 반응에서 지적한 바처럼 정서의 대상과 정서를 자극하는 원인을 혼동해서는 안 된다. 우리는 호르몬의 변화에 의해 슬프거나 마음이 흔들릴 수 있지만, 그것이 그러한 생리적 변화에 대해서 우리가 슬퍼하거나 마음이 흔들릴 것을 의미하지는 않는다. 래드퍼드에 따르면, 음악도 비슷한 방식으로 작동한다. 다시 말해서, 청중은 그들이 그 음악에 대해서 슬퍼한다는 말을 하지 않더라도 슬픔의 감정을 경험할 수 있다. 이 관점에서 호르몬상의 변화와 음악적 경험 모두 색이나 음산한 날씨 상태와 다르지 않다. 흐리고 찌푸린 날씨가 사람들을 우울하게 만드는 것처럼, 우중충한 음악은 그러한 정서적 특징을 표현하고 또 청중에게서 그러한 특징이 유발되도록 도움으로써 청중이 우중충한 느낌을 갖게 할 수 있다.[20] 키비 자신이 지적한 것처럼, 이러한 정서주의적 입장을 이해하는 열쇠는 엄격한 원인-효과의 관계보다는 각성으로의 경향성에 대한 래드퍼드의 주장에 놓여 있다. 키비와 래드퍼드의 입장 사이에는 모순이 없다. 우리가 음악이 정서를 각성시키는 경향이 래드퍼드 같은 청중에게는 상대적으로 강하고, 키비 같은 청중에게는 상대적으로 약하다는 사실에 동의한다면 그렇다.[21]

보다 중요한 것은 엄격한 인지주의적 입장이 간과하고 있는 것은 모든 정서가 감성적인 동시에 인지적인 요소들을 함께 가지고 있다는 사실이다. 즉, 신체적인 흥분 상태와 세상사에 대한 판단이 함께 정서를 구성한다는 것이다.[22] 그리고 이들 각각의 구성 요소는 인지론자들과 감성론자들이 설명하려는 음악적 경험의 한 요소와 우연치 않게 부합한다. 그렇기에 이 두 가지 이론적 입장을 서로 배타적인 것으로 이해하기보다는 같은 현상적 경험을 서로 다른 관점으로 설명하는 상호 보완적인 이론으로 보는 것이 좋을 것이다. 따라서 판단과 각성은 청중이 음악에 정서적으로 가담하는 두 층위를 구성하게 된다. 판단은 음악적 감동을 이해하는 데 필요한 측면이고, 각성은 청취 상황의 특성에 따라서 활성화되거나 되지 않을 수 있는 관여의 수준을 이해하는 데 필요한 관점인 것이다.

우리가 이들을 상이한 관여의 층위로 받아들인다면 앞 장면의 해석 중 중요한 것이 즉각적으로 분명해진다. 즉, 그 장면에 의해서 일깨워진 정서는 그 장면에 의해서 전달된 정서와 다르다는 것이다. 메릭의 시점에 대한 표현으로 볼 경우, 새뮤얼 바버의 음악은 캐릭터가 느끼는 좌절과 낙담을 전달한다. 그러나 그 장면이 일깨우는 무드는 최소한 내게는 슬픔이다. 이것은 미묘한 차이처럼 보이지만, 나 자신의 정서적 반응이 캐릭터에 의해서 신호되는 반응과는 약간 다르다는 판단에서 생기는 것이다. 메릭은 울거나 흐느끼거나 우리가 슬픔이라는 분명한 표현과 연결시키게 되는 어떤 종류의 행동도 하지 않는다. 그 장면은 이렇게 이해할 수 있다. 메릭은 자신의 육체적 고통에 종지부를 찍기 위해 죽음을 반긴다. 그러나 자신의 육체적 제약을 뛰어넘지 못하게 한 존재에 대한 달콤 씁쓸한 회한의 감정을 느끼는 것이다. 그리고 이 영화의 마지막 장면에 중요성을 부여한다면, 우리는 메릭이 또한 죽음을 생면부지의 어머니와 사후세계에서 재회할 수 있는 기회로 반기고 있다고 말할 수 있을 것이다. 따라서 '슬픔'이라는 단순한 이름이 나의 정서적 상태를 기술하는 데는 적합할지 모르지만, 메릭 안에서 그려지고 있는 정서에 대해서는 부적합하다. 영화의 내러티브적 맥락 속에 존재하는 메릭의 상황은 관객으로서의 내 상황과는 상당히 다른 것이기 때문이다.

이러한 관점에서 메릭의 정서적 표현은 나의 그것보다는 훨씬 더 복잡하다. 왜냐하면 그것은 영성과 육체, 존엄성과 도덕성에 대한 캐릭터의 깊은 믿음과 결부되어 있기 때문이다. 반면, 나 자신의 반응은 대부분 텍스트의 효과이며 캐릭터의 불행한 상황에 대한 나의 동정심에 근거하고 있다. 이러한 판단은 반대로 나의 육체적 상태에 변화눈물이 솟구치고 목이 메임를 일으키고, 나는 그것을 슬픔으로 경험하게 된다. 내가 슬픔을 표현하는 것은 나의 정서적 각성의 강도가 다른 관객에게서 나타나거나 그렇지 않는 일정 수준의 자각을 유발했다는 사실을 보여 준다. 다른 말로 하자면, 나는 앞에서 언급한 신체적 변화를 내가 경험하고 있음을 발견하기 때문에 내가 정서적으로 각성했다는 것을 깨닫게 된다는 것이다.

영화음악이 관객들로부터 일련의 가능한 반응을 이끌어 낼 수 있기 때문에, 인지주의 영화음악이론은 지각과 판단, 그리고 각성과 같이 정서적 경험을 구성하는 요소들을 고려해야 할 것이다. 대개의 경우, 우리의 경험에서 신체적 요소는 매우 경미해서, 관객들은 영화음악의 감성적 특징들을 간단하게 지각한다고 말할 수 있다. 관객들은 음악의 감성적 요소들을 인식하게 됨으로써 그러한 정보들을 활용해 영화 속 허구 세계 안에 묘사된 상황에 대해 추론하고 판단할 수 있게 된다. 그러나 육체적 요소의 강도가 분명한 신체적 변화를 낳을 때, 영화가 관객의 감성적 반응을 불러일으켰다고 이야기할 수 있다. 그러한 반응은 음악 혼자만이 아닌 영화음악과 내러티브에 의한 것이고, 음악과 내러티브 각자는 고유한 개별적인 정서적 균형을 유지하게 될 것이다. 따라서 비록 판단과 감성이 영화와 영화음악의 여러 형태의 정서적 요인이 될 수 있지만, 각자는 가능한 다양한 반응을 낳기 위해서 상이한 순간에 다른 요소들보다 우선하는 것일 뿐이다. 음악에 대한 인지론과 정서론은 판단과 감성에 대해 상이한 위계관계를 설정하고 있기 때문에, 관객의 정서적 경험에 있어서 영화음악이 수행하는 역할을 이해하기 위해서는 둘 다 필요하다.

정서와 영화음악의 극적 기능: 장면의 무드 대 캐릭터의 무드

Emotion and the Film Score's Dramatic Functions:
Playing the Mood of the Scene versus the Mood of the Character

앞에서 나는 영화음악에 대한 관객의 정서적 반응에 있어서 판단과 감성이 수행하는 역할을 보여 주고자 했다. 여기에서는 이러한 구성 요소들이 어떻게 영화음악의 극적 기능과 연결되는지를 보여 줄 것이다. 극적 기능은 많은 학자에 의해서 약간씩 상이한 방식으로 설명되었지만, 여기에는 전형적으로 다양한 음악적 · 내러티브적 상호작용이 포함된다. 즉, 영화음악은 (1) 연속성의 느낌을 제공하고, (2) 형식과 내러티브의 통일성을 강화시키며, (3) 배경적 요소들을 전달해 주고, (4) 캐릭터의 심리 상태를 부각시켜 주며, (5) 전반적인 정서적 분위기를 설정한다. 이 모든 기능이 정서적 요소들을 포함할 수 있는 반면, 마지막 세 기능은 정서적 기표로서 영화음악의 전반적인 능력에서 특히 중요하다.

가령 노엘 캐럴Noël Carroll의 '수식적 음악modifying music' 이론은 행동의 특징을 보여 주고 무드를 설정하는 데 있어서 영화음악의 역할에 대해 명료하고 예민한 설명을 제공한다. 캐럴은 음악 트랙과 시각 트랙이 일종의 보족적 관계에 놓여 있다고 지적하면서 음악이 언어의 수식어와 같은 역할을 수행하며, 특정한 무드나 캐릭터 또는 한 장면이나 시각적 행동의 정서적 의미를 분명하게 해 준다고 주장한다. 다른 한편으로 시각적 요소들과 내러티브와 대화 그리고 음향 효과가 영화음악에는 선천적으로 결여되어 있는 대상성을 영화음악에 불어넣어 준다. 캐럴이 예로 든 〈강가 딘Gunga Din〉에서 그 자체로서는 밝고 명랑하며 익살스럽다고 할 수 있는 음악이 영화 텍스트에 애매한 정서적 의미층을 더해 준다. 그러나 다른 영화적 요소들이 그 표현을 구체화해 준다. 그래서 결과적으로 음악과 내러티브 그리고 시각적 요소들이 함께 영화 속 캐릭터와 내러티브의 남성적이고 막무가내적인 허세를 나타낸다.[23]

여기에서 혹자는 영화음악이 그 장면 속에 있는 감성적 요소들을 단지 부연하는 것이거나 아니면 반대로 영화의 시각적 요소가 자기 자신의 보다 특수화된 정서적 농담을 표현하는 것이라고 반대할 수도 있을 것이다. 그러나 두 가지 이유에서 이런 관점은 근거가 없는 것으로 밝혀질 것이다. 먼저 이 관계의 고유한 상보성은 시각 트랙과 음악 트랙 자신의 의미와는 질적으로 다른 수준의 정서적 중요성과 의미를 낳는다는 점이다. 두 번째로, 조셉 앤더슨Joseph Anderson의 주장처럼, 관객은 소리와 이미지 정보를 하나의 사건에 의해 만들어진 것으로 지각한다는 것이다. 앤더슨에 따르면, 이 지각은 교차양상적 확인의 결과다. 이 확인을 통해서 관객은 한 사건의 불변하는 특성들의 양상을 교차하면서 찾는다. 패턴을 찾으려는 관객의 성향은 스크린상에서 펼쳐지는 사건들과 음악의 정서 사이에서 일치점을 찾게 한다.[24] 정서가 음악에 의해 일깨워지는가 혹은 내러티브에 의해 일깨워지는가의 문제는 미학자에게 적합한 것일 것이다. 하지만 이 관계를 관객이 인지적으로 경험하는 문제와 관련해서는 여전히 논쟁의 여지가 남아 있다.

이처럼 영화음악은 전통적으로 영화의 전반적인 분위기를 수립하는 데 많은 영향을 미침을 알 수 있다. 영화음악의 또 다른 극적인 기능은 바로 등장인물의 정서적 상태를 나타내는 데 사용된다는 것이다. 최근의 경향은 등장인물의 관점에서 영화음악을 사용하는 것이다.

캐럴의 수사적 음악이론은 키비의 인지주의적 설명을 흥미롭게 적용한 것이기는 하나 불완전하다. 그러나 전체적인 무드를 설정하는 것은 전형적인 영화음악의 기능 중 하나다. 다른 기능은 음악을 한 캐릭터의 정서적 상태를 나타내도록 사용하는 것이다. 영화음악에 대한 최근의 한 안내서는 이에 대해서 캐릭터의 시점을 연출하는 것으로 언급하고 있다. 이 개념을 설명하기 위해 저자는 블레이크 에드워즈Blake Edwards의 〈인생이란That's Life〉(1986)의 한 장면을 인용하고 있다. 이 장면에서는 줄리 앤드류스가 분한 질리언이라는 여자가 가족이 모여 식사를 하고 있는 동안 시름에 잠겨 앉아 있다. 이 장면의 정서적 배경을 강조하기 위해 에드워즈는 대화와 음향 효과의 음량을 낮추고 헨리 맨시니Enrico Nicola Mancini의 음악이 주도하게 한다. 이 음악은 질리언의 근심을 강조하며 그 상태를 관객에게 전달한다. 반면, 그녀의 가족은 그것을 눈치채지 못한다.[25]

이러한 음악의 극적인 기능에 대한 예시들은 키비의 인지주의적 모델과 비슷하다. 각각의 음악적 암시와 단서들은 음악적 형식을 필요로 하며, 관객과의 간주관성 확보를 통해 특별한 정서를 표현할 수 있게 되는 것이다. 이처럼 영화음악은 특별한 정서걱정, 두려움, 혼란 등와 소통할 수 있는데, 그러기 위해서 관객의 정서적 상태를 자극할 필요는 없다. 오히려 맥락 속의 내러티브적 단서들은 음악의 정서적 요소를 더욱 세분화하고 개별화한다. 장면에 대한 전반적인 정서의 의미나 중요성이 음악 또는 영상적 요소가 혼자 따로 표현될 때와는 질적으로 다르기 때문이다.

어떤 경우, 작곡가들은 인물의 시점을 연출하는 것과 장면의 전체적인 무드를 나타내는 것 중에서 선택을 하지 않을 수 없다. 작곡가 찰스 폭스

Charles Fox도 〈나인 투 파이브Nine to Five〉(1980)의 음악을 작곡하는 동안 바로 그런 결정에 직면했다. 한 장면에서 바이올렛릴리 톰린은 그녀가 죽였다고 믿는 사장의 시신일 것이라 생각하며 병원에서 시체 한 구를 훔친다. 이 장면에 곡을 붙이면서, 폭스는 발각될 것에 대한 인물의 두려움을 연출하거나 그 장면의 전반적인 우스꽝스러운 분위기를 강조하는 것 중에 선택을 해야 했다. 사실 폭스의 딜레마는 영화 내레이션의 산물이었다. 즉, 바이올렛은 그녀가 심각한 문제에 봉착해 있다고 믿지만 관객들은 그렇지 않음을 알고 있는 것이다. 폭스의 음악은 처음에는 장면의 정서를 약간 포괄적으로 그리고 있었다. 그러나 감독인 콜린 히긴스Colin Higgins의 설득에 의해서 그는 우스꽝스러운 요소를 줄이고 주인공의 발각에 대한 두려움을 강조하였다.[26]

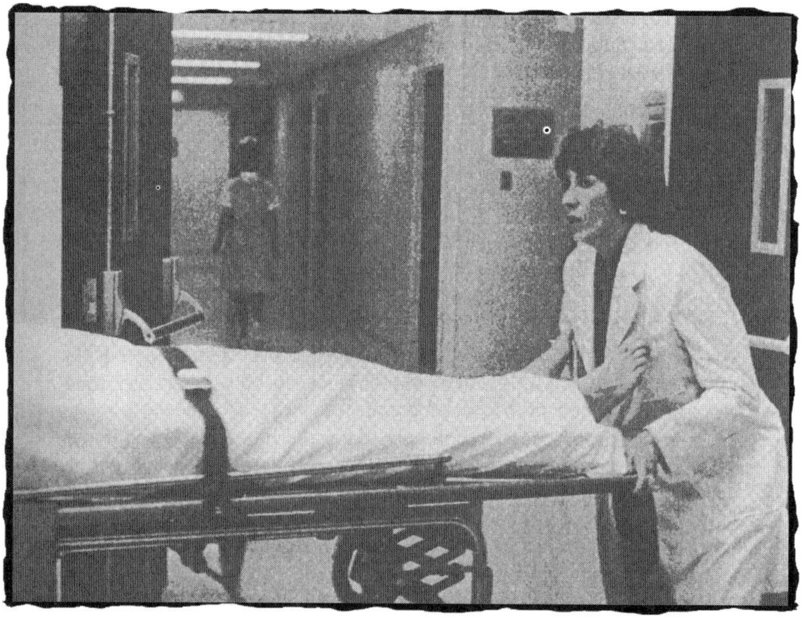

〈나인 투 파이브〉(1980)에서 시체와 함께 도망치는 바이올렛(릴리 톰린)

〈피고인〉(1988)에서 브래드 피델Brad Fiedel의 음악은 사라 토비어스조디 포스터가 잔인하게 집단 강간을 당하는 장면에서 이러한 종류의 극적 기능의 또 다른 예를 보여 준다. 메레이 스미스Murray Smith도 동일시라는 두루뭉술하고 단순한 개념에 근거해서 이 장면을 읽는 것에 반대하기 위해 이 시퀀스를 약간 세밀하게 분석한 적이 있다. 스미스는 대신 영화 속의 강간 재현이 단순 동일시라는 축소된 필터를 통해서 읽게 될 경우보다 실제 훨씬 더 복잡하고 다층적이며 다양한 정서적 · 사적 관점이 들어가 있다고 주장한다.[27]

스미스의 주장이 담고 있는 기본적인 전제들에 진심으로 동의하더라도, 내 생각에 그는 이 장면에서 그의 논점을 더욱 강력하게 만들어 줄 수 있는 핵심적인 요소 하나를 간과하고 있다. 그것은 바로 음악이다. 이 장면에서 피델의 배경 음악은 인물의 시점을 연출하는 고전적인 예처럼 보이며, 실제로 앞서 언급한 〈인생이란〉에서의 음악처럼 기능하는 것으로 보인다. 강간이 행해지고 있는 동안 조너선 캐플런 감독은 대사와 소리가 점차 작아지고 피델의 음악이 지배하도록 한다. 그 음악은 너무나도 분명하게 사라가 느끼는 모욕과 수치의 느낌 그리고 정서적 고통을 나타낸다. 이 장면의 다른 대부분의 인물은 그것이 안중에도 없다. 여기에서 음악은 사라와의 정서적 연대가 이루어지는 하나의 지점을 제공해 준다. 이는 회상을 통해 이 장면을 도입하는 목격자인 케니스 조이스버니 콜슨와 우리가 동일시를 할 것이라는 주장을 반박하는 것이다. 그리고 스미스 자신이 지적하듯이 조이스의 시점을 부각시키는 것으로 이 장면을 읽는 것은 모두 불충분하거나 잘못된 것이다.[28]

마지막으로, 음악은 또한 드물기는 하지만 특정한 배경의 정서적 균형을 나타내기 위해 사용되기도 한다. 예를 들어서, 〈사이코Psycho〉(1960)에서 버나드 허먼Bernard Herrmann의 음악은 베이츠의 집을 단순한 낡은 집이 아니라 보다 특별하게 유령이 나올 것 같은 낡은 집으로 특징짓고 있다. 마찬가지로 〈에일리언Alien〉(1979)에서 제리 골드스미스Jerry Goldsmith의 음악은 리플리시고니 위버와 댈러스톰 스커릿 그리고 다른 조사원들이 착륙한 행성이 얼마나 낯선 곳인지를 부각시키고 있다. 비슷하게, 로즈 로이스Rose Royce의 노래 'Car Wash카 와시'의 경쾌한 펑크는 동명 영화의 무대를 생기 있고 즐거운 일터로 특징짓는다.

이상의 모든 예는 키비의 인지주의 모델과 완벽하게 일치한다. 이 단서들 각각은 일련의 음악적 관습에 의존하고 있으며, 이 관습들은 관객들로부터 특정한 정서적 특징을 표현하는 것으로서 규범적이고 상호 주관적으로 이해되고 있다. 그리고 각각의 예에서 영화음악은 특정한 정서염려, 공포, 혼란를 전달하지만, 그 자체로서 반드시 관객에게서 동일한 정서적 상태를 촉발하지는 않는다. 또한 개별 단서의 내러티브적 맥락은 음악 자체의 정서적 요소들을 특화하는 것을 도와서, 장면의 전체적인 정서적 의미는 음악이나 시각 트랙 하나에 의해서 표현되는 것과는 질적으로 다르다. 이는 특히 특정한 인물의 시점을 연출하는 음악의 경우 더욱 그렇다. 우리가 음악을 질리언의 근심이나 바이올렛의 공포 혹은 사라의 고통을 표현하는 것으로 이해하는 것은 내러티브적 단서들과 내러티브 과정을 통해서다.

정서 전달을 특히 강조하는 것이 영화음악에 대한 인지이론을 정신분석 이론과 차별화하는 부분이다. 첼의 설명이 분명하게 한 것처럼, 영화음악의 봉합 효과는 관객이 이야기나 배경, 등장인물과 결부된 정서가 자기 자신의 것이라 주장하도록 해 준다. 캐서린 칼리나크Kathryn Kalinak의 말을 빌리자면, 그렇게 함으로써 "영화음악은 관객과 스크린 사이에서 감성을 공명시킴으로써 관객을 스크린에 묶어 둔다."[29] 그러나 첼의 주장은 텍스트의 감성과 관객의 감성의 경계를 허묾으로써 관객이 등장인물과 다른 정서적 경험을 할 수도 있다는 가능성을 배제하고 있다. 이를 구분함으로써 인지이론은 모름지기 영화음악의 가장 일반적인 기능, 즉 관객에게 감성적 요소들을 전달하는 것이 무엇인지에 집중한다. 이 전달과정을 통해서 영화음악은 내러티브의 지속적인 이해를 촉진하기 위해 한 영화의 사건과 인물 그리고 배경에 대해서 관객들이 추론하도록 부추긴다. 인지이론은 비록 우리가 이 과정에서 정서적으로 격앙될 수도 있지만 그것이 관객에 대한 영화음악의 효과로서 반드시 필요한 결과는 아니라고 주장한다.

정서, 영화음악 그리고 심리학: 편극화와 감성적 합치

Emotion, Film Music, and Psychology: Polarization and Affective Congruence

영화음악과 정서에 대한 이러한 이론을 뒷받침할 수 있는 경험적 증거가 있는가? 지난 수십 년 동안 영화음악에 대한 많은 심리학적 연구가 이 이론의 중요한 관점들을 확인해 주고 있다.[30] 이 연구 보고서도 음악적 감성의 문제에 대한 이미 막대한 양의 경험적 연구에 일조하고 있다.[31] 이러한 심리학적 연구의 결과가 비록 완결된 것은 아니지만, 그럼에도 이는 영화음악에서 표현성이 때때로 두 가지 과정을 포함함을 보여 준다. 첫 번째 것은 편극화polarization로 알려진 것으로, 일종의 시청각적 상호작용이다. 이 과정에서 음악의 감성적 의미가 이미지의 내용을 그 음악의 특별한 특성 쪽으로 이끈다. 두 번째 것은 감성적 합치affective congruence라 불리는 것으로, 음악과 시각적인 것 모두에서 감성적 의미의 합치가 전반적인 효과에 대한 관객의 경험을 증대시킨다는 것을 의미한다.

편극화의 효과는 애너벨 코헨Annabel Cohen이 주도한 일련의 실험을 통해서 설명된 바 있다. 첫 번째 실험에서 코헨은 한 추상적인 단편영화에 대한 관객의 해석에 끼치는 영화음악의 영향을 실험했다. 그 영화는 직사각형을 들락거리는 세 가지 도형의 상호작용을 보여 주는 것이었다. 그것은 대조적인 속도의 두 가지 사운드 트랙과 함께 상영되었다. 하나는 알레그로, 즉 빠른 것이었고, 다른 하나는 아다지오, 즉 느린 것이었다. 피실험자들은 그 후 상반된 수식어 척도bipolar adjective scale에 따라서 영화와 음악의 등급을 매기도록 요청되었다. 그리고 그 척도는 평가evaluation, 강도potency, 활동성activity의 차원으로 다시 분류되었다. 각각의 상반된 수식어 척도는 한 쌍의 단어들로, 가령 평온함/흥분됨, 슬픈/기운찬, 비열한/영웅적인, 진지한/익살스러운과 같은 단어들로 구성되었다. 이 실험의 결과는 음악이 단지 개별 도형의 지각에 영향을 끼칠 뿐 아니라 음악과 이미지의 시간적 일치는 또한 관객의 관심을 영화의 특정한 특징들로 유도해서 음악의 의미와 제시된 영화 이미지 간의 연상을 낳기도 한다는 것을 보여 주었다. 그렇게 함으로써 영화에 수반된 음악은 개별적인 대상과 연결된 의미들을 상반된 의미 척도의 한 끝으로 몰고 갔다.[32]

두 번째 실험에서 코헨은 컴퓨터로 만든 시각적 이미지들을 해석하는 데 있어서 음악적 연상의 영향을 측정하였다. 여기에서 속도와 높이를 달리해서 튀고 있는 공 하나가 고저와 속도를 달리하는 음악에 의해 반주되었다. 청각적 정보와 시각적 정보가 함께 제시되자, 다시 한 번 청각적 요소들은 체계적으로 시각적 이미지들의 감성적 의미를 형성하였다. 예를 들어, 아주 빠른 튀김과 연결되었던 행복감의 척도는 낮고 느린 선율이 등장하자 낮아졌다. 마찬가지로 그 공에 대한 행복감의 판단은 사운드 트랙의 선율이 단3화음일 때보다 장3화음을 중심으로 구성되었을 때 더 높았다.[33]

마지막으로 감성적 의미와 지시적 의미 모두에 대한 음악적 연상의 영향을 테스트하는 실험에서, 코헨은 피실험자에게 네 편의 영화음악 일부를 각 음악의 레코드판 커버에서 가져온 설명적 제목과 연결시키도록 요청했다. 실험 결과는 4개의 제목 중 3개가 올바르게 연결되는 것이 분명하게 두드러졌다. 그뿐 아니라 4개의 음악 선택 모두에 대한 의미상의 분류에 대해서도 일치됨을 보여 주었다. 더 나아가서 그중 2개의 음악이 한 영화의 짧은 부분에 연결되었을 때 피실험자의 의미상의 분류는 제목과 음악 선택상의 변화가 음악 선택 자체에 포함된 기준들과 일치함을 보여 주었다. 이는 음악적 연상이 각 영화 발췌 부분의 감성적 의미와 외연적 의미 모두에 영향을 끼치는 것임을 보여 주고 있다.[34]

이 개별 실험들에서 음악은 시각적 사건의 감성적 의미를 그 음악의 고유한 감성적 특징에 가까워지게 함으로써 시각적 정보의 해석에 영향을 끼치는 것으로 드러났다. '편극화'로 언급된 이 과정은 시각적 자극의 감성적 의미를 상반된 의미 척도의 어느 한 끝으로 움직이는 것을 포괄하고 있다. 이 실험들의 결과는 교차양상 일치이론을 뒷받침해 주는 것처럼 보인다. 왜냐하면 피실험자들은 각각 양상을 교차해서 일관된 감성 패턴을 창출하기 위해서 음악 정보를 사용했기 때문이다. 그러나 편극화가 해석에 영향을 끼치는 정도는 시각적 자극의 특성에 어느 정도 달려 있다. 한편으로 영화 발췌 부분의 정서적 의미가 애매할 경우, 편극화의 효과는 더욱 현격해진다.[35] 다른 한편으로 시각적 정보와 청각적 정보가 명백하게 충돌할 경우, 시각 정보가 청각적 단서들에 대해 우선권을 갖는다. 다른 말로 하자면, 편극화의 효과는 그런 경우 더욱 약해지고, 음악은 단순히 시각 이미지의 감성적 의미에 그늘을 드리우게 된다.

앞에서 인용했던 예로 돌아가면, 이제 우리는 편극화의 과정이 어떻게 영화에서 음악적 감성의 전달을 구조화하는 데 기여하는지 알 수 있다. 음악이 캐럴의 〈강가 딘〉(1939)의 예처럼 전반적인 분위기를 암시하는 것으로 사용되는 경우, 관객은 자신에게 제시된 시청각적 정보의 감성적 특징에 대해 판단을 내리며, 그 장면의 시각 정보를 해석하기 위해서 그 음악의 정서적 의미를 활용한다. 캐럴의 예에서 음악 자체는 쾌활하고 힘차며 가벼운 것으로 특징지어진다. 이 음악의 정서적 의미를 인지함으로써 관객은 그 음악이 깔리는 전투 장면을 해석하는 데 이 평가를 이용한다. 전체적인 효과는 음악이 그 장면을 관객의 인지적 도식의 일부인 특정한 의미의 극단으로 움직인다는 것이다. 따라서 우리는 그 전투 장면을 '무겁다'거나 '비극적'이라기보다는 '웃기고', '명랑한' 것으로 보게 된다.

편극화는 음악이 한 인물의 정서적 상태를 나타내는 장면에서도 비슷한 방식으로 작동한다. 〈인생이란〉의 예에서 관객들은 음악의 정서적 의미, 그것의 불길함과 근심의 느낌을 이용해서 평범한 저녁식사 장면 중 질리언의 태도를 해석한다. 반면, 〈나인 투 파이브〉의 경우에는 관객들이 바이올렛의 두려움을 이해하기 위해서 음악의 감성적 의미를 활용한다. 우리가 음악적 감성을 전체적인 무드에 대한 기여로서보다는 인물 지향적인 것으로 해석하는 이유는 영화의 보다 큰 내레이션 과정에 의해 대부분 결정된다. 예를 들어, 우리는 질리언이 얼마전 악성종양이라는 판정을 받았다는 사실을 알고 있다. 우리는 또한 바이올렛이 일어나지도 않은 살인 사건의 증거를 숨기고 있다고 믿고 있음을 알고 있다. 각각의 경우에 정보에 대한 영화의 조절은 음악의 감성적 특징에 대한 우리의 판단에 영향을 주며, 장면 전체보다는 특정한 한 인물에 그것을 결부시키도록 우리를 부추긴다.

편극화와 마찬가지로, 감성적 합치도 시각 정보와 음악 정보의 상호작용을 포함한다. 여기에서 음악 정보가 시각 정보의 해석에 영향을 준다. 그러나 감성적 합치는 편극화와는 달리 이미지들의 감성적 특징이 그 이미지들을 강조하고 강화하는 정도로 변화하고 움직이는 것을 포함하지 않는다. 감성적 합치를 통해서 피실험자들은 음악이나 이미지만을 접했을 때보다 더 강력하게 정서적 특징들을 느낀다.

편극화에 비해서 감성적 합치에 대한 연구는 상대적으로 적지만, 몇몇 흥미로운 연구가 있어서 여기에 소개한다. 샌드라 마샬Sandra Marshall과 애너벨 코헨Annabel Cohen의 연구를 출발점으로 삼아서, 조지 시리어스George Sirius와 에릭 클라크Eric F. Clarke는 음악과 이미지가 부가적 방식으로 결합이 되는지, 아니면 진정한 시청각적 지각에서 특징적인 의미 효과를 낳는지를 테스트하도록 설계된 실험을 개발하였다.[36] 이 연구를 위해 피실험자들은 한 무리의 발췌된 음악과 컴퓨터로 만들어진 이미지를 12개의 상반된 수식어 척도로 평가하도록 요청되었다. 이미지는 3차원 도형들이었고 발췌 음악은 특정한 음악이나 영화 장르의 스타일로, 가령 디스코나 스페인풍, 스릴러, 마카로니 웨스턴의 스타일로 특별히 작곡된 것이다. 시리어스와 클라크는 자신들의 결론이 잠정적인 것임을 강조하지만, 그럼에도 그들의 연구 결과는 음악이 음악과 이미지의 관계에 오직 부가적인 효과만을 갖는다는 것을 보여 주었다.[37] 특히 표현적인 것으로 지각된 음악은 사용된 특별한 시각적 보기와는 상관없이 그것이 사용된 시청각적 조합에 대한 평가 점수를 높였다. 시각적 부분의 의미가 애매할 경우 편극화가 음악의 감성적 특징에 대한 해석을 조직한다. 그러나 이미지의 의미 가치가 더 뚜렷할 경우, 음악의 부수적 효과는 단지 시각과 청각에 의해서 제시된 감성적 의미를 강조할 뿐이다. 다른 말로 하면, 음악의 부수적 효과는 감성적 의미에 대한 피실험자의 인상을 강화해서, 그 결합은 시각적 또는 청각적 지각 자체보다 더 크다.

감성적 합치의 강조 효과는 매릴린 볼츠Marilyn Boltz, 매슈 슐킨드Matthew Schulkind와 수잔 캔트라Suzanne Kantra의 영화음악과 기억에 대한 연구에 의해 더욱 강화되었다. 이 실험이 비록 배경 음악이 영화적 사건에 대한 피실험자의 기억 능력에 끼치는 영향의 정도에 초점을 두고 있지만, 연구자들은 음악적 무드와 사건의 결과 사이에 흥미로운 상관관계가 있음을 발견하였다. 음악 자체만의 단순한 재현은 기억력을 개선하는 데 충분치 않다. 오히려 이 연구는 관객의 기억이 현저하게 개선되는 것은 음악이 사건과 시간적으로 그리고 감성적으로 합치할 때뿐임을 보여 주었다. 가장 시사하는 바가 많은 것은 피실험자가 곡조를 알아맞히지 못한 경우에도 그 곡을 들으면 그것이 연결되어 있는 에피소드를 기억하는 피실험자의 능력이 종종 증대된다는 것이다. 이러한 결과에 대한 저자들의 해석은 음악의 감성적 의미가 한 장면 밑에 깔려 있는 무드로 관객의 주의를 향하게 한다는 사실을 보여 준다. 다시 말해서, 영화음악은 우리의 주의를 음악의 감성적 특징과 부합하는 행동 패턴으로 향하게 한다는 것이다. 교차양상적 확인을 통해서 음악과 이미지의 공유된 감성적 의미는 공유된 형식적 특징들에 주의를 향하게 하며, 이는 반대로 그 장면의 감성적 의미를 생성하고 강화시킨다. 이 방식으로 무드의 합치는 일관되며 연상으로 강하게 암호화되어 있는 시청각적 지각을 낳는다. 이러한 상황 모두가 단기기억 속에 암호화되어 있는 시청각적

정보를 불러올 수 있는 능력을 촉진한다.[38]

이 연구들의 결과가 편극화의 그것에 비해 덜 결정적이라고 하더라도, 이 연구는 시청각적 조합의 정서적 의미를 강화시키는 감성적 합치의 성향을 지적하고 있다. 반면, 편극화 연구의 결과는 어떻게 그 강화 효과가 획득되는지에 대한 아이디어를 제공한다. 그러나 보다 중요한 것은 이러한 결과들이 영화음악이 표현의 조합의 부분으로서 정서적 반응을 불러일으킬 수 있다는 가설을 뒷받침해 준다는 것이다. 감성적 합치의 부가적 효과는 특히 여기에서 중요한데, 이것은 정서적으로 강력한 시각 트랙이 정서적으로 표현적인 사운드 트랙과 결합이 되면 감성적 의미의 강도가 관객의 신체적 반응을 유발할 수 있을 만큼의 밀도를 획득하게 된다는 점을 보여 주고 있기 때문이다. 반대로 관객은 자신의 신체적 반응을 지각하고 평가하게 되면 영화가 제공하는 정서 표현에 스스로가 반응하고 있다는 느낌을 받게 된다. 따라서 〈엘리펀트 맨〉의 예로 돌아가서, 그 장면의 감성적 의미를 강조하고 반대로 존 메릭의 죽음에 대한 나의 본능적인 반응을 불러일으키는 것은 무엇보다도 바로 새뮤얼 바버의 풍부한 정서를 담은 음악이 지닌 감성적 합치인 것이다.[39]

심리음악학적인 연구들이 영화음악의 의미화 문제에 대해 흥미로운 통찰을 제공해 주고 있지만, 몇 가지 이유 때문에 이 증거에 비중을 두는 데 있어서 조심해야 한다. 먼저 코헨이 지적한 것처럼 음악이 이미지에 대한 관객의 이해를 형성하는 범위는 예상할 수 있는 것보다 예측하기가 어렵다.[40] 따라서 연구자들의 결론은 전형적으로 음악적 인식의 인과론적 메커니즘보다는 특정한 경향을 기술하고 있다. 물론 이것은 언어와는 달리 음악이 의미론적 차원을 갖고 있지 못하다는 상식적인 견해와 일치한다. 그러나 연구자들은 고작해야 우연에 비견할 수 있는 수준의 상호 주관적 동의만을 보여 주고 있기 때문에 이 증언으로부터 어떠한 결정적인 결론도 도출될 수 없다.

두 번째로, 의미상 상이한 척도를 사용함으로써 연구자들은 인지주의 모델의 특정한 핵심적인 가정들을 전제로 하고 있다. 음악이 일깨울 수 있는 분위기를 탐색하는 것보다, 이 실험들은 감성적 특징을 인식하고 어느 정도의 상호 주관적 동의에 의해 그것을 규정할 수 있는 피실험자들의 능력만을 테스트하고 있다. 따라서 이 실험들이 키비의 음악적 감성 모델을 인정해 주는 한 가지 이유는 그 실험들이 이미 그렇게 하도록 미리 그렇게 되어 있을 수도 있다는 것이다. 하지만 더욱 중요한 것은 의미상 상이한 척도의 사용 역시 피실험자가 청취 상황에 적용할 수 있는 해석적 기술의 종류들을 강요한다는 것이다. 보다 열린 결말의 질문을 사용하는 실험들은 감성적 특징들이 빈번히 음악적 재현의 요소들에 연계되어 있음을 보여 준다. 예를 들어, 필립 태그Philip Tagg에 의해서 수행된 테스트에서 피실험자들은 영화나 TV 음악 일부를 짧게 들은 후 무엇이 스크린 위에서 일어나고 있을지에 대한 그들의 생각을 즉시 메모하도록 하였다. 전형적인 반응은 '밝음'과 '낭만적임'과 같은 감성적 특징과의 언어적 · 시각적 연결을 보여 주며, 또한 '하얀 옷', '풀밭', '느린 움직임', '샴푸'와 같은 보다 재현적인 요소들과 연결시키기도 했다.[41]

마지막으로, 적절한 실험 조건을 확보하기 위해서 피실험자들은 때로 전형적인 영화관람 경험과는 근본적으로 다른 방식으로 실험되었다. 한 가지로, 연구자들은 실험을 위해서 특별히 만들어진 영화와 음악을 사용한다. 예를 들어, 코헨의 어떤 실험에서 그녀는 '인물'의 기능을 수행하기 위해서 튀는 공이나 도형 모양의 단순한 애니메이션을 사용했다. 그 결과는 비내러티브적인 사건의 의미를 형성하는 음악의 능력과 관련해서는 흥미롭다. 그러나 분명 그것은 전형적인 영화적 경험이라고 할 수는 없는 것이다. 마찬가지로 많은 실험은 영화와 음악의 의미관계를 테스트하기 위해 짧은 발췌 부분만을 사용한다. 마찬가지로 그 결과는 유용하다. 하지만 실험 조건은 대부분의 영화적 내러티브의 시간적 전개와 상이하다. 일반적으로 이러한 실험들은 국지적인 정서적 의미를 인식하는 피실험자의 능력을 테스트한다. 그래서 전체 음악보다는 개별적인 단서에 보다 더 들어맞을 것이다.[42]

이 말은 심리음악학 연구에서 아직 연구되어야 할 무엇인가가 여전히 존재한다는 뜻이다. 영화음악적 감성이론을 발전시키는 데 있어서, 나는 심리음악학에 의해 이루어진 기여는 양면적이라 생각한다. 먼저 심리음악학 연구는 관객들이 일반적으로 정서적 표현성을 영화음악의 극적 기능 중 하나로 인식한다는 가설을 지지하는 듯하다. 다음으로, 심리음악학 연구는 관객의 현상적 경험에 대한 보다 정교한 기술을 제공하고 있다. 코헨의 연구는 관객의 행동이 앞에서 개괄된 표현성 이론과 호환이 잘되는 일종의 연상 모델을 통해서 가장 잘 이해될 수 있다는 것을 보여 준다. 코헨은 이러한 연상주의를 네 가지 특징을 통해 정의하고 있다. 첫 번째, 연상주의는 그것이 정신 세계의 가장 기본적 구성 요소들을 감각적 경험과 동일시한다는 점에서 감각론적이다. 코헨에게는 음악이 정서에 직접 연결된다는 의미에서 감각론적인 것이다. 두 번째 특성은 연상주의가 기계론적이라는 것이다. 이를 통해서 코헨은 복잡한 인지 조합들이 기본적인 감각들에 의해 예측된다고 말하는 것이다. 이것은 음악적 감성을 이해하는 데 있어서 중요한데, 그것이 음악이 한 사건에 독립적으로 의미를 부여한다는 가설에 합치한다는 의미에서 그렇다. 세 번째로, 연상주의는 분석되는 사건들이 단순한 지각으로 분해된다는 측면에서 환원론적이다. 영화에서 이러한 환원론은 영화가 시각 요소와 음악 요소로 분리될 수 있으며, 각자는 상이한 인지 메커니즘에 의해 진행된다는 것을 의미한다. 마지막으로, 연상주의는 연계론적이다. 이는 생각과 감각, 데이터와 기억 양식 그리고 다른 정신적 요소들이 동시적이며 연속적인 경험을 통해서 서로 연계된다는 것을 뜻한다. 영화음악이 주제나 주도 동기leitmotif를 빈번하게 사용한다는 사실은 음악적 인식에 대한 연계론적 설명에 합치된다. 보다 중요한 것으로, 외연적 의미와 감성적 의미는 모두 이러한 연계론적 원리에 입각해서 설명될 수 있다. 왜냐하면 영화음악은 그 의미를 등장인물과 배경 그리고 착상과의 사전 연계를 통해서 획득하며, 그다음에 그 의미를 영화음악이 동반하는 영화 시퀀스로 이전시키기 때문이다. 따라서 분석철학이 영화음악의 정서적 표현성의 신비에 중요한 단서들을 제공했다면, 심리음악학은 관객들이 시청각적 맥락 속에서 음악의 표현성을 인식하는 방식에 대해 보다 정밀한 설명을 제공함으로써 그 설명을 풍요롭게 한다.

영화음악이 왜 내 안에서는 어떤 반응을, 그리고 다른 관객에게서는 다른 반응을 촉발하는지에 대한 특별한 이유는 매우 복잡하다. 한 가지 이유는 음악이 정서적 특이성을 결여하고 있다는 것이다. 이는 동일한 음악에 대해서 상이한 정서적 반응이 일어날 가능성을 열어 준다. 음악이 한 등장인물에 대해 무언가를 전달해 줄 수 있고 한 관객에게서 약간 다른 반응을 일깨울 수 있다는 사실은 부분적으로 이러한 일반화 능력의 결과다. 한 영화음악이 어떤 정서적 특이성을 갖는지는 그것이 내러티브적 맥락 속에서 차지하는 위치로부터 도출되며, 음악 그 자체의 선천적 특징이 아니다. 그리고 설사 한 내러티브적 맥락 속에 위치했다고 하더라도 음악이 지닌 추상적 경향은 관객들 안에서 일어날 수 있는 정서의 범위에 있어서 여지를 제공한다. 정서적 반응의 다양성에 대한 다른 이유들로는 개별 관객 특유의 요소들이 포함된다. 존 슬로보다John Sloboda가 지적하듯이, 그 이유들은 영화를 보기 전 관객의 주된 분위기, 그리고 한 내러티브 상황이 한 사람의 개인적인 약점과 두려움, 욕망, 근심과 연결될 수 있는 정도와 같은 것들을 포함할 것이다. 가령 내가 〈엘리펀트 맨〉을 보고 있는 동안, 영화는 내 안에서 다른 관객들과는 공유되지 않는, 일종의 기형에 대한 두려움을 활성화할 수도 있다.[43]

이 절에서 조금 협소하게 감성 이해에 영향을 미치는 과정에 초점을 두었다면, 이러한 과정이 기억의 검색, 정신적 모델링, 내러티브 이해 그리고 교차양상적 확인과 같은 다른 인지 활동과도 빈번하게 연계된다는 사실을 기억하는 것이 중요하다. 앞으로의 연구는 편극화와 감성적 합치가 그런 활동들에 영향을 미치는 방식을 탐구할 수 있을 것이다. 유망한 한 연구 분야는 영화음악과 영화 장르 그리고 인지의 관계에 관한 것이다. 특정한 장르에서 사용되는 음악 스타일과 관습이 특히 미래 내러티브의 전개에 대한 추론까지도 포함해서 관객의 시각 정보 해석에 강력한 영향을 끼침을 암시하는 강력한 증거들이 있다. 더 나아가서 특정한 장르들이 특정한 무드와 자주 연결되어 있기 때문에, 장르 도식을 활성화하는 음악은 관객들이 미리 자신들에게 주어진 시각 정보들 속에서 특정한 감성적 의미를 향해 나아가도록 할 수도 있다. 다른 말로 하자면, 낭만적 음악은 관객들이 따뜻함이나 부드러움 또는 열정과 같은 감성적 특징을 인식하도록 인도할 수 있다. 공포음악은 한 장면에서 관객들이 공포와 두려움 그리고 근심을 판단하도록 미리 이끌 수 있다. 익살스러운 음악은 경쾌함과 쾌활함 그리고 흥겨움을 더 많이 활성화할 수 있다. 이것이 제시될 수 있다면, 이 분야에서의 연구는 편극화와 감성적 합치가 모두 어떻게 작동하는지에 대해 보다 정밀한 이해를 가져다줄 수 있을 것이다.

마찬가지로 관객의 정서적 관여가 영화음악의 다른 내러티브 기능들에 의해서 조정될 수 있는 방법들이 탐구될 수도 있을 것이다. 가령 주도 동기의 사용이나 다른 예술작품들과의 연계를 통해서 말이다. 〈현기증Vertigo〉 중 버나드 허먼의 음악을 예로 살펴보자. 스코티제임스 스튜어트가 바다가 내려다보이는 바위산 꼭대기에서 매들렌킴 노박을 포옹하는 장면에서 허먼의 음악은 상대방에 대한 등장인물의 열정적인 감정을 전달할 뿐 아니라 관객들 안에서 일종의 서사적 장대함의 느낌을 불러일으킨다. 두 번째 것은 그 음악이 바그너의 '사랑의 죽음Liebestod'을 언급함으로써 스코티와 매들렌의 사랑을 트리스탄과 이졸데 신화와 병치시킨 결과다. 마찬가지로 노라 에프론Nora Ephron의 〈시애틀의 잠 못 이루는 밤Sleepless in Seattle〉(1993)에 등장하는 연인들에 대해서 우리가 어떤 느낌을 갖는지는 1958년 작 멜로영화 〈러브 어페어An Affair to Remember〉와 그 영화 속 연인들의 사랑을 강조하기 위해서 사용된, 잘 알려진 사랑 노래가 담긴 사운드 트랙에 대해 느꼈던 향수어린 온정과 뒤섞여 있을 것이다. 음악 인지에 대한 보다 포괄적인 이론은 이러한 텍스트 외적이고 음악에만 특별한 연상과 그것이 정서적 관여의 특정한 관점과 갖고 있는 관계를 설명할 수 있어야 할 것이다.

결론 Conclusion

음악과 정서의 상관관계는 영화음악에 대한 실무적 논의와 학술적 논쟁 모두에 널리 알려져 있다. 예를 들어, 작곡가인 엘머 번스타인Elmer Bernstein은 다음과 같이 말함으로써 이러한 상황을 요약하고 있다. "모든 예술 중에서 음악은 가장 직접적으로 정서에 호소한다."[44] 비평가인 사이먼 프리스Simon Frith는 이에 덧붙여서 이렇게 말한다. "음악은 한 장면의 정서적 의미와 그 안에 포함되어 있는 인물들의 진실된 '실제' 감정을 전달하고 명확히 해 준다."[45] 음악과 정서의 이러한 관계는 영화음악이 수행하는 몇 가지 극적 기능 속에서 명백하게 드러난다. 내가 강조했던 세 가지 기능—인물 정서의 의미화와 전반적인 무드의 전달, 그리고 관객 안에서의 정서적 반응의 촉발—이 상이한 수준의 정서적 관여에 부합하는 영화음악적 감성의 구조를 형성한다. 이와 같은 상이한 수준의 정서적 관여는 인지적 음악이론과 정서적 음악이론의 조합을 통해서 가장 잘 이해될 수 있다. 왜냐하면 영화음악이 관객 안에서 정서를 일깨우고 전달하는 방식에 있어 미세한 차이가 존재함을 시사하고 있기 때문이다.

하지만 보다 중요한 것은 이 음악적 감성의 구조가 음악 인지에 대한 현상학적 설명에 있어서 핵심적인 두 가지 과정에 의해서 지지되고 있다는 사실이다. 편극화와 감성적 합치로 알려져 있는 이 과정들은 특정한 종류의 시청각적 상호작용에 대한 관객의 평가를 포함하고 있다. 편극화의 경우 음악의 감성적 특징이 시각적 이미지들을 상반된 의미 차이 척도의 한 끝이나 다른 끝으로 움직이게 한다. 감성적 합치의 경우에는 음악적 감성과 내러티브적 감성의 일치가 영화적 기표의 정서적 특징을 증대시키고 강화시켜서 음악적 구성 요소와 시각적 구성 요소 자체의 특성을 넘어서게 된다. 이러한 과정들은 상대적으로 일상적인 것처럼 보일 수도 있다. 그럼에도 그것은 내러티브적 이해의 보다 다양한 측면, 가령 인물 동기의 인식, 미래 내러티브의 발전에 대한 예측, 그리고 관객의 기억 속에 중요한 내러티브 정보를 약호화하는 것에 필수적이다.

영화음악의 정서적 힘은 관객을 웃거나 울게 하는 능력에서부터 그 음악이 반주되는 영화와 분리되어 들었을 경우 특정한 장면이나 이미지 그리고 인물들을 떠올리게 하는 능력에 이르기까지 다양한 방식으로 제시되었다.[46] 필립 사르드Philip Sarde가 지적하듯이, 영화음악 작곡가가 감독을 만나게 되면 "우리 모두는 같은 것에 대해 이야기한다. 정서에 대해서 말이다."[47] 그러나 이러한 정서적 힘을 이해하는 것은 영화음악이 신비로움과 표현할 수 없음의 베일 속에 덮여 있는 한, 음악이 의미하는 바와 그것이 관객의 무의식에 연결되는 방법 모두와 관련해서 어려운 것으로 드러날 것이다. 나는 그 베일을 뚫는 최상의 방법은 영화음악적 인식의 다양한 과정을 조심스럽게 이론화하는 것이라고 믿는다. 그 과정에서 우리는 영화음악이 영화에 기여하는 바에 대해서만이 아니라, 영화 전체의 정서적 표현성에 대해서도 보다 나은 이해를 얻게 될 것이다.

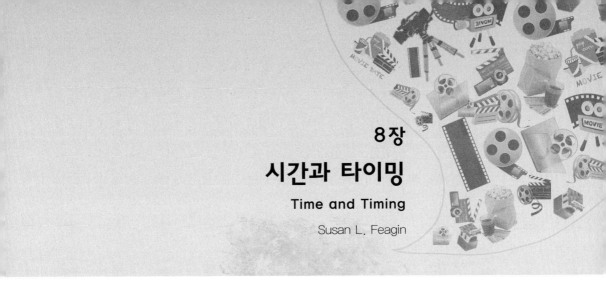

8장
시간과 타이밍
Time and Timing

Susan L. Feagin

빌: 내게 코미디에서 가장 중요한 것이 뭐냐고 물어봐요.

밥: 가장 중요한 게…….

빌: 그건 타이밍이죠.

모든 사람이 알고 있듯이, 유머의 효과는 대부분 타이밍에서 나온다. 예측, 긴장, 서스펜스, 놀라움, 지루함, 당황을 포함한 다른 많은 영화에 대한 반응도 어느 정도 타이밍에 의존한다. 가장 단순하게 말하자면, 집의 외관을 보여 주는 숏은 액션 장면으로 이어질 수 있다. 그러나 그 이미지가 2분 이상 지속되고 관객의 관심을 끌 만한 요소가 아무것도 제시되지 않는다면, 관객은 초조하거나 지루해질 것이다. 정반대로 개별 이미지를 인식할 시간도 없이 몽타주 이미지가 빠르게 제시되면, 관객은 짜증을 내거나 혼란스러워할 것이다. 여기서 이미지란 단어는 하나의 정적인 이미지뿐만 아니라 하나의 이미지 단위로 생각되거나 경험될 수 있는 영화의 일부를 지칭한다.

등장인물의 얼굴 클로즈업, 칼싸움, 집 내부의 어떤 방이 배경이 되는 장면은 각각의 이미지가 될 수 있고, 감상이나 비평 또는 분석의 목적을 위해 주어진 이미지들에 개성을 부여하는 다양한 방법이 존재한다. 이 장에서는 영화의 시간적 특징들, 즉 한 영화 속 이미지들의 지속 기간이나 이미지들 간의 관계의 지속이 어떻게 영화에 대한 정서적 · 감정적 반응에 영향을 미쳐서 관객의 경험을 풍요롭게 하는지 살펴보고자 한다.

영화의 프레임을 제시하는 기본적인 순서는 한 영화의 영화로서의 정체성에 있어 필수적이다.[1] 이미지들의 배열은 그에 대한 관객의 정서적 또는 감정적 반응에 영향을 주기 위해 사용될 수 있다. 시퀀스는 영화가 갖는 시간적인 특징 중 하나다. 시퀀스는 이미지의 순서와 관련이 있고, 이미지의 지속 또는 이미지 간 관계의 지속과는 관련이 없다. 영화의 지속적 특징들이 내가 '타이밍'이라고 지칭하는 것이다.

타이밍엔 두 가지 종류가 있다. 하나는 이미지의 지속 기간, 즉 이미지가 지속되는 시간의 길이를 말하며, 이는 관객의 반응에 영향을 미칠 수 있다. 예를 들자면, 〈레이더스Raiders of the Lost Ark〉의 시작 부분 장면에서 인디애나 존스해리슨 포드는 복잡한 카이로의 시장에서 수많은 적에게 쫓긴다. 어느 순간 떼 지어 있던 한 무리의 사람이 마치 홍해처럼 갈라지면서 눈에 띄는 복장을 하고 허세를 부리며 칼을 휙휙 휘두르는 적 한 명을 보여 준다. 적은 능숙하고도 위협적으로 꽤 오래 자신의 칼을 휘두른다. 관객들은 생각한다. '중요한 인물이 나타났군. 능숙하게 채찍을 사용하는 존스에겐 흥미로운 도전이 되겠는 걸.' 이미지의 지속, 즉 존스가 만난 적의 능숙함을 보여 주는 시간의 길이는 인지적 · 정서적으로 영향을 준다. 적절한 인지적 효과는 곧 채찍과 칼 사이에 액션으로 가득한 한바탕 싸움이 곧 일어날 것이라고 생각하는 것이다. 적절한 정서적 효과로는 피로 홍건한 싸움이 될 수 있다는 것에 대한 전율 어린 예감이 될 것이다.

타이밍의 두 번째 유형은 〈레이더스〉의 초반부에서 보듯이 이미지들의 지속적 관계성을 말하는데, 이에는 이미지들의 상대적 지속 기간, 두 이미지 사이 또는 여러 이미지가 제시된 기간, 현재의 이미지와 그전의 이미지 사이의 기간이 포함되며, 그 자체로 상당한 지속 기간이 발생할 수 있다. 〈레이더스〉에서는 어떨까? 칼을 휘두르는 장면을 상당 시간 보여 준 후 존스의 얼굴을 보여 주는 장면으로 이어지는데, 그는 "하찮은 놈……." 이라 말하는 듯한 경멸스러운 표정을 짓는다. 이어서 존스는 총을 꺼내 적을 쏴 죽인다. 적이 준비에 상대적으로 긴 시간을 할애한 것이 존스가 재빨리 적을 퇴치한 것과 대조를 이루면서 익살스러운 효과를 낳는 것이다. 이국에서의 모험을 다룬 영화인 〈레이더스〉는 이 장면과 다른 장면에서 미국식 서부영화에 경의를 표하는 동시에 그것을 조롱하기 위해 타이밍을 사용한다. 우리의 인생처럼, 농담의 성공까지 포함해서 타이밍은 좋을 수도, 나쁠 수도 있고 효과적일 수도, 아닐 수도 있다. 한 편의 영화가 얼마나 성공적인지 아닌지, 얼마나 쉽거나 어려운지에 대한 평가와 관련한 영화의 지속적 특징을 '타이밍'이란 용어로 지칭할 것이다. 타이밍이 좋지 않아 효과가 떨어지는 영화의 예도 있겠지만, 여기서는 논의의 단순화를 위해 영화가 지닌 타이밍과 그것이 영화의 효율성에 기여하는 방식에 중점을 두고자 한다.

따라서 타이밍은 시모어 채트먼Seymour Chatman이 말한 '담화 시간discourse-time', 즉 텍스트 속에서 플롯 사건들을 제시하는 데 걸리는 시간을 어느 정도 포함하는 개념이다.[2] 여기서 '제시 시간'이 실제로 경과된 시간을 의미한다면, 이는 지속 기간이라는 단일한 시간적 특징만을 포함하며 영화의 다양한 부분 간의 시간적 관계가 어떤 식으로 관객의 반응에 영향을 미치는지는 포함하지 않는다. 사실 채트먼이 정의한 담화 시간에는 모호함이 존재하기 때문에, '플롯 사건들의 시간적 나열시퀀스'로 정의되는 '이야기 시간story time'과의 구분에도 애매함이 존재한다. 이야기 시간은 나열하기라는 용어로 정의되는데, 이는 사건의 지속 기간이나 상대적 지속 기간보다는 그 순서만 고려한다. 이야기 시간과 변별하기 위해, 담화 시간 역시 나열하기라는 용어로 정의해 볼 수도 있겠다. 어찌되었건 나열하기는 한 편의 영화나 일련의 사건의 시간적 특징이지만, 내가 타이밍이라 부르는 것에 속하진 않는다.

알렉산더 시즌스키Alexander Sesonske가 '스크린 시간screen time', 즉 "한 영화혹은 영화의 일부분의 실제 경과 시간"이라고 부른 것도 담화 시간에 대한 정의와 마찬가지로 한계가 있다. 즉, 스크린 시간은 한 영화 속 2개 이상의 이미지 간의 실제적 혹은 상대적 지속 기간을 포함하지 않는다.[3] 반대로 담화 시간과 스크린 시간은 모두 실제 경과 시간을 포함한다는 점에서 내가 말하는 타이밍의 개념보다 더 넓은 개념이다. 그래서 이 개념들은 영화가 어떤지, 영화가 효과가 있는지 없는지를 설명하는 데 있어서 아무런 기능이 없는 실제 흘러간 시간도 포함하고 있다. 영화가 보여 주려는 바를 표현하거나 관객에게 영향을 주기 위한 방법으로 타이밍만 쓰는 것은 아니다.

이 짧은 설명에서처럼, 나의 관심은 영화가 불러일으키는 감성적 반응을 타이밍으로 설명하는 것에만 초점을 두고 있는 것은 아니다. 궁극적으로 나는 영화를 감상하는 것, 특히 예술작품으로서 영화를 감상하는 것에 관심이 있다. 나는 다른 곳에서 문학작품을 감상하는 것은 감성적 · 이론적 부분을 포함하는 시간적인 전개과정이라고 주장한 바 있다.[4] 예술작품으로서 영화를 감상하는 것은 이와 똑같은 요소들을 포함하고 있다고 제안하는 바다. 어떤 사람들에게는 '예술작품으로서'라는 수식어가 문제가 될 수도 있을 것이다. 그러나 여기에서는 예술의 개념에 대한 논쟁을 재연하기보다는 영화 속 타이밍의 효율성에 대해, 그리고 타이밍에 대한 인식을 통해 영화에서 어떻게 더 많이 끌어낼 수 있는지에 대해 곧바로 논의할 것이다.

대부분의 경우, 이미지 간의 관계와 이미지들의 지속 기간을 음미하며 영화에 반응한다면 영화 감상은 이론적인지적, 감성적으로 충만하고 풍요로워진다. 이론적 구성 요소는 영화가 무엇에 관한 것인지, 영화가 '의미하는' 또는 말하는 바가 무엇인지, 영화가 보여 주거나 표현하는 것이 무엇인지, 또 그에 못 미치는 부분은 무엇인지에 대한 설명이다. 이상적인 작품 설명은 영화가 보여 주거나 말하려는 주제에 대해 영화의 구성 요소들이 어떻게 함께 조화를 이루는지 설명한다. 이러한 이론적 감상 요소에는 작품에 대한 단 하나의 해석만이 옳다거나 어떤 관점만이 옳다는 식의 주장은 들어 있지 않다. 감성적 요소는 정서, 감정, 무드, 욕망의 감성적 요소들로 구성된다. 마찬가지로 어떤 작품에 대해 단 하나의 반응만이 옳다는 가정은 존재하지 않는다. 특히 다른 사람들에게는 의미 있게 인식되지 않는 영화의 어떤 면을 강조하는 식의 다양한 해석적 접근을 받아들인다면 말이다. 다양한 해석방식을 통해 한 작품의 여러 기능을 알 수 있고, 따라서 다양한 반응이 나타나는 것도 당연한 것이다. 하나의 해석방식 내에서도 서로 다른 사람들이 다양하면서도 적절한 반응을 보일 수 있다. 마찬가지로 한 사람이 한 작품을 반복해서 볼 때마다 다양한 반응이 나타날 수도 있다. 이론적 요소와 감성적 요소가 작품 감상 속에서 합쳐지면 한 작품의 의미나 말하고자 하는 바를 알게 될 뿐만 아니라 어떻게 해석하고 어떤 가치가 있는지도 알 수 있다. 영화를 감상하는 것, 영화를 풍부하게 깊이 경험하는 것은 영화에서 가치를 이끌어내는 것, 즉 영화가 기대하는 바가 이루어지도록 하는 것을 포함한다. 그중 일부는 종종 정서, 감정, 무드, 욕망을 불러일으켜 인간의 심리에 영향을 미치는 것이 포함된다. 따라서 영화의 이론적 해석에서 기술될 필요가 있는 부분은 감성적 반응이 어떻게 영화가 의도하는 바를 돕는가 하는 것이다.

나는 먼저 타이밍의 특성이 어떻게 다른 시간적 · 비시간적 특성과 구분되는지 자세히 설명하면서, 영화에 대한 감성적 반응을 일으키는 데 있어 왜 타이밍의 역할이 간과되기 쉽고 묘사되기 어려운지에 대해 간략하게 설명할 것이다. 그다음 타이밍이 간접적인 인지적 방법을 통해, 즉 관객의 믿음과 생각을 변화시키거나 드러내는 것을 통해 사람의 정서, 감정 등에 어떻게 영향을 미치는지를 탐색할 것이다. 마지막으로, 나는 타이밍이 어떻게 감성적 반응을 직접적으로, 즉 인지적 작용과 독립적으로 불러일으키는지 설명할 것이다. 그리고 〈천국보다 낯선Stranger than Paradise〉(짐 자무쉬, 1984)을 통해 영화에 대한 반응이 영화가 무엇에 관한 것인지에 어떻게 관련되는지, 영화에 대한 반응과 그에 대한 성찰이 영화의 감상을 어떻게 풍부하게 하는지를 설명하는 예를 제시하려고 한다.

마지막으로, 내가 예를 제시한 방식을 설명하고자 한다. 나의 궁극적 관심은 일정 기간 동안 일어나는 감상이기 때문에, 나는 생각과 아이디어 그리고 정서와 감성적 반응들을 그 일부로 간주하였고, 따라서 일정한 순서가 있다고 보았다. 여기서 든 예시는 핵심 개념을 분명히 하기 위해 많이 단순화한 것이다. 영화에 대한 실제 반응들은 이렇게 산뜻하게 정의되거나 구분되지 않는다. 더 나아가 이 예들에서 나는 인지적 과정과 감성적 과정의 순서를 나의 것인 양, 즉 '우리'의 것인 양 설명하였다. 예에서 묘사된 반응이 마치 독자와 내가 특별한 입장에 있는 것처럼 이 영화에 대한 유일하게 합당한 반응이라고 주장하는 것이 아니다. 그보다는 지속 기간과 지속적 관계가 정서적으로 효과적일 수 있는 방식을 보여 주는 일련의 적절한 반응을 예로 들었다.

무엇이 타이밍인가? 유도인자와 조건인자

What Is Timing? Elicitors and Conditioners

영화의 특정 부분에 왜 어떤 사람은 그렇게 반응하는지에 대해서는 두 가지 유형의 이유가 있다. 영화의 어떤 부분에 반응을 보이는지 설명하는 방식이 있는데, 이때 그 영화의 부분을 유도인자elicitor라고 부른다. 반응은 또한 관객의 특성—즉 신념, 생각, 능력, 과거 경험, 무드, 태도, 인성과 인물 특성, 다른 심리적 상태 및 조건—에 초점을 맞추어 설명될 수 있다. 나는 이것을 조건인자conditioner라고 부른다. 이는 관객의 심리적 상태나 조건을 말한다. 어떤 두 사람도 똑같은 심리적 상태와 조건을 지니고 있지는 않으며, 영화 감상과 같은 반응을 볼 때도 그런 조건을 가정하진 않는다. 어떤 반응들은 전형적으로 특정한 종류의 신념, 특정한 양의 정보, 특정한 종류의 가치, 특정한 종류의 경험을 관객이 갖고 있기를 전제할 수 있다. 하지만 다른 경우엔 반응의 전제 조건으로 생각이나 개념들을 지니고 있기보다는 영화에 대한 자신의 반응들을 토대로 그 영화가 무엇에 대한 것인지에 대해 생각하면서 생각이나 개념들을 형성할 수 있다. 내가 감수성sensitivities이라 정의한 심리적 조건은 특히 반응을 일으키는 타이밍의 역할을 이해하는 데 있어 중요하다. 감수성이란 어떤 특정한 것을 만났을 때 특정한 방식으로 반응하는 성향적dispositional 상태 또는 조건을 말한다. 성향적 상태는 단순히 자극과 반응의 관계처럼 행동적으로 이해되기보다는, 왜 그러한 행동적 성향을 갖고 있는지를 설명해 주는 개인의 심리 특성으로 이해된다.

이상하게도 타이밍은 유도인자가 아니다. 즉, 우리가 경험적 현재experiential present라 부르는, 짧은 시간 또는 주어진 한순간에 경험하는 영화의 한 부분이 아니다. 타이밍은 또한 조건인자, 즉 지각하는 주체의 심리적 조건도 아니다. 타이밍은 영화가 규범적 방식으로 제시될 때 접하게 되는 영화의 요소 간 지속적 관계와 지속 기간이다. 타이밍이 개입되면, 관객의 반응은 단지 유도인자나 비시간적인 조건인자만으로 설명될 수 없다. 타이밍은 특정한 시간적 간격 동안에 관객에게 일어난 일또는 관객이 한 일 때문에 작동한다. 이러한 간격의 길이—영화 이미지 간의 지속적 관계와 지속 기간—는 어떤 사람이 왜 그런 방식으로 반응하는지를 부분적으로 설명해 줄 것이다.

이러한 타이밍의 존재론적 특수성, 시간적 관계에 대한 의존성은 반응을 일으키는 데 있어 타이밍의 역할을 구분해 내는 것을 어렵게 만드는 이유 중 하나다. 더욱이 한 영화의 부분들 간의 특정한 지속적 관계durational relationship와 지속 기간이 효과를 내는 것인지, 아니면 인지적 · 정서적 반응을 일으키는 것이 단지 영화 내용과 순서인 것인지 알기가 어려운 면이 있다. 타이밍의 정서적 잠재력은 일어난 순서대로 보여 주는 내용에 아마도 일부 바탕을 두고 있을 것이다. 결국 영화의 모든 부분은 일정한 시간 동안 일어나고, 또 영화의 다른 일부와 지속적 관계를 맺어야 한다. 우리는 이미지의 지속 기간과 지속적 관계가 영화의 주제를 어떻게 형성하고, 왜 효과적인지에 대해 쉽게 간과한다.

시간적 요인과 비시간적 요인 Temporal and Nontemporal Factors

신념, 말로 꺼내지 않은 생각, 상념과 단상을 포함하는, 보는 사람의 심리적 상태 또는 상황은 단순히 인지적 기반으로 기능할 수 있다. 인지적 기반은 신념, 생각, 사고로 이루어진 저장고처럼 기능한다. 하나의 저장고로서 그것은 무시간적으로 작동한다. 그 사람이 그러한 신념을 습득한 것이 언제인지는 중요하지 않다. 단지 중요한 것은 그 사람에게 그 신념이 있다는 것이다. 그러한 신념과 사고가 영화 관객의 공통적 정신 상태common mentality로 가정될 수 없다면, 영화는 어떤 식으로든 그것을 끌어낼 필요가 있을 것이다. 그리고 영화를 보는 동안 언제 이러한 것을 관객이 얻게 되었는가 역시 중요하지 않다. 보는 이의 마음속 깊숙한 곳에 영구적으로 박혀 있는 특정한 감수성 또한 그 사람의 반응에 영향을 미칠 수 있다. 이러한 감성적 감수성은 인지적 기반의 일부가 아니라 어떤 일에 대해 감성적인 반응을 만드는 성향이다. 감성적 감수성에 대한 일부 가정은 일반적으로 꽤 신뢰할 만하다. 신체 절단을 보면 끔찍해하고, 폭발에 매혹되며, 아이의 순수함에 감동받는 것처럼 말이다. 한편, 전에 보았거나 적어도 출처를 알고 있는 관객을 예상해서 영화는 다른 영화 또는 영화의 장르를 시각적으로 언급할 수도 있다. 예를 들어, 〈인디펜던스데이Independence Day〉에서 우주선이 침공할 때 사방으로 도망치는 사람들로 길이 꽉 막혀 있는 장면이 있다. 1950년대의 공상과학 영화에 익숙한 시청자라면 그 장르의 패러디로 인해 재미있어 할 것이다.[5] 당신이 1950년대 공상과학 영화를 언제 마지막으로 보았는지는 중요하지 않다. 오직 중요한 것은 당신이 이 관습을 알아차리는 것이다. 절대로 사라지지 않는 감수성처럼 이러한 조건인자는 무시간적으로 기능한다. 그러나 어떤 감수성은 단지 일시적일 수 있다. 무엇인가가 일시적이라는 사실은 타이밍이 반응에 영향을 준다는 사실을 내포한다.

배열 Sequencing

배열은 이야기 또는 줄거리의 사건이 제시되는 순서다. 이러한 순서, 담론discourse의 순서는 줄거리 속 사건의 순서와 같을 수도 있고 아닐 수도 있다.[6] 내러티브 시간과 스토리 시간이 시간적으로 불일치하는 이야기를 이해하기 위해서는 상당한 인지적 노력이 필요할 수 있다. 〈펄프 픽션Pulp Fiction〉(쿠엔틴 타란티노, 1996)의 대중적 인기는 부분적으로 관객들의 이야기 이해가 영화 구조의 이해와 나란히 이루어지는 방식에 기인한다. 그보다 몇 년 전, 좀 더 난해한 종류의 예술영화인 〈미스테리 트레인Mystery Train〉(짐 자무쉬, 1990) 역시 인물들에 의해 동시에 경험될 수 있는스토리 시간 같은 사건들에 대해 각기 다른 관점을 연속적으로 제시한다담론 시간. 주제가 약간 다른 〈지상의 밤Night on Earth〉(짐 자무쉬, 1991)은 세계의 5개 도시에서 밤의 같은 시간대에 몇 명의 택시 기사에게 일어난 일들을 연속적으로 보여 준다. 흥미롭게도 각 에피소드의 스크린 시간은 스토리 시간과 거의 동일하다.

배열은 한 이야기의 다양한 측면이 순서를 가지고 시간을 통해, 시간 속에서 관객에게 드러나게 하는 영화의 시간적 특성이다. 타이밍은 한 이미지의 시간적 길이지속 기간, 그리고 이미지들이 지속되는 다양한 시간적 길이 사이의 관계와 관련이 있다. 단순하게 말하자면, 배열은 무엇이 앞에 오고 뒤에 오는지에 관심이 있는 반면, 타이밍은 얼마나 오래, 그전에 얼마나 오래, 그 후에 얼마나 오래 지속되는지, 그리고 이런 상호작용이 관객의 반응에 어떻게 영향을 미치는지에 관심이 있다. 타이밍은 순서를 전제로 한다. 왜냐하면 행동과 사건의 지속적 관계나 지속 기간은 어떠한 순서를 지닌 영화의 이미지에 의존하고 있기 때문이다. 그러나 배열은 타이밍을 전제로 하지 않는다. 오히려 그것은 타이밍을 가능하게 만든다빠른 몽타주나 빠른 교차편집의 경우 처럼 – 역자 주.

타이밍의 간접 효과: 인지적 중재

Indirect Effects of Timing: Cognitive Mediation

타이밍이 어떤 인지적 상태나 기제를 활성화하고 이것이 다시 정서와 감성적 반응을 형성하거나 유지시킬 때, 타이밍은 간접적으로 작용한다고 할 수 있다. 정서에 인지적 요소가 존재한다는 것은 인지적 요소의 본질에 대한 일부 논란인지적 요소가 믿음이나 말로 꺼내지 않은 생각의 형태를 지니는지, 어떤 믿음이 정확히 어떤 정서와 연결되는지 등에도 불구하고 요즘 많이 받아들여지고 있는 관점이다. 내가 이해하기로, 인지적 상태는 믿음이나 말로 꺼내지 않은 생각unasserted thoughts뿐 아니라 단어이론적으로 어떤 정서적 함의도 없는에 의해 포착된 명제적이지 않은 아이디어들도 포함한다. 믿음은 영화에 대한 이해 및 해석에서, 즉 영화가 어떤 것에 대한 것이고 무엇을 표현하려고 했는가와 관련된다. 설사 나중에 파기되더라도, 영화를 이해하려고 노력하는 과정에서는 생각, 의문, 아이디어가 생길 수 있다. 탐정영화에서부터 예술영화에 이르기까지 많은 영화는 최소한 어느 정도는 관객에게 수수께끼를 던지거나 궁금하게끔 만들어진다. 따라서 영화를 이해하려고 노력하는 과정에 대한 인식과 반추는 영화 의도의 일부가 되어 영화 감상에 기여하게 된다.

지속 기간은 한 이미지가 나타나는, 또는 특별한 방식으로 제시되는 시간의 길이다. '동일하다'는 것도 여러 수준으로 존재할 수 있기 때문에 '같다'를 분명하게 해석해 볼 필요가 있다. 타이밍은 영화의 어떤 측면이 생각보다 더 길게 지속될 때 간접적으로 중요할 수 있다. 이를 통해 이야기와 인물의 미묘한 면을 생각해 볼 수 있고, 왜 그 숏이 그렇게 오랫동안 지속되는지에 대해 생각해 보게 된다. 이와 대조적으로, 빠른 몽타주나 빠른 교차편집은 종종 직접적으로 흥분의 감정을 이끌어 내어 관객에게 생각할 것을 요구하지 않으면서 효과를 만들 수 있다.

짐 자무쉬는 말한다. "대부분의 영화는 관객을 믿지 않으며 6~7초마다 숏이 바뀐다."[7] 자무쉬의 초기 영화인 〈천국보다 낯선〉은 빠른 편집과 대조를 이루는 방식으로 타이밍을 사용하고 있다. 전체가 흑백으로 촬영된 영화는 공항이 내려다보이는 초라한 언덕에서 자신의 옷가방 옆에 서 있는 젊은 여인의 고정 숏으로 시작된다. 이는 실제로 보통 여행자가 접근할 수 없는, 상당히 색다른 시점으로 보인다. 어쨌든 여행자는 그런 장소에서 짐을 들고 돌아다니지는 않는다. 이륙 지점을 향해 움직이는 비행기를 그녀가 바라볼 때, 특이한 비행기 엔진 소리가 들린다. 그런 생각이 내 마음속을 빨리 지나가지만, 그 장면은 아직도 스크린 위에 있다. 그것은 사람들을 헷갈리게 한다. 왜 나는 별다른 일도 일어나지 않는데 이를 아직도 바라보고 있는가? 다른 어떤 일이 일어날 것인가? 왜 카메라는 머뭇거리고 있는가? 이 장면이 얼마나 오랫동안 이어질 것인가를 궁금해하고 있을 때, 젊은 여성이 가방을 챙겨 드는 것을 본다. 나는 이제 무엇인가 일어날 것이라고 생각한다. 그러나 화면이 어두워진다.

이 어두운 화면은 반응을 불러일으킨다. 다소 놀랍고 거슬리며, 심지어 약간의 미소를 짓게도 한다. 나는 현대 영화에서 이런 방식을 본 적이 거의 없기 때문에 이 어두운 화면에 놀란다. 갑작스러운 편집은 또한 그 장면의 서두르지 않는 길이와 분명히 대조된다. 이는 마치 좀 더 생각을 하게 만드는 작은 알람과 같다. 이 영화의 감독은 자신이 하는 일이 무엇인지 알고 있으며, 그의 기본기를 의심했던 나를 즐겁게 만든다. 마치 감독은 나의 반응을 미리 예측하여 자신의 대답을 준비해 놓은 것처럼 보이는 것이다.

통상적인 감수성으로 충분한 영화들은 물론 좀 더 대중적일 것이다. 왜냐하면 더 많은 사람이 그 영화에 쉽게 반응할 것이고, 〈천국보다 낯선〉에서와 같은 방식으로 관객의 마음을 긴장시킬 필요가 없기 때문이다. 아무것도 하지 않는, 중요한 어떤 일도 하지 않는 어떤 사람이나 어떤 것에 긴 시간 동안 초점을 두는, 〈천국보다 낯선〉에 표현된 감수성은 다른 이들에 의해서도 주목을 받았다. 브룩스 애덤스Brooks Adams는 1997년 휘트니 비엔날레Whitney Biennial. 미국 뉴욕의 휘트니 미술 박물관에서 열리는 미술 전시회-역자 주에서 열린 전시회에 대해서 미국 미술지에 기고한 기사의 서두에서 그 전시회의 가장 탁월한 예술적 감수성의 상징으로 꼽힌 어떤 비디오 영상을 묘사한 적이 있다. 문제의 그 비디오는 약 10분 동안 움직이지 않는 거북이에 초점을 맞추고 있는데, 그 거북이는 "영원할 것 같았던 시간이 끝나고 갑자기 몸을 일으키더니 천천히 스크린 밖으로 굴러 나간다." 애덤스는 그 비디오에 대해 "냉정하고 한가로운 템포는 탈중심적이고 고립된 1990년대의 새로운 창조의 리듬"이라고 설명했다. 그는 또한 "전시회의 진정한 의미"를 알아내기 위해서는 비디오를 끝까지 앉아서 보아야 한다고 하였다.[8] 비디오를 끝까지 앉아서 보는 것만이 타이밍이 그 안에서 어떻게 작용하는지를 경험할 수 있

윌리(존 루리)와 에바(에스처 밸린트)가 짐 자무쉬의 〈천국보다 낯선〉(1984)에서 가능성에 대해 이야기하고 있다.

는 유일한 길인 것이다.

〈천국보다 낯선〉에는 음울한 분위기가 가득하다. 침울하고 쓸쓸하지만, 종종 무의식적으로 코믹한 효과가 곁들여진다.[9] 물론 인물들은 코미디를 의식하지 않는다. 영화가 진행됨에 따라, 우리가 공항에서 보았던 에바에스처 밸린트는 사촌인 윌리존 루리와 함께 그의 좁고 지저분한 아파트에서 며칠 머문다. 클리브랜드에 있는 아주머니를 방문하기 위해 에바가 떠난 후, 윌리의 친구인 에디리처드 에드슨가 잠깐 들른다. 그들은 에바가 떠난 것에 대해 잠시 몇 마디 나누고, 윌리는 에디에게 맥주를 권한다. 에디는 그 제안을 받아들인다. 윌리는 냉장고에서 맥주를 가져온다. 그들은 앉는다. 각자 자신의 맥주를 딴다. 한 사람이 한 모금 마신다. 그들은 침묵 속에 앉아 있다. 그리고 다른 사람이 한 모금 마신다. 그러자 처음 사람이 다시 한 모금 마신다. 둘이 동시에 마신다. 그들은 침묵 속에 앉아 있다. 다시 한 모금. 화면이 어두워진다.

〈천국보다 낯선〉에 대해 자무쉬는 이렇게 말했다. "이게 내가 이 영화에서 가장 좋아하는 점이다. 인물들이 아무것도 말하지 않아도 그들 사이에서 무슨 일이 일어나는지를 이해하게 되는, 대화 사이의 순간들 말이다."[10] 그의 초점은 인물에 있고, 이 인물에 대해 많은 것을 말해 주는 한 가지는 그들이 그들의 시간을 어떻게 보내느냐 하는 것이다. 그러나 인물들이 시간을 보내는 방식은 그들이 오랜 시간 동안 아무것도 하지 않을 경우 일반적으로 영화에서 편집된다.

〈천국보다 낯선〉은 처음 장면과 비슷한 속도를 지닌 일련의 장면으로 진행되며, 각 장면들은 어두운 화면에 의해 나눠진다. 한 어두운 스크린 위에 적혀 있는 것은 '일 년 후'다. 이러한 고지는 약간의 웃음을 자아내게 한다. 왜냐하면 아무것도 일어나지 않는 일상을 보여 주기 위해 각 장면에 긴 시간을 할애하지만 일 년이 지난 것에 대해서는 전혀 시간을 할애하지 않는 데서 오는 불일치감 때문이다.

일반적으로 이 영화는 아주 조금, 거의 감지할 수 없을 정도의 불일치감으로 인한 불편한 감정을 초래한다. 이 시간적 은유는 시간과 타이밍이 이 영화가 말하려는 바의 한 부분이기 때문에 특히 적절하다. 이와 같은 관찰에 의해 내가 영화를 이해하고 있는 바에 좀 더 색깔이 입혀진다. 시간적 특수성은 비시간적 방식으로 드러난다. 행동의 시점은 다소 불투명하다. 흑백사진은 이전 시대를 암시하고 어두운 화면으로의 편집은 무성영화 시절에 대한 추억이다. 윌리와 에디가 쓰고 있는 모자는 1950년대 풍이고, 좁고 지저분한 아파트도 그렇다〈신혼부부(The Honeymooners)〉(1950년대 미국 CBS에서 방송된 시트콤-역자 주)에서 크렘든 부부가 살던 아파트보다 더 좁은 아파트에 대한 추억이다. 너무도 높게 벽에 걸려 있어서 월리가 거의 볼 수가 없을 것 같은 달력이 있다. 그러나 문제될 건 없다. 그 위에 아무것도 쓰여 있지 않으니까. 사촌 에바가 그와 하루가 아닌 열흘 동안 함께 머물 것이라는 사실을 알게 되자, 그는 자신의 사생활이 방해되기 때문에 불가능하다며 항의한다. 그러나 물론 월리의 생활에서 방해받을 만한 일은 아무것도 없다. 타이밍의 요행으로 에바는 엄청난 돈을 얻게 된다. 각 인물이 다른 인물과 재결합하려는 시도는 여의치 않은 타이밍으로 인해 좌절된다. 영화의 시간이 거의 아무런 사건으로도 채워지지 않고 있다는 것은 '이야기'의 관점에서 보면 우발적이거나 우연하다고 볼 수는 없을 것이다. 그들 각각의 삶이 우연에 의해서 한동안 함께 꼬이게 되고, 이 꼬임은 끝에 가서 풀리게 된다.

타이밍의 직접 효과 Direct Effects of Timing

우리가 살펴본 바와 같이, 한 영화의 부분 간 지속적 관계와 지속 시간은 생각과 아이디어의 원천이 될 수 있다. 그리고 이것이 나중에 감정을 촉발하거나 특정한 정서적 반응과 연계된다. 지속이라는 요인이 인지적 매개물을 만들어 내지 않고 감성적 반응에 직접적으로 영향을 미칠 수 있다고 생각하는 것 또한 가능하다. 따라서 타이밍을 멜랑콜리, 긴장과 이완, 기쁨이나 행복, 불안이나 지루함 등 인지적 원인이나 구성 요소가 필요치 않은 심리 상태와 연계시킬 수 있다. 하지만 감성적 반응 안에서 정서가 아닌 반응들을 골라내고 분류하는 일은 지독히도 부적절하고 비체계적인 일이다. 그럼에도 불구하고 영화에 대한 정서적 반응은 보다 분명하거나 더 강렬하지는 않더라도 감성적 반응과는 구분되는 지점이 분명히 있지 않나 하는 것이다. 감성적 반응에 대한 인지적 · 비인지적 원인을 분리하는 일은 늘 그렇듯 어렵고, 또 이미 살펴본 것처럼 그 원인들은 한 사람의 감상 내용 안에서 서로 함께 뒤섞여 상호 강화된다.

인지적 상태를 만들어 내거나 변화시키는 대신, 타이밍은 관객이 이미 갖고 있다고 기대할 수 있는 인지적 상태의 감성적 잠재성을 활용할 수도 있다. 데블린캐리 그랜트이 와인 창고에서 증거를 찾고 있는 〈오명Notorious〉(1945)의 한 장면에서 앨프리드 히치콕Alfred Hitchcock이 그랬듯이 우리는 그가 잡힐 위험에 있다는 것을 안다. 우리는 그가 발각될까 봐 긴장하고 걱정하며 아마도 두려워할 것이다. 이런 경우, 타이밍은 우리의 믿음을 바꾸지는 않지만 그것을 부상시킴으로써 관객의 우려를 강화하고 확대시킨다.

지속 기간이 얼마나 간단하게 반응을 일으키는지는 매우 분명하다. 짧게 들리는 소리는 단지 하나의 아이디어나 생각을 만들어 낼 수 있지만, 긴 시간 동안 지속적으로 들리는 소리는 우리를 짜증나게 만든다. 그리고 이런 소리가 몇 시간 동안 지속된다면 거의 참을 수 없게 될 것이다. T1에서의 자극은 T2에서의 동일한 자극에 어떻게 반응할지에 영향을 줌으로써 관객의 심리적 상태를 변화시킨다. T2는 또 계속해서 T3의 자극에 대한 반응에 영향을 미치는 식이다. 따라서 긴 시간 동안 지속적으로 또는 반복하여 똑같은 자극에 노출되게 함으로써 관객의 자극에 대한 감수성을 높이기 때문에, 동일한 자극이 시간상 연속적인 지점에서 다양한 반응을 불러일으킬 수 있다.

〈슬링 블레이드Sling Blade〉(1996)의 시작 장면은 지속 기간이 얼마나 간단하게 직접적인 감성 반응을 불러일으키는지를 보여 주는 좋은 예다. 모든 것이 조용하고, 특별히 벌어지는 일은 없다. 한 환자가 의자에 앉고, 방을 가로질러 창문 쪽으로 의자를 끌고 가기 시작한다. 마루에 긁히면서 나는 의자의 소음은 환자들, 그리고 관객들 사이의 고요와 적막함의 분위기를 깨뜨리면서 훼방하고 불쾌하게 만든다. 관객은 환자의 행동이 예의를 무시하는 것이며, 상식적인 사람은 그런 행동을 계속할 수 없다는 것을 인식한다. 관습적인 영화에서라면 의자를 끄는 장면은 그러한 생각을 얻기에 충분할 만큼만 제시되고, 거슬리는 소리에 아주 잠시 노출될 뿐이며, 내러티브가 이어지도록 곧바로 다음 장면으로 넘어갈 것이다. 그러나 〈슬링 블레이드〉에서 우리는 이 환자가 의자를 온 방에 질질 끌고 다니는 것을 모두 따라가게 된다. 우리는 단지 의자를 끌고 다니는 것이 우리가 잠시 경험한 방식으로 귀에 거슬린다는 사실을 단순하게 인식하는 것이 아니라, 우리 자신이 짜증을 경험하게 된다.

그러나 이러한 짜증은 즐거움과 함께 일어난다. 왜냐하면 우리는 영화감독이 우리에게 가벼운 농담을 하고 있다는 사실을 알기 때문이다. 영화가 보통 어떻게 진행될 것인지, 그리고 이 장면이 통상적인 것과 어떻게 다른지에 대한 기대와 가정이 우리의 반응을 조건화한다. 우리는 관습에 위배될 때 자주 그러는 것처럼 그 관습을 의식하게 된다. 이런 경우 그 농담은 우리를 향한 것이고, 동시에 우리는 그 농담 속에 등장하게 된다.

경험 간 지속적 관계는 또한 직접적으로 반응에 영향을 미친다. 속도감 넘치는 액션 또는 빠른 움직임은 거의 필연적으로 익살스럽게 보이며 즐거움을 유발한다. 갑작스럽고 폭발적인 사건은 놀람 반응을 유발한다. 빈도가 증가하면서 등장하는 액션이나 사건들은 해당 사건의 본성에 따라 예상 또는 불안을 초래한다. 어떤 직접적인 감성적 감수성은 데이비드 흄David Hume이 '필연적 연관성natural connexion'이라고 한 것, 또는 우리가 '신경학적 기제'라고 하는 것에 의해 설명되기도 한다. 어떤 사건들이 신체적 고통을 유발하도록 신경들이 연결되어 있는 것처럼, 사건 간 지속적 관계가 특정한 종류의 반응을 만들어 내도록 신경들이 연결되어 있다는 주장도 일리가 있을 것이다.

〈천국보다 낯선〉에서 어두운 화면으로의 전환은 단지 놀라움뿐 아니라 미약하지만 깜짝 놀람을 유발하기도 한다. 첫 번째 반응, 즉 놀라움은 생각의 와중그러나 서두르지 않는에 일어나며 장면의 길이 때문에 느꼈던 인지적 자유가 덜컥 끊기는 느낌을 준다. 깜짝 놀람의 반응은 인지적 중재가 필요하지 않다. 그리고 어두운 화면으로의 전환에 대한 감수성은 이전 장면의 길이로 인해 높아지기도 하고, 기법의 반복 사용으로 인해 낮아지기도 한다.[11]

한 숏의 지속 기간으로 인한 불일치감을 통해 자무쉬는 우리가 영화가 무엇에 관한 것인지를 단지 이해할 뿐 아니라 느끼게 만든다. 브룩스 애덤스가 휘트니 비엔날레에 전시된 수많은 작품을 특징짓고 있는 시간에 대한 감각, 즉 속도를 느끼려면 비디오 작품들을 볼 필요가 있다고 말한 바와 같이 말이다. 〈미스테리 트레인〉에서 준은 여자친구 미즈코가 멤피스에 가는 데 왜 그렇게 오래 걸리느냐고 묻자 그녀에게 "미국에는 시차가 있다."고 설명한다. 〈천국보다 낯선〉의 별난 타이밍에 대한 감수성을 지니게 됨으로써 우리는 그 영화의 가치를 알게 된다. 별나건 관습적이건, 타이밍은 영화의 중요한 특성이고 관객의 감정과 정서에 영향을 미치는 영화적 힘의 중요한 부분이다. 진실로 어떤 종류의 영화든 그것에 대한 감정과 정서적 반응을 통해 영화의 감상은 풍부해진다.

3부 욕망, 동일시 그리고 동감

DESIRE, IDENTIFICATION, AND EMPATHY

9장
내러티브 욕망
Narrative Desire

Gregory Currie

극적으로 또한 상업적, 도덕적, 지정학적으로 이 영화의 결말은 필연적이다. 영화 〈카사블랑카Casablanca〉(1942)의 주인공 일자잉그리드 버그먼는 빅터폴 헨레이드의 곁에 남아야 한다. 때는 전쟁의 와중이고, 희생이 필요하며, 릭험프리 보가트은 신이 난 캡틴 르노클로드 레인즈와 함께 나치에 저항하는 홍미로운 미래를 보상으로 받았다. 작가를 포함해서 모든 이에게 이야기가 어떻게 끝나게 될지 분명치 않다는 생각은 호소력도 신빙성도 없다. 리처드 몰트비Richard Maltby는 그것이 틀렸음을 보여 준 바 있다.[1]

그러나 모든 것이 잘되었음에도 불구하고 그 결말은 우리의 모든 욕망을 만족시켜 주지 않는다. 어쨌든 우리는 릭과 일자가 함께하길 바란다. 그리고 내러티브에 대한 우리의 지속적인 관심도 대부분 이 때문이다. 많은 영화나 다른 허구에서처럼 여기에 욕망의 갈등이 존재한다. 바로 그것의 논리적 구조를 내가 밝히고자 하는 것이다.

비허구적인 것들과 관련해서 우리가 경험하는 욕망의 갈등이 존재한다.

그리고 나는 상이한 설정 속에서 생겨나는 이러한 갈등 사이에 존재하는 구조적 관계에 관해서 무언가를 말하고자 한다. 하지만 인과적 관계 또한 존재한다. 특히 영화는 영화 밖 세상을 향한 욕망을 일으킬 수 있다. 좋은 예가 바로 〈카사블랑카여, 다시 한 번Play It Again, Sam〉(1972)이다. 이 영화에서는 우디 앨런이 보가트/릭에 고착된 인물인 앨런 펠릭스로 나온다. 또한 매체에 의해 형성된 여성혐오증과 폭력에 대한 주장들도 있다.[2]

나는 여기에서 인과적 연관이 무엇인지를 판정하는 것을 목표로 하지 않는다. 그리고 철학자로서 나는 특히 복잡한 경험적 질문에 기여하기에는 적절한 사람이 아니다. 내게 제기하는 질문들은 보다 신중한 것이다. 즉, 어떻게 영화와 다른 허구가 욕망하기를 유발하는가? 그렇게 유발된 욕망은 어떻게 해로울 수 있는가?[3] 또한 나는 허구의 관점에서 우리가 건전하고, 심지어는 미학적으로 세련된 것으로 간주하는 허구와 관련된 욕망하기 중 일부가 실제 세계의 관점에서는 극도로 바람직하지 않은 욕망하기일 수 있다는 점을 제안하도록 하겠다.

상당히 많은 최신 영화이론이 욕망의 문제를 다루고 있다. 그러나 이러한 작업들은 대부분 두 가지 핵심적인 문제를 무시하고 있다. 첫째, 욕망의 논리적 구조, 다른 종류의 상태와 욕망의 관계, 그리고 상이한 욕망 사이에 존재할 수 있는 관계의 종류를 명확히 하려는 진지한 시도가 없었다. 따라서 나는 상당한 시간을 개념적 논점들에 초점을 맞추는 데 사용하고자 한다. 둘째, 경험적으로 테스트할 수 있도록 구성된 영상 욕망이론을 개발하거나, 영상 욕망이론에서 사용되는종종 정신분석 이론에서 가져온 심리학적인 가정들을 위한 경험적 근거를 발견하려는 진지한 시도가 없었다. 따라서 나는 이 논의 중 일부를 허구적 내러티브에 대한 피실험자의 정서적 반응과 기타 반응과 관련해서 우리가 갖고 있는 증거의 맥락 속에서 논의할 것이다. 나는 또한 우리가 상상하는 것이 우리의 행동방식에 영향을 줄 수 있다는 명제를 위한 몇 가지 증거를 인용할 것이다.

반대편에게 그렇게 비판적이었기 때문에 완벽하고 설득력 있는 대안을 제시할 수 있었다면 좋았을 것이다. 하지만 불행하게도 나는 그런 대안을 갖고 있지 않다. 여기에서 제시되는 것은 잘해야 우리가 나아가야 할 방향에 대한 모호한 제안일 뿐이다.

뼈대 The Framework

이어질 논의가 제기하는 한 가지 어려움은 복잡한 일련의 구분을 제시할 올바른 개념들을 찾아내는 것이다. 그래서 나는 두 가지 개념의 구분을 하겠다. 하나는 **캐릭터 욕망**캐릭터에 대해 가지는 욕망-역자 주이고 다른 하나는 **내러티브 욕망**이야기가 이렇게 흘러갔으면 하고 바라는 욕망-역자 주이다. 말하자면 일자와 릭이 함께하기를 바라는 것과 영화 〈카사블랑카〉가 릭과 일자가 함께하는 내러티브가 되기를 바라는 것을 구분한다는 것이다. 이것이 바로 사람들이 허구의 작품을 대했을 때 가질 수 있는 두 가지의 욕망이다. 하지만 나는 계속해서 (1) 허구를 대했을 때 우리가 가지는 욕망과 (2) 가족, 친구, 시민, 나무, 책, 자동차, 우리 자신, 그리고 이 모든 것이 관여해서 실제로 일어나는 사건들과 관련해서 우리가 갖게 되는 종류의 욕망을 구분하고자 한다. 이러한 구분을 **허구에 초점을 둔 욕망**과 **세상에 초점을 둔 욕망**의 구분으로 간주하는 것은 매력적이다. 그리고 앞서 구분한 캐릭터 욕망과 내러티브 욕망은 허구에 대한 욕망과 연관된다. 그렇게 되면 다음과 같은 도식이 가능해진다.

그런데 이와 같이 되지 않는다. 한 가지 이유는 허구적 내러티브 그리고 때론 허구적 캐릭터 역시 실제 세계의 것이기 때문이다. 오셀로라는 인물은 상상의 산물, 즉 단순히 존재하지 않는 어떤 것일 수 있다. 하지만 『오셀로 Othello』라는 작품은 진짜다. 그래서 가령 『오셀로』가 행복하게 끝나길 바라는 것은 현실 세계에서 동료들의 존경과 우정을 바라는 것과 같은 것이다. 그 대신 허구에 초점을 둔 욕망과 비허구에 초점을 둔 욕망 사이를 구분하고 현실이 두 구분의 경계를 가로지르게 함으로써 이 어려움을 우회할 수 있다. 그렇게 되면 『오셀로』는 '허구이나 현실적인 것'에 속하게 된다. 그리고 『혹스무어Hawksmoor』영국 작가 피터 애크로이드의 작품. 18세기 유명 건축가 혹스무어의 일생을 다룬 포스트모던적 전기소설-역자 주에 등장하는 크리스토퍼 렌영국의 저명한 건축가-역자 주처럼 허구에 등장하는 실존 인물들 역시 같은 범주에 속하게 된다.

그러나 고려해야 할 또 다른 차원이 있다. 나중에 제안하겠지만, 캐릭터 욕망과 내러티브 욕망이 허구적 세계 밖에서 서로 하게 되는 상호작용의 역할을 고려하는 것 또한 매우 중요하다. 우리는 우리 자신과 서로에 대한 내러티브를 고안하고 말한다. 그리고 우리는 그러한 내러티브의 결과와 연관된 특정한 욕망을 갖고 있다. 이러한 욕망은 우리가 우리 자신 그리고 다른 이들과 관련해서 갖고 있는 욕망과 충돌할 수 있다. 따라서 다음과 같은 범주들을 인지해야 할 필요가 있다.

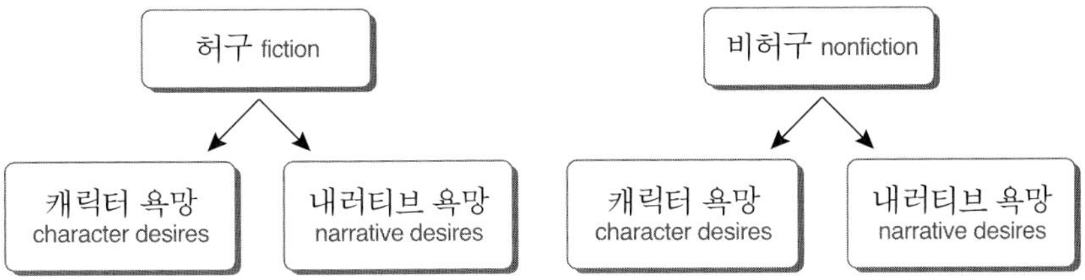

이는 허구와 비허구 사이에 대칭을 보여 준다는 장점이 있다. 이에 대해서는 비윤리적이고 병적인 욕망에 대해 언급할 때 다시 돌아보기로 하겠다. 하지만 또 다른 구분을 할 필요성이 있다. 내가 내 친구에 대해서 갖고 있는 욕망과 허구적 캐릭터에 대해 갖고 있는 욕망은 단지 서로 다른 초점 그룹에 속해 있다는 점에서 다른 것뿐만이 아니다. 허구적 캐릭터와 관련된 관심을 **욕망**이라고 부르기를 망설인다는 점에서도 이들은 차이가 있다. 이 문제는 익숙한 것이다. 즉, 욕망이란 믿음이라는 배경을 요구하는데, 가령 안나 카레니나의 경우 그러한 믿음은 부족하게 된다. 나는 그녀가 존재한다고 믿지 않는다. 그래서 그녀가 상처받을 수 있다는 것도 믿지 않는다. 그러므로 어떻게 내가 그녀가 상처받지 않기를 바랄 수가 있는가? 그리고 허구적 캐릭터가 렌의 경우처럼 실존 인물이라고 하더라도 이야기 속에서 그가 처하는 곤경이 그가 실제로 처했던 곤경이라고 믿지 않는다는 것이다. 실제로

는 전혀 경험한 적이 없는 상황 속에 누군가가 놓여 있다면, 우리는 그의 상황에 대해 관심/걱정을 가질 수 있겠는가?

이것이 내가 다른 곳에서 언급했던 문제 중 하나다. 그리고 여기에서 그 문제를 반복함으로써 불편한 이론의 부담을 지우길 원치 않는다.[4] 그 대신 나는 **상상의 범위 안에서**in the scope of an imagining의 욕망과 그런 제한이 없는 욕망으로 그냥 구분만 하겠다. 내가 안나 카레니나가 성공하기를 바라는 것은 상상의 범위 내에서다. 내가 내 아이가 성공하기를 바라는 것은 그렇지 않다. 여기에는 또한 부수적인 복잡한 문제가 있다. 만일 내가 지어낸 짧은 허구적 이야기 속에서 내 아이가 이야기의 주체가 된다면, 나는 내 아이와 관련해서 상상의 범위 안에서 욕망을 가질 수 있다. 하지만 일목요연함을 위해서 나는 다음과 같은 도식에 만족할 것이다.

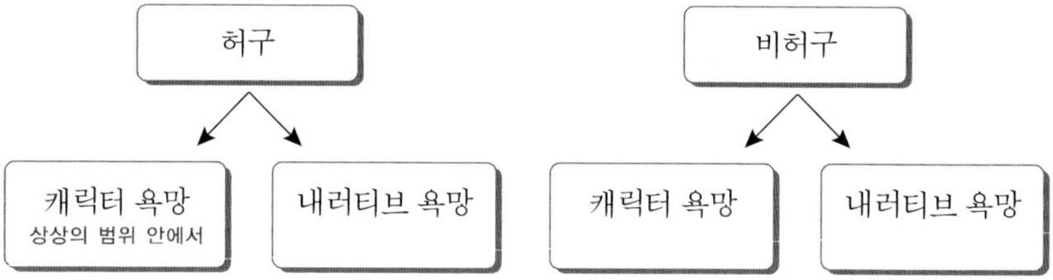

내가 말하는 허구에서의 내러티브 욕망은 절대로 상상의 범위 안에 있는 것이 아니라는 점또는 다시 한 번 일목요연함을 위해서 최소한 내가 그렇게 가정하겠다에 주의하기 바란다.[5] 허구적 내러티브와 관련된 욕망은 당연한 종류의 믿음에 의해 뒷받침되는 욕망이다. 즉, 나는 당연히 〈카사블랑카〉가 실재하는 것임을 믿는다. 그리고 나는 이에 대해서 모든 종류의 적절한 믿음을 갖고 있다.

적절한 빼대필자가 쓰는 용어를 개념적으로 정확히 정의함-역자 주를 얻기 위해서 우리가 직면해야 할 필요가 있는 두 번째 논점은 욕망과 정서 사이의 관계다. 나는 여기에서 욕망에 초점을 둔다. 하지만 내가 말하게 될 많은 것은 일반화할 때 적어도 여러 가지 정서를 포함한다. 욕망과 정서는 어떻게 연관되어 있는가? 이 문제를 어렵게 만드는 것은 '정서'가 이질적인 부류의 상태들을 지시하는 개념이고, 모든 종류의 정서가 반드시 욕망과 연관이 있는 것은 아니라는 사실이다. 가령 놀람 반응과 같은 낮은 수준의 정서는 결정과 행동으로 이끄는 마음의 인지적 부분을 우회하는 원인과 결과를 갖는다. 그래서 욕망이나 믿음과 관련이 없이도 설명할 수 있다.[6] 그러나 척도의 다른 끝에서 보면 정서는 순수한 평가와 구분하기 어려워진다. 그래서 우리는 가령 〈대부The Godfather〉에서 마이클 콜리오네알 파치노의 윤리적 타락에 대해 개탄하면서도 동시에 그의 냉정한 책략을 찬양하기도 한다. 이 지점에서 정서는 평가적 종류의 믿음과 비슷해 보인다. 따라서 욕망과 정서에 대해 생각하는 데 있어서 특정한 종류의 정서에만 초점을 두는 것이 유용할 것이다. 끈에 묶이지 않은 거대한 개를 봤을 때의 나의 두려움, 문화해석학 의장 자리에 대한 불안, 잘생기고 부자에 재능 많은 구스타브를 봤을 때 느끼는 앨버트의 질투 등, 논리적으로 설명 가능한 정서가 바로 그것이다.

이들 경우의 한 가지 공통점은 그것이 믿음과 욕망을 포함하고 있다는 점이다. 나는 개가 나를 물 것 같다고 믿기 때문에 그러지 않기를 바란다. 당신은 의장 자리를 욕망하지만 그럴 가능성은 매우 낮다고 믿는다. 앨버트는 구스타브가 갖고 있으며 앨버트 자신도 충분히 자격이 된다고 믿는 특성을 갖게 되기를 소망한다. 그러나 이 모든 경우에서, 하나의 정서는 믿음과 욕망의 단순한 조합이 아니다. 그것은 또한 감정, 즉 **현상학적** 상태를 포함한다. 그래서 "그 개를 무서워하고 그 자리 때문에 불안해하고 구스타브를 질투하는 것은 어떤 것인가?"[7] 라고 묻는 것은 의미가 있다. 서로 다른 감정은 서로 다른 정서를 수반하고, 그래서 주어진 어떤 정서가 어느 정도까지 자기만의 고유한 감정또는 신경 시스템 속에서의 이와 상관된 활동을 가질 수 있는지에 대한 논쟁이 있다.[8] 그러나 내용믿음과 욕망과 연관된 상태뿐 아니라 현상적 상태도 고려하게 되면, 우리는 그 어떤 그럴듯한 감정 분류법이 할 수 있는 것보다도 더 정밀하게 정서를 구별할 수 있게 된다. 개를 무서워하는 것은 도둑이나 병에 대한 두려움과 다르지 않게 느껴질 수도 있다. 하지만 이들은 서로 구별되는 정서다. 그래서 감정은 최상의 경우 정서를 구성하는 일부다.

〈카사블랑카〉(1942)의 마지막 장면 중 카사블랑카 공항에 모여 있는 일자(잉그리드 버그먼)와 릭(험프리 보가트), 빅터(폴 핸레이드) 그리고 르노(끌로드 레인스)

감정은 정서 자체와 동일한 것이 아니다.

개에 대한 두려움이 내게 불쾌한 느낌을 준다면, 그것은 아마도 내가 개로 인해서 위험하다고 믿는 것, 그리고 그렇게 되지 않기를 바라는 것 때문이다위협을 하는 개를 단순히 상상하는 것도 같은 결과를 낳을 것이다. 이것이 바로 내가 설명한 '상상의 범위 안에서'의 정서다. 따라서 이런 종류의 정서는 가능성이 아니라 현재 벌어지고 있다는 의미에서 인과관계의 에피소드다. 즉, 내용적 상태믿음과 욕망가 감정의 상태를 야기하는 것이다. 마찬가지로 욕망이란 우리가 어떤 정서적 장애의 경우를 기술할 때 명기해야만 하는 것의 부분이다.

하지만 욕망이 정서혹은 적어도 내가 여기에서 관심을 두고 있는 정서에 필수적인 반면, 욕망은 정서와는 무관하게 존재할 수 있다. 욕망은 종종 그러하듯이 중요한 감정이나 감성을 유발하지 못하더라도 여전히 존재한다. 따라서 욕망은 정신 상태에 대한 정서보다도 더 기본적인 범주다. 그러나 욕망desire과 믿음belief은 개념에서뿐 아니라 실제에 있어서도 서로 다르긴 하지만 쉽게 분리되지 않는다. 믿음에 대한 설명은 욕망에 대한 언급을 전제로 하며, 그 반대의 경우도 그렇다.[9] 그리고 믿음을 갖고 있는 생물은 반드시 욕망도 갖고 있다. 행동을 실행할 수 있는 생물은 두 가지를 필요로 한다. 세상에 대한 표상세계관과 바람직한 세상에 대한 표상이 그것이다. 이 두 가지가 있어야만 세상을 변화시키고자 하는 생물에 대한 이야기가 의미 있게 된다. 첫 번째 표상은 생물의 믿음 상태믿음의 총체를 구성하고, 두 번째 표상은 그의 욕망 상태를 구성한다. 둘 중 하나라도 제거하면 행동은 불가능해지고, 행동의 가능성이 없다면 믿음과 욕망을 위한 여지도 존재하지 않는다.

욕망처럼 믿음과 정서도 상상의 영역 안에 자리할 수 있다. 내가 오늘 동료들과 회식을 해야 한다고 생각하는 것, 내 방에서 일하고 싶어 하는 것,

그리고 시간 낭비에 대해 불편해하는 것은 모두 실제 믿음과 욕망과 정서에 대한 예다. 그리고 카사블랑카에서 캡틴 르노가 스스로를 도덕적으로 과소평가한다고 생각하는 것과 릭이 빅터를 보내지 말기를 원하는 것, 그리고 그가 그렇게 할지도 모른다는 생각에 당황해하는 것은 모두 상상의 범위 안에서의 믿음과 욕망과 정서에 대한 예다. 따라서 내가 상상의 범위 안에서와 밖에서의 욕망에 대해서 말하고자 하는 것은 마찬가지로 믿음과 정서에 대해서도 이야기될 수 있을 것이다.

캐릭터 욕망과 내러티브 욕망 Character Desires, Narrative Desires

〈카사블랑카〉로 돌아가서 욕망의 만족에 대해서 생각해 보자. 우리는 일자와 릭이 함께 있기를 원한다. 하지만 우리는 이야기가 그런 식으로 진행되었다면 불만스러워할 것이다. 그래서 우리는 욕망의 갈등 상황에 놓이게 된다. 이는 비교적 흔한 일이다. 그것은 어떤 종류의 갈등인가? 아마도 그것은 일반적인 종류일 것이다. 우리는 연인들이 결합하기를 바라지만 동시에 결혼이 지켜지기를 바란다. 우리는 또한 빅터가 일자와 함께 있으면 더 훌륭한 나치 투사가 될 것인지, 그리고 릭은 그녀가 없다면 더 유능하게 될 것인지를 의심할 수 있다. 이 모든 갈등은 영화의 줄거리, 즉 사건들과 인물들에 대한 우리의 생각이라는 범위 안에서 기술될 수 있다. 이는 내가 '캐릭터 욕망'이라고 부르는 것 안에서의 갈등이다. 이는 또한 내가 '상상 속에서 욕망하기'라고 부른 것의 한 예이기도 하다. 일자와 릭은 존재하지 않으며, 파리에서의 그들의 만남은 일어난 적이 없다. 그리고 우리는 그것을 알고 있다. 우리는 이런 것을 상상하며, 우리가 서로 갈등을 일으키는 결과들을 욕망하는 것도 바로 그 상상하기의 범위 안에서다. 그러나 다른 점에서 내가 그것을 묘사한 경우는 우리가 실제 생활 속에서 경험하게 되는 종류의 욕망의 갈등과 구조적으로 매우 흡사하다. 실제 세계에는 한 무리의 **실제** 사람이 직면하고 있는 일련의 **실제** 대안이 존재하지만, 각각의 대안은 우리가 원치 않는 무엇인가를 포함하고 있다.

관객들이 느끼게 되는 욕망의 갈등이 인물을 넘어서서 내러티브를 포함하는 것이었다면, 〈카사블랑카〉는 내 관점에서 더 흥미로운 경우가 될 것이다. 이를 가장 분명하게 보여 주는 것이 비극의 경우다. 우리는 데스데모나가 성공하길 욕망한다. 그리고 이아고가 그를 속이고 있음을 오셀로가 깨닫게 되기를 바란다. 그러나 그런 일들이 벌어지는 『오셀로』는 우리가 알고 있는 『오셀로』보다 형편없는 연극이 될 것이다. 여기에서 우리가 데스데모나의 성공을 바라지만 이야기가 그렇게 될 경우 실망하게 된다는 사실은 캐릭터 욕망 내에서의 갈등으로는 쉽게 설명되지 않는다. 데스데모나의 파멸에 대해서 인물과 사건을 이용해서 설명할 수 있는 강력한 이유가 존재하지 않는 것 같다. 아무튼 그녀는 잘못한 것이 없다. 연극이 우리에게 실제로 제시하는 결과—데스데모나의 파멸을 포함하는 결과—를 우리가 욕망한다는 점에서 우리의 욕망하기는 내러티브와 관련된다. 이것은 비극적 내러티브에 대한 욕망인 것이다. 그래서 우리는 만족을 위해서 데스데모나의 파멸을 요구하는 무언가를 바란다. 비록 그것이 우리가 그 안에서 바라는 것이 아니라고 하더라도 말이다. 여기에서 욕망의 갈등은 실제 사건과 사람들과 관련해서 우리가 일반적으로 바라는 것과는 구조적으로 다른 종류의 갈등이다. 왜냐하면 이것은 캐릭터에 대해서 무엇을 욕망하는 것과 내러티브를 위해서 무엇을 욕망하는 것 간의 갈등이기 때문이다.

이 갈등은 또한 그것이 **우리가 바람직하다고 여기는 갈등**일 경우에 더욱 두드러진다. 데스데모나의 파멸을 목도함으로써 야기된 실망과 괴로움이 우리의 내러티브 욕망이 만족되었기 때문에 상쇄되었다고 이야기하는 것은 『오셀로』에 대한 한 가지 전형적인 반응을 적절하게 설명할 수 없다. 왜냐하면 이 연극의 성공은 단지 캐릭터 욕망의 힘보다 내러티브 욕망의 힘이 더 세기 때문에 거두어진 것이 아니기 때문이다. 오히려 우리는 그러한 갈등이 존재하고, 또 연극이 갈등을 해소함에 따라 갈등하는 욕망이 해소되기를 바라는, 보다 고차원적인 욕망을 경험하는 것 같다. 이 욕망은 그렇게 되면 완벽하게 만족된다. 다시 말해서, 이것은 그러한 욕망이 어떤 종류의 다른 복합적인 것들을 포함하더라도 실제 세계의 결과와 관련된 욕망의 한 특징이라고 일반적으로 생각되지 않는다.

욕망의 갈등이 전적으로 캐릭터 갈등의 단계 내에서의 갈등 문제라면, 이는 또한 전적으로 상상 범위 안의 욕망 가운데에의 갈등 문제일 것이다. 그러나 갈등이 『오셀로』의 경우처럼 캐릭터 욕망과 내러티브 욕망 간의 갈등이라면 이는 실제 욕망과 상상의 범위 안에서의 욕망 모두를 포괄하게 된다. 왜냐하면 내러티브는 실재하는 것이고 그와 관련해서 우리가 갖는 욕망 역시 실제 욕망이기 때문이다. 『오셀로』가 비극적 결말의 내러티브가 되기를 욕망하는 것은 실제 세계에서의 결과를 욕망하는 것이다. 특정한 전제 조건, 즉 『오셀로』가 비극적 결말을 맺는다는 조건이 참이라는 것이 만족되는 결과 말이다. 실제로 이 전제 조건은 참이다. 그러나 캐릭터 욕망은 그와 같지 않다. 내가 데스데모나가 성공하길 바라는 것은 그녀가 정말로 성공할 경우 만족되는 욕망이 아니다. 왜냐하면 그녀는 존재하지 않아 그 전제 조건은 참이 될 수 없기 때문이다. 이 욕망은 그녀가 성공하는 것이 『오셀로』의 내러티브의 일부일 경우에만 충족될 수 있다. 이러한 구분은 상상의 범위 안에서의 욕망이 무엇인지를 특징화하는 방법을 제시해 준다. P가 일어나라는 욕망은 그 욕망의 만족이 P가 참이라는 사실이 아니라 P가 내러티브의 일부라는 사실에 의해서 주어질 때에만 오직 상상의 범위 안에 존재하는 것이다.

구분에 대한 의문 제기 Questioning the Distinction

혹자는 캐릭터 욕망과 내러티브 욕망에 대한 나의 구분에 대해 의문을 제기할 것이다. 허구와 관련해서 우리가 갖게 되는 모든 욕망은 내러티브 욕망이 아니냐고 하면서 말이다. 그들은 이렇게 논박할 것이다. 주인공이 X를 하도록 원하는 욕망은 실질적으로는 내러티브가 주인공으로 하여금 X를 하도록 만들기를 원하는 욕망에 다름 아니다. 캐릭터는 결국 자율적인 존재가 아니고 그들의 행동이 기술되는 내러티브 밖에서는 존재하지 않는 상상의 피조물일 뿐인 것이다.

그러나 이와 같은 놀랄 만큼 단순한 주장은 옳지 않다. 우리가 일반적으로 '코르델리아가 구원받기를 원한다.'고 하는 것은 『리어왕King Lear』의 내러티브가 코르델리아가 구원받게 해 주는 것이 되기를 바라는 것이 될 수 없다. 왜냐하면 이 욕망은 셰익스피어의 버전을 네이험 테이트Nahum Tate. 16세기 아일랜드 출신의 영국 계관시인으로 『리어왕』을 희극으로 각색함-역자 주가 바꿔 놓았다는 사실을 알게 될 때 만족되는 것이기 때문이다. 『리어왕』의 내러티브가 코르델리아가 구원받게 해 주기를 바라는 것은 분명 하나의 욕망이다. 그러나 이는 우리가 공연을 본 후 코르델리아의 죽음이 충격적이고 끔찍하다고 말할 때 우리가 떠올리는 욕망이 아니다. 존슨Johnson 박사는 그런 욕망을 가졌던 것으로 보인다.[10] 우리의 욕망은 상상의 범위 안에 있는 것이다. 우리는 코르델리아와 그 외의 사람들이 실제이고 그들의 운명이 무대에서 펼쳐지기 전까지는 결정되어 있지 않다고아니면 최소한 우리에게 알려져 있지 않다고 상상한다.

비극은 허구에 의해서 촉발된 욕망의 갈등 중 최소한 일부는 캐릭터 욕망은 물론 내러티브 욕망도 포함한다는 것을 보여 준다. 나는 〈카사블랑카〉는 그와 같은 경우가 아닐 것이라고 말한 바 있다. 왜냐하면 이에 대한 우리의 반응은 캐릭터 욕망의 종류 안에서의 갈등의 경우로 완벽하게 설명될 수 있기 때문이다. 그러나 『오셀로』처럼 두 가지 종류의 욕망 모두를 포함하는 갈등의 경우도 있다. 따라서 〈카사블랑카〉조차도 어느 정도는 혼합된 경우라고 가정할 수 있을 것이다. 빅터가 죽고 릭이 레지스탕스에 도움이 된다는 사실이 일자와의 관계에 의해서 타협되지 않는다고 하더라도, 우리는 여전히 그들이 영화의 마지막에서 헤어지기를 바라지 않겠는가? 그것이 어떤 의미에서는 더 흥미롭고, 만족스럽고, 따라서 바람직한 결말이 되지 않겠는가? 그러나 그 대답이 부정이라고 하더라도 캐릭터 욕망과 내러티브 욕망의 갈등은 아주 일반적인 영화 내러티브에서도 흔한 일이다. 고상한 비극의 전유물이 아닌 것이다.

노엘 캐럴Noël Carroll이 강조했듯이, 영화나 다른 내러티브는 일반적으로 질문을 제기하고 그에 답하는 것에 의해서 작동한다.[11] 그리고 내러티브가 제기하는 질문들은 우리가 답에 관심을 갖고 있는 동안에만 우리의 관심을 끈다. 우리는 어느 정도까지 한 인물에게 일이 예상과 다르게 되기보다는 이렇게 되었으면 하고 바라는 것이 있게 된다. 그것이 정말로 그렇게 될까 하는 궁금증에 사로잡히기 위해서 말이다. 그리고 내러티브를 접할 때 우리 대부분은 바로 그런 상태에 놓이게 된다. 그러나 여기에서 우리는 단지 결말을 바라기만 하는 것이 아니다. 우리는 그것에 대한 지식을 바란다. 우리가 인물의 행복을 바란다는 것은 우리가 한 인물이 행복하다는 사실을 알기를 바라는 것이다. 그러나 그러한 앎에 대한 욕망은 전형적인 내러티브 욕망이지 캐릭터 욕망이 아니다. 왜냐하면 우리는 우리가 그 캐릭터에게로부터 직접 자신의 운명에 대해 알게 되는 위치에 있지 않다고 생각하기 때문이다. 대신 우리는 그것을 **내러티브로부터** 알게 될 것으로 기대한다. 그것이 내 입장이다. 하지만 유감스럽게도 이 입장은 많은 공감을 얻지는 못하고 있다. 일반적으로 시나리오나 허구의 작가들은 관객이 내러티브의 매개를 통해서가 아니라 캐릭터로부터 직접 알게 되는 위치에 있다고 상상한다고 말한다. 이러한 견해에 대한 두 가지 설명을 논의할 것이다. 그것은 단지 그 견해가 옳다고 가정하는 대신 그 견해를 뒷받침할 실증적인 증거를 제시하기 때문에 매우 특이한 것이다.

리처드 게릭Richard Gerrig과 데보라 프렌티스Deborah Prentice는 최근 영화의 관객은상상 속에서 캡틴 르노가 〈카사블랑카〉에서 릭과 일자의 마지막 대화에서 그런 것처럼 배석자side-participant의 위치에 있다고 제안했다. 이는 최소한으로 말하더라도 받아들이기 어려운 제안이다. 게릭과 프렌티스는 배석자의 역할을 점유하는 데 있어서 '결정적인 기준'은 "말하는 이가 배석자가 그 말을 들을 수 있도록 말을 하는 것"[12]이라고 했다. 그러나 〈카사블랑카〉의 허구적 세계에서 확실한 것이 있다면, 그것은 다름 아니라 영화의 다른 부분에서와 마찬가지로 이 부분에서의 릭과 일자의 대화가 **우리가** 듣도록 의도된 것이 아니라는 사실이다. 반대로 그들의 말은 대부분 사적인 것으로, 많은 사람이 듣는다는 것을 생각했다면 절대로 말하지 않았을 것이다. 나아가서 우리는 우리가 그 대화의 배석자라고 상상하지도 않는다. 그렇게 생각한다면 우리는 어떻게 그에 반응해야 할지에 대해 당황하거나 혼란스러워했을 것이다.

헷갈리게도 이제 게릭과 프렌티스는 "우리에게 들려주고자 하는 의도는 릭의 의도가 아니다. 릭은 우리의 존재를 모르고 있다."[13]고 인정하고 있다. 우리가 배석자라는 그들의 주장은 배석자의 기준은 '말하는 사람이 배석자가 듣도록 말을 하는 것'이라는 주장과 어떻게 부합할 수 있단 말인가? 게릭과 프렌티스는 계속해서 시나리오 작가나 감독이 그 의도의 실제 근원이라고 주장한다. 그러나 그들은 "우리는 마치 릭이 우리를 의식하고 있는 것처럼 행동한다."라고 말했다. 여기에 두 가지 의미가 있을 수 있다. 첫 번째 주장은 우리의 마음속에 무엇이 떠오르든 간에 우리의 행동은 대화의 배석자인 사람들의 행동이라는 것이다. 그러나 이러한 해석은—강력하게 주장하고는 있지만—일고의 가치도 없는 것이다. 왜냐하면 영화 관객은 이 문제를 결정하는 데 있어서 이러저러한 방식으로 중요할 수도 있는 **행동**에 전혀 관여하지 않기 때문이다. 두 번째 주장은 우리가 릭이 실제로 우리가 듣도록 의도하지 않았음을 알고 있지만 그렇다고 상상한다는 것이다. 그러나 우리는 그렇게 상상하지 않는다는 것을 이미 논증한 바 있다. 상상의 행위를 개입시키는 것은 우리가 상상하게 되는 것과 양립할 수 없다. 예를 들어, 우리는 릭과 일자가 최소한 상당한 시간 동안 사적이거나 최소한 두세 사람이 들을 수 있도록 이야기한다고 상상한다. 우리는 그들이 우리의 존재를 알면서 이야기한다고 상상하지 **않는다.**

게릭과 프렌티스는 이러한 견해에 대한 실증적 증거를 갖고 있다고 주장한다. 그들은 한 실험에서 피실험자에게 허구적인 이야기를 읽도록 했다. 그 이야기는 한 인물이 벌을 받아야 된다는 욕망을 불러일으키도록 설계되어 있었다. 두 번째 버전에서 피실험자는 첫 번째 버전에서 주어진 것보다도 더 놀라운 방식으로 그 인물이 벌을 받았음을 알게 된다. 후속 실험에서 인물의 처벌을 바랐던 피실험자가 이제는 인물에 대해서 죄책감을 느낀다고 주장했다. 그러나 이것이 게릭과 프렌티스의 논지에 있어서 어떤 중요성을 지닌다는 말인가? 물론 이 실험의 결과들은 허구를 소비하는 사람은 실제 사람들에 대해서와 동일하게 허구적 인물에 대해서도 감정과 욕망을 갖게 된다는 설득력 부족한 주장을 어느 정도 뒷받침해 준다. 후회와 다른 반응을 보일 가능성도 동일하다. 그러나 그런 소비자들이 그러한 욕망과 정서를 경험하면서 인물에 대한 정보의 출처를 개념화하는지에 대해서는—그리고 그렇다면 어떻게 하는지에 대해서는—이 증거들이 아무것도 말해 주지 않는다.

게릭과 프렌티스의 주장과 비슷한 이론을 폴 해리스Paul Harris가 주장한 바 있다. 해리스는 허구에 열중해 있는 편안한 심리적 상태가 관객이 허구 속 세계 안에서 상상적 관점—"내러티브 안 사건들의 시간적 순서와 위치에 대해 상대적인"[14] 관점—을 취하는 것으로 설명될 수 있다고 주장했다. 이를 뒷받침하기 위해서 해리스는 다음과 같은 실험 데이터를 인용한다.

1. 모로Morrow와 동료들은 한 인물이 방에서 방으로 이동하고 있는 대목을 읽은 피실험자가 떠나온 방보다 들어가게 될 방에 대한 질문에 더 빨리 대답했음을 보여 주었다. 그리고 거치지 않은 방에 대한 질문에는

더 늦게 대답했다.[15]

2. 글렌버그Glenberg와 동료들은 트랙을 달리고 있는 운동선수에 대한 글을 읽은 피실험자는 '추리닝'이라는 말이 내러티브에 등장하는가의 질문에 선수가 추리닝을 벗고 뛸 때보다 입고 뛸 경우에 더 빨리 답변할 수 있었음을 보여 주었다.[16]

3. 블랙Black과 동료들은 피실험자에게 '빌이 응접실에서 석간신문을 읽고 있다.'는 문장을 제시했는데, 피실험자는 이어서 (2)보다 (1) 문장을 더 빨리 읽었다.

   (1) 빌이 신문을 다 읽기 전에 존이 방으로 들어왔다.

   (2) 빌이 신문을 다 읽기 전에 존이 방으로 들어갔다.[17]

이런 여러 이론에 이름을 붙여 보자. 게릭과 프렌티스 그리고 해리스의 이론을 직접이론이라고 하자. 왜냐하면 우리가 이야기의 사건과 인물들에 직접 연결되어 있다고 상상한다고 주장하기 때문이다. 그리고 이를 부정하는 내 이론을 **간접**이론이라고 하자. 이 두 이론과 위의 데이터들은 서로 어떻게 연결되는가? 나는 이 증거들이 어느 한 이론을 선호하지 않는다고 주장한다. 독자가 그들이 읽고 있는 내러티브에 묘사된 사건들에 대해서 "인지적으로 초점화"해리스의 표현되어 있다는 것은 두 이론 모두의 **공통 배경**이다. 특히 간접이론의 옹호자는 독자가 허구의 사건과 인물에 대해 흥미와 관심을 갖고 있지 않다고 주장하지 않는다. 그런 인물과 사건에 관심과 흥미를 갖고 있더라도 독자는 인물과 사건이 있는 그 장소와 시간에 자신이 있다고 상상하지 않는다고 주장할 뿐이다.

인물이 방에서 방으로 이동하는 사례를 생각해 보자. 허구에 몰두해 있게 되면, 내 주의는 인물의 움직임에 따라서 허구적 장소에서 허구적 장소로 이동한다. 그리고—여기에서도 마찬가지인 것처럼—그의 목적지를 미리 예견해서 인물보다 앞서 간다. 그러나 그것이 내가 주목하고 있는 방 안에 내가 있다고 상상한다는 것은 아니다. 마찬가지로 내가 달리는 선수를 상상하는 사례에서 그가 달릴 때는 추리닝을 입고서 달린다고 들었다면, 나는 그가 달리는 것을 상상할 때 내가 주의 깊다면 추리닝을 입고서 달리는 것으로 상상할 것이다. 추리닝 관련 질문에 대한 나의 반응에 영향을 주기에 충분할 정도로 추리닝에 인지적으로 집중하기 위해서 그가 있는 곳에 내가 있다고 상상할 필요는 없다. 다른 말로 하면, '독자는 이야기에서 무엇에 인지적으로 주목하는가?'의 문제와 '독자는 자신이 어디에 위치해 있다고 상상하는가?'의 문제를 구분해야 한다.

그러나 세 번째 사례는 일견 비인칭 상상이라는 가정에 있어서 앞의 두 사례보다 더 문제가 많아 보인다. 문장 (1)과 문장 (2)의 차이는 지표적 표현 indexical expression. 그 단어를 말하고 있는 사람에 따라서 변화하는 단어나 문구-역자 주에 있기 때문이다. (1)과 (2)의 차이는 '들어왔다'와 '들어갔다'의 차이이다. 지표적 표현은—'나'나 '여기', '지금'처럼—화자의 입장에 따라서 문장의 옳고 틀림을 결정한다. 따라서 화자가 누구냐에 따라서 '나'가 지시하는 대상이 달라지고, 화자의 위치에 따라서 '여기'가 지시하는 대상도 달라진다. 마찬가지로 내가 누군가가 방으로 들어왔다고 말한다면, 이는 '그때 내가 있던 방으로 들어왔음'으로 이해된다. 반면, 그가 방으로 들어갔다고 말한다면 그가 내가 있던 곳을 떠난다는 말이 될 것이다. 이 경우 명백하게 (2)보다는 (1)에 동조하는 피실험자가 (2)보다는 (1)이 행위에 대한 그들의 상상적 관점을 더 적절하게 반영하고 있는 것으로 제일 잘 설명될 수 있을 것이다.

물론 이것은 결과에 대한 하나의 설명이다. 그리고 그것이 직접이론을 선호하는 설명이기 때문에 해리스가 채택한 것이다. 그러나 나는 그것이 유일하게 가능한 설명이라고 생각하지 않는다. 우리는 보통 우리의 위치가 아닌 다른 사람들의 위치를 고려해서 '들어왔다' 또는 '들어갔다'는 표현을 사용한다. 따라서 우리가 그 장소에 있다고 상상한다고 할 수는 없다. 내 친구 노버트가 내게 학장이 방문한 이야기를 한다고 해 보자. 마침 그는 시가를 피우고 있었는데 우리 건물은 금연구역이었다. 이 사건을 보고할 경우, 나는 "바로 그 순간 학장이 들어왔다."라고 말할 것이다. '학장이 들어갔다'고 하는 것은 부자연스럽다. 이는 내가 거기에 있다고 상상하기 때문일까? 전혀 그럴듯하지 않아 보인다. 노버트의 이야기는 허구가 아닌 있는 그대로의 진실이며, 나는 내가 그것을 상상하건 아니건 간에 '들어왔다'가 '들어갔다'보다 더 적합하다고 생각한다. 다시 말하지만, 여기에서 '들어왔다'가 더 적합하게 느껴지는 이유는 내가 이야기를 하는 방식이 듣는 이로 하여금 노버트의 방에서 무슨 일이 벌어지고 있는지에 인지적으로 주목하게 만들기 때문이다.

실험에서 피실험자가 (2)보다 (1)을 선호하는 것은 그가 빌이 있는 곳에 자신이 있다고 상상한다고 설명할 수는 없다. 그러나 내 주장은 쉽게 테스트할 수 있다. 학장에 대한 노버트의 이야기를 다시 이야기하는 데 있어서 '들어왔다'가 '들어갔다'에 비해서 더 자연스럽다면, 가령 내가 내가 이야기할 때 노버트의 방에 있지 않다고 가정할 때 "학장이 이리로 들어왔다."라고 말하는 것은 부자연스럽다. 그러나 빌 이야기의 독자가 자신이 빌이 있는 곳에 같이 있다고 상상한다는 해리스의 주장이 옳다면 독자는 (2)보다는 (1)에 더 우선적으로 반응해야 할 것이다.

(2) 빌은 거기에서 신문을 읽고 있었다.

보다

(1) 빌은 여기에서 신문을 읽고 있었다.

하지만 그렇지 않을 것이다. 오히려 독자는 (1)보다는 (2)가 더 자연스럽다고 생각할 것이다. 게릭과 프렌티스 그리고 해리스에 의해서 인용된 증거들 중 어느 것도 간접이론보다 직접이론을 더 뒷받침하지 않는다는 것이 나의 결론이다.

내러티브와 실제 삶 Narratives and Real Lives

나는 지금까지 내러티브와 내러티브 욕망이 허구에서만 고려될 필요가 있는 것처럼 이야기해 왔다. 하지만 이는 분명히 그렇지 않다. 가령 비허구적인 내러티브도 있기 때문이다. 사람들은 결말이 어떻게 될 것인가 하는 욕망을 가질 수 있다. 그러나 여기에 분명치 않은 점도 있다. 즉, 허구적 캐릭터에 대해 가지고 있는 우리의 내러티브 욕망이 실제하는 인물에 대한 우리의 욕망과 독립적일 수 있는지의 여부다. 나는 내일 신문에 인질 사태에 대한 좋은 뉴스가 나오길 바랄 것이다. 그러나 내가 그런 욕망을 갖는 이유는 인질이 잘되기를 바라기 때문이다. 이 경우 내가 진정으로 원하는 것은 한 사람을 위한 것이고, 내가 한 내러티브에 대해서 바라는 것은 그에 의해서 지배된다. 우리는 『오셀로』의 경우에는 그렇지 않다는 것을 이미 살펴보았다. 그러나 허구의 경우뿐 아니라 실제 삶에는 **엠마** 현상이라는 것이 있다. 엠마우드하우스제인 오스틴 소설의 주인공-역자 주는 그녀가 오직 파티에만 관심이 있다는 주장에 반발할 것이다. 하지만 그런 사람들이 그녀가 디자인한 내러티브 속의 인물들이고, 최소한 그녀가 원하는 것의 일부는 내러티브의 어떤 결말임을 눈치챌 수 있을 것이다. 그리고 내러티브의 결말은 엠마가 생각하는 것처럼 인물들에게 두루두루 최선의 결과가 아닌 것이다. 그것이 궁극적으로 엠마의 행동을 도덕적으로 문제시하게 만드는 것이다. 그래서 빈번하게 우리의 입장이 옳다. 즉, 우리는 주인공의 이해에 반하는 내러티브 결말을 어느 정도까지는 원하는 것이다.

순수 내러티브에 바탕을 둔 병리학의 경우는 문제가 더 많을 것이다. 호주 남부 도시인 애들레이드의 여성소아병원에서 근무하는 존 쥬라이데니Jon Jureideni는 이른바 뮌하우젠 바이 프록시 증후군MBPS이라고 불리는 드문 상태에 대한 이론을 개발했다. 쥬라이데니는 그 상태가 병적인 형태의 내러티브 욕망을 포함하고 있다고 주장한다. 한 아기가 병원 놀이라는 내러티브 속에서 환자 역할을 하도록 잔인하게 동원되었고, 범인은 거기에서 주인공 역할을 한다. 이 주장의 중요한 부분은 범인대개의 경우 엄마이 아이에게 해를 바라지 않는다는 점이다. 오히려 그녀는 내러티브의 실행으로 인한 비참한 결과에 대한 저항을 넘어서기에 충분히 강한 내러티브 욕망에 사로잡혀 있는 것이다. 마치 우리가 상상 범위 안에서 안전하게, 잘 만들어진 내러티브를 위해 데스데모나를 기꺼이 희생시키는 것처럼 말이다.

혹자는 내러티브를 실제 삶의 사건과 물건에 적용하는 내 시도에 대해서 의문을 제기할 수 있다. 허구와 연관해서 내러티브 욕망을 이야기하는 것은 문제가 없다. 왜냐하면 허구적 사건이나 물건은 내러티브 밖에서는 존재하지 않기 때문이다. 그러나 가장 극단적인 반사실주의자를 제외한 사람들에게 있어서 실제 사건이나 물건은 내러티브 밖에서도 존재한다. 우리는 홈즈와 왓슨처럼 이야기 속 캐릭터가 아니다. 그렇다면 허구에서의 캐릭터와 내러티브의 구분을 실제 세계에 적용하는 근거는 어디에 있는가?

이에 대한 답변은 그것이 결과하는 이론의 설득력에 있어야 하며, 그런 전이에 의해서 설명된 사례들이 존재하는 것처럼 보인다. 내 생각에는 엠마의 사례와 뮌하우젠 바이 프록시 증후군이 그것을 보여 준다. 오히려 보다 더 어려운 질문은 '우리가 어떻게 하면 시시한 설명으로 끝나지 않도록 내러티브 욕망을 기술할 수 있을까?' 하는 것이다. 가령 욕망을 갖게 되는 것이 어떤 방식으로 이야기를 말하는 것에 의존하고 있다고 한다면, 대부분의 욕망은 내러티브로 밝혀진다. 왜냐하면 증언이 믿음을 형성하는 데 있어서 너무나도 중요한 역할을 하기 때문이고, 욕망은 항상 믿음을 배경으로 요구하기 때문이다. 이것은 집중적으로 다루어질 가치가 있는 복잡 미묘한 문제이지만 여기에서 다룰 수는 없다. 그러나 그것은 보다 차별적인 특징화를 위한 포문을 여는 것이다.[18]

엠마는 해리엇과 엘튼이 결혼하길 바란다. 그녀가 그렇게 바라는 것은 다음과 같은 이유에서 내러티브 욕망의 한 경우다. 맨 먼저 이것은 수단적 욕망이다. 그녀의 욕망은 결과 자체 때문이 아니라, 그 결과가 다른 원하는 결과들을 촉진하기 때문이다. 두 번째로, 그런 다른 결과들은 두 가지 분명하게 구분되는 것인데, 하나는 해리엇과 엘튼의 결혼이 마찬가지로 욕망된 사건들의 **패턴** 속에서 일어나야 한다는 것이다. 이 경우 패턴의 일부는 바로 엠마가 해리엇과 엘튼이 결혼하게 만들어야 한다는 것이다. 다른 하나는 바로 이 사건들의 패턴에 대해서 **엠마가 알고 있어야** 한다는 것이다. 결국 출발점이 되는 내 제안의 요점은 욕망 P는 그 욕망이 P를 하나의 구성 요소로 하는 사건들의 패턴이 있어야 하며, 이 패턴이 앎의 대상이 되어야 한다는 욕망에 기여한다면 일종의 내러티브 욕망이라는 것이다.[19] 이런 식의 특징화를 통해 내러티브 욕망이라는 개념이 경박해지는 것을 피할 수 있다. 그러나 그것은 여전히 까다롭지 않은 개념이다. 이렇게 특징화를 하면 누군가가 내러티브 개념 없이 내러티브 욕망을 갖는 것도 가능해진다.

실제 세계와 관련된 내러티브 욕망이 병리적이거나 최소한 도덕적으로 문제가 되는 관점을 갖게 되는 상황에 대해서도 우리는 무언가를 말할 수 있을까? 이 질문은 우리에게 중요하다. 왜냐하면 이 장의 목적 중 하나는 허구적 맥락 속에서는 문제가 되지 않는 욕망이 실제 세계의 상황 속에서는 문제가 될 수 있는 방식을 탐색하는 것이기 때문이다.

현재 내가 할 수 있는 최고의 답변은 실제 세계와 관련된 내러티브 욕망이 문제가 되기 위한 필요조건이 아닌 충분조건은 그것이 어떤 행위를 유발해야 한다는 것이다. 그 행위는 행위자가 인지하기에 그 인물의 이해에 반하거나 따라서 그 행위는 또한 그 행위자가 갖고 있는 내러티브 욕망을 무시한다 **아니면** 행위자가 인지할 것으로 예견하기에 그 인물의 이해에 반하는 것이다. 엠마의 잘못이 첫 번째나 두 번째 방식으로 설명될 수 있을지는 아마도 불분명할 것이다. 쥬라이데니가 옳다면, 뮌하우젠 바이 프록시 증후군의 행동을 보이는 사람은 두 번째가 부족하다. 두 경우 모두 허구와의 대비가 매우 두드러진다. 결국에는 오셀로가 데스데모나를 파멸시키지 말아야 한다고 바라면서도 한편으로는 오셀로가 데스데모나를 파멸시켜야 한다고 바라는 것에는 아무런 문제가 없는 것 같다.

허구적 내러티브 욕망과 비허구적 내러티브 욕망 사이에는 비대칭이 존재한다는 점을 지적한 바 있다. 내러티브에 관한 몇몇 글에서 이 비대칭을 과소평가하는 경향이 있다. 따라서 그것을 강조하는 것이 중요하다. 허구에서의 내러티브와 캐릭터 관계는 아주 중요한 한 지점에서 비허구에서의 내러티브와 캐릭터의 관계와 다르다. 우리는 우리와 다른 이들에게 우리가 하려고 계획하는 것에 대한 이야기를 하고 있기또는 했기 때문에 우리가 하는 것을 하고 있는지도 모른다. 스토리가 없거나 다르면 우리는 다른 것을 하고 있을 것이다. 이야기가 없다고 우리가 여기에 있을 수 없다는 것은 아니다. 그러나 〈카사블랑카〉가 없다면 릭도, 일자도, 그리고 그들이 무엇을 할지에 관한 질문도 존재하지 않는다. 실제 세계에서 내러티브와 행동은 인과적으로 연결되어 있다. 반면, 허구의 경우에는 하나가 다른 하나에 논리적으로 의존한다.

욕망의 변화 Changing Desire

지금까지 허구적 상황과 실제적 사람과 사건으로 이루어진 상황 속에서 내러티브 욕망을 살펴보았다. 이제 마지막으로 이 둘을 합쳐 보자. 허구의 경험이 어떻게 허구라는 맥락 밖에 있는 우리의 욕망을 변화시킬 수 있는가? 특히 허구특히 영화적 허구가 어떻게 실제 사람과 사건에 대해 내가 갖고 있는 욕망을 변화시키는가? 이전에는 접근할 수 없었던 생각의 내용에 접근할 수 있게 해 줌으로써, 사건들의 상태를 생동감 있게 포착하여 이전에는 불분명했던 욕망에 명확함을 부여함으로써, 사건들의 상태를 포착하고 관객으로부터 즐거운 기분을 유발함으로써, 관객이 포착한 것과 유사한 상태를 열망하도록 하는 등 여러 가지 방법이 있다. 나는 여기에서 영화가 욕망에 변화를 줄 수 있는 또 다른 방법에 주목하고자 한다. 그것은 내가 상상력의 특징에 관해 중요한 사실로 지적했던 것과 연결되기 때문이다.

우리가 상상을 현실과는 동떨어진 사적 내면세계로, 행동에 대한 암시도 없는 것으로 생각한다면 아주 자유로운 모방예술 개념을 그것이 오직 상상만을 쓰고 있다고 주장함으로써 방어하는 것이 가능하다. 그러나 그것은 진화론적 입장에서 다시 생각해 보면 그렇지 않다. 상상과 같은 복잡한 정신 기관은 우리의 행동 능력과 분리되어 있을 것 같지 않다. 분리되어 있다면 상상이 우리의 건강에 기여하는 방법을 알기 어렵다. 물론 모든 생물의 특징이 그런 기여를 하지는 않는다. 북극곰의 무거운 가죽은 곰을 느리게 만들고 먹이를 사냥하기 어렵게 한다. 따뜻한 가죽을 만드는 것은 무게를 필요로 하기 때문에 어쩔 수가 없는 것이다.[20] 그러나 상상은 이와는 다르다. 나는 상상이 우리의 성능을 개선하는 데 도움을 주도록 설계된 일종의 장치라고 제안한다.

무엇보다도 상상은 우리의 행동 능력과 완전히 분리된 능력이 아니라는 점에 주목해야 한다. 때때로 우리가 상상할 수 있는 것은 우리 자신의 육체적 한계를 반영한다. 뇌손상으로 제한된 신체적 능력을 갖게 된 사람들의 경우처럼 말이다. 파킨슨씨병으로 반신장애가 된 환자에게 양손으로 손가락을 나열하는 연습을 하면서 그가 상상할 수 있는 속도를 얘기해 보라고 했다. 그러자 그는 불편한 손이 속도가 느리다고 상상했고, 상상 속에서의 시간 차이도 실제 시간 차이에 거의 근접했다. 또한 무엇을 하는 것을 상상하는 것은 실제로 그것을 하는 것을 더 쉽게 해 준다. 이는 운동선수들이 자신의 능력 향상을 위해서 종종 시도하는 방법이다. 놀랍게도 상상 속 운동은 올바른 상황 속에서라면 실제 운동보다 근육의 힘을 더 증가시킬 수 있다고 한다. 그리고 운동 능력 외에도 **상상 속에서**뿐 아니라 현실 속에서의 연습을 통해서 이득을 얻을 수 있는 많은 기술이 있다.[21] 상상 속 움직임과 실제 움직임 사이의 연결은 상상된 경험의 경우에도 마찬가지로 적용된다. 무엇을 보고 그것에 관여하는 상상은 한 사람이 실제로 보고 관여할 수 있는 능력에 지대한 영향을 끼친다.[22] 이러한 경우비록 그에 대한 직접적인 증거를 알지는 못하지만 상상 속에서 무엇을 욕망하는 것내러티브 욕망 속에 포함된 종류의 욕망하는 것은 실제로 그것을 욕망하는 사람의 경향과 관련이 있을 수 있다는 것이다. 특히 사람들이 상상 속에서 무엇을 **욕망하는 것**은 현실 속에서 그것을 더 쉽게 욕망하도록 만들 수 있다. 어느 정도선에서 사람들은 누군가 고통을 받거나 해를 끼치는 것 같은, 사람들이 불쾌한 것으로 여기는 욕망을 가질 수 있다. 이러한 욕망을 갖는 것이 일반적인 일이라고 가정한다면, 상상 속에서 불쾌한 것을 욕망하도록 우리를 부추기는 허구 작품들은 그러한 불쾌한 욕망을 강화시키는 효과를 갖게 된다. 그 불쾌한 욕망이 행위자가 기꺼이 원하는 욕망이 되는 순간까지 그렇다.

또 다른 가능성이 존재한다. 내러티브 욕망은 직접적으로 해로운 다른 욕망으로 이끌기 때문이 아니라 그 자체로서 해로운 것인가? 『오셀로』에서 데스데모나가 고통받는 내러티브가 되기를 바라는 것과 같은 경우에 초점을 맞춘다면 그 대답은 부정일 것이다. 직접적으로 해로운 것은 아무것도 없다. 그러나 우리가 보고 읽는 내러티브가 우리에게 **다른** 내러티브를 권한다고 생각해 보자. **우리**가 역할을 담당하고 **다른 사람들**도 우리 명령에 의해 강제로 역할을 맡고 있는 일종의 위압적인 상황 말이다. 켄달 월턴Kendall Walton은 가상 놀이—일종의 내러티브를 갖고 있지만 때때로 즉흥적이고 비교적 비구조화되어 있는 게임—가 소품들의 도입을 통해서 더욱 생생해질 수 있음을 강조한 바 있다.[23] 월턴의 소품은 눈사람, 목마와 같이 물건에 생명이 부여된 것들이었다. 그러나 아이들은 때로 다른 사람을 게임의 소품으로 동원한다. 아빠는 탐험가가 상상 속에서 걷고 있는 다리가 될 수 있고, 탐험가는 다리를 건너는 내러티브를 더 생동감 있게 만들기 위해서 실제로 아빠 위를 걷는다. 실제로 내가 고른 한 내러티브에서 한 부분을 맡는 사람은 누구나 소품으로 간주될 수 있다. 능동적이거나 수동적인 소품이 되는 것이다. 이제 어떤 경우가 되었건, 우리가 한 사람을 우리의 목적을 위해서 동원할 때는 거기에 강제가 포함되어 있을 가능성이 높아진다. 어떤 종류의 예들이 벌써 머릿속에 떠오른다 영화와 허구가 내러티브를 재현하고 싶은 욕망을 자극할 수 있다면, 그리고 포함된 내러티브가 요구를 하거나 최소한 누군가를 낮은 역할로 참여시킴으로써 더 생동감 있게 만들어진다면, 한 사람의 몰락이 강제적이건 아니건 내러티브 욕망으로부터 촉발되는 경우가 있을 수도 있다.

결론 Conclusion

영화와 욕망에 대해서 생각하는 데 있어서는 우리가 어떤 욕망을 염두에 두고 있는지를 분명히 하는 것이 중요하다. 난 그런 종류의 욕망에 대한 분류법과 그들 사이의 몇 가지 관계를 제안하였다. 또한 영화나 그 밖의 허구적 내러티브와의 관계 속에서 욕망하는 것이 상상력의 본래적 능력과 기능에 대한 하나의 이론이라는 맥락 속에서 고려될 필요가 있음을 제안하였다.

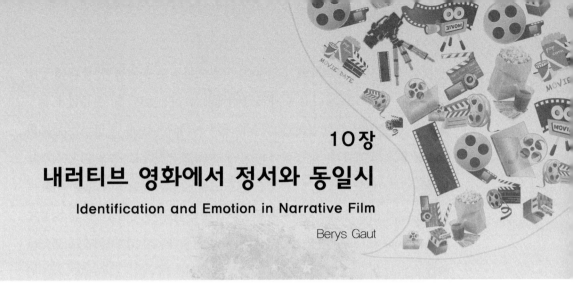

10장
내러티브 영화에서 정서와 동일시
Identification and Emotion in Narrative Film

Berys Gaut

영화 관객들에게 영화에 대한 정서적 반응을 설명해 보라고 하면 그들은 종종 동일시 개념에 호소한다. 그들은 "나는 정말로 그 인물하고 동일시할 수 있었어요." "그 영화는 형편없었어요. 왜냐하면 내가 동일시할 수 있는 인물이 단 한 명도 없었거든요." "그녀에게 일어난 일은 정말로 안 되었어요. 난 그녀와 강렬하게 동일시하고 있었거든요."와 같은 말들을 한다. 영화그리고 문학작품에 대한 반응에 관해 널리 알려진 상식은 관객들이 때때로 인물과 동일시를 하기 때문에 한 영화의 성패는 동일시가 일어나는지의 여부에 달려 있고, 정서적 반응의 질과 강도가 동일시에 의해 좌우된다는 것이다. 영화에 대한 우리의 정서적 반응에 관심을 지닌 이론가라면 누구나 이 동일시 과정의 본성에 대한 해명을 제시해야 하며, 반응을 형성하는 데 있어서 그것의 중요성을 설명해야만 할 것이다. 그리고 관객에 의한 동일시의 존재와 그 중요성을 부정할 여지는 전혀 없어 보인다.

이미 영화이론은 이러한 민간 상식에 기이하고 호기심 어린 반응을 보여 왔다. 한편으로 정신분석학에서 영감을 받은 이론들은 이런 주장에 대해 긍정적으로 반응했지만 지나치게 과장된 방식으로 다루었다. 이 이론들은 라캉Lacan에 의존해서 어린아이가 6~18개월 사이에 거울 속 자신의 이미지와 동일시하는 행위를 통해서 하나의 주체로서 형성된다고 주장했다. 사실감을 주는 데 있어서 그리고 이념적 수단으로서 영화의 강력한 힘은 바로 이 동일시라는 기본적 과정을 재현하는 능력에서 나오는 것이다. 장 루이 보드리Jean-Louis Baudry에 의하면, 영화적 동일시는 다음과 같은 이중적 측면을 지닌다.

> 두 단계의 동일시를 구분할 수 있다. 첫 번째 것은 이미지 자체에 부속된 것으로, 이차 동일시의 중심으로 묘사된 인물로부터 나온다. 그리고 그는 끊임없이 포착되고 재설정되는 정체성을 지닌다. 두 번째 단계는 첫 번째 단계가 출현하도록 해 주며, 그것을 '행동의 맥락 속에' 위치시킨다. 이것이 바로 초월적 주체로, 그의 자리는 카메라에 의해서 차지되며, 카메라는 '세계' 속 객체들을 구성하고 지배한다.[1]

민간 상식의 핵심이 되는 인물 동일시의 존재를 인정하면서도, 그렇기에 정신분석학 이론들은 그것을 이차적인 위치로 강등시키고 있다. 관객이 보이지 않는 관찰자와 동일시한다는 개념이 중심에 놓이게 되는데, 이 동일시는 환영에 의해 통합된 이념적 주체로 관객의 정체성을 규정한다. 인물 동일시 개념의 배제 외에도, 정신분석학 이론의 주된 경향은 또한 관객이 자신의 동일시 행동을 통해서 주물 숭배자, 가학성애자 그리고 관음증 환자가 되는 것으로 간주한다는 점에서 민간 상식의 관점에서 벗어난다.[2]

분석철학과 인지과학에 근거를 두고 있는 영화 이론가와 철학자들은 일반적으로 관객의 반응에 대한 그런 정신분석학적 개념을 위한 시간을 거의 내지 않았다. 그보다는 동일시 개념으로부터 정신분석학적 요소들을 떼어 냄으로써 그들은 대개의 경우 동일시가 정말로 일어난다는 주장을 거부해 버렸다. 노엘 캐럴Noël Carroll은 "동일시는…… 관객의 정서적 반응을 설명하는 데 있어 올바른 모델이 아니다."[3] 라고 적고 있다. 그레고리 커리Gregory Currie는 시점 숏에서 동일시가 일어나지 않는다고 주장하였다.[4] 그리고 동일시 개념에 어느 정도 호의적이었던 머레이 스미스Murray Smith조차도 대체적으로 자신의 관여 개념을 동일시의 분석으로서가 아니라 그것을 대체할 개선된 개념으로 제시하고 있다.[5]

보통 관객이 영화와 자신의 상호작용을 설명할 때 동일시 개념이 널리 쓰이고 있다는 사실, 그리고 우리가 친구들과의 동일시를 이야기할 때처럼 일상생활에서 이 개념이 보편적으로 사용되고 있다는 사실을 볼 때, 인지주의 진영의 이론가들이 동일시 개념을 이처럼 의심하는 것은 파격적이다. 그리고 이러한 사실은 인지주의적 패러다임이 특히 영화에 대한 정서적 반응을 설명하는 데 적절하지 않다고 보는 정신분석 이론가들의 비난을 부추기기도 한다. 인지주의적 관점이 관객의 정서를 설명하기 위해 필요한 핵심 개념에 대한 호소를 거부한다면, 어떻게 그러한 정서에 대해 적절하게 설명할 수 있겠는가?

이것이 영화에서의 동일시 개념에 관심을 갖고 있는 모든 이가 직면하고 있는 상황이다. 이 장의 임무는 동일시 개념을 인지주의 영화이론에서 복권시키고, 그 개념이 그에 반대해서 주장된 뿌리 깊은 개념적 혼란에 의해 방해받고 있지 않다는 것을 보여 주며, 영화에 대한 관객의 정서적 반응을 설명하는 데 있어서 설득력을 지니고 있음을 보여 주는 것이다. 이에 대한 논증은 여러 가지 새로운 구분을 필요로 할 것이다. 하지만 이는 동일시 개념을 더 정제하는 것이지 포기가 아닌 것이다.

동일시 개념 The Concept of Identification

동일시 개념은 아주 묘한 것처럼 보일 수 있다. 이 개념의 어원은 '동일하게 만들다'이다. 따라서 내가 한 인물과 동일시를 하면 내 정체성을 그의 정체성과 합치는 것이 된다. 그리고 이 과정은 '〈스타트렉Star Tarak〉에 등장하는 미스터 스폭이 속한 불칸족의 정신 융합 같은, 관객과 주인공 사이의 기묘한 형이상학적 과정을 요구'[6]할 것이다. 이것은 아주 묘한 것만이 아니라 사실상 불가능한 것이다. 두 사람은 생존한 상태에서 숫자상 하나가 될 수 없다. 그러나 아주 일반적으로 그렇듯 여기에서 어원은 의미에 대한 좋은 안내자가 되지 못한다. 동일시가 존재하지 않음을 보여 주기 위해서 이 어원을 천착하는 식의 논거는 '텔레비전'이 '멀리서 본다'는 어원적 뿌리를 갖고 있기 때문에 우리가 텔레비전을 볼 때 정말로 멀리에서 무엇을 보는 것이 아니라 그것의 이미지만을 보는 것이고, 따라서 텔레비전은 존재하지 않는다고 결론을 내리는 논증과 같은 것이 된다. 문제는 개념의 어원이 무엇인가가 아니라 그것의 의미가 무엇인가이고, 한 개념의 의미는 언어에서 그 용어가 어떻게 사용되는가 하는 문제인 것이다.

그렇다면 우리는 '동일시'라는 개념을 허구 속 인물에게 적용할 때 어떻게 사용하는가? 한 가지 사용법은 그냥 한 사람이 그 인물을 걱정한다고 말하는 것이다. 영화 속에서 동일시할 수 있는 사람이 한 사람도 없다고 말하는 것은 인물들에게 무슨 일이 일어날지 걱정하지 않는다고 말하는 것과 같다. 그러나 그러한 방식의 사용에서 내가 한 인물과 동일시한다는 사실이 내가 그녀를 걱정하는 이유를 설명할 수는 없다. 그렇게 그럴듯한 설명은 전적으로 공허한 것이기 때문이다. 여기에서 본연의 생각은 설명적 의미에서 동일시란 한 사람이 인물의 입장이 되게 한다는 문제인 것이고, 그 사람이 그렇게 되기 때문에 그 인물을 걱정하게 된다는 것이다. 그러나 한 사람을 다른 사람의 처지에 처하게 한다는 말은 무엇인가?

정신분석학적인 그리고 브레히트Brecht. 독일 출신의 현대연극 이론가이며 극작가-역자 주적 이론들은 주류 영화가 일종의 환영이라고 생각하면서, 관객이 영화 속 사건들이 실제라는 환영에 사로잡혀 있기 때문에 자신이 동일시하는 그 인물이라는 환영에 빠지게 된다고 주장한다. 그러나 그런 생각은 영화 관객에게 이례적인 정도의 비합리성을 부여한다. 이 이론에서는 관객이 자신이 어둠 속에 안전하게 앉아 있다고 생각하지 않으며, 자신이 산꼭대기에서 로프에 매달려 있거나 악당을 향해 총을 쏘거나 혹은 영화 속 인물이 하는 행위를 하는 것으로 믿는다고 주장한다.

이 이야기의 보다 설득력 있는 버전은 '불신의 유예suspension of disbelief'가 영화 속에서 일어난다는 주장이다. 즉, 관객은 자신이 허구적 인물이 아님을 알지만 그러한 사실은 관객에 의해서 자발적으로 무시된다. 그러한 경우 관객은 사실은 그렇다는 것을 믿지 않으면서도 자신이 묘사되고 있는 인물이라고 믿고 있는 **것처럼** 반응한다. 그런데 영화에 대한 관객들의 많은 반응은 이러한 가정 아래에서 의미를 만들지 못한다. 예를 들어, 공포영화 속 인물들은 자신들을 괴롭히는 두려움을 겪고 싶어 하지 않는다. 따라서 그들과 동일시하는 관객들은 그런 영화가 처음 시작하자마자 출구로 몰려 나가야 할 것이다. 이와 같은 동일시 개념에서 관객들은 자신들이 바로 그 인물들이라고 믿는 것처럼 반응해야 하기 때문이다.[7]

보다 나은 동일시 개념 버전은 관객이 자신이 동일시하는 인물이 되는 것을 상상한다고 주장한다. 이는 관객이 그 인물을 걱정하는 이유에 대한 설명의 일부다. 하지만 이 주장 역시 새로운 우려를 낳는데, 누군가가 다른 누군가가 되는 상상에 대해서 이야기하는 것은 의미가 없다고 거부될 것이기 때문이다. 내가 다른 누구와 동일한 세계란 불가능하다. 내가 다른 사람이 되지 않고 그 사람의 특성을 소유하게 되는 세계인 것이다. 그렇다면 나는 어떻게 다른 사람이 되었다고 상상할 수 있는가? 마찬가지로 내가 현재의 나로부터 현격하게 다른 사람이 될 수 있다고 생각하는 것은 의미가 없다고 주장한다고 해도 우려가 제기된다가령 나는 10세기에 살았던 여자 에스키모였을 수가 없다. 이러한 종류의 주장들이 받아들여진다고 하더라도 그 주장이 고수하는 것처럼 불가능한 것을 상상할 수는 없다는 주장을 따르지는 않을 것이다. 사실 우리는 형이상학적으로뿐만 아니라 논리적으로도 불가능한 것들을 상상할 수 있다. 가령 홉스Hobbes는 정말로 원과 면적이 동일한 정사각형을 그렸다그는 성공을 했다고 한때 생각했다. 그리고 우리는 허구에 반응하면서 빈번하게 그렇게 한다. 우리는 사람들이 시간을 거슬러 올라가고 그들 자신을 마음속으로 그리는 것을 상상하도록 요청할 수 있다. 우리는 또한 요청에 의해 늑대인간이나 나무로 변하는 사람이나 혹은 오만하고 위압적인 두꺼비에 대해 불평을 늘어놓는 유식하고 수다스러운 쥐를 상상할 수 있다.

그러나 관객이 다른 사람과 동일시를 할 때 자기 자신이 그 사람이 된 것으로 상상한다는 주장에는 여전히 하나의 문제가 존재한다. 리처드 월하임

Richard Wollheim이 지적한 것처럼, 내가 특정한 인물가령 지브스(P. G. 우드하우스의 소설 속 주인공. 버터 우스터의 재치 있는 하인-역자 주)이 되었다고 상상한다면, 동일성은 대칭적 관계이기 때문에 이것은 내가 지브스가 내가 되었다고 상상하는 것과 같은 것이 될 것이다. 그러나 두 가지 상상은 아주 다른 투사다. 전자의 경우, 나는 내가 버터 우스터에게 시중을 들며 그를 조종하는 지브스의 위치에 있다고 상상한다. 후자의 경우, 나는 지브스가 아무도 몰래 내 삶을 가져가 버린 것으로 상상하고, 사람들을 혼란케 하는 집사 같은 존재가 된다.[8]

이로부터 우리가 도출해야 하는 결론은 상상적 동일시라는 행동이 상상하기, 즉 다른 사람이 된 것으로의 상상하기가 아니라 그 사람의 처지에 있는 것으로 상상하기를 포함한다는 것이다. 여기에서 그 사람의 처지란 그의 육체적 · 심리적 특징들 모두를 비롯하여 그가 소유하고 있는 모든 특성을 포괄한다그래서 우리는 세상을 그의 육체적 · 심리적 관점에서 상상한다. 따라서 상상을 통해 내가 지브스와 동일시하면서 하는 것은 내가 그의 처지에 있고, 그가 하는 것을 하고, 그가 느끼는 것을 느끼는 것 등이다. 그리고 그것은 지브스가 내 위치에 있다고 상상하는 것과 분명하게 다른 것이다.

월하임은 이러한 동일시 개념에 반대하였다. 그에 따르면, 내가 지브스와 동일하다고 상상하지 않기 때문에 그 설명은 내가 그의 위치에 있다고 상상하는 동안 내가 지브스를 만난다고 상상하는 것을 허용해 줄 것이다. 그런데 나의 상상적 투사는 분명 그것을 배제한다.[9] 그리고 나의 상상적 투사가 이것을 배제한다는 것은 정말로 사실이지만, 그것은 사실 내가 지브스의 위치에 있다고 상상하는 것과 양립될 수 있다. 우리가 한 사람의 처지라는 개념을 이해한 것에 따르면, 그것은 그 사람의 모든 속성을 포함하기 때문이다. 그리고 이러한 속성에는 우발적 속성뿐만 아니라 형식속성도 포함된다.

가령 숫자여서는 안 되고, 자기 의식성의 잠재성을 가져야 하며, 그 자신을 만날 수 있으면 안 된다는 것과 같은 것이다. 따라서 지브스는 허구적으로 자기 자신, 즉 지브스를 만날 수 있으면 안 된다는 속성을 갖는다. 그렇기에 내가 나 자신이 그의 위치에 있는 것으로 상상할 때 그를 만난다고 상상하는 것이 온당한지에 대해 질문이 제기된다면 그를 만나는 상상은 배제해야만 할 것인데, 내가 그의 속성 중 이 상황에서 중요한 속성들, 특히 지브스를 만날 수 없다는 형식속성을 소유하고 있는 것으로 상상해야 하기 때문이다. 따라서 동일시를 한 사람이 다른 사람의 위치에 있는 것으로 상상한다는 개념을 빌려 설명하는 것에 대한 월하임의 거부는 한 사람의 처지를 그의 특정한 형식속성들을 배제하는 것으로 좁게 이해할 경우에만 그럴듯하게 보인다.

이러한 동일시 설명은 또한 우리가 상상적 행동에 대해 이야기하는 방식과 부합한다. 우리는 자주 우리 자신을 다른 사람의 위치나 처지에 있는 것으로 상상함으로써 그를 이해한다고 이야기한다. 그리고 우리는 우리를 한 사람의 외적 상황 속에 상상적으로 투사함으로써 그 사람을 이해하게 된다. 즉, 상상을 통해 그 사람의 것과는 다른 우리의 개성을 바꾸고, 다양한 방식으로 반응하는 우리의 성향에 의지해서 그 사람이 과연 다른 어떤 것을 느낄 수 있다고 가정하는 것이 합당할지를 가려낸다.[10]

그러나 이러한 상상적 동일시 개념에서조차 영화 속에서 동일시가 일어난다는 생각은 근본적인 어려움에 봉착하는 것처럼 보인다. 영화적 동일시의 핵심적인 경우 중 하나는 우리에게 시점 숏을 통해 무엇이 제시될 때라고 여겨진다. 이 경우 우리는 분명 한 인물과 동일시하도록 요청된다. 우리는 말 그대로 그 사람의 관점을 취한다. 그러나 이 주장은 반대의 공세에 직면했다. 커리는 동일시가 시점 숏에서 일어난다면 관객은 그 인물에게 일어나는 일이 자신에게 일어난다고 상상해야 하며, 그 인물의 가장 두드러지고 극적으로 현저한 특성을 가져야 하며, 인물의 투사와 가치에 관심과 호의를 갖고 있거나 갖고 있다고 상상해야 한다고 반박했다. 그러나 커리의 주장에 따르면, 이 중 어떤 것도 그럴 필요가 없다. 나는 인물에게 일어나는 일 중 어떤 것도 내게 일어난다고 상상하지 않으며, 내가 그의 특성을 갖고 있다고 상상하거나 최소한 그에게 호의를 가질 필요도 없다. 예를 들어, 공포영화에서 살인자의 시점에서 촬영된 시점 숏이 자주 쓰이는 것을 생각해 보자.[11] 스미스도 시점 숏이 반드시 인물의 주관성을 부여할 필요는 없다고 주장했다. 실제로 공포영화에서 시점 숏은 종종 범인의 정체를 숨기는 기능을 수행한다.[12]

시점 숏에 대한 이러한 지적은 잘 받아들여진다. 그러나 그 지적이 동일시가 그러한 경우에 발생한다는 주장을 우리가 포기하도록 강요하지는 않는다. 동일시가 한 사람이 한 인물의 처지에 있는 것으로 상상하는 것이라고 파악하면, 적절한 논점이 되는 것은 그 사람이 그 인물 상황의 **어떤 측면들**에 자신이 처해 있다고 상상하는지다. 우리가 살펴본 것처럼, 우리는 인물의 상황을 그가 어떤 속성을 지녔는지를 통해 구성하게 된다. 그 인물의 육체적 속성에는 키, 신체적 상태, 행동의 신체적 특징 등이 포함된다. 그 인물의 심리적 속성은 허구적 세계에 대한 그의 관점을 통해서 생각해 볼 수 있다. 그러나 이 관점은 단지 시각적인 것그에게 사물이 어떻게 보이는가만이 아니다. 우리는 또한 그 인물이 사건들에 대해 감성적 관점그 사건들을 그가 어떻게 느끼나, 동기적 관점그 사건들과 관련해서 무엇이 그에게 동기 부여를 하는가, 인식론적 관점그 사건들에 대해서 그가 무엇을 믿는가 등을 소유하고 있다고 생각할 수 있다. 따라서 어떤 사람이 한 인물과 언제 동일시 하게 된다고 이야기하는가 하는 질문은

어떤 관점에서 그가 그 인물과 동일시하는가 하는 문제가 된다. 동일시 행위는 다양한 측면을 지닌다. 한 인물과 지각적으로 동일시한다는 것은 그의 관점에서 본다고 상상하는 것이다. 감성적으로 그와 동일시한다는 것은 그가 느끼는 것을 느낀다고 상상하는 것이다. 동기적으로 동일시한다는 것은 그가 원하는 것을 원한다고 상상하는 것이다. 그리고 인식론적으로 동일시한다는 것은 그가 믿는 것을 믿는다고 상상하는 것이다. 위에서 열거된 반론들은 우리가 단지 한 사람이 지각적으로 그 인물과 동일시를 하기 때문에 그가 그 인물과 동기적으로나 감성적으로 동일시한다고 결론 내릴 수는 없다는 사실을 보도록 한다. 물론 한 사람이 그 인물의 신체적 특징들을 갖고 있다고 상상한다고 결론 내릴 수도 없다.

이것은 동일시 개념을 왜곡하는 것처럼 보일 수도 있다. 분명한 것은 동일시 개념은 포괄적인 것이라서 우리가 모든 측면에서 그 사람의 상황에 있다고 상상하는 것이고, 다양한 측면을 지닌 동일시를 이야기하는 가운데 우리는 결국 동일시 개념을 포기하는 것이라는 이견이 제기될 것이다.

정반대로 만약 동일시가 포괄적인 것이라면 그것은 실제로는 일어날 수 없다. 허구적인 인물조차도 엄청나게 많은 수의 속성그중 대부분은 텍스트나 영화에 의해서 분명하게 언급되지 않고 암시될 것이다을 가지며, 실제 사람의 속성은 무한정이다. 누군가가 이 모든 속성을 소유한다고 상상하는 것은 불가능할 것이며 물론 그렇게 하지도 않을 것이다. 즉, 사람들은 자신의 상상이라는 목적을 위해서 중요한 특성들만을 취한다. 마찬가지로 사람들은 그 모든 특성을 누군가가 갖고 있다고 상상하지 않더라도 그렇게 해야만 한다고 고집해서는 안 된다. 왜냐하면 앞에서 내가 논박했던 것처럼 한 인물과의 동일시가 그 인물과 당신이 동일인이라고 상상할 것을 요구한다고 고집하더라도, 그것이 상상의 모든 결과를 상상해야 한다는 것을 뜻하지는 않기 때문이다. 켄달 월턴이 지적한 것처럼, 허구는 아주 빈번하게 그러한 결과를 당신이 상상할 것을 요구하지 않는다. 오셀로는 자신이 어눌하다고 말하면서 아주 시적인 대사를 말한다. 그러나 아무도 그것을 눈치채지 못한다. 왜 그런가? 이런 질문은 '어리석은 질문'이 될 것이다. 실제 세계에는 그에 대한 답변이 있을 수 있다. 하지만 허구의 세계에는 그런 답변이란 없다.[13] 우리가 상상하는 것은 특정한 상상을 명하도록 설계된 인위적 산물에서 우리가 찾는 지식에 의해서 구성된다. 그리고 우리의 상상은 맥락적 요구에 의해 형성된다.

때로는 동일시라는 생각이 지나치게 거칠어서 인물에 대한 우리의 관계를 그 인물과 동일시하거나 그와 거리를 두는 것으로 축소시킨다는 비판이 제기되었다. 그렇기에 우리는 동일시 개념을 폐기해야 한다는 것이다.[14] 다양한 측면의 동일시가 존재한다는 것을 깨닫게 되면, 우리는 이러한 복합성을 동일시 개념의 범위 안에서 잘 인식할 수 있음을 알게 된다. 우리는 다양한 측면의 동일시를 구분하였기 때문에 우리가 한 인물과 지각적으로 동일시한다는 사실이 우리가 그와 감성적으로 동일시한다는 것을 포함하지 않는다는 사실을 주장할 수 있다. 즉, 우리가 그 인물의 관점에서 본다고 상상한다는 사실이 우리가 그가 원하는 것을 원한다고 상상하거나 혹은 그가 느끼는 것을 느낀다고 상상하는 것을 **요구**하지 않는다. 그렇게 되면 어떤 조건 아래에서 한 종류의 동일시가 다른 종류의 동일시를 촉진하는지를 조사하는 것은 실질적인 이론화의 문제가 되는 것이다. 영화예술의 일반적인 복합성을 두고 볼 때, 서로 다른 측면의 동일시를 서로 연결시키기 위한 불변의 법칙과 유사한 원칙들을 발견할 수 있다면 매우 놀라운 일이 될 것이다. 그러나 다른 것이 동일하다면 한 종류의 동일시가 어떻게 다른 종류의 동일시를 촉진하기 용이한지에 대한, 또는 특정한 영화 기법이 어떻게 해서 특정 종류의 동일시를 증진시키는 경향이 있는지에 대한 조사의 여지가 많이 남아 있다.

지금까지 우리는 동일시가 누군가가 다른 상황 속에 놓여 있다고 상상하는 것을 포함한다는 생각의 암시를 따라왔다. 그러나 이 상상적 동일시라는 개념은 사람들이 동일시에 대해 이야기하는 모든 의미를 포괄하지 못한다. 동감empathy 개념을 생각해 보자. 이 개념은 물론 일종의 동일시로 간주되는 것이고 그중에서도 아주 중요한 것이다. 누군가의 부모님이 돌아가셨다고 한다면, 사별한 사람과의 동일시는 그 사람의 감정을 느끼고 그것을 함께 나누는 형태"당신의 고통을 나도 느낍니다." "그 상실감이 어떤 것인지 나도 알아요."를 취한다. 그러나 이것은 우리가 설명했던 감성적 동일시 개념과는 다른 것임에 주목해야 한다. 감성적 동일시는 관객이 한 사람또는 한 허구적 인물이 느끼는 것을 느낀다고 **상상**할 것을 요구한다. 반면, 동감은 관객이 한 사람또는 한 허구적 인물이 느끼는 것을 **실제로** 느낄 것을 요구한다.

이제 동감이 인물의 마음속에 상상을 통해 들어가고 그의 상황에 대한 상상으로 인해서 그와 똑같이 느끼는 것을 요구한다는 것이 그럴듯하다.[15] 그러나 그것은 동감적 동일시가 어떤 종류의 상상적 동일시를 요구한다고 말하는 것이다. 이 두 개의 현상은 서로 융합될 수 없다. 한 인물과 감성적으로 동일시하는 것은 그의 슬픔이나 분노 혹은 두려움을 상상함으로써 가능해진다. 그러나 그에게 동감하는 것은 불가능한데, 그와 함께 슬픔이나 분노 혹은 두려움을 실제로 느끼는 것이 아니기 때문이다. 실제로 단지 상상된 상황에 대해 실제 정서를 느낄 수 있는 가능성을 열어 두고, 심지어는 허구적 인물과의 동감적 동일시의 존재 가능성도 열어 두고 있는 사람들은 오로지 이들 이론가뿐이다. 물론 그들은 실제 사람과의 그런 동일시도 가능하다고 본다. 동감적 동일시란 인물이 직면하고 있는 상황에 대해서 인물이 허구적으로 느끼고 있는 것을 그대로 느낀다는 것이다. 그리고 그 상황이 단지 허구적인 것이기 때문에 허구적인 것으로 알려진 상황에 대해 실제 정서가 일어날 가능성이 허용되어야 한다.[16]

마지막으로 논의할 필요가 있는 개념은 공감sympathy이다. 앞에서 언급했듯이, 한 인물과의 동일시에 대해 이야기하는 것은 때때로 그 인물을 공감하는 것을 뜻한다. 그러나 동일시를 설명적 개념으로 유지하고자 한다면, 우리는 이 개념을 별개의 용도로 구분해야만 한다. 그리고 사실 공감과 동감적 동일시는 별개의 개념이다. 한 인물을 공감한다는 것은 넓은 의미에서 그에 대해 걱정하고 그에게 관심을 갖는 것이다. 우리는 단지 그가 곤경에 처해 있기 때문에 좁은 의미에서 공감하며 그에 대해 걱정해야만 하는 것은 아니다. 예를 들어, 우리는 비록 그들이 곤경에 처해 있지 않더라도 어떤 정당의 목적에 동조한다고 말할 수 있기 때문이다. 이 걱정은 그에게 무슨 일이 닥칠지에 대한 두려움, 그를 대신해서 내는 분노, 그에 대한 측은지심, 그의 성공에 대한 고무 등 다양한 정신적 상태로 드러날 수 있다. 이러한 상태는 그가 느끼고 있는 것과 아무런 관련이 없어도 된다. 즉, 나는 그가 자동차 사고로 의식 불명에 빠져 아무것도 느끼지 못하는 것을 애석해할 수 있다. 나는 그에게 닥친 일에 대해서, 비록 그 자신은 그에 대해 냉정하더라도 그를 대신해서 분노할 수 있다. 나는 그가 자신이 처한 긴박한 위험을 의식하지 못하고 있더라도 그에게 닥칠 것을 두려워할 수 있다. 반면, 동감empathy은 그에게 부여된 감정을 함께 나누는 것을 요구한다. 즉, 나는 그가 화가 나 있다는 것을 믿거나 상상해야지만 동감적으로 화가 날 수 있는 것이다. 그가 화가 났다는 생각이 내가 화가 나도록 조정하고 통제한다.[17] 그래서 그가 의식 불명 상태로 아무것도 느끼지 못한다면 어떠한 것도 그에게 동감한 것으로 간주될 수 없다. 대부분의 사람은 스스로에 대해 관심을 갖고 있기 때문에 그들에게 동감하는 것은 그 관심을 함께 나눔을 포함하며, 따라서 그들과 공감을 포함한다. 그러나 동감과 공감이 동시에 일어나는 것은 우리가 동감하고 공감하는 사람의 심리를 조건으로 하는 것이다. 그것이 이 두 종류의 감정 성향이 같은 것임을 보여 주는 것은 아니다.

이러한 구분은 또한 우리에게 캐럴에 의해서 발전된 동일시 개념에 이의를 제기할 유력한 근거를 제공한다. 캐럴은 한 인물과의 동일시가 그가 느끼는 것을 같이 느끼는 것을 요구한다고 주장한다. 그러나 그는 관객이 느끼는 것과 인물이 느끼는 것은 보통 부분적으로만 일치한다고 지적한다. 한 여자가 바다에서 수영을 하고 있다. 그녀는 상어로부터 공격당할 급박한 위험에 처해 있는 것을 모르고 있다. 그녀는 즐겁지만 우리는 긴장되고 두렵다. 오이디푸스는 자신이 저지른 일에 대해 죄책감을 느끼나, 우리는 죄책감이 아닌 동정심pity을 느낀다. 그리고 캐럴은 감정의 부분적 일치는 동일시를 위해서 부족한 것이라고 주장한다.[18]

캐럴이 여기에서 주장하는 동일시 개념은 동감적 동일시 개념이다. 왜냐하면 그가 논의하는 것은 관객이 실제로 느끼는 것이 무엇인가이지 느낀다고 상상하는 것이 아니기 때문이다. 그래서 성공적이기는 하지만 그의 비판은 상상적 동일시 개념을 훼손하지 않는다. 더욱이 우리는 이미 동일시하는 행동이 항상 다양한 측면을 지님그리고 그 때문에 부분적임을 알고 있기 때문에, 관객이 느끼는 것과 인물이 허구적으로 느끼는 것 사이의 일치가 부분적이라는 사실이 동일시에 대한 비판이 될 수는 없다. 동일시는 항상 부분적이기 때문이다.[19] 더 나아가서 캐럴이 제시한 예들이 보여 주는 것은 인물의 상황에 대한 우리의 반응이 때로는 동감적이라기보다는 공감이라는 것이다우리는 수영하는 여자가 위험을 알아채지 못해서 공포를 느끼지 않더라도 그녀의 상황에 대해 걱정한다. 그러나 이러한 지적은 동감이 절대로 일어나지 않는다는 것을 보여 주는 것은 아니다. 즉, 수영하던 여자가 위험과 공포를 인지하게 되면 우리는 그녀의 공포를 함께 나눈다.

캐럴은 이 마지막 제안을 반대한다. 즉, 그는 우리가 수영하는 여자의 공포를 함께 나누는 것이 아니라고 주장하는데, 그녀의 공포는 자기 자신을 향한 것인 반면에 우리의 공포는 그녀를 향한 것이기 때문이다. 그러나 이러한 반대는 동감적 동일시에 포함되어 있는 상상적 요소의 중요성을 간과하고 있다. 즉, 우리는 수영하는 여자에게 동감하기 위해서 우리 자신을 상상을 통해 그녀의 상황 속에 위치시켜야 한다. 따라서 나는 상어가 그녀를 공격하는 것을 상상할 때 그 상어가 나를 공격한다고 상상하는 것이다내가 상상을 통해 그녀의 처지에 있기 때문에. 따라서 나는 수영하는 여자의 공포를 함께 나눌 수 있다. 두 경우 모두 그 공포는 자기 자신을 향한 것이기 때문이다.[20]

동일시와 영화 기법 Identification and Film Techniques

지금까지 나는 동일시를 여러 종류로 구분함으로써 이 개념이 막연하고 일관되지 않다는 주장으로부터 방어하였다. 한편으로 상상적 동일시가 있는데상상을 통해 자신을 다른 위치에 놓는 것, 이는 다시 지각적, 감성적, 동기적, 인식론적 그리고 다른 형태의 동일시로 나누어진다. 다른 한편으로 동감적 동일시가 있는데, 이는 한 사람이 상상을 통해 자신을 인물의 상황에 투사함으로써 그 인물의 허구적 정서를 실제로 함께 나누는 것을 요구한다. 이러한 다양한 종류의 동일시를 근거로 해서 사람들은 인물들에 공감할 수 있다우리가 살펴본 바처럼 이 공감은 때로 일종의 동일시로 생각되나, 우리는 이를 동일시의 가능한 결과 중 하나로 다룰 것인데, 사람들은 누군가의 위치로 상상을 통해 투사를 하지 않고서도 그에게 공감할 수 있기 때문이다. 나는 또한 동일시가 영화 속에서 일어난다는 주장에 대한 비판들로부터 그것을 방어하기 위해서 이러한 구분을 계속 전개하였다. 다양한 종류의 동일시 사이의 이러한 구분을 인정한다면, 우리는 이제 영화에 대한 우리의 관계에서 동일시가 수행하는 역할을 보다 세부적으로 탐색할 수 있다.

앞에서 언급한 것처럼, 시점 숏은 종종 영화에서 인물과의 동일시가 일어나는 곳으로 간주된다. 실제로 그것은 지각적 동일시가 일어나는 곳이다관객은 인물이 허구적으로 보고 있는 것을 본다고 상상한다. 그리고 관객이 다른 모든 관점에서 그 인물과 동일시하는 것은 아니다. 한 공포영화에서 살인자의 시점에서 촬영된 숏의 예는 우리가 상상을 통해서 그의 시각을 취하더라도 꼭 그 사람에게 동감을 해야 하는 것은 아님을 잘 보여 준다. 그러나 이제 우리는 감성적 동일시와 동감적 동일시를 구분하고 있기 때문에 이 숏으로부터 감성적 동일시가 나올 가능성이 높음을 알 수 있다. 즉, 이 숏과 대등한 다른 것들이 우리로 하여금 그 인물이 무엇을 느끼고 있을지를 상상하게 해 줄 수 있다우리가 스스로 실제 감정을 느낄 필요는 없지만, 즉 그에게 감정이입할 필요는 없지만. 〈양들의 침묵The Silence of the Lambs〉에서 버팔로 빌의 시점에서 촬영된 숏을 살펴보자. 버팔로 빌은 초록색이 들어간 야간 투시경을 쓰고 스털링조디 포스터이 어둠 속에서 자신을 그로부터 지키기 위해 우왕좌왕하는 것을 본다. 분명 여기에서 우리는 빌에게 동감하거나 공감하지 않는다. 우리의 마음은 전적으로 스털링 편이다. 그러나 이 숏은 우리로 하여금 빌의 흉악한 감정을 상

상하도록 해 준다부분적으로 이는 우리가 스털링에게 미치는 끔찍한 효과를 볼 수 있기 때문이다.[21]

시점 숏은 지각적 동일시의 예증이고 감성적 동일시를 촉발하는 경향이 있으며, 또한 일종의 인식론적 동일시를 촉발한다. 왜냐하면 인식론적 동일시는 인물들이 허구적으로 믿고 있는 것을 우리가 믿는다고 상상할 것을 요구하기 때문이다. 그리고 어떤 믿음은 지각적이다. 그러나 인식론적 동일시 개념은 지각적 동일시 개념보다 더 넓다. 왜냐하면 우리는 인물이 모르게 벌어지고 있는 것에 대해 알게 됨으로써이는 가령 탐정영화에서 특징적인 것이다 그 인물의 인식론적 관점을 차지할 수 있기 때문이다.[22]

시점 숏은 영화에서 지각적 동일시의 대표적 형식이지만 유일한 형식은 아니다. 이는 〈양들의 침묵〉 중 다른 숏에서 잘 보인다. 스털링과 다른 FBI 요원들이 버팔로 빌에게 희생된 한 사람을 부검하는 곳에 있는 장면을 살펴보자. 우리에게 시체가 보이는 것은 거의 장면이 끝나갈 때다. 그때까지 우리는 수사관들, 특히 스털링의 반응을 바라보는 것으로 제한되어 있다. 조디 포스터의 반응에는 통제하기 힘든 구역질과 두려움이 희생자에 대한 동정심과 뒤섞여 있다. 그녀의 섬세한 연기를 보면서, 우리는 실제로 보여 주지 않더라도 그녀가 보고 있는 것을 상상할 수 있다. 그 결과, 우리가 그녀가 보고 있다고 상상하는 것이 마침내 실제 보인 것보다도 더 참혹할 수도 있다는 것이다. 왜냐하면 그녀의 얼굴에 나타나는 정서를 바라보면서 관객들은 각자 그러한 정서를 정당화해 줄 무엇인가를 상상하게 되고, 그래서 그녀가 그런 정서를 갖도록 만든 것을 상상하기 때문이다. 즉, 각자가 자기 자신의 악몽의 시나리오를 상상하는 것이다. 따라서 감정을 보여 주는 반응 숏은 시점 숏과 마찬가지로 관객에게 인물의 시점에서 보고 있다고 상상할 수 있는 단서를 제공할 수 있다.

더 나아가서 앞의 예가 또한 보여 주는 것처럼 반응 숏이 한 인물과의 감성적, 동감적 동일시를 위해 시점 숏보다 더 효과적인 수단이 될 수 있다.[23] 반응 숏은 사람의 얼굴이나 몸을 보여 주는데, 이를 우리는 능숙하게 정서의 신호로 해석하며, 조디 포스터와 같이 원숙한 배우의 연기를 통해 우리는 인물이 느끼고 있는 것을 완벽하게 파악할 수 있다. 따라서 우리에게는 정확하게 감성적 동일시에 빠질 수 있게 해주는 방대한 정보가 제공된다.

더욱이 우리가 한 개인의 고통에 대한 시각적 증거들에 직면하게 되면, 우리에게는 그에게 동감하고 공감하려는 강한 성향이 있다. 먼 나라에서 일어난 대재앙의 소식도 우리가 동감하고 공감하게 만드는 강력한 힘을 갖고 있다. 하지만 일반적으로 보다 더 효과적인 것은 개인의 얼굴을 마주하는 것이다. 표정 속에는 개인의 곤경이라는 특수한 사정이 각인되어 있다. 예를 들어, 공익재단들이 수많은 이의 고통을 보다 효과적으로 전달하기 위한 수단으로 곤경에 처한 개인들의 사진을 이용하는 것을 떠올려 보자.

앞서 지적한 것처럼, 시점 숏도 우리가 감성적 동일시를 하도록 하는 경향이 있다. 그러나 그것은 인물이 느끼고 있는 것에 대해 부족한 정보를 전달한다는 단점을 갖고 있다. 그리고 얼굴을 보여 주는 숏이 없기 때문에 동감하거나 공감하게 하는 힘이 덜하다. 실제로 시점 숏은 감정을 전달하는 데 있어서는 상당히 미숙한 방법이다. 불안과 불확실의 감정을 전달하기 위해서 시점 숏은 흔들리는 카메라 기법을 차용할 수 있다예를 들어, 존 카사베츠의 〈취한 여자(A Woman Under the Influence)〉(1974)에서 흔들리는 핸드헬드 숏을 생각해 보라. 이를 통해서 주인공 부부의 마음속에 있는 근심 어린 그 무엇인가가 전달된다. 시점 숏은 다른 인물에 의해 압도당하는 느낌을 전달하기 위해 로우 앵글 숏을 사용할 수도 있다〈시민 케인(Citizen Kane)〉(1941)에서 케인(오손 웰즈)을 찍은 로우 앵글 숏들을 생각해 보라. 심지어 좀 더 극단적으로, 전체 미장센이 한 인물의 근심에 찬 마음의 상태를 전달하기 위해서 설정될 수 있다잉그마르 베르히만의 〈늑대의 시간(Hour of the Wolf)〉(1968)에서 미친 예술가인 보리의 관점에서 만찬 손님들을 포착한 숏을 생각해 보라. 이러한 지극히 단순한 기법들을 영화 〈양들의 침묵〉의 부검 장면에서 조디 포스터의 반응 숏이 보여 주는 섬세함과 비교한다면, 우리는 결과적으로 반응 숏이 감성적, 동감적 동일시를 유발하는 데 있어서 시점 숏보다 훨씬 더 중요하다는 것을 알 수 있게 된다.

인식론적 동일시 역시 강력한 반응 숏보다도 훨씬 간접적인 방식으로 동감을 유발하는 경향을 갖고 있다. 영화 속 허구에 대한 우리의 지식이 특정 인물의 그것과 고도로 일치할 경우, 우리는 설사 처음에는 그렇게 될 것 같지 않았더라도 그 인물과 감성적으로 동일시하고 동감하는 경향이 존재한다. 한 무리의 범법자들이 일을 꾸미고 있는 장면을 우리가 보고 있다고 생각해 보자. 우리는 주위를 경계하고, 발각되지 않도록 멈추기도 하며, 위험에 겁먹고 있으며, 범죄가 성공하기를 바라는 그들을 바라본다. 우리가 그들이 벌이고 있는 일에 대해서 그들과 동일한 인식론적 시점을 갖게 될 경우, 우리는 보통은 그것을 원하지 않지만 쉽게 그들에게 동감을 해서 그들의 범죄가 성공하기를 바란다.

이 현상에 대한 좀 더 복잡한 예가 해럴드 래미스Harold Ramis의 〈사랑의 블랙홀Groundhog Day〉(1933)에 등장한다. 기상통보관인 피트빌 머레이는 니체가 말한 영원한 순환 속에 코미디처럼 갇혀, 계속 반복해서 같은 날을 살도록 저주받는다. 피트에 대한 우리의 감정은 처음에는 복잡하다. 그의 농담은 세련되고 재미있다. 하지만 그의 냉소주의 또한 크게 눈에 띈다. 그래서 우리의 감성은 그와 그의 동료들 사이에서 양분된다. 영화가 진행되면서 우리는 점차 그에게 동감하고 공감한다. 부분적으로 이는 그가 성숙해지고 더 매력적인 사람이 되기 때문이다. 그러나 또한 우리가 그와 동일한 인식론적 상황 속에 놓여 있기 때문이기도 하다. 그와 관객 외에 어느 누구도 우리가 보고 있는 장면이 이전에 여러 차례 벌어졌다는 것을 깨닫지 못한다. 따라서 우리는 일어나고 있는 일에 대해 그와 지식을 공유하고 있고 점점 그가 아닌 다른 관점에서 세상을 바라보는 것이 어렵게 느껴진다. 왜냐하면 우리는 다른 인물들은 전부 무슨 일이 벌어지고 있는지를 이해하지 못한다는 사실을 알고 있기 때문이다. 여기에서 인식론적 동일시는 인물에 대한 동감과 공감을 촉진하기 쉽다.

이러한 요소들 이외에도 동감과 공감을 촉진하기 쉬운 다른 요소들이 있다. 먼저 동감과 공감은 공통적으로 자기 강화적이다. 한 인물에 동감한다는 것은 그 인물이 허구에서 느끼고 있는 것을 느끼는 것을 포함한다. 대부분의 인물이 자신의 행복에 관심을 갖고 있기 때문에, 그들에게 동감으로써 우리는 또한 그들에게 공감하게 된다. 즉, 우리는 그들을 걱정하게 된다. 반대로 우리가 한 인물에게 공감할 경우, 우리는 우리의 정서를 그의 정서와 일치시키고 그가 느끼는 것을 느끼려고 할 것이다. 따라서 우리는 그에게 동감하는 것이다.

둘째로, 특히 두드러지는 것은 우리가 여러 가지 매력적인 특성을 소유하고 있는 것으로 묘사되는 인물들에게 쉽게 공감한다는 사실이다. 광범위한 특성이 그러한 반응을 촉진할 수 있다. 즉, 인물들은 기상통보관 피트처럼 재치 있을 수 있고, 육체적으로 매력이 있을 수 있으며, 흥미를 끌 만큼 복합적일 수 있다. 닐 조단Neil Jordan의 〈크라잉 게임The Crying Game〉(1992)에서 우리는 영국 병사인 조디포레스트 휘태커와 IRA 일원인 퍼거스스티븐 리 그리고 의상도착증 환자인 딜제이 데이비슨의 유약함 때문에 그들에게 공감한다. 조디는 IRA에 의해 살해될 긴박한 위험에 처해 있고 단지 직업이 필요해서 북아일랜드에 와 있기 때문에 유약하다. 퍼거스는 자신이 겉으로 신봉하고 있는 폭력이라는 신조를 믿고 있지 않으며, 그 때문에 위험에 처하므로 유약하다그의 유약함은 "난 그 정도로 착하지 않아."라고 조디에게 속삭이는 대사 속에서 잘 드러난다. 그리고 딜은 그녀의 비주류적인 사회적 · 성적 상황으로 인해서 유약하다. 공감과 동감을 촉진하는 이러한 종류의 인물 특성들 외에도 누가 그 인물 역을 하고 있는지에 대한 지식도 우리의 감정을 크게 이끌어 낸다. 예를 들어, 히치콕은 이 기법을 배치하는 데 있어서 대가였다. 그의 영화 속 인물의 특성들을 통해서 생각해 보면, 〈현기증Vertigo〉(1958)의 스카티제임스 스튜어트라는 인물은

닐 조던의 〈크라잉 게임〉(1992)에서 딜(제이 데이비슨)과 퍼거스(스티븐 리)

다분히 비호감이다. 그러나 우리는 그에게 동감하게 유도되는데, 그것은 부분적으로 우리의 인식론적 동일시 때문이고매들렌/주디(킴 노박)의 회상 때까지 우리는 그를 빠뜨리려는 음모에 대해 모르고 있고 대부분의 사건에 대해서 그가 아는 것으로 제한된다, 또한 오랫동안 친밀하고 호감 가는 주인공 역할을 해 왔던 제임스 스튜어트가 그 역할을 맡았기 때문이기도 하다.

이제 동일시 개념은 그에 반해서 빈번하게 제기되었던 반론을 피할 수 있을 만큼 정교화되었다. 그리고 이 정교화는 우리로 하여금 상이한 종류의 동일시 간의 관계를 탐구함으로써 상당히 복잡한 이론을 만들 수 있도록 해주었다. 이렇게 정교화된 개념은 또한 동일시와 정서 사이의 중요한 연결을 가능케 해 준다. 이는 동감적 감정과 동일시 사이의 본질적 연결 속에서 부분적으로 드러나고 있다. 즉, 동감은 한 인물이 느끼는 것을 똑같이 느끼는 것이다. 관객들은 상상을 통해서 자신을 인물의 처지에 투사하기 때문이다. 그리고 동일시와 정서의 관계 또한 특정한 인과관계 속에 드러난다. 즉, 우리가 이미 살펴본 것처럼 인식론적 동일시는 감정이입을 촉진하기 쉬우며, 한 인물과의 감성적 동일시는 특히 그 인물의 상황이 생생하게 상상될 경우 그에 대한 감정이입을 낳기 쉽다. 따라서 동일시와 영화에 대한 정서적 반응 사이에 중요한 관련이 있다고 하는 보편적인 견해는 다양한 동일시 개념을 구분하는 것에 근거해서 부분적으로 방어된다. 그러나 시점 숏이 영화적 동일시의 핵심이라는 이론가들의 주장은 잘 유지되지 못했다. 시점 숏은 분명 지각적 동일시의 한 독특한 형식을 구성한다. 하지만 그것이 유일한 형식은 아니다. 반응 숏 역시 우리로 하여금 한 인물의 관점에서 본다고 상상할 수 있게 해 준다. 그리고 시점 숏이 우리로 하여금 관심 있는 인물들과 감성적으로 동일시하게끔 해 주는 약간의 경향을 갖는 반면, 이 관점에서 시점 숏은 반응 숏만큼 효과적이지는 않다. 그리고 반응 숏은 우리의 공감과 동감에 있어서 훨씬 더 효과적이다.

동일시와 학습 Identification and Learning

그렇다면 동일시는 영화에 대한 우리의 정서 반응에 중요한 역할을 수행한다. 이는 또한 허구적으로 묘사된 상황에 대해서 우리가 어떻게 반응하는지를 알려 주는 데 있어서도 중요한 부분을 담당한다. 이러한 종류의 학습이 이루어지는 최소한 두 가지 기본 형식이 있다. 첫 번째 것은 동감을 통해서 우리의 정서적 반응은 한 인물의 그것을 거울처럼 반사한다. 그리고 그 인물이 정서적으로 성장하는 것에 따라서 우리 역시 자라서, 이전에는 그 인물과 우리 자신이 부적절하다고 느꼈을 방식으로 상황에 반응하는 것을 배운다. 두 번째 기본적인 학습 형식은 한 인물과 동일시하기는 하지만 그 인물의 반응이 상황에 어쩐지 부적합하다는 것을 깨닫게 되고, 그 상황에 대한 보다 심오한 관점이 있다는 것을 발견하게 되는 것이다. 첫 번째 경우 우리와 인물은 모두 정서적으로 함께 성장한다. 두 번째 경우는 인물은 거의 변함이 없는 데 반해서 우리만 성장한다. 첫 번째 경우의 가능성은 〈크라잉 게임〉에 의해 설명되며, 두 번째 경우는 막스 오퓔스의 〈미지의 여인에게서 온 편지Letter from an Unknown Woman〉(1948)에 의해 설명된다.

〈크라잉 게임〉에서 조디의 끔찍한 죽음 이후 우리는 퍼거스와인식론적, 감성적 그리고 동감적으로 동일시하게 된다. 퍼거스는 조디의 죽음에 충격을 받고 IRA를 빠져나가려고 애쓴다. 조디는 퍼거스에게 자신의 애인인 딜을 돌봐 달라고 부탁한 적이 있다. 퍼거스는 그녀의 사진을 보고 그녀가 매력적이라고 느꼈다. 그는 그녀를 사랑하게 되고, 그녀는 그에게 오럴 섹스를 해 주며, 영화의 반전 부분에서 그의 앞에 나체로 나타난다. 딜은 남자인 것이다. 퍼거스는 깜짝 놀라서 딜을 때리고 화장실에서 구토를 한 후 뛰쳐나간다. 관객이 계속해서 퍼거스에게 인식론적으로 강하게 동일시하고 있었기 때문에, 퍼거스와 관객은 또한 그 발견으로 인해 충격을 받는다제이 데이비슨의 여장은 대단히 그럴듯하다. 영화의 나머지 부분은 퍼거스가 딜이 남자임에도 불구하고 자신이 그를 사랑하고 있다는 사실을 받아들이고"그래도 난 여자가 더 좋았어." 그녀를 대신해서 감옥으로 가는 이야기다.

〈크라잉 게임〉은 주제적으로 매우 풍부해서, 인종과 성차 그리고 사랑의 문제를 다룬다. 우리의 목적에서 볼 때 흥미로운 것은 퍼거스가 과거 분명한 이성애자였음에도 불구하고 딜을 사랑한다는 사실을 받아들이게 되는 과정에서 그를 묘사하는 방법이다. 사랑은 단순한 성차의 경계를 초월한다. 이는 단지 영화의 한 주제만이 아니다. 관객들 또한 퍼거스와 딜이 성적 유대관계를 지속하기를 바라는 위치에 놓이게 된다. 딜이 남자라는 사실이 분명한데도 말이다. 우리가 퍼거스와 다면적으로 동일시하고 있고 또 퍼거스가 딜에 대한 사랑을 받아들이게 되기 때문에 우리도 또한 그것을 받아들이게 되는 것이다. 여기에서 동성애에 대한 태도가 본질적으로 바뀌게 되는 한 인물과의 동일시는 영화가 진행됨에 따라서 관객도 동감을 통해서 그 관계가 지속되기를 바라도록 해 주며, 따라서 관객이 동성애에 대한 자신들의 태도에도 의문을 제기하도록 해 준다.[24] 이것이 동일시를 이용해서 관객들이 자신의 정서적 반응을 재고해 보고 허구적 상황에서 무엇인가를 배우도록 해 주는 영화의 분명한 예인 것이다.

〈미지의 여인에게서 온 편지〉는 표면적으로 '여성 영화'의 관습에 잘 들어맞는 영화다. 영화 제목에서의 미지의 여인인 리사조안 폰테인는 스테판루이 주르당을 멀리에서 사랑한다. 그녀는 사춘기 때 그를 처음 본 순간, 그의 음악적 재능과 문화적 감각, 그리고 그녀의 갑갑한 부르주아로서의 삶에 그가 가져다준 신비감에 매혹된다. 그러나 그녀는 단지 몇 차례 그와 이야기를 나누고, 딱 한 번 잠자리를 같이 했으며, 그의 아들을 갖게 된다. 아들을 위해서 그녀는 존경은 하지만 사랑하지는 않았던 한 명망 있는 남자와 결혼한다. 하지만 그녀는 수년 후 다시 스테판을 만나자 그 모든 것을 버린다. 하지만 스테판은 그녀를 알아보지 못하고, 그녀는 그의 아파트를 황망하게 떠난다. 그녀는 마침내 그의 표면적인 매력을 간파하고 그에게 그녀는 또 하나의 정복에 불과하다는 것을 깨달은 것이다. 그러나 영화는 그녀가 죽어 가면서 그에게 쓴 편지를 중심으로 구성되어 있다. 그 편지는 그에게 그녀가 여전히 대책없이 빠져 있음을 알려 주고, 그들의 사랑이 맺을 수도 있었던 위대한 결실에 대해서그가 그녀를 기억하고 있었더라면, 그가 그녀가 자신의 진정한 뮤즈이자 그의 삶에 의미를 부여할 수 있었던 여자였다는 사실을 깨달을 수 있었더라면 증언하고 있다. 편지를 읽은 스테판은 자신의 책임과 잘못을 받아들이고 리사의 남편과 결투를 하기 위해 나선다. 이로써 그는 확실한 죽음을 향해 스스로 떠난 것이다.

표면적으로 이 영화는 획기적인 멜로드라마다. 이 영화는 눈물을 쥐어짜고 손수건을 홍건하게 하려고 하지 않는다. 그리고 여기에는 관객과 리사 사이의 다면적인 동일시가 존재한다. 보이스오버voiceover. 화면에 보이지 않는 해설자의 목소리-역자 주는 그녀의 것이고, 회상 장면의 대부분에서 그녀가 등장한다. 그녀는 조용하고 아름다우며 아이 같은 매력을 갖고 있고 강한 결단력의 소유자다. 따라서 관객은 인식론적으로, 감성적으로 그리고 동감적으로 그녀와 동일시하며, 그로부터 비롯되는 공감은 의심의 여지가 없어서 그녀에게 우호적인 감정을 갖도록 부추긴다. 그러나 실제로 리사는 그녀에게 일어났던 일의 의미를 전혀 배우지 못한다. 그녀가 죽으며 쓴 편지는 스테판이 진정으로 사랑할 수 있었고, 그녀에게 헌신할 수 있었다면 그들의 삶이 얼마나 풍요로웠을까에 대한 증거인 것이다. 그래서 영화를 이렇게 해석할 경우 리사와의 동일시는 당시 관객들 중 다수가 영화를 보러 올 때 가지고 왔을 낭만적인 태도를 강화시킨다.

그러나 또 다른 방식으로 영화를 해석할 수 있다. 리사는 강박적인 사람으로, 자신이 그것을 절대로 따를 수 없는 사람에게 자신의 낭만적 환상을

리사(조안 폰테인)와 스테판(루이 주르당)이 질투심에 사로잡힌 남편이 보는 앞에 서 있다. 막스 오퓔스의 〈미지의 여인에게서 온 편지〉(1948) 중에서

투사하고 있다는 사실을 깨닫지 못한다. 그래서 그녀는 그녀가 재앙으로 나아갈 것이 너무나도 분명한 방법으로 스스로를 속이고 있다는 증거들이 너무나도 많음에도 목숨을 걸고 그 환상을 추구한다. 이러한 견해를 뒷받침하는 증거들이 영화 속에 많이 있다. 리사는 그녀의 편지에서 우리가 보는 것에 의해서 반박되는 것들을 이야기한다. 예를 들어, 리사는 "나에게는 그스테판의 의지 외에 아무런 의지도 없었다."고 적고 있는데, 실제로는 그녀가 아주 강력한 자기 의지를 갖고 있음이 너무나도 명백하다그녀는 스테판과 같이 살 수 있는 기회가 주어지자 결혼생활을 기꺼이 포기하려 한다. 반면, 스테판은 방향 감각 없이 삶을 헤맨다그는 자신이 설정했던 목표에 실제로 거의 도달하지 못했음을 인정한다. 영화 속의 이러저러한 단서들은 관객들에게 영화에서 일종의 반대관점을 위한 증거들을 제공한다. 그리고 이 반대관점은 그녀의 시점이 그녀의 실제 상황을 부분적으로는 환상을 통해 왜곡했다는 사실을 우리에게 보여준다.[25]

이 두 번째그리고 내 생각에 더 나은 해석방식에서 볼 때, 관객은 여러 가지 측면에서 리사와 동일시하도록 장려된다. 그러나 또한 그녀의 행동이 어떤 측면에서는 어리석고 자기기만적이라는 증거들이 주어지기도 한다. 관객이 이러한 반대 증거들을 취하게 되면, 그들이 영화에서 배우게 되는 것은 영화의 낭만적 가치들 중 어떤 것들은 왜곡되어 있고, 재앙을 몰고 올 가능성이 농후한 자기기만을 조장하기 쉽다는 것이다. 관객은 리사와 너무나도 동일시하기 때문에 그 교훈을 가슴에 새겨야 한다. 관객은 뒤에 서서 지금까지 본 리사의 가치가 관객 자신의 가치와 아무런 상관이 없다고 생각할 수 없게 된다. 왜냐하면 관객은 그 가치들이 자신이 가깝게 동일시했던 한 여성 속에서 체현된 것을 보았기 때문이다. 이것이 한 인물과의 동일시가 올바른 정서적 반응에 대해 관객에게 가르쳐 줄 수도 있는 두 번째 방식이다. 이 모델에서 인물은 정서적으로 성장하지 않지만 관객은 성장한다. 왜냐하면 관객은 그 가치들이 문제가 있다는 사실을 발견하게 되기 때문이다. 여기에서 동일시는 첫 번째 모델에서보다도 더 간접적인 인지적 역할을 수행한다. 즉, 무엇이 적절한 감정인지를 배우기 위해서 관객은 인물의 관점에 반대되는 관점이 존재한다는 것을 발견할 준비가 되어 있어야 한다. 그러나 동일시는 그 교훈을 집으로 가져가서 공격받던 그 가치와 태도가 관객 자신의 것이라는 것을 보여 주고, 따라서 그러한 가치와 태도를 기본적으로 수행하는 데 있어서 실질적이고 지속적인 변화를 가능하게 해 준다. 이러한 가능성이 보여 주는 것처럼, 동일시는 항상 관객이 관습적인 가치들을 무비판적으로 받아들이도록 만드는 방식으로 기능한다고 하는 브레히트의 생각은 틀렸다. 동일시는 적절한 맥락 속에서라면 확고한 교훈을 집에까지 갖고 가도록 할 수 있다.

나는 정신분석적 패러다임의 중요성을 거부하는 철학자나 영화학자들이 동일시라는 개념 또한 거부해서는 안 된다고 주장했다. 이 개념이 지니고 있는 일관성과 설명적 힘에 반해서 제기되어 온 비판에도 불구하고, 동일시는 실제로 영화에 대한 우리의 정서적 반응을 이해하는 데 있어서 아주 값진 역할을 수행한다. 동일시는 영화에 대한 관객의 반응을 설명하고 묘사하기 위해서 사용되는 데 어느 정도 미숙한 개념임에는 의심의 여지가 없다. 그러나 필요한 구분이 이루어지게 되면, 이 개념은 영화이론과 개별 영화의 분석에 있어서 값진 부분을 담당할 수 있을 만큼 정교화될 수 있다. 정신분석 이론에서의 동일시의 사용방식 때문에 동일시 개념을 완전히 포기하는 것은 아이를 목욕물과 함께 버리는 것보다도 더 잘못된 것이다. 아이에게 동일시하는 것은 잘못이다.

11장

갱스터, 식인종, 탐미주의자 또는 명백히 도착적인 충성

Gangsters, Cannibals, Aesthetes, or Apparently Perverse Allegiances

Murray Smith

어떤 행동이 잘못되거나 틀렸다는 확신이 종종 우리가 그것을 실행하도록 하는 정복할 수 없는 유일한 힘이라는 사실은 내가 숨을 쉬고 있다는 사실보다도 더 확실하다.

—에드거 앨런 포, '괴팍한 심사'

도착perversity이라는 주제는 영화와 밀접한 연관을 맺고 있는 것으로 자주 간주되어 왔다. '삐딱한' 취향과 욕망에 영합하는 것으로 어떤 이들에 의해서 이야기되는 특정한 영화 장르포르노, 공포로서나 혹은 좀 더 포괄적으로 영화관객의 일반적인 상황을 통해서다. 어떤 이들은 영화관객들이 관음증이나 복장도착 심지어 가학-피학적인 상황에 놓이게 된다고 주장한다. 데이비드 크로넨버그David Cronenberg의 〈크래쉬Crash〉(1996)를 둘러싼 소동은 이러한 모든 연관에 대한 압축적인 상징으로 간주될 수 있을 것이다. 이러한 것들이 이 장에서 어쩔 수 없이 다루어져야 하는 주제이기는 하지만, 내 목적은 보다 넓고 포괄적인 '도착' 개념이 될 것이다.[1] '도착'은 기술적으로 "옳고 좋고 정당한 것으로부터" 벗어나거나 상충되는 것으로 정의된다라틴어에서 pervers는 '비뚤어짐'을 의미한다.[2] 그리고 이는 '정도를 벗어나는'과 같은 표현이나 성적 도착의 특성에 대한 논의에서 사용된다. 그래서 나는 '도착'이라는 표현을 본질적으로 **도덕률에 대한 의도적인 위반**을 의미하는 것으로 이해하면서 논의를 진행할 것이다.

가장 일반적인 수준에서 내 관심은 최근의 한 연구가 도착을 특징지은 것처럼 '의지박약'이거나 의도적 잘못을 재현하는 데 우리가 관심을 갖는 이유와 그 과정에 대한 것이 될 것이다.[3] 그리고 조금 더 상세하게 이 책의 주제의 연장선상에서 나는 '사악함evil'과 도착의 재현에 대한 우리의 정서적 반응이 지닌 특징을 고찰하고자 한다. 그래서 우리가 그러한 장면을 보면서 소름이 끼치고 무서워하는지, 즐거워하는지, 혹은 양가적인 반응을 보이는지와 그것이 어떤 상황 속에서 그렇게 되는지를 물을 것이다. 나는 도착적인 주제에 대한 다양한 미학적 접근방법이 존재하고, 각자는 상이한 종류의 반응을 유발한다고 주장할 것이다. 나는 일련의 미학을 설명할 것이고, 각자의 경우 그것이 촉발하고자 하는 종류의 정서적 반응의 윤곽을 그릴 것이다. 마지막으로, 나는 논의의 과정에서 제시된 다양한 설명 요소를 종합해서 도착적인 것들을 만들고 보는 것에 대해 거의 자동적으로 결부되는 정신분석적 설명에 대한 하나의 대안을 제공하고자 한다. 그러나 본격적으로 논의를 시작하기 전에 배경이 되는 가정들과 관련해서 몇 가지가 간략하게 논의될 필요가 있다. 즉, 도착이라는 개념 그리고 도덕성과 정서의 관계가 그것이다.

도착적 충성 Perverse Allegiance

도덕성의 문제—'올바르거나', '비뚤어졌거나'—가 영화에 대한 정서적 반응을 살펴보는 데 있어서 왜 중요한가? 도덕적 판단과 평가가 우리의 정서적 반응의 기저가 된다는 간단한 이유에서다. 정서를 '인지적으로' 정의하는 것, 즉 정서의 특징을 육체적 각성과 인지적 판단그리고 다른 가능한 요소들 중에서 표현과 행동 성향을 통해서 설명하는 것은 오늘날 보편적이다. 종종 덜 강조되는 것은 정서에 필수적인 많은 인지적 판단이 윤리적 성격을 갖고 있다는 사실이다. 즉, 정부의 어떤 정책가령 소득세는 낮추지만 부가세는 높이는에 화를 내는 반응에는 이 정책이 불공정하고, 취약한 이들에게 해를 끼치면서 특권층에게 이득을 준다는 도덕적 판단이 포함되어 있다. 혹은 자부심을 느낄 경우, 자부심의 대상이 도덕적으로 가치가 있는 것이라고 느껴야 한다. 예를 들어, 문제가 되는 행동이 결단력이나 자비심을 보여 준다고 느껴야 한다. 실제와 허구의 사건들에 대한 우리의 정서적 반응들은 이러한 의미에서 도덕적으로 충만하게 된다. 그리고 도착이 도덕률에 대한 고의적인 위반으로 정의된다면, 도덕성은 '올바른' 반응에 개입하는 것과 동일하게 '도착적'인 정서적 반응에도 관여해야 한다.

대부분의 맥락에서 '도착'이라는 단어와 그 변이들은 부정적인 도덕적 비난을 내포하고 있다. 누군가를 '변태pervert'라고 부른다고 생각해 보라. 그러나 우리가 도착에 대해서 이야기할 때는 도덕과 무관하고 설명적인 의미도 존재한다는 것을 깨닫는 것이 중요하다. 인간이 그렇게 디자인된 것이건 진화에 의한 선택이든 상관없이 인간 신체의 어떤 부분이나 심지어는 어떤 인공물이 원래의 것과는 다른 기능을 수행할 때, 이를 기능적 도착이라고 한다. 이 기능적 도착은 문화 분야에서 스티븐 제이 굴드Stephen Jay Gould가 진화적 '굴절적응exaptation'[4]이라고 부른 것과 동등한 것으로 간주될 수 있다. 굴절적응이란 환경에서의 생존 가능성을 높이기 위해서 한 종種의 어떤 특징들이 '새로운' 기능을 수행하도록 사용되는 것을 말한다. 그 특징들은 다른 기능을 수행하도록 진화되었거나 혹은 이러한 의미에서의 적응이 전혀 아니라 하나의 새로운 기능을 수행하게 된 부산물 혹은 '비적응nonaptation'이었다. 예를 들자면, 물고기를 발견할 수 있도록 그늘을 드리우는 데 날개를 사용하는 새들이나, 비행을 하기 위해 깃털이 단열재로 진화된 것은 '굴절적응된' 경우라고 할 수 있겠다.[5]

진화 자체가 그러한 가능성을 쉽게 만들어 낼 수 있다면, 문화나 개인적 행위의 차원에서 유사한 원동력이 작용하고 있다는 사실을 발견하게 되는 것은 그리 놀랄 일이 아니다. 많은 성적 도착이 이러한 범주의 기능적 도착에 해당된다. 즉, 복장도착이나 항문 섹스 그리고 다른 이상성애[6]뿐 아니라 키스입의 주 기능이 음식을 섭취하는 것이라고 한다면와 같이 보편적인 것도 이에 포함된다.[7] 그러나 키스가 도착이라는 주장의 핵심은 많은 '도착적'이고 '변태적'인 행위들을 도덕적으로 비난하는 것의 부조리함과 불가피함을 보여 준다는 것이다. 특히 성적 도착에 대한 논의의 복잡함 중 하나는 이 용어가 늘 기능적인 측면만이 아니라 도덕적인 측면에서도 도착이라는 암시를 수반한다는 것이다. 즉, 기능적 위반이나 혁신은 그것이 개인이나 사회 전체에 유해하기 때문에 비난을 받을 수밖에 없다아니면 반대로 자유와 창조성의 행위로 칭송될 수도 있다. 여기에서 내 초점은 도덕적 도착에, 그리고 성적 도착—특히 성적 변태—에만 놓이게 될 것이다. 그것이 특정한 공동체에 의해서 단순히 기능적일 뿐 아니라 도덕적으로도 도착적인 것으로 간주되는 한 그렇다.

여기에서 우리는 또한 우리가 **일차적 도착**first order perversity과 **이차적 도착**second order perversity이라고 부를 수 있는 것을 구분할 수 있다. 일차적 도착이란 도덕적으로나 사회적으로 금지되어 있는 쾌락을 직접적으로 얻는 것을 말한다. 반면, 이차적 도착이란 특정한 행동에서 그것이 그렇게 금지되어 있기 **때문에** 쾌락을 얻는 것이다. 일차적 도착은 가령 쇳가루를 향신료로 사용하거나, 보통 사람보다는 시체나 인형과의 섹스를 더 좋아하는 경우가 해당된다.[8] 일차적 도착이라는 개념은 도덕적으로나 사회적으로 허가되지 않은 욕망과 충동의 존재를 인정한다. 하지만 이차적 도착에 빠진 사람은 자신이 알고 있는 것이 '도착적인 것'으로 간주될 것이라는 위반의 사실을 즐긴다.[9] "너는 정말 변태구나."와 같은 표현 속에 담겨 있는 종류인 이차적 도착이 여기에서 나의 일차적 관심이다. 물론 특정한 경우들은 일차적, 이차적 도착 모두를 포함하는 것처럼 보이기도 한다.

이렇게 넓은 의미로 이해된 도덕적 도착은 영화와 문학과 같은 허구적 재현 모두에서 지속적으로 다루어지는 주제다. 이 현상의 핵심적인 측면은 '도착적'인 행동과 행위자를 묘사하고 있는 허구를 접하는 관객이나 독자가 그것에인지적으로, 능동적으로conatively, 정서적으로 반응하도록 요청되는 방식에 관심을 두고 있다. 그리고 특히 우리가 그것을 승인하도록 요청받는지의 여부와 상황에 관심을 둔다. 이 주제—종종 재현된 인물에 대한 우리의 '동일시' 또는 그것의 부재에 대한 문제로 논의되는 것—는 물론 도착적인 행위나 인물의 특별한 경우를 다루지는 않았지만 이전 글에서 이미 분석했던 것이다. 그래서 도착의 신비를 계속해서 탐구하기 전에, 즉각적인 매력은 좀 덜하지만 핵심적인 몇 가지 요소를 천천히 살펴볼 필요가 있다.

인물과의 '동일시'에 관해 보다 정교하게 생각하는 데 있어서 내가 주장했던 기본적인 구분 중 하나는 **연대**alignment와 **충성**allegiance 간의 구분이다.[10] 연대에는 인물의 행동과 생각, 감정에 우리가 접근하는 데 필요한 텍스트의 모든 측면이 포함된다. 연대와 충성을 단순하게 비교한다면, 연대는 한 텍스트가 우리에게 제공하는 내러티브 정보와 텍스트이며 그 정보에 대한 우리의 평가를 조종하는 방식은 충성과 연관되어 있다. 충성이란 한 영화가 영화 속 인물들에게 동조와 반감의 반응, 즉 영화의 도덕적 구조에 의해서—완전히 결정되지는 않지만—촉발되는 반응을 촉발하는 방식과 정도를 말한다. 가장 기본적으로 한 영화의 도덕적 구조는 인물들이 '착한 사람'으로 혹은 '악한 사람'으로 제시되는지의 여부를 통해 작동한다. 그러나 좀 더 미묘한 가능성이 존재한다. 한 영화는 모호한 패턴의 충성만을 보여 주거나 영화가 내렸던 판단을 아이러니를 이용해 전복함으로써 분명한 판단을 유보할 수 있다. 이러한 다른 가능성—점진적 반응과 모순된 응답, 아이러니를 이용한 일탈—모두가 도착적인 충성을 살펴보는 데 중요하다. 아마도 나는 또한 공감과 반감이라는 평가적 태도를 단순한 이분법으로서가 아니라 연속되어 있는 것의 끝 지점으로 파악한다는 사실을 덧붙여야 할 것 같다. 우리는 종종 인물들을 전적으로 착하거나 나쁘다고 단순하게 구분하기보다는 어느 정도 나쁘거나 착하다고 평가한다. 충성 개념은 그러한 점진적인 반응의 가능성을 인정한다.

연대와 충성의 두 과정이 이제는 본래부터 서로 묶여서 또 다른 것이 되는 것으로 보일 수 있다. 실제로 대부분의 영화 비평과 이론은 흔히 이들을 혼용하는데, 이는 잘못이다. **전형적으로** 한 인물과의 연대는 그 인물에 대한 공감과 연계된다. 전적으로 비호감인 인물들에게 우리가 연대하게 되는 것은 소수의 영화 그리고 극소수의 주류 영화에 의해서다. 이것이 연대와 충성을 쉽게 혼동하는 이유 중 하나다. 그러나 이것은 필요한 관계라기보다는 부수적인 관계다. 즉, 현대 허구 작품에서 **반영웅**이라는 개념은 우리가 비호감인 인물과 연대할 수 있는 가능성에 근거하고 있는 것이다. 마이크 리Mike Leigh 감독의 〈네이키드Naked〉(1994)는 우리에게 아주 좋은 예를 보여 준다. 많은 정보를 받기 때문에 우리는 적당히 야비한 인물에게 정보상으로 연대된다. 보다 극단적인 예로 우리는 현대 공포영화에 눈을 돌릴 수 있다. 〈매니악Maniac〉(1982)과 같은 영화는 우리를 일련의 끔찍한 살인과 강간 그리고 머릿가죽 벗기기 등을 자행하는 한 인물과 연대시킨다. 우리의 도덕적 엔진이 전속력을 내며 작동하고 있다면, 우리는 영화의 주인공에 의해 혐오감과 거부감을 느끼게 될 것이다. 따라서 공감적 충성sympathetic allegiance은 한 인물과의 연대를 통해 **자동으로** 생성되는 것이 아니다. 연대되었던 한 인물에 대해서 우리가 정서적으로 어떻게 평가하고 반응하는지에서 중요한 것은 우리가 그와 연대했다는 **것**만이 아니라 그 연대를 통해서 우리가 그에 관해 무엇을 발견하는가 하는 것이다.

여기에서 간략하게 정의한 충성 개념에 대한 두 가지 반론이 우리가 다시 도착이라는 주제로 돌아갈 수 있게 해 줄 것이다. 이들 반론은 또한 충성 개념을 다듬고 고치도록 해 준다. 첫 번째 비판은 내가 도덕적 바람직함을 다른 형태의 바람직함과 혼동하고 있다는 것이다. 베리스 고트Berys Gaut는 다음과 같이 주장한다.

> 대부분의 경우 충성 개념은 한 인물에 대한 한 사람의 도덕적 승인이나 거부라는 용어를 통해서 대체될 수 있다. 그러나 나는 인물들의 도덕

> 적 특성 이외에도 다른 많은 특성 때문에 그들에게 동일시할 수 있다. 즉, 그들은 육체적으로 매력적이거나, 재치가 있거나, 재미있거나, 거칠거나 할 수 있다. 스미스Smith는 우리로 하여금 도덕적으로 비난받을 만한 인물들과 공감하도록 해 주는 영화들을 우리의 도덕적 평가를 해석할 수 있게 해 주는 것으로 보았다. 반면, 그들이 해야 하는 모든 것은 우리의 공감이 도덕적 특성 외의 다른 것에 근거할 수도 있음을 보여 주는 것이다.[11]

두 번째 비판은 내가 **도착적 충성**perverse allegiances이라 불릴 수 있는 것을 고려하지 않는다는 것이다. 이것은 인물들이 갖고 있는 사회적으로나 도덕적으로 **바람직하지 못한** 특징들을 그들이 체현함으로써 우리가 그들에게 공감하는 반응을 말한다. "스미스의 모델이 어떤 관객들은 나쁜 녀석들을 좋아할 수 있다는 사실을 설명하지 못한다는 사실은 부차적인 결점이다."라고 한 학생이 약간은 부정직하게 적고 있다.[12] 이 두 가지 반론이 공유하고 있는 것은 내가 그것을 오로지 도덕성과 결부시키거나 아니면 전적으로 다른 사람들의 행동에 특정한 도덕적 코드를 부단히 적용하는 '도덕주의'에 연결시킴으로써 '충성'을 지나치게 좁게 규정하고 있다는 생각이다. 그리고 그 결과로 내가 상이한 도덕률을 구현하는 삶의 방식을 용인하지 못한다는 것이다. 두 번째 반론이 내포하고 있는 것은 충성 개념이 최소한 내가 규정한 것에 따르면 우리 모두를 가장 똑바른 방식으로, 더 나아가서 다른 사람과의 완벽한 연대 속에서 반응하는 엄숙한 '도덕주의자'로 만든다는 것이다.

충성은 종종 우리가 실제로 갖고 있는 특징들보다는 갖기를 **바라**거나 **소망**하는 특징들을 기반으로 해서 일어난다. 나는 **인물을 다루는 데 있어서**

이 사실을 지적함으로써, 도착적 충성을 그것들을 그렇게 부르지 않으면서 설명하고자 했다. 그러한 바람은 사회적으로나 도덕적으로 금지된 욕망의 형식을 띨 수 있다. 실제로 욕망과 그것을 상상을 통해 충족하는 경험에서 오는 쾌락은 사회적이고 도덕적인 구속에 대한 저항으로서 일어날 수 있다. 이것이 에드거 앨런 포Edgar Allan Poe가 '괴팍한 심사'에서 우리에게 제시한 도착의 정의다. 거기서 포는 도착적인 행동을 할 때 우리는 "오로지 우리가 해서는 **안 된다고** 느끼기 때문에" 그런 행동을 하는 것이라고 주장했다.[13] 사회적이고 도덕적으로 '용납될 수 없는' 욕망은 그러면 도착적인 평가와 정서 그리고 충성의 기초를 형성할 수 있는 '도착적'인 욕망인 것이다. 예를 들어, 사람들은 특정 형태의 신체적 보복을 상상하면서 즐거움을 느낄 수 있는데, 이는 그 자체 때문이 아니라 그것이 기독교적 도덕률신약의 가르침을 위반하기 때문이다. 이러한 종류의 도착적 즐거움에는 묘사된 행동 자체만이 아니라 그 행동에 대한 표준적 반응으로 간주되는 것들격분, 비난 등도 포함된다. 그러한 도착적 즐거움을 우리는 비유적으로 규범적인 죄의식에 반대되는 것으로 생각할 수 있을 것이다.[14]

도착적 충성—도덕적으로나 사회적으로 바람직하지 않은 특성들을 체현하고 있는 인물들에 대한 호의적 반응—이라는 개념이 실제 존재하는 현상을 설명하는 것임을 인정하자. 그러나 이런 현상이 얼마나 중요하거나 혹은 널리 퍼져 있는가? 나는 어떤 텍스트와 그 텍스트로 인한 반응이 진정으로 도착적인가를 물음으로써 명백하게 도착적인 충성에 대해 회의적인 시선을 보내고 싶다. 내가 의심하는 것은 도착적 충성이 사실상 매우 드물다는 것이고, 도착적 충성을 불러일으키는 대부분의 허구는 일시적으로나 전략적으로 그렇게 하는 것이지, 궁극적으로는 도덕적으로 용납되는 정서 반응을 촉발한다는 것이다. 이는 순수한 의미에서 우리의 도착적 충성에 직접적으로 호소하는 허구들, 즉 사회적으로나 도덕적으로 금지된 행동을 우리가 받아들이고 즐거워하기를 요청하는 허구들이 존재한다는 사실을 부정하는 것이 아니다. 마르키 드 사드Marquis de Sade. 19세기 프랑스 소설가. 변태적 향락과 폭력에 대한 묘사로 외설문학의 대가로 간주됨. 가학성 변태성욕을 일컫는 사디즘은 그의 이름에서 유래함-역자 주는 물론이고 다양한 종류의 하드코어 포르노가 분명 머리에 떠오른다. 그리고 이러한 예들에 이의를 제기하는 독자가 있다고 하더라도, 여전히 분명한 것은 우리가 도착적 충성을 촉발하도록 디자인된 허구들의 존재를 최소한 상상할 수는 있다는 사실이다. 또한 〈개를 문 사나이Man Bites Dog〉(1992)와 같은 영화들도 있다. 이 영화는 아마도 끔찍하고 도착적인 것에 대한 우리의 욕구를 풍자하는 듯싶다. 반면에 논쟁의 여지가 있긴 하지만, 이러한 풍자적 묘사는 본의 아니게 우리의 도착적 욕구에 영합하기도 한다. 이는 영화의 의도와는 별도로 도착적 충성 효과가 발생하는 경우에 해당할 것이다. 더 나아가서 어떤 관객들은 감독의 연출과는 상관 없는 묘사들 속에서 도착적인 쾌감을 느낄 수도 있다. 가령 〈나 홀로 집에Home Alone〉(1990)를 소아성애적으로 보거나, 대학살에 관한 다큐를 시체애호증적으로 보는 사람을 생각해 볼 수도 있다.

그러나 그런 경우들은 내 관심사가 아니다. 내 관심사는 주류 미학 전통과 대중적인 허구 장르가 도덕적으로 도착적인 욕망을 건드리고 도착적 충성에 호소하는 것이 어떤 방식이고 또 어느 정도일 수 있는가 하는 것이다. 수차례에 걸쳐서 정신분석학적인 논의가 이루어진 바 있고, 실제로 어떤 시기에는 일반적인 통념의 지위에까지 오르기도 했다. 그 결과, 우리가 단지 '무해한 오락'이나 순수한 현실 도피로 생각해 왔던 많은 종류의 허구가 실제로는 도착적 욕망을 키우고 있음이 밝혀졌다.[15] 내가 주장하는 바는 도착적 충성을 촉발하도록 디자인된 허구의 예들이 없다는 것이 아니다. 그런 예들이 실제로는 예외적이고 드물다는 것, 그리고 그러한 것을 조장하는 것으로 보이는 대중적인 공포물로 보다 복잡한 구조를 바탕에 깔고 있으며, 또한 정신분석적 논의에서 주장한 것보다는 훨씬 더 관습적으로 도덕적이라는 것이다. 이러한 주장을 위해서 나는 우리가 잠정적으로 도착적 충성의 경우들로 규정할 수 있는 것들과 관련해서 핵심적인 질문을 하나 제기하겠다. 그러한 경우들에서 우리가 한 인물에게 공감하고 충성하는 것은 그가 저지르는 도착적인 행동 **때문**인가, 아니면 그 행동에도 **불구**하고인가? 이것이 핵심적인 질문인 까닭은 진정으로 도착적인 충성은 비난받아야 할 인물에게 그들의 비난받아야 할 행동이나 특징에 **근거해서** 하게 되는 것이지, 그럼에도 불구하고 이루어지는 것이 아니기 때문이다. 진정으로 도착적인 충성의 경우 우리는 예를 들어서 고통을 유발하는 것으로 알고 있는 것에서 쾌감을 느낀다일차 도착. 그것은 아마도 우리가 그렇게 하는 것이 일반적인 사회적·도덕적 관습을 위반하는 것임을 알고 있기 때문일 것이다이차 도착. 우리가 살인자에게 공감하는 것은 그가 나중에 몰매를 맞기 때문이 아니라 살인을 하기 때문이다.[16] 내 질문에 답변하기 위해서 나는 여러 다양한 경우를 살펴보고자 한다. 그중에서 잘 알려진 대중문화 속 인물 유형들—갱스터, 식인종, 탐미주의자—과, 이들과 연관되어 있는 허구 장르들에 초점을 둘 것이다.

감내하기 Slumming It

『영화: 심리학적 연구The Movies: A Psychological Study』(1950)에서 마사 울펜스타인Martha Wolfenstein과 네이선 라이츠Nathan Leites는 1940년대 후반 할리우드에서 유행했던 이른바 '착하고 나쁜 여자'와 '착하고 나쁜 남자'에 대해 논의하였다. 이들은 본질적으로는 '착하거나' 고결하지만, 처음에는 어떤 측면에서 타락하거나 '사악한' 인물들이다. '착하고 나쁜 여자'의 예로는 동명의 영화 〈길다〉(1946)에 등장하는 인물인 길다리타 헤이워드, 〈명탐정 필립The Big Sleep〉(1946)의 비비언 스턴우드로렌 바콜, 그리고 다른 시대 할리우드 영화 속에서 찾는다면 〈귀여운 여인Pretty Woman〉(1990)의 비비언 워드줄리아 로버츠가 있다.[17] 더 나아가서 그러한 '여자들'이 남자 주인공에게 매력을 주는 이유는 대개 그들의 '나쁜 성격'—일정 부분은 그들의 노골적인 성적 매력—때문이다. 하지만 결국 주인공은 "그가 그녀를 집으로 데려가서 어머니에게 소개할 수 있다."[18]는 것을 깨닫게 된다. 물론 이것은 팜므파탈의 전형적인 발달 패턴 중 하나인 '길들이기'를 보여 주는 것이다.

'착하고 나쁜 남자'의 경우, 그들이 나쁜 것은 전형적으로 성적인 것보다는 폭력적 기질 때문이다. 그러나 이들 역시 도덕적으로 바람직하고 고결한 내면을 숨기고 있다. 이러한 역동은 종종 주인공과 다른 인물들 간의 관계를 통해서 표출된다. 가령 〈포효하는 20년대The Roaring Twenties〉(1939)에서 제임스 캐그니가 연기한 인물은 모든 관점에서 착한 인물이 아니다. 그는 어찌되었건 갱스터이기 때문이다. 하지만 그는 험프리 보거트가 연기한 인물처럼 사악하지는 않다. 에디 바틀릿캐그니은 혹독한 사회적 상황 때문에 범죄 집단에 들어간 착한 남자로 묘사된다그는 제1차 세계대전에서 돌아오지만 직업을 구하지 못한다. 그리고 금주령 자체는 무모하고 악명 높은 법으로 제시되며, 밀주업자들은 한 지점에서 자유투사로 묘사된다. 그러나 조지 할리보거트는 처음부터 비열하고 이기적이며, 휴전 직전에 적진의 병사를 죽이며 즐거워하는 등 복수심에 불타는 인물로 그려진다. 그래서 보거트가 분한 인물은 캐그니가 분한 상대적으로 착한 인물과 우리가 동맹을 맺도록 해 준다. 우리는 이러한 패턴을 훨씬 이후의 영화들 속에서 다시 발견할 수 있다. 〈좋은 친구들Good Fellas〉(1990)에서 '나쁜 녀석'인 헨리 힐레이 리오타과 사악하고 사이코 같은 토미 드비토조 페시의 대비를 생각해 보라. 혹은 〈용서받지 못한 자Unforgiven〉(1992)에서 고용된 살인청부업자인 윌리엄 머니클린트 이스트우드가 거만한 보안관인 리틀 빌진 해크먼과 비교될 경우 얻게 되는 상대적인 호감을 생각해 보라.

우리는 멜로드라마가 주는 기본적인 만족감 중 하나를 인과응보라는 개념으로 요약할 수 있을 것이다. 인과응보란 "악당이 일련의 극악무도한 행위를 하고 대가를 치르게 되는 것이다."[19] 권선징악이라고 하는 실제 도덕적 본성에 의거해서 다양한 인물에게 응분의 보상이 배정되며, 우리가 느끼는 만족의 일부는 우리가 도덕적으로 건전한 것으로 여기는 방식에 정서적으로 반응하는 것에서 나온다. 그렇다면 '착하고 나쁜' 인물의 핵심이나 매력 또는 매혹으로는 과연 무엇이 될 수 있는가? 울펜스타인과 라이츠의 설명에 따르면, 이것은 "우리에게 일석이조를 주는 구조다. 왜냐하면 우리는 제시된 부도덕한 소원 성취를 동감적인 죄책감 없이 즐길 수 있고, 우리가 동일시하는 인물들이 아무것도 하지 않았다는 것을 알고 있기 때문이다."[20] 우리는 주변에 대한 장악력을 점점 더 갖게 됨에 따라서 바틀릿이 느끼는 권력을 '내부로부터' 상상할 수 있으며, 일종의 흥분과 심지어 자부심을 갖고서 동감적으로 반응할 수 있다. 죄책감이 없을 뿐 아니라 그러한 허구적 행동들이 불법적인 것이라는 사실에 부여된 부수적인 스릴을 느끼면서 말이다.[21] 그러나 울펜스타인과 라이츠가 지적한 것처럼, 인물들은 그들이 고발당한 범죄들에 한해서만 분명하게 유죄라는 의미에서 "아무런 짓도 하지 않은 것이다." 아니면 〈포효하는 20년대〉에서처럼 인물의 잘못을 경감시켜 주는 일련의 구원적인 요소가 존재한다. 우리는 허구적인 사람은 실제 행동을 하는 것이 아니라는 보다 포괄적인 의미에서 그들이 '아무런 짓도 하지 않았다'고 덧붙일 수 있을 것이다. 상상 속에서 우리는 금지되었기 때문에 욕망하게 되는 그런 욕망을 포함해서 금지된 욕망을 충족할 수 있으며, 이러한 욕망을 실현하는 것과 흡사한 정서를 경험할 수 있다.[22] 그러면서 우리는 '착하고 나쁜' 인물들처럼 매력적이고 도덕적으로 자격이 있음을 궁극적으로 확인받게 된다. '착하고 나쁜' 인물의 구조는 관객의 입장에서 일종의 상상적인 구경거리를 제공하는 것이다.[23]

일반적인 장르영화와 연관해서 비슷한 주장이 릭 앨트먼Rick Altman에 의해 제기된 바 있다. 앨트먼은 열렬한 장르영화 관객은 "'실제 삶'이라면 용납하지 않을 변덕스럽거나 폭력적이거나 방탕한 행동들을 참고, 심지어 장르영화 속에서 즐기기 위해서는 보편적인 가치들에 충분히 충실해야 한다."고 주장한다. 계속해서 그는 다음과 같이 말한다.

> 세상을 살아나갈때, 우리는 세상의 법칙을 따른다. 그러나 장르영화를 보게 되면, 우리의 모든 결정은 상이한 종류의 만족을 뒷받침하기 위해서 의식적으로 수정된다. ……개별 장르마다 장르 관객들은 항상 명

백히 반문화적인 행위에 가담하는 것이다.[24]

그렇다면 내가 울펜스타인과 라이츠 그리고 앨트먼 모두로부터 도출하고자 하는 핵심 포인트는 허구라는 영역 안에서 도덕적으로 바람직하지 않은 것과의 의도적이고 의식적이며 상상적인 유희라는 생각이다. 그러나 외관상으로나 일시적으로만 도덕적으로 바람직하지 못한 것으로 묘사되는 인물들에 대한 충성을 문제의 영화들이 조장하는 한, 그들에 대한 우리의 충성은 단지 외적으로만 도착적인 것이다. 하지만 아마도 도착적 충성에 대한 보다 확실한 경우들이 다른 종류의 영화에서 발견될 수 있을 것이다.

악마에 대한 공감 Sympathy for the Devil

공포영화는 도착적 쾌락이 잠복해 있기에 그럴듯한 장소처럼 보일 것이다. 캐럴 클로버Carol Clover의 주장에 따르면, 실제로 전형적인 관객들이 공포영화를 감상하는 일차적인 이유는 영화가 주는 가학피학적 즐거움 때문이다. 즉, 운 없는 희생자들에 대한 공격에서 느끼는 가학적 즐거움은 물론이고, 그렇게 공격을 받는다는 생각 속에서 느끼는 피학적 즐거움이 있다는 것이다. 하지만 다시 한 번 나는 현대 공포영화가 어느 정도까지 도덕적으로 도착적인 행동과 우리가 지속적이고 긍정적이며 지지적인 관계를 맺게 하는지에 대해서 오히려 회의적이다. 내가 주장하고 싶은 것은 내가 논의한 할리우드 드라마나 멜로드라마의 경우 본질적으로 오직 부분적으로만 사악한 인물들에게 충성을 허용하는 구조들을 발견한다는 것이다. 나는 〈양들의 침묵The Silence of the Lambs〉(1990) 중 식인자이자 가학성애자인 한니발 렉터 박사앤서니 홉킨스의 경우에 초점을 맞출 것이다.

이 영화에서 우리는 '착하고 나쁜' 인물 구조의 한 변형을 발견하게 된다. 이를 나는 도덕적 바람직함과 다른 형태의 바람직함을 구분했던 고트와는 달리 '매력적이고 나쁜' 인물 구조라고 부르겠다. 이 경우 아주 사악하거나 타락하거나 비도덕적인 인물이 그럼에도 어찌되었건 매력적이 된다. 렉터는 그러한 인물의 훌륭한 예다. 그는 인육을 먹는 것을 즐길 뿐 아니라 육체적이고 심리적인 고통을 가하는 것을 즐긴다. 이러한 도착적인 욕망과 특징은 여러 시퀀스에서 충분할 정도로 분명하게 묘사되었다. 예를 들어, 한 장면에서 그는 사람 고기를 먹는다는 생각으로 즐거움에 빠져 숨을 가쁘게 몰아쉰다. 더욱 혼란스럽게 하는 장면은 그가 한편으로는 버팔로 빌에게 딸을 납치당한 루스 마틴 상원의원다이언 베이커에게 정보를 알려 주고 도우면서, 다른 한편으로는 수유 행위를 식인주의와 성적 쾌락에 비유적으로 연결시키는 그로테스크한 이야기를 함으로써 그녀를 괴롭히는 것이다렉터는 루스 마틴 상원의원에게 납치된 딸을 모유로 키웠는지 분유로 키웠는지 물어 본 후, 모유로 키웠다고 답하자 젖꼭지가 단단해져 쾌감을 느꼈겠다고 대꾸한다–역자 주. 이로써 렉터의 괴물스러움은 확고히 설정된다.

하지만 우리의 질문은 이 영화가 이러한 괴물스러운 욕망과 행동들을 우리가 어떻게 평가하도록 요구하는가 하는 것이다. 이 장면들에서 우리는 분명 그러한 것들에 의해 충격을 받고 혐오감을 느낀다. 노엘 캐럴Noël Carroll에 의하자면, 우리가 이러한 방식으로 괴물에 의해 충격받고 혐오감을 느끼지 않는다면 이 영화는 공포영화가 되지 않을 것이다.[25] 이것이 한니발 렉터의 경우에 대한 모든 것이라면 더 이상 논의할 것은 거의 없을 것이다.

그런데 사태를 더욱 복잡하게 만드는 것은 그의 다른 매혹적인 특징들이다. 사람의 간과 다른 부분들을 렉터가 맛있어 함에도 불구하고, 그는 많은 경우 매혹적이고 재치 있으며 세련되고 신사적이며 지적이다때때로 이러한 특징들이 혐오감을 주는 특징들과 동시에 등장함으로써 우리는 불편하고 애매한 반응을 하게 된다. 더 나아가서 스털링 요원조디 포스터과 그의 사제지간 같은 관계—그녀의 공식적인 FBI 상관과의 관계보다도 더 따뜻한 관계—또한 그를 매력적으로 만든다. 스털링에 대한 충성의 일부가 렉터에게로 '전이'된다. 왜냐하면 그녀는 그의 의견을 분명하게 신뢰하고 평가하기 때문이다. 스털링과의 유대는 영화의 마지막 장면에서 강조된다. 여기에서 렉터는 탈출 후 칠턴 박사에게 복

조너선 드미의 〈양들의 침묵〉(1990)에서 사악하나 매력적인 인물인 한니발 렉터 박사(앤서니 홉킨스)

수를 계획하며, 그를 따라간 캐리비언 아일랜드에서 스털링에게 전화를 걸어 불후의 명대사를 남긴다. "우리가 좀 더 이야기를 나눌 수 있으면 좋겠군. 하지만 난 지금 오랜 친구와 저녁을 같이 해야 해서." 여기서 시적정의 poetic justice. 17세기 후반 토머스 라이머가 처음 쓴 말로 등장인물의 선행이나 악행에 비례하여 작품 마지막에 속세의 상과 벌을 내리는 것-역자 주가 거부된다는 뜻이 전혀 아니다. 그의 가학성과 식인 습관에도 불구하고, 우리는 고트의 말처럼 렉터가 잘되기를 바라며 또 그렇게 된다. 〈펄프 픽션(Pulp Fiction)〉(쿠엔틴 타란티노, 1994)에서 줄스(새뮤얼 잭슨)라는 인물이 하는 "성격이 좋아야 성공한다."는 말처럼. 그래서 우리는 여기에서 하나의 순수하게 도착적인 충성을 보게 된다.

하지만 정말로 그런가? 우리는 렉터가 인간의 간을 맛있어 하기 **때문에** 그를 매력적으로 생각하고 그에게 동감하는가? 그렇다면 **그 사람은** 아마도 변태일 것이다. 오히려 내 생각에 우리는 그가 일련의 매력적이고 흥미로운 특징들을 갖고 있기 때문에 그에게 상대적으로 공감하는 것이다. 이러한 관점에서 그는 그와 같은 감옥에 수감되어 있던 다른 죄수들—그의 감방을 지나가는 스털링에게 정액을 뿌리는 믹스스튜어트 루딘와 같은 정신병적 성도착자들—그리고 렉터의 감옥을 관리하는 가학적인 칠턴 박사앤서니 힐드와 대조를 이룬다. 더 나아가서 렉터의 식인 기행에 대해 많은 것을 듣고 그의 공격으로 인한 끔찍한 결과를 목격하기는 하지만, 우리는 그가 간을 씹어 먹거나 희생자의 얼굴 가죽을 벗기는 것을 보지는 않는다. 오히려 우리는 그가 투구와 개 자갈을 혼합한 것처럼 보이는 장치 속에 묶여 있는 것을 본다. 〈시계태엽 오렌지A Clockwork Orange〉(1971)의 알렉스말콤 맥도웰처럼 렉터도 그를 잡은 사람들에 의해 모욕과 굴욕을 당하고 있는 것이다. 더 나아가서 이러한 행위들은 영화 속에서 렉터 자신의 나쁜 행위들보다 더 두드러지게 묘사되고 있다. 영화는 그의 비도덕적인 특징들과 행위들을 눈에 띄지 않게 하고 거의 부녀관계와 같은 스털링과의 관계를 통해서 그의 긍정적인 특징들을 강조하고 있다. '착하고 나쁜' 인물의 경우에서처럼, 텍스트의 내적 도덕 시스템은 한 인물을 다른 인물들과의 **비교를 통해서** 매력적인 인물로 만든다.[26] 요약하자면, 우리가 렉터에 대해 지니게 되는 모든 충성심은 그의 변태스러움 때문이 아니라 그것에도 불구하고 생기는 그런 것이다. 다시 말하자면, 충성의 도착성은 실제보다 더 분명하다.

이렇게 명백히 도착적인 충성을 촉발하는 데 있어서 중요한 역할을 수행하는 또 다른 요소는 바로 스타의 '카리스마'다. 이는 관객이 허구세계 밖에서라면 불쾌하게 생각했을 수도 있는 어떤 상상의 욕망과 그로부터 비롯되는 정서를 정당화하는 데 있어서 중요한 역할을 수행할 수 있다. 이미 논의된 많은 예에서 우리가 동감하는 '나쁜' 인물들이 캐그니와 이스트우드, 홉킨스와 같은 스타들이라는 사실은 커다란 차이를 낳는다. 그러나 이것은 아주 복잡한 것으로, 여기에는 최소한 두 가지 상이한 과정이 작용하고 있다. 첫째, 스타가 역할을 맡으면 그 인물의 허구적 신분에 대한 우리의 인식이 강화될 수 있고, 이는 도덕적으로 바람직하지 않은 행위에 대한 우리의 상상을 통한 유희를 더욱 정당화해 준다는 사실이다. 한니발 렉터를 볼 때, 우리는 실제로는 앤서니 홉킨스가 한니발 렉터의 역할을 하는 것을 보는 것이다. 다른 말로 하자면, 한 스타의 존재는 우리가 보게 되는 행위의 '유희성'—비현실성과 허구성—을 강화시킨다. 둘째, 악역을 맡게 된 스타들의 경우 그 인물에게서 '사악함'을 희석시키는 긍정적인 연상이 존재한다캐그니가 갱스터와, 그리고 이스트우드가 더티 해리와 연결되기는 하지만, 이 두 번째 요소가 캐그니/애디 바틀릿과 이스트우드/윌리엄 머니의 경우에도 중요한지는 의심스럽다.

따라서 〈양들의 침묵〉은 진정한 도착적 충성의 예라고 할 수 없다. 그럼에도 불구하고 고트에게는 미안하지만, 이 영화가 호소하는 종류의 관객은 도덕적 규범에 대한 전복성에 있어서 유순하다. 이것이 공포 장르가 10대에게 인기가 있는 중요한 이유 중 하나다. 나는 도덕적 바람직함과 다른 형식의 바람직함을 분석적으로 구분하는 것에 대해서 의심하지 않는다. 그러나—실재와 허구에서—개인에 대한 우리의 평가에 있어서 이 두 가지가 쉽게 구분될 수 있는지는 내게 분명하지 않다. 우리는 종종 사람또는 인물에 대해 판단할 때 여러 가지 성격을 구분한다. 나는 이 특징에 대해서는 감탄하고, 저것은 혐오하며, 다른 것은 괜찮지만 또 다른 것은 거슬린다. 하지만 우리는 또한 한 사람의 전체적인 성격에 대한 '총괄적'인 평가를 한다. 착하고 악한 혹은 매혹적이고 그렇지 않은 특징들의 **융합**은 우리의 도덕적 판단 체제를 고치지는 않더라도 최소한 도덕적 판단에 있어서 특정한 습관들을 의문시하도록 해 준다. 무조건적으로 비방하고 단정하는 습관, 혹은 맥락과는 상관없이 즉각적으로 비방하거나 용서하는 습관이 좋은 예다.[27] 나는 내가 좋아하거나 사랑하는 사람의 비도덕적인 행동을 내가 싫어하거나 혐오하는 사람의 경우보다 더 쉽게 용서하거나 최소한 봐 주지는 않는가? 분명 특정한 행동과 특징에 대한 우리의 판단은 서로서로 지속적으로 영향을 끼치고 변화시킨다. 이것이 우리의 도덕적 이상을 반영하지는 않을 것이다. 하지만 그것은 분명 우리의 도덕적 실존의 실체인 것이다. 그리고 '매력적이고 나쁜' 인물 구조를 보여 주는 영화들은 일종의 오락거리상상되지만 통제된 위험이 주는 그리고 그것을 구경하는 정서적 스릴나 심지어—이러한 주장으로 문제화하려는 사람들이 적어지지 않을 것으로 생각하지만—도덕적 교훈을 위해서 이러한 현상을 이용하는 것이다.[28]

도착의 역설 Paradoxes of the Perverse

앞서 논의된 두 가지 경우에 대한 나의 분석을 통해 그것들이 상상 속에서 아주 순화되어서 도착적인 욕망과 정서를 탐닉할 수 있도록 설계되어 있다고 제안하였다. 이러한 허구들은 우리가 어느 정도 도착적인 행동이나 인물들에 공감하도록 해 준다. 그러나 비도덕적인 인물에 대한 공감의 반응이 아니라 도덕적으로 평가되기를 기대하는 행위에 대해서 우리가 도덕관념이 없는 태도를 취하도록 해 주는 경우들처럼, 도덕관념이 없는amoral 반응을 촉구하는 허구들의 경우는 어떠한가?

포와 보들레르Baudelaire, 랭보Rimbaud, 위스망스Huysmans 그리고 와일드Wilde로 가장 잘 대표되는 19세기 말의 탐미주의자들과 데카당스 운동들은 종종 무도덕주의, 그리고 예술을 위한 예술이라는 개념 아래에서 예술에 대한 도덕적 평가에 대한 거부, 그리고 폭력과 비행에서의 도착적 아름다움의 발견이라는 개념을 통해서 설명된다. 탐미주의와 데카당스는 부분적으로 일종의 문화적 자세, 혹은 좀 더 정확하게는 주류적인 가치와 태도에 대한 전복이나 아이러니에 의한 거리 두기를 자랑으로 여기는 반문화적 자세로 규정된다. 아름다움이란 무엇인가라는 질문을 받은 와일드는 "부르주아들이 추하다고 부르는 것?"이라고 대답했다는 유명한 일화가 있다.[29] 만약에 이차적인 도착의 경우가 존재한다면 이것이 바로 그것이다. 통상적인 가치에 대한 이러한 거부는 모든 영역의 경험을 망라할 수 있다. 그래서 와일드의 대답이 지시하는 것처럼 스타일과 취향의 문제를 포함할 수 있다. 그러나 내가 여기에서 주목하고자 하는 것은 도덕성으로부터 일탈을 한 경우들이다. 그리고 고의적인 무도덕성, 즉 도덕성 자체를 의도적으로 조롱하는 경우들이다.

데카당스와 무도덕적인 반응을 기대하는 가장 분명한 예가 되는 영화들은 1960년대 영화들—케네스 앵거Kenneth Anger의 〈스콜피오 라이징Scorpio Rising〉(1963)과 같은 영화들과 잭 스미스, 조지 쿠셔, 바바라 루빈, 로버트 넬슨, 앤디 워홀 그리고 켄 제이컵스의 '언더그라운드' 영화들—이다. 이러한 연관관계는 1965년 조너스 메커스Jonas Mekas가 '보들레르적' 영화의 등장을 설명하면서 만들어졌다.

> 내가 생각하고 있는 영화들은 론 라이스의 〈시바의 여왕이 아톰맨을 만나다The Queen of Sheba Meets the Atom Man〉, 잭 스미스의 〈불타는 피조물들Flaming Creatures〉, 켄 제이컵스의 〈행복에 가한 작은 상처Little Stabs at Happiness〉, 그리고 밥 플라이슈너와 켄 제이컵스의 〈블론드 코브라Blonde Cobra〉다. 이 네 편의 작품은 오늘날 영화에서 진정한 혁명을 일으키고 있다. 이들 영화는 미국 예술에서 이전에는 전혀 기록되지 못했던 경험과 감수성을 조명하고 드러낸다. 보들레르와 마르키드 사드Marquis de Sade, 그리고 랭보가 한 세기 전 세계 문학에 선사했던, 그리고 3년 전 버로즈Burroughs가 미국 문학에 선사했던 그런 내용이다. 이는 악의 꽃과 조명 장식과 찢어지고 고문당한 살점으로 이루어진 세계다. 이는 끔찍하면서도 아름답고, 선하면서도 악하고, 우아하면서도 추잡한 시다.[30]

메커스가 든 예들 중에서 가장 악명 높은 영화인 스미스의 〈불타는 피조물들〉은 과다 노출과 흑백의 거친 영상으로 한 무리의 복장도착자가 춤추고 날뛰고 가학과 피학이 중심이 되는 다양한 오르기orgy. 디오니소스를 숭배하는 의식을 뜻하는 고대 그리스어인 Orgia에서 유래. 집단 난교파티-역자 주를 포함하여 모든 종류의 양식화된 자세와 행위들에 참여하는 것을 보여 준다. 〈스콜피오 라이징〉은 다양한 반문화적 활동을 하는 오토바이족을 보여 준다. 이 활동은 마약에 빠져 무아지경에서 벌어지는 오토바이 경주와 그로 인한 한 오토바이족의 죽음에서 절정에 이른다. 이러한 영화들에서 추정되는 무도덕성은 수전 손탁Susan Sontag이 스미스의 〈불타는 피조물들〉이 '도덕적 공간'의 밖에 존재한다고 주장하였을 때 분명하게 드러난다.[31]

그러나 이 영화들을 좀 더 자세히 들여다보면, 우리는 손탁이 생각했던 것처럼 그렇게 철두철미하게 무도덕적이지는 않다는 것을 발견하게 될 것이다. 탐미주의와 데카당스가 종종 도덕성에 대한 거부로 규정이 되지만, 이러한 데카당스나 '보들레르적' 영화들에 의해서 거부되는 것은 도덕성 자체가 아니라 **도덕주의**인 것이다. 멘켄H. L. Mencken은 와일드의 작품을 "도덕적 원칙에 대한 일종의 도덕적 저항"이라고 설명하였고, 와일드 자신은 "최초의 틀림없는 반청교도자, 핵심적인 청교도주의 특성에 대한 최초의 타협 없는 반대자"로 묘사하였다.[32] 데카당스와 탐미주의는 무도덕적이라기보다는 **반청교도적 도덕성**을 나타내는 것이다. 이들은 최소한 두 지점에서 너그럽지 못한 것으로 간주되는 청교도적 도덕성에 대한 저항이다. 첫 번째는 실제 행동의 차원으로, 특히 비관습적인 성에 대한 것이다. 두 번째는 재현에 있어서 적정함의 범위에 대한 것이다. 탐미주의와 데카당스는 재현과 현실 간의 구분을 강조하며, 상상이라는 의식적 유희의 공간을 극대화한다. 반면, 청교도적 도덕성은 재현을 곧이곧대로 받아들여서 그것을 재현되는 행동과 동등한 것으로 간주하는 경향이 있다. 그래서 가령 가장 극단적인 형태의 청교도주의는 허구와 거짓말 사이의 차이를 두지 않는다. 다시 와일드는 이렇게 설명한다. "죄악이라고 불리는 것은 과정의 한 요소다. ……그것이 지닌 강화된 개인주의를 통해서 죄악은 우리를 유형의 단조로움으로부터 구해 준다. 도덕성에 대한 현재의 규정을 거부함으로써 이는 가장 윤리적인 것이 된다."[33] 그 핵심에 있어서 이것은 두려움 없는 실험을 통한 자기 표현과 자기실현을 최고의 선으로 여기는 낭만적인 도덕적 태도인 것이다. 그러나 동시에 이는 무도덕적이라기보다는 도덕적인 태도인 것이다. 이 맥락에서 무도덕주의amoralism란 근원적인 도덕적 계획을 위한 전략적 수단이다.

여기에 이 전통 속에 놓이는 작품들의 독특한 특성을 드러내 주는 역설이 존재한다. **무도덕주의의 역설**이란 무도덕주의자가 도덕적 주제를 초연한 태도로 다루는 것이 도덕주의자들에 의해서는 항상 **비도덕적인**immoral 것으로 간주된다고 하는 사실이다. 그리고 이는 종종 나아가서 무늬만 무도덕주의자인 이들에 의해 인식된다. 그래서 무도덕적 자세는 종종 실제로는 비도덕적인 태도가 된다. 그러나 이는 반대로 일종의 도덕적 태도, 즉 '도덕적 비도덕주의maral immoralism'로 명명되었던 것의 한 예로 해석될 수 있다. 즉, 보다 우월한 도덕적 주장을 위해서 특정한 도덕률을 조롱거리로 삼는 것이다.[34] 탐미주의와 데카당스는 무도덕성을 기치로 표방한다. 그러나 실제로 이들은 도덕적 공간의 중력으로부터 탈출하지 못하며, 그래서 이 전통 속에 놓이는 작품들은 빈번하게 그들의 비도덕성과 도덕성에 대한 열띤 논쟁의 대상이 된다. 로버트 메이플소프Robert Mapplethorpe의 게이들 간의 가학피학을 다룬 사진들은 우리에게 무도덕주의의 역설에 대한 최근의 예를 제공해 준다. 여기에서 일종의 탐미주의적 감수성을 불러일으키는 것은 예술작품을 둘러싼 언어적 논쟁뿐만 아니라 사진들 자체이기도 하다. '우아한, 호사스러운, 세련된, 완벽한'이라는 단어들은 아서 댄토Arthur Danto가 메이플소프의 정교하고 섬세한 시각 스타일을 묘사하기 위해서 사용한 것들이다.[35] 그러나 댄토는 더 나아가서 그 사진들이 "도덕적 신념과 태도에 의해서 추동되는 예술적 행위"라고 주장한다. 그러한 이미지들이 도발적이고, 공격적이며, 무례하고, 자극적이고, 당황케 할 것이라는 사실은 이미 잘 알려져 있을 것이다. 어떤 방식으로든 자각이 이루어질지도 모른다는 희망도 존재한다.[36]

순수한 무도덕인 것으로서의 데카당스와 도전적인 '도덕적 비도덕주의'로서의 데카당스 간의 이러한 긴장 혹은 애매함은 '보들레르적 영화'에 관한 메커스의 저서에서 발견될 수 있다. 이를 "새로운 자유와 해방의 영화"로 묘사하면서, 메커스는 계속해서 다음과 같이 말한다.

> 평균적인 관객을 무섭게 만드는 것은 이 영화가 도착의 극단적인 가장자리를 지나고 있다는 점이다. 이 예술가들은 성적으로나 다른 어떤 종류의 금기를 갖고 있지 않다. 이들은 켄 제이콥스Ken Jacobs가 지적한 것처럼 '입이 더러운' 영화다. 모두가 남녀 동성애적인 요소들을 갖고 있다. 공식적인 도덕적 관습 밖에 존재하는 이유로 인해서 남성 동성애는 인류의 탄생 이래 위대한 많은 시들의 바탕에 놓여 있는 자유로운 감수성을 지니고 있다.[37]

여기에서 사회와 관습적 도덕으로부터의 완전한 일탈이라는 생각은 표리가 있는 것임을 주목하자. 즉, 메커스가 인용한 영화들은 '변태'나 부도덕하다고 명명되었던 행동들을 정직하고 겁 없이 재현함으로써 충격을 주고 교란시키기 위해 만들어진 것들이다. 메커스는 다른 글에서 스미스의 〈불타는 피조물들〉이 언더그라운드의 '미친 짓'으로 폄하될 수는 없다고 주장한다.[38] 손탁에게는 미안하지만, 이 영화들은 완전히 '도덕적 공간' 밖에 존재하지는 않는다. 분명 무도덕적이지만, 실제로 그것들은 도덕주의 그리고 청교도적인 도덕률과 가르침의 편협함에 대한 공격인 것이다.

그러나 이러한 종류의 도덕적 힘은 그것이 빠질지 모르는 두 개의 함정 사이에서 불안한 균형을 유지하고 있다. 한편으로 허가되지 않은 행위를 예술작품이 솔직하게 재현함으로써 야기된 대결적 위협은 의도적이고 짓궂은 것이 될 수 있다. 리처드 엘먼Richard Ellmann이 지적했듯이, "솔직함을 가장하고 있는 파리의 데카당스는 부조리함에 인접해 있다."[39] 그러한 경우 작품들의 도덕적 도발은 이러한 의도되지 않은 부조리함에 의해서 위축될 수 있다. 물론 그러한 부조리함이 충분히 다듬어진다면 얀 슈반크마이어Jan Svankmajer의 〈쾌락의 공범자들Conspirators of Pleasure〉(1997)에서처럼 그 자체로서 정당한 미적 목표가 될 수 있다는 사실도 인정되어야 한다.[40] 다른 한편으로 데카당스한 예술작품은 도덕적 도착의 분야를 너무나도 깊게 탐색해서 모든 기저에 깔린 도덕적 요구가 훼손될 수 있다. 사회의 대부분이 최소한 용인하게 된 것들—동성애, 양성애, 집단 성교—을 재현하는 것은 종종 데카당스한 작품에서 보다 문제가 있는 행위들, 가령 시체애호증과 강간 그리고 동의 없는 가학증을 긍정적으로 묘사하는 것과 뒤섞인다. 이러한 행위들은 도덕적 이기주의에 대한 가장 극단적인 입장에 의해서만이 도덕적으로 정당화될 수 있다.[41]

도덕적 비도덕주의로서의 탐미주의가 주류 버전으로 물타기 된 최근의 또 다른 예가 바로 〈펄프 픽션〉이다. 메이플소프와 타란티노를 이런 식으로 연결시키는 것은 과장처럼 보일지도 모르지만 나는 그렇다. 〈펄프 픽션〉에서는 두 개의 장면이 영화를 도덕적 비도덕주의와 연결시켜 주는 측면을 담고 있다. 한 장면에서는 미아우마 서먼가 실수로 코카인 대신 과도한 양의 헤로인을 흡입해서 커다란 바늘을 직접 심장에 꽂아 넣고서야 회생할 수 있었다. 그리고 다른 장면에서는 한 무고한 인물의 머리가 우연에 의해 완전히 차 안에서 날아가 버린다. 영화에서 이 두 장면은 모두 웃기지는 않지만 익살스러운 태도로 다루어진다. 좀 더 직설적으로 말하자면, 이 장면들은 일종의 블랙 유머를 보여 준다.[42] 동일한 태도의 흔적이 〈양들의 침묵〉에서도 눈에 띈다. 렉터가 딸을 납치해 간 자를 알면서 마틴 상원의원을 조롱하는 장면의 마지막에서 그는 다시 그녀가 경청할 것을 요구하고는 그녀의 옷차림에 대해 "그 정장 좋군요."라며 사소한 언급을 한다. 그리고 영화의 마지막 장면에서 렉터가 칠턴 박사를 잡아먹으려는 의도를 익살스럽게 알리는 장면도 있다.

어떤 사람들은 이러한 장면에서 매우 당황한다. 내 한 동료는 그 효과에 대해서 이렇게 말했다. "난 사람의 머리에 총을 쏘는 것이 어떻게 웃길 수 있는지 모르겠어요." 좀 더 공식적인 맥락에서 노엘 캐럴은 다음과 같이 주장했다. "〈펄프 픽션〉과 같은 내러티브들은 도덕 개념을 흐리게 한다. 동성 강간이 살인보다도 더 나쁘다고 이야기하는 것은 도덕적으로 문제가 있는 것이다."[43] 옳건 그르건 여기에서 핵심은 〈펄프 픽션〉과 같은 영화는 의도적으로 그러한 반응을 유발한다는 것이다. 영화가 의존하고 있는 것은 내가 인용했던 반응들 속에서 체현되는 관습적인 도덕적 소감이다. 이 영화는 줄스의 종교적 장광설을 통해서 관습적인 기독교적 도덕성과 의도적인 유희를 벌이는 것이다. 줄스는 희생자들을 처형하기 직전에 마치 자신이 신인 양 장광설을 늘어놓는다. 이 영화는 이차적인 도착적 즐거움을 제공하기도 한다. 이는 묘사된 행위뿐만이 아니라 그러한 행위에 대해 우리가 적절한 것으로 간주하는 도덕적 반응을 그 대상으로 한다. 그런 장면들은 '쿨'하거나 '짱'인 반응을 촉발한다. 그래서 사람들은 그토록 폭력적이고 잔혹하며 부도덕한 행위들에서 코미디적인 요소를 볼 수 있게 된다. 그리고 이는 스크린상의 폭력에 대해 염려하거나, 스크린의 폭력에 '취약한' 사람들, 즉 청소년과 '교육 수준이 낮은 계층노동자 계층'에 대한 그 영향에 대해서 염려하는 주류 문화의 답답한 도덕주의의 속박을 받지 않는다.

여기에서 나의 중점은 영화가 표현하고 있는 입장을 방어하는 것도 아니며, 그 입장의 복잡한 내적 구조, 즉 암묵적으로 그것이 '올바른' 도덕적 반응으로 간주되는 것들과 스스로를 대비시키는 것에 달려 있다는 사실을 기술하는 것도 아니다. 영화는 바로 이러한 종류의—상상이건 실제건—화이트하우스Whitehouseian. 영국 시청자협회의 창립자이자 회장인 메리 화이트 같은 판단이라는 뜻. 지나치게 도덕적이고 경직된 반응이라는 의미-역자 주같은[44] 반응을 요구한다. 그럼으로써 영화는 영화가 지향하는 관객들에 의해 완벽하게 향유될 수 있다. 이는 일종의 도착적인 즐거움으로, 줄스와 빈센트존 트라볼타에 대한 도착적 지지를 포함하는 것이다. 그들이 갱스터로서의 삶을 살며 한곳에서는 희생자를 강탈하고, 다른 한곳에서는 우연한 인물을 우발적으로 살해하는 것을 즐긴다는 것이다. 이것이 촉발하는 즐거움은 부분적으로 엄격한 도덕주의에 대한 거부에 근거하고 있기 때문이다. 그러나 〈펄프 픽션〉이 '책임감 있는' 관객에게 도발함으로써 도착적인 즐거움을 표현하는 것 외에는 아무것도

오발로 인한 사고 후 옷을 갈아입은 줄스(새뮤얼 잭슨)와 빈센트(존 트라볼타)가 미스터 울프(하비 카이텔)와 함께 서 있다. 쿠엔틴 타란티노의 〈펄프 픽션〉(1994) 중에서

아니라고 본다면 잘못일 수 있다. 이런 장난스러운 특징은 이 영화의 한 측면에 불과하다. 〈펄프 픽션〉은 또한 스토리텔링과 형식적 유희에서의, 그리고 세상을 재현하는 방식에 있어서의 자유를 통해 즐거움을 전달한다 비록 그것이 단지 상상적 자유, 즉 우리가 현실에서는 지지하지 않을 행동과 사건을 상상하는 자유라고 하더라도 말이다. 그러나 1960년대의 보들레르적 언더그라운드 영화들과는 달리, 〈펄프 픽션〉은 게이와 같은 소수 집단이 아무런 보복도 당하지 않고서 떳떳하게 자신들의 삶을 살 수 있는 진정한 사회적 자유와 관련해서 우리에게 도전하려고 하지 않는다. 이러한 의미에서 〈펄프 픽션〉의 '도덕적 비도덕주

의' 는 분명 언더그라운드 영화를 희석시킨 형태인 것이다.

기생충의 관점 The Parasite's Perspective

성적 도착—또는 비관습적인 성—은 탐미주의와 데카당스 운동을 미국의 언더그라운드 영화의 보들레르적 움직임만이 아니라 보다 주류적인 영화감독인 데이비드 크로넨버그의 작품들을 연결해 주는 실마리다. 즉, 여기에는 〈미래의 범죄Crimes of the Future〉(1970)와 〈데이 컴 프럼 위딘Shivers〉(1975)과 같은 초기작부터 〈데드 링거Dead Ringers〉(1988)와 같은 완성도 높은 작품, 특히 최근에 발표된 〈크래쉬Crash〉가 해당된다. 이러한 전통 속에서 크로넨버그의 위치는 더 나아가서 윌리엄 버로즈의 원작 소설을 각색한 영화 〈네이키드 런치The Naked Lunch〉(1991)에 의해 강조된다. 메커스는 이 소설을 데카당스의 전통 속에 적절하게 위치시키고 있다. 크로넨버그의 작품 속에서 대립적인 '도덕적 비도덕주의' 의 긴장이 분명하게 존재한다. 예를 들어, 크로넨버그는 〈데이 컴 프럼 위딘〉(1975)에 대한 반응에 대해서 만족스러워하면서 이렇게 언급했다. "프랑스 비평들은 이 영화를 부르주아적 삶과 도덕관 및 성관념에 대한 공격으로 보았다. 그들은 우리가 그것들을 부수면서 느꼈던 즐거움을 감지했던 것이다."[45] 그러나 크로넨버그의 작품은 도덕적 비도덕주의라는 용어로는 완벽하게 이해될 수 없다. 그의 영화들은 아주 독특한 무도덕적인 태도를 제기하고자 한다. 나는 이 무도덕적 태도를 '호기심과 매혹' 이라는 개념을 통해서 설명하고자 한다.

우리는 기이하고 무서운 것에 대해 선천적으로 무한한 호기심과 매혹을 갖고 있는 것 같다. 그러한 매혹과 호기심은 본질적으로 일종의 무도덕적인 특성을 지니며 두 가지 형태를 취할 수 있다. 첫 번째 것은 우리관객과 독자와 우리 관심의 대상 사이의 인간적 유사함을 전제로 한다. 두 번째 것은 그러한 유사함이 완전히 부재한다. 이 두 번째 형태의 매혹이 우리로 하여금 종종 자연 세계에서 동물의 행동을 포착한 다큐멘터리들을 놀라움으로 지켜보도록 해 준다. 개별 종들은 고유한 습관과 심지어는 사회적 일상을 지닐 수도 있다. 그러나 우리는 카메라에 포착된 동물들의 행동을 도덕적으로 평가하지 않는다. 사이코패스나 그 밖의 도덕적으로 도착적인 사람들의 심적 경향에 대한 우리의 호기심도 같은 유형일 수 있다. 즉, 우리는 그들의 세계가 그런 이질적인 '비인간적' 믿음과 욕망, 정서 그리고 행동에 의해 지배당하고 있기 때문에 그 세계에 매혹될 수 있는 것이다. 그것이 아니라면 무도덕적인 매혹은 기괴하고 끔찍한 것에 대해 바닥에 깔려 있는 동정심을 전제로 할 수 있다. 이는 "하나님의 은혜가 없었다면 나도 저 사람처럼 되었을 것이다."와 같은 경구 안에 담겨 있는 매혹이다. 로버트 솔로몬Robert Solomon은 일부 공포소설이 우리에게 다음과 같은 방식을 통해 호소한다고 주장한다.

> 불쾌하고 혐오스러운 것들은 그 자체로서 매혹적이다. ……왜냐하면 그것이 우리 자신의 어떤 본질을 떠올리게 해 주기 때문이다. 우리는 일종의 살균된 사회 속에서 살고 있다. 그 속에서는 심지어 범죄자의 처형조차도 임상적인 비공개 주사 놓기로 축소된다. ……공포는 우리의 가장 기본적인 취약성을 상기시켜 준다.[46]

이러한 유형의 매혹을 자극적이거나 천박하거나 잔인하거나 병적인 것으로 비난할 사람들이 존재할 것이다. 그러나 우리에게 일어나거나 우리와 공존하는 것으로 생각할 수 있는 그런 이상하고 극단적인 상태에 대한 흥미는 일반적인 호기심의 확장 그 이상은 아닌 것처럼 보인다.

매혹과 호기심은 도덕적으로 도착적이거나 바람직하지 않은 대상들을 재현하는 것에 대한 우리의 관심에 있어서 거의 항상 배경적인 역할을 수행한다. 이미 논의된 영화들도 이에 포함된다. 하지만 이러한 무도덕적인 형태의 관심이 중심에 놓이고 행동과 사람을 평가하는 우리 자신의 일반적인 경향을 부분적으로 중지시키는 미학이 존재한다. 영화가 상영되었을 때, 한 비평가에 의해 자신이 본 영화 중 "가장 도착적이고 역겨우며 불쾌한 영화"[47]로 묘사됐던 크로넨버그의 〈데이 컴 프럼 위딘〉은 이러한 종류의 미적 전략을 구현하고 있다. 이 영화를 논의하는 과정에서 우리는 이 장의 초점이었던 악당 유형들과는 사뭇 다른 종류의 개체와 만나게 될 것이다. 이 영화는 한 아파트 단지의 주민들이 유전자 조작에 의해 만들어진 악성 기생충에 감염된다는 끔찍한 이야기를 하고 있기 때문이다. 캐럴 클로버가 "똥과 페니스를 교배한 것처럼"[48] 생긴 것으로 탁월하게 묘사한 그 기생충은 성교를 통해서 확산되며, 영화 속에서는 최음제와 성병의 변형이 합쳐진 것으로 묘사된다. 한 번 감염되면 숙주가 된 사람은 갑작스럽고 압도적인 리비도의 분출을 경험하게 되며 늙거나 젊거나, 남자거나 여자거나 무차별적으로 성적 대상을 고른다. 이는 정말로 다각적으로 도착적인 기생충인 것이다. 이러한 묘사로부터 이 영화가 어떻게 부르주아의 성적 도덕관에 대한 일종의 '공격'으로 간주될 수 있었는지를 쉽게 알 수 있다. 즉, 이것은 우리의 리비도가 임의의 사회적 · 도덕적 관습에 의해서 조정되고 구속되는 것에 대한 포스트 프로이트적 은유인 것이다. 그러나 이것은 영화의 미적 야심의 본질을 찌르지는 못하고 있다.

이 영화는 기생충이라는 플롯상의 전제를 영화 속 인물들이 자신들의 전통적인 인간적 특성들, 즉 복잡함, 정서, 합리성, 도덕성을 벗어 버릴 수 있는 방편으로 사용하고 있다. 그럼으로써 그 인물들은 그들 안에 기생하고 있는 기생충처럼 원시적인 성욕에 의해 지배당하게 된다. 비록 영화의 중심에 관습적으로 볼 때 매력적인 주인공젊고 잘생기고 호감 가는 의사이 놓여 있지만, 영화는 기생충이 사람들 사이에서 퍼지는 것을 고전적인 방식으로 묘사하기를 거부한다. 즉, 혐오스럽고 이질적이며 소름끼치는 위협에 직면해서도 인간적인 가치와 동정심을 지키는 최후의 보루로서 주인공을 묘사하지 않는다. 이와는 대조적으로, 〈스타 트렉 8: 퍼스트 콘택트Star Trek: First Contact〉(1997)는 이러한 고전적 과정의 좋은 본보기를 제공해 준다. 그 일부분은 독특한 시점 사용을 통해서 표현되고 있는데, 안젤라 그로스Angela Groth가 이를 훌륭하게 분석하였다.

> 보그라 불린 기계인간 무리의 보편적 태도는 특별한 형식의 시각적 관점을 통해서 설명되고 있다. 그들이 바라보는 인간은 탈색되고 볼록렌즈에 의해 왜곡된 듯 일그러져 있으며, 그래서 하찮고 보잘것없는 것으로 묘사된다. …… '개인'으로서의 인간은 의미가 없는 것이다. ……우리는 이러한 비인간적이고 인간성을 말살하는 것 같은 관점을 통해서 우리의 인간적 자존심이 깊게 상처 입은 것으로 느끼도록 안내된다.[49]

물론 엔터프라이즈호의 용맹스러운 대원들은 보그에 의해서 형상화된 인간적 가치에 대한 모욕과 위협을 무찌른다. 이런 고전적인 형식 구조는 〈데이 컴 프럼 위딘〉에서도 존재하지만 표현적 힘이 배제되어 있다. 크로넨버그는 주인공이 '인간다움'을 지키는 모습을 생생하게 표현하는 데 아무런 힘도 기울이지 않는다. 오히려 그는 냉정함은 아닐지라도 일종의 공정함을 갖고서 기생충들의 거침없는 확산과 전파 노력을 묘사한다. 영화의 마지막에서 기생충들은 아파트 단지의 모든 주민을 감염시켰고, 마지막 장면은 인간 숙주들이 주변 도시를 향해 차를 몰고 가는 모습을 보여 준다. 기생충을 더 퍼트리기 위한 비인간적인 임무를 가차 없이 수행하기 위해서 말이다. 이것이 냉혹한 결말이라는 의견에 대해 크로넨버그는 다음과 같이 응수했다.

> 바이러스는 단지 자기 일을 하고 있는 것이다. 그것은 생존하고자 애쓴다. 그럼으로써 그것이 당신을 파괴한다는 사실이 그 바이러스의 잘못은 아니다. ……내 생각에 대부분의 질병은 자신이 질병으로 간주된다는 사실에 매우 충격을 받을 것이다의인화된 표현-역자 주. 그것은 매우 부정적인 의미를 내포하고 있다. 그들에게는 그들이 당신의 몸을 장악하고 당신을 파괴하는 것이 매우 긍정적인 것이다. 그것은 일종의 승리다. 〈데이 컴 프럼 위딘〉은 우리 모두에게 육체적으로, 심리적으로 그리고 생물학적으로 일어나는 일들에 대한 상식을 전복하고자 하는 것이다.[50]

기생충들은 끔찍하며 혐오감과 불쾌감을 유발한다. 그러나 그것은 우리가 고전적인 방식에서 그 캐릭터를 개별 존재로서 평가하도록 요청되었기 때문이 아니다. 공포영화의 전통적 도덕 구조의 자취는 여전히 존재한다. 그러나 크로넨버그가 우리의 전형적인 도덕적 판단을 극도로 억제해서, 우리는 사물들을 기생충의 관점에서 볼 수 있게 된다. 물론 이는 우리가 '바이러스가 된다는 것이 이런 것이구나' 하는 느낌을 갖게 된다는 의미에서가 아니라 우리가 바이러스의 이해관계를 의식하면서 사물들을 이해한다는 의미에서다. 묘사된 사건들에 대해서 우리가 무서움으로 반응하는 한, 우리는 우리의 의인화된 관점을 완전히 포기한다고 할 수 없다. 그럼에도 이 영화는 우리를 의인화된—그리고 도덕적인—관점으로부터 떼어 내어서 인간들의 재앙을 일종의 초연하면서 무도덕적인 매혹을 지닌 채 바라보도록 한다. 그리고 상상적 감내하기와 사악한 존재에 대한 부분적인 공감이라는 현상과 더불어서, 무도덕적인 매혹은 진정한 도착적 충성과는 구분되어야 한다.

완벽이라는 이름의 진부함 The Banality of Perfection

갱스터와 식인종, 탐미주의자와 기생충의 경우들을 논의하면서 나는 도덕적 도착의 재현에 대해 우리가 갖고 있는 관심을 설명할 수 있는 일련의 동기를 살펴보았다. 도덕적 교훈을 위해서나, 아니면 우리가 현실에서는 경험할 기회나 용기가 부족한 것을 상상 속에서 경험하는 것에 대한 선천적 매혹을 위한 상상의 유희, 가능하거나 있을 법한 경험의 극단적 경우들에 대한 호기심, 그리고 사회적 구분과 세대의 정체성 확립을 위한 전략으로서나 도덕적 저항의 수단으로서 도발의 기쁨이 그것이다. 이들 각각은 나의 논의 가운데에서 특정한 허구나 특정한 유형의 허구에 결부되어 있었다. 그러나 많은 허구가 이러한 종류의 반응 중 한 가지 이상의 반응을 촉발한다는 것이 명백하다고 할 수 있다. 나는 그것이 도착적 충성에 대한 하나의 통일적인 '이론'을 구성한다고 제안하지는 않는다. 그러나 그럴 경우 도착의 다양한 유형을 전제하더라도 단일한 형식의 설명이 적합할지 혹은 바람직할지는 분명하지 않다. 그러나 이와 같은 일련의 동기가 진정으로 알려 주는 것은 '카타르시스'우리가 허구에서의 도착적 요소들에 몰두하는 이유는 그것이 우리로 하여금 위험한 욕망을 안전한 맥락 속에서 표출하게 해 주며 이를 통해서 해로운 정서를 배출할 수 있게 해 주기 때문이다 개념에 근거하거나 정신분석 이론도착적인 것을 다루는 허구들은 억압된 소망과 두려움을 위장된 형식을 통해서 표현하도록 해 준다에 근거한 설명들이 매우 제한적이라는 점이다. 여기에서 나는 허구가 그러한 '정신역동적psychodynamic' 기능을 수행하거나 수행할 수 없다고 주장하려는 것이 아니다. 오히려 우리는 영화와 문화 연구 내에서 일종의 '정신분석적 반사 반응'이 되어 버린 것, 즉 도착적인 문제들을 다루고 있는 텍스트의 경우 정신분석적 설명이 우선적이거나 유일하게 합당한 설명이라는 가정을 확인해 볼 필요가 있다는 것이다.

마지막으로, 비도덕적인 행위자에 대한 공감적이거나 무도덕적인 재현에 대해 우리가 갖고 있는 도덕적 관심과 관련해서 또 하나의 일반적인 주장을 덧붙이고자 한다. 이 주장은 내가 논의했던 모든 종류의 영화 만들기와 우리가 그것에 보였던 모든 종류의 정서적 반응에 대한 평가와 관심에 연결되어 있다. 어떤 사람들은 이 주장을 진부하거나 추레하다고 생각할 것이다. 그러나 나는 그것이 이 장에서 내가 다루었던 문제, 즉 어떤 상황 속에서 그리고 어떤 이유에서 우리는 도덕적으로 도착적이거나 탐탁지 않은 캐릭터에 대해 공감적인 정서를 경험할 수 있게 되는가에 대한 포괄적인 답변이라는 의미에서 독자적인 자리를 지닌다고 생각한다. 『악의 긍정적 바람직함The Positive Desirability of Evil』에서 콜린 래드퍼드Colin Radford는 다음과 같이 적고 있다.

> 악행을 저지르는 사람이 위태로운 종족이 된다면, 나머지 우리는 그들을 보호할 것이고 또 보호해야 한다. 그것은 우리가 그들을 사랑해서가 아니다. 물론 내 생각에 우리는 가끔 그의 사악함에도 불구하고가 아니라 그 사악함 때문에 악당을 진정으로 사랑할 때가 있다. ……그것은 악당의 존재가 우리와 악당 모두 자신의 본분을 잘해낼 수 있다는 것을 보장해 줄 뿐만 아니라 우리의 삶이 풍요롭고, 다양하며, 해 볼 만하고, 복잡하며, 고통스럽고, 살 만하다는 사실 또한 확인시켜 주기 때문이다.
>
> 천국은 지옥이 될 것이다.[51]

여기에서 래드퍼드가 세상에서 '보다 사악한 것'의 존재를 주장하고 있지 않다는 점을 부언하는 것이 중요하다. 대신 그는 세상에서의 악행과 부도덕함이 존재하는 것에 대해 일부는 개념적이고 일부는 실존적인 설명을 하고 있는 것처럼 보인다. 그의 주장에 따르면, 삶이란 도덕적 차원그리고 반복하자면 그것과 필연적으로 연결되어 있는 정서적 차원이 없다면 복잡하지도 강렬하지도 않을 것이다. 이것이 이 주장의 진부한 측면이다. 우리는 인간이기에 가치 기준과 애착을 갖고 있으며 이러한 가치 기준에 근거해서 정서적으로 반응한다는 것이다. 그러나 그것의 진부함이 진심임을 막지는 못한다.

실제 사회적·도덕적 행위의 세계 속에서 이에 대해 어떤 생각을 하건, 이는 허구의 세상에서 도착적 캐릭터의 매력에 대해—또는 그러한 캐릭터와의 부분적이고 분명한 도착적 지지에 대해—부분적인 해명을 제공한다.

허구는 우리의 상상력에 근거해서 만들어진 것이다. 허구가 우리가 현실에서 직면하지 않았거나 아직 직면하지 못한 난점들에 대해 숙고할 수 있는 기회를 제공하듯이, 그것은 우리에게 금지된 욕망과 상상 속에 탐닉할 수 있는 기회를 제공한다. 그리고 아마도 보다 근본적으로는 우리가 보통 도덕적으로 행동하는 것으로부터 얻게 되는 만족 속에서 비난을 할 그런 것의 역할을 깨달을 수 있는 기회를 제공한다. 다른 말로 하자면, 내가 제기한 질문은 또 다른 차원에서 우리가 어떻게 즐거움을 끌어낼 수 있고 일반적인 삶에서 기준이 되는 특정한 도덕적 가치들을 위반하는 특별한 행위들을 우리에게 승인하는지를 너무 지나치게 고려하지 말기를 바란다. 그리고 그보다는 악당에 대한 우리의 '욕구', 즉 현실에서는 받아들이거나 인정하기 어려운 욕구를 인정하기를 바란다.

12장 동감적 장면과 영화에서 사람의 얼굴

The Scene of Empathy and the Human Face on Film

Carl Plantinga

영화와 TV에서 가장 덜 탐구된 측면들 중의 하나가 바로 감각적 의사소통 수단, 즉 우리의 시각과 청각에 직접적으로 호소하는 방법에 관한 것이다.[1] 문학과 영화는 모두 인물과 플롯 그리고 설정 등을 지닌 이야기를 제시한다. 그러한 요소들을 이미지와 녹음된 소리를 통해서 제시하는 것은 오직 영화그리고 TV뿐이다. 이 장에서 나는 영화에서 시각 자극이 중요한 의미를 지니게 되는 핵심 방법으로 감정이입 장면에서 사람의 얼굴을 사용하는 방식에 있다고 주장할 것이다. 영화 이론가인 벨라 발라즈Bela Balázs가 수십 년 전에 말한 것처럼, 얼굴 클로즈업은 비언어적 의사소통에 관심을 기울이도록 해 주기 때문에 영화에서 중심적인 위치를 차지한다. "표현적인 움직임과 제스처, 이것이야말로 인류의 원시적인 모국어인 것이다."[2]

많은 영화에서는 내러티브의 흐름이 순간적으로 느려지고 특정한 인물 내면의 정서적 경험이 관심의 중심에 놓이게 되는 장면들을 보여 준다. **동감적 장면**the scene by empathy이라고 할 수 있는 이러한 종류의 장면에서 우리는 전형적인 클로즈업을 통해서 긴 기간 동안에 단일한 숏이나 얼굴 숏과 그가 보고 있는 대상의 숏 사이를 왔다 갔다 하는 시점 숏 구조 중의 한 요소로서 한 인물의 얼굴을 보게 된다. 어떤 경우든 한 인물의 얼굴에 오래 관심을 갖는 것이 단지 그 인물의 정서를 단순히 전달하기 위해서만 그런 것이 아니다. 그러한 장면들은 관객 안에서 동감적 정서를 의도적으로 촉발한다.

고전 영화에서 가장 중요한 동감적 장면은 종종 영화의 마지막에 등장한다. 예를 들어, 〈성조기의 행진Yankee Doodle Dandy〉(1942)에서 제임스 캐그니가 유명한 브로드웨이 작곡가이자 배우이며 각본가이자 제작자인 조지 코헨으로 등장한다. 영화는 코헨을 재치 있고 정직하며, 성실하고 겸손하며 애국자이자 탁월한 재능의 연극인으로 묘사함으로써 그를 이상화한다. 우리가 영화가 작동하는 대로 충실하게 따라갔다면, 영화의 마지막 부분에서 우리의 신뢰는 코헨에게 향해 있게 된다. 마지막 장면에서 1940년을 살고 있는 늙은 코헨이 백악관을 나온다. 그는 방금 그의 '미국 정신에 대한 기여'로 의회 공로 메달을 받았다. 백악관 앞의 길거리에서 그는 군대가 행진하고 있는 것을 발견하는데, 행진하는 군인들과 행인들은 자신이 만든, 유명한 제1차 세계대전 당시의 애국적 노래인 '저 건너Over There'를 부르고 있다. 그도 행진에 합류하지만 노래를 하지는 않는다. 그러자 그의 옆에서 행진을 하고 있던 한 병사가 그에게 묻는다. "뭐가 문제요, 늙은 아저씨? 이 노래를 몰라요?" 바로 그 뒤를 이어서 영화는 코헨을 21초 동안 정면으로 비추는 숏으로 넘어가고, 이 숏이 페이드아웃되면서 영화는 막을 내린다. 이 숏에서 카메라는 코헨이 앞으로 행진함에 따라서 뒤로 트래킹하며 빠진다. 그리고 그의 얼굴이 점차 클로즈업으로 잡힌다. 코헨은 처음에는 마지못해 노래를 하기 시작한다. 그러나 곧 그의 얼굴에 활기가 넘치면서 눈물이 그의 뺨을 타고 흘러내리고, 자신의 노래를 부르는 군중들에게 씩씩하게 합류한다.

영화학자들 사이에서 아마도 가장 유명한 동감적 장면은 〈스텔라 달라스Stella Dallas〉(1937)의 마지막에 등장할 것이다. 여기에서 스텔라바버라 스탠윅는 어느 비오는 밤에 벌어진 그녀의 딸 결혼식을 결혼식장 밖의 거리에서 바라본다. 하지만 내가 〈성조기의 행진〉의 동감적 장면을 선택한 이유는 동감적 장면이 오직 여성 인물에게만 초점을 두며 여성 관객을 겨냥하고 있다는 가설을 반박하기 위해서다. 내가 아래에서 언급하고 있는 것처럼 어떤 연구자들은 동감능력이 남성보다는 여성에게 더 많다고 믿는다. 그것이 사실이라고 하더라도 동감적 장면은 이른바 여성 영화에만 등장하는 것이 아니라 다양한 장르에서 나타나며, 단지 여성 인물에만 연관되는 것이 아니라 남성 인물과도 관계가 된다. 가령 〈시티 라이트City Lights〉(1931)의 마지막 장면을 생각해 보자. 거기에서 꽃팔이 소녀버지니아 셰릴는 자신의 은인이 곤경에 빠진 누덕누덕한 떠돌이찰리 채플린라는 사실을 발견한다. 또는 〈블레이드 러너Blade Runner〉(1982)의 마지막 한 장면을 생각해 보자. 거기에서는 복제인간을 지칭하는 리플리컨트인 베티루트거 하우어가 리플리컨트 사냥꾼인 데커드해리슨 포드의 목숨을 구해 준 후에 자신의 임박한 죽음을 한탄한다. 동감적 장면은 남성과 여성 인물 모두와 관련해서 다양한 장르에서 등장하는 것이다.

이 장에서 나는 동감적 장면에서 사람 얼굴의 사용에 대해 설명할 것이다. 첫째, 나는 영화에서 얼굴표정은 단지 정서를 전달할 뿐 아니라 감성적 반응, 특히 동감 반응을 촉발하고 명료하게 하며 강화시킨다고 주장한다.

이는 사람의 얼굴을 본다는 것이 감성적 모방과 얼굴을 통한 피드백 그리고 정서적 전염의 과정을 통해서 반응을 촉발할 수 있기 때문에 가능하다. 둘째, 나는 얼굴의 재현이 어떻게 영화 속 인물에 대한 동감에 기여하는지를 더 잘 보여 주도록 논의하고 정의할 것이다. 셋째, 나는 영화감독이 '동감적 장면'에서 사람의 얼굴을 사용하는 방법을 보여 줄 것이고, 영화에서 사람 얼굴이 갖고 있는 감성적 잠재력을 극대화하도록 디자인된 전략들을 설명할 것이다.

얼굴표정과 정서적 전염 Facial Expression and Emotional Contagion

영화감독들이 사람의 얼굴을 인물의 정서에 대한 정보를 **전달하기** 위해서 사용하는 것은 분명하다. 노엘 캐럴Noël Carroll은 그러한 전달이 어떻게 기능한지에 대한 분석을 제시한 바 있다.[3] 캐럴은 시점 편집과의 관련하에서 영화에서 사람의 얼굴을 사용하는 것에 관심을 갖고 있었다. 시점 구조에서 인물의 얼굴을 포착하는 숏—캐럴이 에드 브래니건Ed Branigan을 따라서 시점/응시 숏point/glance shot라고 부르고 있는—은 대상 숏이나 혹은 인물이 보는 것을 보여 주는 장면과 병치된다. 캐럴은 응시 숏을 '거리계rangefinder'라고 불렀는데, 그것이 우리로 하여금 인물의 얼굴을 봄으로써 그 인물의 '전반적인 정서적 상태'를 포착할 수 있게 해 주기 때문이다. 반면에 대상 숏은 '초점계focuser'인데, 그것이 인물이 보고 있는 것 또는 인물이 느끼는 정서의 대상을 확인해 주기 때문이다.

시점/응시 숏은 오직 넓은 의미에서의 정서를 파악할 수 있게 해 준다.

〈시티 라이트〉(1931)의 마지막에서 당황해하는 미소를 띤 찰리 채플린 모습

왜냐하면 인물의 정서에 대한 원인을 알지 못하면 그 인물의 경험에 대한 나의 이해는 대략적인 것일 수밖에 없기 때문이다.[4] 예를 들어, 〈이창Rear Window〉(1954)에서 제프제임스 스튜어트의 시점/응시 숏은 증가하는 그의 두려움에 주목하도록 해 준다. 하지만 시점/대상 숏은 리사그레이스 켈리가 길을 건너 살인자의 아파트 안에 들어가 있는 것과 살인자가 막 아파트로 들어가려고 하는 것을 보여 줌으로써 그 정서를 내가 이해하는 것에 초점을 맞춘다. 따라서 우리는 제프의 두려움이 자기 자신에 대한 것이거나 대상 없는 두려움이 아니라, 리사가 발각되어 해를 당하게 될 것에 대한 두려움이라는 것을 이해하게 된다. 그렇게 되면 시점 편집은 정서에 대한 정보를 효과적이고 강력한 방식

으로 전달하게 된다.

시점 구조가 아무리 중요하더라도 영화에서의 강력한 정서적 전달을 위해 꼭 **필요한** 것은 아니다. 한 인물의 정서 대상은 다른 방식으로도 전달될 수 있다. 예를 들어서 〈조스Jaws〉(1975)에서 상어가 나타나는 것을 신호하는 음악적 모티브를 생각해 보라. 더 나아가서 그리고 이 장에서 보다 중요한 것은 한 인물의 얼굴만 단독으로 클로즈업을 할 경우에도 관객들은 종종 적절한 정서를 이해할 수 있다는 것이다. 우리는 특정한 얼굴표정이 사람들이 파악할 수 있는 정서적 경험을 신호한다는 것을 알고 있기 때문이다.

얼굴을 통한 성공적인 정서 전달을 설명하기 위해서 우리는 얼굴표정 속에 있는 문화권을 넘어서는 보편성에 대한 심리학 저서들에 주목해야 한다. 보편적 얼굴표정론에 대한 대표적인 옹호론자인 폴 에크먼Paul Ekman은 대여섯 가지 기본 정서에 대한 범문화적인 얼굴표정이 존재한다고 주장한다. 에크먼의 기술에 따르면, "최소한 다섯 가지의 정서적 범주에서 개별 정서 특유의 얼굴표정이 존재하며, 이들의 관계는 문화를 넘어서서 일정하다는 증거들이 충분히 존재한다."[5]

에크먼, 이저드C. E. Izard 그리고 톰킨스S. S. Tomkins 모두 '표출 가설effeence hypothesis'을 어느 정도 변형하면서, 얼굴표정의 보편적 인식은 일련의 일차적 정서 각각에 대한 내재적이고 본질적인 정서 '프로그램'을 포함하고 있다는 주장을 고수하고 있다.[6] 이 정서 프로그램들은 안면 근육에 보내는 자율신경의 '메시지'를 포함하는 것으로 생각된다. 그리고 이 안면 근육은—사회적인 표현 관습에 부합해서 '과도함'이 없게—정서적 얼굴표정을 만들어 낸다. 이것이 한 영화가 일본이나 프랑스 또는 브라질에서 상영되어도 인물의 얼굴에서 기본적인 정서를 보편적으로 인지하게 되는

것을 부분적으로 설명해 준다.[7]

이 연구들 중 어느 것도 정서적 표현과 인지에 있어서 문화적 다양성을 배제하는 것이 아니다. 오히려 그것들은 기본적인 정서의 표현과 인지에 있어서 범문화적인 유사성의 핵심을 발견한 것이다. 예를 들어, 에크먼의 주장에서 핵심이 되는 것은 얼굴표정에서의 보편적 성향이 인간 얼굴에서의 정서적 표현의 적절성을 관장하고 있는 표현 규칙과 사회적 관습에 의해서 조절된다는 것이다. 정서적 표현 규칙은 사회적 맥락과 사회적 신분 그리고 성차를 포함하는 많은 요소에 근거하고 있다. 이에 덧붙여서 얼굴 표정은 두려움이나 슬픔 그리고 부끄러움과 질투 같은 기본적이고 핵심적인 정서의 경우 보편적인 반면, 다른 덜 보편적인 정서는 보다 문화적인 맥락 안에서 유동적으로 해석될 수 있다.[8]

아무리 중요하더라도 정서에 대한 정보 전달은 전체의 일부분에 지나지 않는다. 사람의 얼굴을 보는 것은 보는 사람의 정서적 반응을 촉발하기 위한 소통을 넘어설 수 있다. 얼굴이 정서에 대한 정보를 전달하고 동시에 정서를 촉발한다는 사실은 일상생활에서뿐 아니라 영화 관람 상황에서도 진실이다. 제시된 얼굴은 다양한 수단을 통해서 정서를 촉발하며, 여기에는 '감성적 모방'과 '얼굴의 피드백'에 의해서 유발되는 것으로서의 '정서적 전염emotional contagion'의 과정도 포함된다.

정서적 전염이란 다른 사람의 정서나 감성적 상태에 '옮게 되는' 현상을 말한다. 이는 여러 가지 방식으로 다양한 맥락 속에서 발생한다. 친구들이 이야기를 하는 동안 웃고 미소 지을 경우, 우리는 그 이야기 자체의 유머를 간파하지 못하더라도 웃고 미소 짓는 반응을 종종 보인다. 그들은 웃음이 전염되는 것이다. 대부분의 교사가 알고 있는 것처럼, 한 학생이 교실에서 눈에 확 띄게 하품을 하면 다른 학생들도 이를 따라 한다. 스포츠 경기장의 흥분한 관중들은 우리의 흥분도를 상승시킬 수 있고, 반면에 많은 사람들이 탄압을 받을 경우, 이는 우리의 기운을 약화시키며 어두운 그림자를 드리운다. 우리는 종종 영화나 연극을 볼 때 열광적인 관객의 반응이 서로를 고무시키는 반면, 냉담한 관객은 영화나 연극을 따분하고 활력 없는 것으로 만들어 버린다는 것을 알고 있다. 벨라 발라즈는 자신이 강조한 영화의 비언어적 표현에 있어서 전염의 중요성을 인식했다. 그는 다음과 같이 적고 있다. "만일 우리가 서로의 얼굴과 표정을 바라보고 이해한다면, 우리는 단지 다른 사람의 정서를 이해하는 것만이 아니라 동시에 느끼는 것을 배우는 것이다."[9] 비록 우리가 때때로 우리 주변에 있는 그러한 것들의 감성적 성향에 저항을 하기도 하지만, 우리는 다른 이들의 분위기와 정서에 전염되는 경향을 갖고 있다.[10]

전염은 얼굴을 보는 것과는 다른 다양한 방식, 가령 다른 이의 몸 자세를 보거나 군중의 폭소를 듣게 되는 것 등에 의해 유발될 수 있다. 그럼에도 불구하고 사람의 얼굴은 정서를 촉발하는 데 있어서 핵심적인 위치를 차지한다. 여기에서 심리학적 퍼즐의 핵심적인 조각 중 하나가 바로 **감성적 모방**affective mimicry이다. 일레인 해트필드Elaine Hatfield를 포함한 연구자들은 사람이 "다른 사람들의 표정이나 어투, 몸짓, 움직임을 자동적으로 모방하려는 성향을 널리 지니고 있다."[11]고 주장한다. 이 관점에서 우리는 우리의 이러한 성향의 극히 일부만을 의식하고 있다. 우리의 마음은 '모듈 방식modular'이라는 병행 처리 능력을 갖고 있기 때문에, 우리는 다른 것들을 하면서—가령 대화를 나누거나 한 내러티브를 따라가면서—동시에 다른 사람의 정서를 모니터할 수 있다. 그러나 보다 중요한 사실은 우리가 단지 정서를 모니터만 하는 것이 아니라 우리가 상호작용을 하는 이들의 얼굴표정을 종종 모방한다는 사실이다.

우리는 또한 때때로 영화와 비디오에서 본 사람들의 얼굴표정을 모방한다. 유사한 결과를 보여 주었던 여러 실험 중 하나에서 연구자들은 학생들이 3분짜리 비디오 인터뷰를 시청하는 과정을 몰래 촬영하였다. 이 비디오에서는 한 남자가 행복한 이야기와 슬픈 이야기 중 하나를 이야기한다. 그러고 나서 연구자들은 심사자들에게 비디오테이프 속 학생들의 얼굴표정에 등급을 매길 것을 요청하였다. 예상대로 각 피실험자의 얼굴은 이야기하는 사람의 얼굴을 그대로 반영하고 있었다. 그들은 행복한 이야기를 들을 때 행복한 얼굴표정을, 그리고 슬픈 이야기를 들을 때는 슬픈 얼굴표정을 지었던 것이다.[12]

여기까지라면 이는 전혀 놀랄 만한 것이 아니다. 그러나 그다음 가정은 그렇지 않다. 오늘날 대부분의 이론가는 우리의 주관적 정서가 **얼굴 피드백**facial feedback에 의해서 영향을 받아서, 어떤 얼굴표정을 모방하는 사람은 실제로 모방되는 사람의 정서를 갖게 된다는 것에 동의하고 있다. 이 얼굴 피드백 이론에 따르면, 우리의 얼굴표정은 우리에게 자기 자극에 감응하는 피드백proprioceptive feedback을 주며, 이는 최대의 경우 우리의 정서적 경험을 결정하고 최소의 경우 그에 영향을 준다. 예를 들어, 내가 슬픈 얼굴을 함으로써 영화 속 슬픈 주인공을 흉내 낸다면, 이는 나의 주관적인 슬픈 감정에 기여한다. 내가 두려운 얼굴표정을 흉내 낸다면, 그것은 정말로 나를 두렵게 만들거나 나의 긴장감을 고조시킬 것이다.

가장 강도가 높은 가설은 이 얼굴을 통한 피드백만으로도 충분히 정서적 경험을 만들어 낼 수 있다거나, 아니면 얼굴표정의 피드백이 정서적 경험을 실질적으로 구성한다는 것이다.[13] 가장 강도가 약한 가설은 얼굴을 통한 피드백이 일정한 조건 아래에서 정서적 경험에 영향을 주지만 특정한 정서를 일으키기에는 부족하다는 것이다. 예를 들어, 니코 프리다Nico Frijda는 얼굴을 통한 피드백이 "정서적 경험의 주요 결정인자가 아니며 그것을 위한 충분조건이 될 수 없다."고 주장한다. 더 나아가서 프리다는 얼굴을 통한 피드백이 정서적 경험에 기여하는 것은 오로지 그것이 이미 일어나고 있는 다른 정서적 과정을 보완해 주는 경우뿐이라고 주장한다.[14]

얼굴 피드백에 대한 강도 높은 가설과 약한 가설 중에서 판결을 내리는 것이 나의 목표가 아니다. 나의 주장은 영화에 대해서는 오직 약한 가설만을 받아들여서, 얼굴 피드백은 다른 정서적 과정에 보충적 역할을 할 경우에만 정서적 경험에 기여하는 것으로 보자는 것이다. 따라서 나는 아래에서 동감적 반응을 유발하기 위해서 영화감독이 얼굴과 함께 사용하는 전략들을 설명하겠다. 만일 강도 높은 가설이 실제로 옳은 것으로 밝혀진다면, 이것이 나의 주장을 당연히 뒷받침해 줄 것이다.

영화에서 정서를 표현하고 있는 얼굴에 대한 극단적인 클로즈업을 빈번하고 지속적으로 사용하는 것은 이 피드백 가설을 뒷받침할 증거들을 더욱 많이 제공해 준다. 주인공의 정서가 담긴 얼굴에 대한 클로즈업은 종종 단순한 정서의 전달을 위해서나 인물의 상황을 이해하기 위해서 필요한 것보다 훨씬 더 오랫동안 제시된다. 그럴 경우 그 목적은 얼굴 피드백과 정서적 전염을 통해서 관객의 동감을 촉진하려는 것이 분명하다.

관객의 동감 Spectator Empathy

영화나 소설 속 인물들에 대한 우리의 태도는 지금까지 막연하게 **동일시**라는 개념으로 불려 왔다. 하지만 **인물 관여**character engagement가 더 좋은 개념이다.[15] **동일시**라는 개념은 오해의 소지가 있는데, 그것이 자기 자신을 다른 사람 속에서 상실한다는 것을 내포하고 있기 때문이다. 이때 별개의 개인으로서의 우리의 정체성은 스크린상의 한 인물과 우리가 동일시를 할 때 일시적으로 상실되거나 약화된다. 물론 그런 관계가 가능하지만, 인물들에게 관여하는 유일한 방법은 아니다. 그리고 아마도 대부분의 관객들에게 표준이 되는 것이 아닐 것이다. 다른 사람들이 주장했던 것처럼, 우리는 분리된 주체의 관점에서 혹은 '외부'로부터 인물들에게 관여한다.[16] 관여라는 개념은 보다 포괄적이고 중립적이며, 인물들에 대한 우리의 태도를 특징짓는 광범위한 경험의 다양성을 체현하는 데 더 좋은 개념이다. 이때 우리의 태도는 찬사에서 적극적인 반감까지, 또 감성적 모방에서 혐오감까지를 아우른다. 관여는 동감과 반감, 통칭과 무관심을 허용하며, 확실하게 마음이나 정체성의 합병을 의미하지 않는다.[17]

영화를 볼 때 어떤 인물에게 어떻게 관여할지, 그 가능성은 무수하다. 그렇다면 동감은 어디에 위치하는가? 공감이 무엇인지에 대해 많은 이견이 존재한다.[18] 나는 동감이 무엇이 아닌지로부터 시작하겠다. 첫 번째로, 동감은 단일한 정서가 아니다. 동감에 대한 거의 모든 정의는 다른 것에 동감하는 것이 자신의 정서적 경험을 최소한 일부라도 나눌 것을 요구한다고 규정하고 있다. 즐거워하는 친구에게 동감을 할 경우, 우리는 즐거움과 행복을 느낀다. 하지만 슬퍼하는 친구에게 동감을 하게 되면, 우리는 슬픔을 느낀다. 〈성조기의 행진〉의 그 장면으로 되돌아가서, 코헨에 대한 동감은 불쌍함과 칭송 그리고 아마도 동정이 뒤섞인 것을 포함할 것이다. 따라서 동감은 단일한 정서라기보다 다양한 종류의 정서적 경험을 통합하는 것일 것이다.[19]

동감은 다른 사람이 느끼는 것을 알고 느끼고 또 그에 적절하게 반응하는 능력과 성향 그리고 그렇게 하는 과정으로 이루어져 있다. 만일 내가 나 자신의 문제로 산란해지고 내 주위 사람들이 느끼고 있는 것을 계속해서 눈치채지 못한다면, 나는 동감 능력이 없는 것이다. 내가 눈치채고 이해는 하지만 적절하게 반응하지 못한다면, 그때는 아마도 내가 무심하거나 냉담한 것이 된다. 나의 동감 능력이 약한 것이다.

〈성조기의 행진〉의 예로 돌아가서, 우리가 코헨에게 동감을 할 때는 최소한 두 개의 과정이 일어나는데, 이 둘은 모두 일반적인 동감에서 특징적인 것이다. 첫째, 우리는 일종의 정신적 시뮬레이션을 시도하며, 이를 통해서 나는 그의 처지를 상상하고 숙고한다. 우리가 코헨이라고 상상할 필요는 없다. 그러나 코헨이 생각하고 느낄 수밖에 없는 것을 상상한다. 그가 노래를 부르며 행진하는 군중에 합류했을 때, 우리는 자신의 성취에 대한 그의 자부심과 애국적 열정을 상상한다. 늙은 아저씨라고 불렸을 때, 그는 아마도 일말의 자기연민과 회한을 경험할 것이다. 자신이 대부분의 사람들로부터 망각되었고, 삶의 종착점에 다가가고 있다고 그의 부모와 아내는 모두 죽었다 하는 것에 대해서 말이다.

둘째, 동감을 경험하기 위해서 코헨이 느끼고 있다고 내가 상상하는 것에 **합치**congruent**하는** 정서를 갖고 있어야 한다. 다른 사람의 정서에 '합치

〈성조기의 행진〉(1942) 중 브로드웨이 연출가 조지 M. 코헨을 연기한 제임스 캐그니

해서' 반응한다는 것은 그 사람의 목표나 욕망에 일치하는 것을 보여 주는 방식으로 반응하는 것을 말한다. 코헨이 '저 건너'를 부르기 시작할 때 내가 얼굴을 찌푸리거나 조롱하듯 웃는다면 무관심이나 적대감을 표현하는 것이 된다. 다른 한편으로 내가 연민이나 감탄 또는 찬사로 반응을 한다면 일치를 표현하는 것이 된다. 그의 경험에 대한 코헨의 태도를, 그리고 아마

도 비슷한 감정을 내가 그와 공유한다는 의미에서 그렇다. 동감, 또 동감이 근거하고 있는 감성적 합치도 내가 코헨이 경험한다고 상상하는 것과 동일한 경험을 내가 할 것을 요구하지 않는다. 동감을 위해서는 합치된 정서로 충분하다.

어떤 학자들을 영화 인물들에 대한 공감 반응sympathetic response과 동감 반응empathetic response을 엄격하게 구분한다. 알렉스 닐Alex Neill은 이렇게 설명한다. 공감sympathy과 동감empathy은 모두 '타자에 초점을 두는other-focused' 정서적 반응이다. 예를 들어, 공감은 내가 당신 **때문에** 두려워하는 것이라면, 동감은 내가 당신과 **함께** 두려워하는 것이다. 닐은 공감의 경우 나의 반응은 다른 사람이 느끼고 있는 것을 반영할 필요가 없다고 주장한다. 나는 당신이 느끼는 것과 상관없이 당신 때문에 두려워하거나 불쌍해할 수 있다는 것이다. 원칙적으로 나는 전혀 아무것도 느끼지 않고서도 다른 사람에게 공감할 수 있다. 반면에 닐의 주장에 따르면, 다른 사람에 동감하는 것은 "그가 경험하는 그 정서를 똑같이 경험하는 것이다."[20]

그러나 동감과 공감의 구분은 이보다 훨씬 불분명하다. 자크가 자전거에서 떨어질 때, 나는 그의 정서를 나누지 않으면서 그에게 동감할 수도 있다. 예를 들어, 나는 그에게 불쌍하다는 감정을 느낄 수 있지만 그는 그 사고를 일으켰던 보행자에 대한 분노만을 느낄 것이다. 이 경우 나는 비록 나의 정서적 경험이 그의 그것과는 많이 다르더라도 나의 반응이 동감적이라고 간주한다. 더욱이 나는 〈성조기의 행진〉의 마지막 장면에서 코헨 자신은 자기 자신에 대해 칭송과 연민을 느끼지 않더라도 아마도 그는 자긍심과 자기연민을 느낄 것이다 코헨에게 그에 대한 칭송과 연민을 느낌으로써 동감할 수 있다. 내가 위에서 언급한 것처럼, 동감은 합치적인 정서를 요구한다. 하지만 완전히 공유된 정서를 요구하지는 않는다.

동감이 감정을 공유하는 것으로 정의된다면, 그리고 공감이 감정의 공유가 없는 관심으로 정의된다면, 동감과 공감의 경계를 결정하는 것은 어려워질 것이다. 아마도 틀림없이 나는 결코 내가 동감하는 사람과 정확하게 동일한 감정을 공유할 수 없을 것이다. 대리 경험은 자신의 경험과 유사할 수는 있지만 훨씬 덜 강렬하다. 이는 특히 영화 인물에 대해 내가 느끼는 동감의 경우 사실일 것이다. 왜냐하면 어떤 단계에서 나는 결국 그 인물들이 허구라는 사실을 깨달을 수밖에 없기 때문이다. 그러나 허구적 인물과의 감정 공유 문제를 잠시 동안 제쳐놓는다고 하더라도, 여전히 다음과 같은 질문이 제기될 것이다. '내가 동감을 하기 위해서는 한 인물의 어떤 감정을 공유해야만 하는가?' 다른 한편으로 우리가 다른 사람과 감정을 공유할 때 공감은 종료된다고 말하는 것은 지나치게 제한적인 것으로 보인다. 어느 경우든 동감과 공감의 구분은 분명하지가 않다.

감정 공유로서의 동감과 관심으로서의 공감의 구분이 서로 희미해진다는 사실이 개념상의 문제를 야기하지는 않을 것이다. 결국 붉은색이 조금씩 변하면 오렌지색이 되지만, 우리 중에서 붉은색과 오렌지색이 분리된 색이라는 것을 부정할 사람은 거의 없을 것이다. 그러나 공감과 동감은 붉은색과 오렌지색처럼 분명하게 구분될 수 있는 대표색을 갖고 있지 않다. 공감을 예로 들어 보자. 공감이 어떠한 합치된 감정이나 공유된 감정도 요구하지 않는 관심으로 정의되어야 한다는 것은 문제가 있다. 알렉스 닐의 동감과 공감 구분은 사전적 정의에 부합하지 않는다. 사전에서는 전형적으로 '공감'이라는 단어를 "감정을 공유하는 것"으로 정의한다. 더욱이 일상적인 쓰임새에서 감정의 공유를 근거로 하는 것은 공감과 동감을 적절하게 구분할 수 없다. 둘은 모두 다른 상황에 대한 도덕적 · 감성적 입장의 공유를 포함할 수 있으며, 관찰자와 관찰 대상 사이의 감정의 일치를 요구하지 않는다.

이 장의 목적을 위해서는 동감 개념을 느슨하게 유지하는 것이 더 바람직하다. 왜냐하면 동감은 단순한 과정도 아니고 명확하게 이해되는 것도 아니기 때문이다. 동감은 다른 것으로 진화하고 변화해 가는 여러 가지 다양한 감정을 포괄할 수 있다. 동감은 인지적이고 생리학적인 과정과 자발적이고 비자발적인 과정 모두를 통합한다. 동감은 외부로부터 한 인물의 상황을 상상하는 것과 드문 경우에 한 인물인 것으로 상상하는 것 모두를 포함한다. 또한 가장 중요하게, 그것은 내레이션에 의해서 단서가 주어진 평가와 추론의 흐름과 더불어 내레이션의 시간적 진행과정에 의존한다.

동감적 장면에서의 얼굴 The Face in the Scene of Empathy

영화에서 사람의 얼굴을 가장 일반적으로 사용하는 것은 인물의 반응에 대한 정보를 주기 위해서다. 그러나 동감적 장면은 이것을 넘어선다. 예를 들어, 〈스텔라 달라스〉(1937)의 마지막에서 카메라는 스텔라가 헤어진 딸의 결혼식을 바라보고 있을 때 그녀의 얼굴에 오랫동안 머무른다. 그 상황의 의미를 우리가 이해한 이후에도, 우리는 계속해서 스텔라의 얼굴을 보게 된다. 캐럴의 표현을 빌리자면, 스텔라의 정서의 범위와 초점은 충분히 소통이 되었다. 하지만 그녀의 얼굴은 스크린 위에 남아 있다. 내가 앞서 주장했듯이, 묘사된 얼굴은 정서에 대한 정보를 **전달**할 뿐 아니라 정서적 반응을 촉발한다.

나는 이미 한 인물의 정서에 대해서 관객에게 정보를 전달하는 것과 관객에게서 정서적 반응을 촉발하는 것을 구분하였다. 우리는 또한 감성적 반응의 **유도인자**elicitor와 **조정인자**conditioner를 구분해야 한다. 영화에서 정서적 전염은 영화의 특징—반응의 **유도인자**—만이 아니라 맥락과 개별적인 차이를 보는 것과 같은 반응의 **조정인자**에 의존한다.[21] 나의 영화 관람 인생에서 가장 강력한 감성적 경험 중 하나는 완전 매진되었던 〈에일리언Alien〉(1979)의 관람 중에 일어났다. 관객들은 매우 민감했다. 그래서 극장 안의 생생한 공포와 긴장은 관객들의 끊임없는 속삭임과 탄식을 통해 전파되었다. 관객들의 비명과 외침은 영화의 충격과 놀라움을 배가하였다. 전염은 단지 인물로부터 관객 쪽으로만 이루어지는 것이 아니라 관객들 사이에서도 일어났다.[22] 이것이 감성적 반응의 조건 중 한 형식인 관람 맥락이다.

개별적 차이 또한 반응의 조건이 된다. 사람들은 다른 사람의 정서적 상태를 이해하고 그에 반응하는 데 있어서 분명하게 상이한 능력을 갖고 있다. 어떤 이들은 다른 이들보다도 다른 사람들의 정서를 더 정확하고 빠르게 읽을 수 있다. 어떤 이들은 다른 사람들의 정서를 더 쉽게 모방하고, 다른 이들은 다른 사람들에게 더 쉽게 정서적인 반응을 보인다. 예를 들어, 성차는 동감적 경험에 있어서 중요한 역할을 수행할 수 있다. 어떤 심리학 연구를 보면, 적어도 서구 문화권에서는 여성들이 다양한 정서를 더 잘 표현하고 다른 사람의 정서적 상태를 비언어적 표현에 근거해서 인식하고 해석하는 데 있어서 남성들보다 뛰어나다.[23] 이는 여성이 서구 문화권에서는 더 우월한 감정이입 능력을 갖고 있음을 말해 준다.

관람 맥락과 개별적 차이와 같은 조정인자는 영화에서의 동감에 있어서 핵심적인 역할을 수행한다. 그러나 그것은 연구 프로그램 전체를 차지할 수도 있는 복잡한 주제들을 제기하기 때문에 이 장의 범위를 벗어난다. 여기에서 나의 주된 관심은 조정인자가 아닌 유도인자, 즉 반응을 촉발하는 영화의 특징들에 있다. 이는 영화 속에 몰두하고 영화감독에 의해서 의도된 감성적 반응을 하는 관객을 가정한다. 다음에 이어지는 설명에서 나는 항상 이러한 내포 관객을 언급할 것이다. 그러나 나는 다른 대안적인 종류의 반응을 부정하거나 비난하고 싶지는 않다.

얼굴의 재현을 통한 동감의 촉발이라는 것은 간단한 문제가 아니다. 인간의 얼굴은 정서의 자극으로 사용될 수 있다. 그러나 그러한 기능은 자동적이거나 문제가 없는 것이 아니다. 앞서 언급한 것처럼, 약한 차원의 배출가설은 얼굴 피드백이 정서적 경험에 기여하는 것은 그것이 이미 일어나고 있는 정서적 과정을 보조해 줄 경우일 때뿐이라고 주장한다. 더 나아가서 얼굴 자체는 정서의 복잡한 기표다. 여러 상황에서 얼굴은 지속적으로 표정을 바꾼다. 이는 사고와 정서 양자의 유동적인 특성에 따른 것이다. 이것이 얼굴을 해석하는 것을 어렵게 한다. 설상가상으로 얼굴은 정서 전달보다는 다른 용도로 더 많이 사용된다. 얼굴의 다른 기능에 속하는 것이 대화상의 신호를 주는 것과 정서를 숨기는 것이다. 이러한 생각이 그럴듯하다고 본다면, 영화감독은 제시된 얼굴이 동감적 정서적 반응을 촉발할 수 있는 개연성을 극대화하기 위해서 특별한 전략을 채용한다.

관심 Attention

전염을 촉발하기 위해서는 인물의 얼굴표정에 관심이 집중되어야 한다.

이는 클로즈업의 사용에서부터 쉘로우 포커스shallow focus. 화면의 특정한 부분만 선명하고 나머지 부분은 흐리게 보이도록 촬영하는 기법-역자 주와 시점 구성에 이르는 여러 가지 방법에 의해서 이루어질 수 있다. 동감적 장면은 종종 인물의 내면에 우리의 관심을 집중시키기 위한 스타일상의 수단으로서 극도로 밀착된 숏을 도입한다. 〈스텔라 달라스〉의 마지막에서 영화는 의도된 정서적 전염이 증가함에 따라서 미디엄 롱 숏에서 미디엄 숏, 미디엄 클로즈업, 그리고 스텔라의 머리가 화면을 가득 채우는 클로즈업 숏으로 이어진다. 영화의 마지막 숏에서 스텔라는 카메라를 향해 걸어오는데, 그녀의 걸음이 빨라지자 카메라에 가까이 와서 우리가 그녀의 얼굴에 집중할 수 있게 된다. 카메라는 내면을 부각시키고 우리의 관심을 분명하게 스텔라의 얼굴표정에 집중시키기 위해서 움직여 들어간다.

지속 기간 Duration

숏이나 장면의 지속 기간은 그것이 촉발하고자 의도했던 반응이 나올 수 있도록 충분해야 한다. 많은 얼굴 클로즈업과 그 밖의 숏들은 그러한 반응을 제공하기에는 지속 기간이 너무 짧아서 단지 정서 정보를 전달하도록 되어 있다. 동감적 장면을 구성하는 숏들은 종종 지속 기간이 훨씬 더 길다.

1960년대 이후 주류 영화의 평균 숏 길이는 꾸준히 감소해 왔다. 1981년 평균 숏 길이는 대략 10초였다. 몇몇 액션영화의 경우 숏의 길이는 훨씬 짧았다. 가령 〈다이하드 2(Die Hard II)〉(3.1초), 〈크로우(The Crow)〉(2.7초) 그리고 〈도망자(The Fugitive)〉(3.9초).[24] 오늘날 평균 영화는 대략 1,200개의 숏으로 구성되어 있는 것으로 추정되고 있다. 영화의 평균 길이를 두 시간이라고 했을 때, 1,200개의 숏으로 구

성된 영화의 평균 숏 길이는 약 6초가 된다.[25]

이를 동감적 장면에서 사용된 숏의 길이와 대조해 보자. 예를 들어, 〈피아노The Piano〉(1993)에서 에이다홀리 헌터는 섬에 있는 자신의 새 집에 도착하지만 그녀의 표현 수단인 피아노를 해변에 두고 와야만 한다. 한 무리의 남자가 그녀를 깊은 정글 속으로 데려가자 에이다가 버려진 피아노를 바라볼 수 있는 지점에 도착한다. 여기에서 우리는 21초가량 에이다의 슬픈 얼굴 클로즈업을 보게 된다. 영화의 뒷부분에서 피아노가 에이다의 의지에 반해 팔리게 되었을 때 우리는 비슷한 클로즈업을 보게 되는데, 이는 33초 동안 지속된다.

그러나 단순한 숏의 길이에 대한 논의는 동감적 장면의 지속 기간 요소를 이해하는 데 충분하지 않다. 그러한 장면에서 특징적인 것은 시점과 응시 숏과 시점과 대상 숏을 번갈아 보여 주는 시점 구조다. 전체 시점 구조의 지속 기간은 여기에서 중요한 변수가 된다. 〈스텔라 달라스〉의 마지막에서 어떤 숏도 〈피아노〉에서 언급된 숏만큼 길지 않다. 사실 점층적인 클로즈업—스텔라의 머리를 커다랗게 잡는 숏—은 고작 15초밖에 되지 않는다. 그러나 딸의 결혼식과 스텔라의 얼굴이 시점/대상 숏을 통해서 교차되는 전체 장면은 2분이 넘게 지속된다. 다른 예를 들자면, 〈시티 라이트〉의 마지막 유명한 장면에서 이전의 눈멀었던 소녀는 자신을 돌봐 준 사람이 보잘것없는 방랑자라는 사실을 깨닫는다. 이 장면에서 영화는 두 사람의 얼굴 클로즈업을 1분 넘게 번갈아 보여 주어 여러 가지 감정을 표현한다. 〈블레이드 러너〉의 마지막에서 로이 베티루트거 하우어는 데커드해리슨 포드에게 자신의 소중한 기억을 이야기하고는 몸을 굽히고 죽는다. 여기에서 베티의 클로즈업이 데커드의 시점/시선 숏에 의해 강조되면서 거의 1분가량 지속

된다.

동감은 시간 속에서 일어나는 과정이고 정서가 잡히는 데에는 시간이 걸린다. 따라서 장면은 얼굴이 충분한 기간 동안 스크린에 남아 있거나 또는 시점 구조 속에서 지속적으로 얼굴로 돌아온다. 정서는 또한 잔류 효과를 갖고 있다. 일단 정서가 잡히면 금방 없어지지 않는다. 이는 왜 동감적 장면이 많은 영화의 마지막 부분에 놓이는지를 부분적으로 설명해 준다. 이때 한 정서적 반응은 감정의 시동 장치 기능을 하며, 이어지는 내러티브의 전개를 이해하는 것을 방해하지 않는다.

충성 Allegiance

얼굴이 제시된 인물에 대한 충성도는 동감과 전염력의 정도를 부분적으로 결정짓는다. 심리학자들이 지적하듯이, 우리는 우리가 독립성과 독특성보다는 유사성이나 관련성이 있는 인물들의 정서를 더 쉽게 따른다.[26] 더 나아가서 우리는 좋아하는 사람에 대해서 정서적인 전염으로 반응하기가 쉽다. 만일 한 영화 인물에 대해 아무런 충성심도 갖지 못하거나 적극적인 반감을 느낄 경우, 우리가 동감의 반응을 보일 개연성은 사라진다. 우리는 사람 얼굴에 대해 어느 정도는 무의식적으로 반응하더라도, 우리가 무관심해하는 사람의 얼굴에 대해서는 보다 쉽게 거리를 두고 관심을 다른 곳으로 돌리거나 의도적으로 감성적인 분출을 자제하는 방향으로 행동한다.

내러티브 맥락 Narrative Context

내러티브 맥락은 아마도 동감 반응을 이끌어 내는 가장 복잡하고도 중요한 유도인자일 것이다. 동감이 부분적으로 일종의 인지적 과정이라면, 내러티브는 동감이 발생하는 데 적당한 기초를 제공해야 한다. 불충분하거나 부적절한 내러티브 발전은 정서적 전염이나 모방의 성향을 거스르거나 심지어 방해한다.

사회적 담론에 정도의 차이는 있지만 익숙한 사람들로서, 우리는 주위 사람들의 얼굴이 다양한 목적으로 사용된다는 것을 은연중에 깨닫는다. 공적인 상황에서 얼굴은 정서를 숨기거나 소통을 촉진하는 데 사용되며, 마찬가지로 진짜 내면 상태를 숨기기 위해서도 사용된다. 그러나 동감적 장면들에서 얼굴은 인물의 내면을 표현한다. 이러한 이유로 그러한 장면들은 얼굴표정이 오해되지 않을 상황에 인물을 위치시킨다.

한 가지 방법은 상황을 사적인 것으로 만드는 것과 정서를 느끼는 인물을 혼자만의 상황 속에 두는 것이다. 그러한 상황에서 사회적인 행동 규칙은 중요하지 않으며 얼굴이 정서에 대한 정확한 신호가 된다. 앞에서 언급된 〈피아노〉의 장면에서 에이다 외에 다른 인물은 없고 아무도 그녀의 사적인 슬픈 표정을 보고 있지 않는다. 〈성조기의 행진〉와 〈스텔라 달라스〉의 동감적 장면에서 모든 인물은 공적인 장소에 위치하지만 허구적 세상 속 다른 인물들의 주목을 받지 않고 있다. 〈블레이드 러너〉에서 로이 베티는 데커드가 자신의 정서 표현을 보고 있다는 것을 안다. 하지만 베티의 죽음이 임박했기 때문에 감정을 숨기거나 얼굴표정을 조절한 상황이 아닌 것이다. 도리어 여기에서 그가 하는 말은 일종의 고백이며 자신의 소중한 기

'리플리컨트' 로이 베티 역의 루트거 하우어가 죽기 직전 마지막 말을 남긴다. 리들리 스콧의 〈블레이드 러너〉(1982) 중에서

억과 깊은 회한을 진심으로 표현하는 것이다. 이 모든 경우에 영화감독은 우리가 등장인물의 얼굴을 내적 경험에 대한 적확한 신호로 해석할 수 있는 맥락을 만들어 준다.

얼굴표정이 공적인 것이냐 아니냐 하는 것은 내러티브 맥락이 중요한 역할을 수행하는 판단이다. 다른 의미에서 내러티브 맥락은 도덕적 관점에서 관객의 동감을 정당화해 주어야 한다. 우리는 우리의 동감을 쉽게 혹은 조건 없이 확대하지 않으며, 부적절한 정서 혹은 우리가 감상이라고 부르는 것을 촉발하려는 시도를 경계한다.[27] 감상에 대한 대표적인 경우가 〈홀랜드 오퍼스Mr. Holland's Opus〉(1995)에서 등장한다. 글렌 홀랜드리처드 드레이퍼스는 야심찬 음악가이자 작곡가인데 경제적인 이유로 한 고등학교에서 학생들을 가르치게 된다. 홀랜드는 자신의 성공에 집착해 있으며 자신의 귀머거리 아들에게는 인색한 부모였다. 그러나 그는 자신이 소홀한 부모였다는 사실을 깨닫고 이를 만회하고자 결심한다. 그의 속죄는 한 공공 연주회에서 아무도 생각지 못한 즉흥 독주를 보여주는 것으로, 그는 청중 속에 앉아 있는 자신의 귀머거리 아들에게 존 레넌의 'Beautiful Boy(Darling Boy)'를 불러 준다.

그러나 관객들은 그렇게 갑작스러운 심경 변화를 왜 그렇게 쉽게 받아들여야 하는가? 즉흥 연주 외에 홀랜드의 부모 역할이 나아지고 있는 것에 대한 증거들을 거의 못 보았는데도 말이다. 그리고 연주회의 관객들은 홀랜드를 개인적으로 알고 있는 이들조차도 그와 아들 사이의 형편없는 관계를 알지 못하고 있음에도 왜 관심을 가져야만 하는가? 이는 한 평범한 가수가 독창으로 관객들을 놀라게 한다는 것의 타당성의 문제도 무시하고 있다. 여기에서 의도된 동감은 뜬금없고 부적절하며, 따라서 감상적인 것이다.

감상을 피하고 관객의 동감을 충분히 정당화해 주기 위해서 동감적 장면들은 문제의 인물에 대한 좋은 정보를 추정케 해 주는 도덕적 맥락 속에 위치해야 한다. 이러한 이유로 동감적 장면들은 종종 그러한 맥락이 충분히 발전된 후인 영화의 마지막에 등장한다. 〈스텔라 달라스〉의 마지막에서 스텔라에 대한 우리의 반응은 그녀의 캐릭터와 상황이 충분히 제시된 후에만 나올 수 있다. 그러나 동감적 장면들은 또한 많은 프랑크 카프라의 영화들 속에서처럼, 내러티브 자체 안에서 일어날 수도 있다. 가령 〈스미스씨 워싱턴에 가다Mr. Smith Goes to Washington〉(1939)에서 동감적 장면은 링컨 기념관에서 등장하는데, 이곳에서 제퍼슨 스미스제임스 스튜어트는 이상의 상실과 세상의 타락에 대해 한탄한다. 그러나 그의 비서진 아서가 위로의 말을 하자 그는 어떻게 해서라도 싸움을 계속하기로 결심하며, 우리가 카프라에게서 기대하는 낙관적인 결말로 나아간다.

동감의 맥락을 마련하기 위해서 영화는 종종 주인공이 특정한 종류의 희생이나 시련을 겪거나, 생의 마지막에 와 있거나, 어떤 경우에는 사실상 이미 죽은 후에만 동감 반응을 일으키려고 시도한다. 우리가 본 것처럼 〈성조기의 행진〉의 동감적 장면은 코헨의 생이 마감하기 직전에 등장한다. 〈스텔라 달라스〉의 동감적 장면은 스텔라가 딸을 위해서 딸과의 관계를 희생한 후에 등장한다. 〈블레이드 러너〉의 동감적 장면은 베티가 데커드의 목숨을 구하고 자신은 거의 죽음에 이른 후에 등장한다. 많은 영화에서 동감적 장면에 대한 우리의 반응은 우리가 동감을 할 인물을 신뢰하는가에 달려 있다. 〈피아노〉에서 동감적 장면에 대한 우리의 반응은 에이다가 피아노를 잃게 되었을 때 그녀의 깊은 슬픔이 정당하다고 믿는지 여부에 달려 있다. 또 다른 예로, 〈스미스씨 워싱턴에 가다〉에서 제퍼슨 스미스가 처음부터 너무나도 순진했다고 믿는다면, 우리는 그가 연방정부의 부패를 발견했을 때 느꼈던 실망감에 동조하지 않을 것이다.

동감 장면은 대개 많이 사용되지 않으며, 가장 강력한 장면은 영화의 이념적 구상을 정서적이고 인지적으로 요약하도록 예정되어 있다. 〈성조기의 행진〉에서 얼굴은 한 모범적인 남자에 대한 동감을 강화함으로써 영화의 수사학적 입장을 공고히 하도록 쓰이고 있다. 관객이 그가 대변하는 가치—가령 애국심—에 대해 의심스럽게 생각한다면, 코헨의 얼굴에 대한 동감 반응은 그가 너무나도 분명하게 신봉하고 있는 열정에 대한 거부감에 의해서 약화될 것이다. 동감은 다른 정서적 반응과 마찬가지로 영화의 도덕적 · 이념적 구상에 완벽하게 통합되어 있다.[28]

감성적 합치 Affective Congruence

동감 반응은 또한 내러티브 맥락, 인물관계, 다양한 영화 스타일과 기법의 사용, 그리고 그것이 만들어 내는 심리적 인상과 반응 간의 감성적 합치에 의존하고 있다. 『예술과 환영Art and Illusion』에서 E. H. 곰브리치E. H. Gombrich는 공감각을 "한 감각방식에서 다른 방식으로 느낌이 튀어오르는 것"[29]으로 정의하고 있다. 예를 들어, 다양한 소리가 시각적 느낌을 암시할 수 있으며, 어떤 단어의 소리는 '깜빡이', '반짝이', '번득번득'처럼 그 단어의 의미에 부합하는 것처럼 느껴진다. 다양한 시각과 청각의 사용은 예술가들이 오랫동안 관심을 두었던 것과 부합한다. 그러한 일치는 여러 방식의 감각적 경험을 넘어서서 감성과 정서의 영역으로까지 확대된다. 예를 들어, 연구에서는 관객들이 한 그림의 물결 모양이나 톱니 모양의 선들과 같은 다양한 스타일상의 특징을 고요함이나 초조함과 같은 감성에 결부시키는 경향이 있다고 한다.[30]

감성적 합치에 대한 그러한 논의들은 영화 연구에 분명한 잠재력을 갖고 있다. 왜냐하면 영화는 선과 크기, 색과 같은 구성적 요소들과 음악, 대화 유형, 소음과 같은 소리들을 분명한 움직임과 리듬 그리고 박자와 함께, 그리고 부수적으로 사람과 환경에 대한 지각적으로 사실적인 재현을 뒤섞는 혼성예술이기 때문이다. 감성적이고 공감각적인 합치가 자연과 문화 그리고 개인 특유의 요소들 속에 복잡한 근원을 두고 있다는 것은 의심의 여지가 없다. 그러나 우리는 강력한 감성적 반응을 이끌어 내는 데 있어서의 유용함을 확인하기 위해 감성적 합치의 원인을 완벽하게 이해해야 하는 것은 아니다. 가령 〈전함 포템킨Battleship Potemkin〉(1925)의 오데사 계단 시퀀스에서 편집의 패턴은 묘사되는 사건과, 그리고 다른 스타일적 특징들과의 합치 속에서 긴장과 흥분을 촉발하도록 작동한다.

이 책에서 제프 스미스Jeff Smith는 자신의 글인 '감동적인 음악으로서 영화음악'에서 감성적 합치에 특히 관심을 두었다. 거기서 그는 감성적 합치가 영화음악과 다른 영화 요소들의 감성적 의미가 들어맞거나 합치할 때 일어난다고 주장하고 있다. 스미스는 한 영화의 다른 요소들의 감성적 의미가 뚜렷할 경우 알맞은 음악의 사용이 그 감성적 의미를 배가하며 음악이나 다른 요소들만의 경우보다 더 강력한 효과를 낸다고 주장한다.

물론 이러한 종류의 합치는 동감적 장면의 중요성을 나타내 준다. 만일 영화감독의 목표가 관객으로 하여금 정서적 전염을 경험하게 될 가능성을 증가시키는 것이라면, 여러 방식에서의 합치는 명확한 전략이다. 사실 대부분의 동감적 장면은 반응을 촉발하기 위한 핵심적인 요소로서 음악을 사용한다. 당연히 우리는 〈성조기의 행진〉의 장면에서 코헨의 재능과 애국적 헌신에 대한 우리의 숭배를 강화시킬 의도로 '저 건너'의 연주 소리가 커지는 것을 듣는다. 〈스텔라 달라스〉의 마지막을 장식하는 동감적 장면 중에 현악기들에 의해 연주되는 애처로운 선율은 스텔라가 느끼리라고 생각하는 행복과 슬픔이 뒤섞인 감정을 표현해 준다. 〈블레이드 러너〉와 〈피아노〉의 중요 장면에서도 감정을 환기시키는 음악들이 사용되고 있다. 관습적인 동감적 장면은 감성적 합치를 위해, 그리고 정서적 전염을 조장하기 위해 음악을 사용한다. 그리고 정동적 모방과 정서적 전염은 다른 정서 유발 과정에 밀접하게 연결되었을 때에만 쉽게 일어난다. 그렇기에 우리는 동감적 장면에서 왜 음악과 다른 스타일 요소들이 전형적으로 사용되고 있는지를 알 수 있게 된다.

결론 Conclusion

나는 스크린 위에 재현된 얼굴이 영화 속 인물들에 대한 관객의 동감을 촉발하는 데 있어서 중요한 역할을 수행한다는 것을 설명하였다. 하지만 동감 자체는 무의식적인 것이 아니거나 최소한 전적으로 무의식적인 것은 아니다. 얼굴표정 흉내와 정서적 전염은 보다 복잡한 과정의 부분들에 불과하다. 우리가 약한 차원의 배출 가설을 받아들인다면, 표정 흉내는 오직 다른 유관되고 상보적인 요소들과 함께 사용될 경우에만 발생해서 관객의 반응에 영향을 줄 것이다. 이런 이유로 나는 동감적 장면을 기술과 전략의 조합으로서 기술하였다.

그러나 관습적인 동감적 장면에 대한 이러한 설명은 후속 연구를 위한 많은 문제를 남겨 놓는다. 우리는 다양한 장르나 특정 감독의 작품에서 사람 얼굴의 관습적인 사용을 탐구할 수 있을 것이다. 더 나아가서 나는 동감을 촉발하기 위한 얼굴의 사용에 대해서 기술하였지만, 사람 얼굴의 클로즈업은 다른 기능들도 갖고 있다. 내가 위에서 설명한 맥락적 요소들이 결여된 클로즈업의 경우에는 어떻게 될 것인가? 어떤 영화들은 정서적 전염의 무의식적인 과정에 근거하지만 다양한 거리 두기 전략을 통해서 전염을 억제할 수도 있지 않는가? 우리는 또한 제시된 얼굴에 대한 수사학적, 이데올로기적 그리고 미학적 사용에 대해서 아주 세밀하게 조사할 수도 있다. 이러한 주제들은 영화에서 재현된 얼굴에 대한 탐구가 지속적으로 이루어져야 함을 시사한다.

미 주

서문

1. W. K. Wimsatt and Monroe Beardsley, "The Affective Fallacy," in *Critical Theory Since Plato*, ed. Hazard Adams (New York: Harcourt Brace Jovanovich, 1971), 1027.
2. T. S. Eliot, *Hamlet* (1919).
3. T. S. Eliot, "Tradition and the Individual Talent" (1919), in *Twentieth-Century Literary Criticism*, ed. David Lodge (London: Longman, 1972), 76.
4. George Dickie and Richard J. Sclafani, eds., *Aesthetics: A Critical Anthology* (New York: St. Martin's Press, 1977), 755-815.
5. Clive Bell, "Art as Significant Form: The Aesthetic Hypothesis," in ibid., 44.
6. Ibid., 46.
7. William Lyons, *Emotion* (Cambridge: Cambridge University Press, 1980), 100-104.
8. Cohn Radford, "How Can We Be Moved by the Fate of Anna Karenina?" *Proceedings of the Aristotelian Society*, Supp. vol. 49 (1975), 67-70.
9. Roger Scruton, *Art and Imagination: A Study in the Philosophy of Mind* (London: Methuen, 1974).
10. Kendall Walton, *Mimesis as Make-Believe: On the Foundations of the Representational Arts* (Cambridge: Harvard University Press, 1990).
11. Gregory Currie, *Image and Mind: Film, Philosophy, and Cognitive Science* (Cambridge: Cambridge University Press, 1995), 144-145.
12. Hans Kreitler and Shulamith Kreitler, *Psychology of the Arts* (Durham, N.C.: Duke University Press, 1972).
13. William James, "What Is an Emotion?" *Mind* 9 (1884), 188-205.

14. Pamela K. Adelmann and R. B. Zajonc, "Facial Efference and the Experience of Emotion," in *Annual Review of Psychology* 40, ed. M. R. Rosenzweig and L. W. Porter (1989), 249-280; Paul Ekman, Robert W. Levenson, and Wallace V. Friesen, "Autonomic Nervous System Activity Distinguishes among Emotions," *Science* 221, no. 4616 (1983), 1208-1210; Carroll E. Izard, "Facial Expressions and the Regulation of Emotions:" *Journal of Personality and Social Psychology* 58 (1990), 487-498.

15. Walter Cannon, "The James-Lange Theory of Emotions: A Critical Examination and an Alternative Theory," *American Journal of Psychology* 39 (1927), 106-124; Walter Cannon, "Again the James-Lange and Thalamic Theories of Emotion," *Psychological Review* 38 (1931), 281-295.

16. Joseph LeDoux, *The Emotional Brain: The Mysterious Underpinnings of Emotional Life* (New York: Simon and Schuster, 1996); Jaak Panksepp, "The Anatomy of Emotions," in *Emotion: Theory, Research and Experience*, vol. 3, ed. Robert Plutchik and Henry Kellerman (New York: Academic Press, 1986), 91-124.

17. Magda B. Arnold, *Emotion and Personality* (New York: Columbia University Press, 1960); Stanley Schachter and Jerome E. Singer, "Cognitive, Social, and Physiological Determinants of Emotional State," *Psychological Review* 69 (1962), 379-399.

18. Richard S. Lazarus, *Emotion and Adaptation* (New York: Oxford University Press, 1991), 192.

19. Nico Frijda, *The Emotions* (Cambridge: Cambridge University Press, 1986).

20. James R. Averill, "A Constructivist View of Emotion," in *Emotion: Theory, Research, and Experience*, vol. 1, ed. Robert Plutchik and Henry Kellerman (New York: Academic Press, 1980), 305-339.

21. Catherine A. Lutz, *Unnatural Emotions: Everyday Sentiments on a Micronesian Atoll and Their Challenge to Western Theory* (Chicago: University of Chicago Press, 1988).

22. Silvan S. Tomkins, *Affect, Imagery, and Consciousness*-vol. 1, *The Positive Affects* (New York: Springer, 1962); vol. 2, *The Negative Affects* (New York: Springer, 1963). 또한 Frijda, *The Emotions* 참조.

23. Christian Metz, *The Imaginary Signifier: Psychoanalysis and the Cinema*, trans. Celia Britton, Annwyl Williams, Ben Brewster, and Alfred Guzzetti (Bloomington: Indiana

University Press, 1980); Laura Mulvey, "Visual Pleasure and Narrative Cinema," in *Movies and Methods*, ed. Bill Nichols (Berkeley: University of California Press, 1985), 2, 303-315.

24. Claire Johnston, ed., "Notes on Women's Cinema," BFI pamphlet, 1973; Mary Ann Doane, *The Desire to Desire: The Woman's Film of the 1940s* (Bloomington: Indiana University Press, 1987); Gaylyn Studlar, *In the Realm of Pleasure: Von Sternberg, Dietrich, and the Masochistic Aesthetic* (Urbana: University of Illinois Press, 1988); Linda Williams, *Hard Core: Power, Pleasure, and the Frenzy of the Visible* (Berkeley: University of California Press, 1989).
25. E. Ann Kaplan, "The Case of the Missing Mother: Maternal Issues in Vidor's *Stella Dallas*," *Camera Obscura* 20-21 (May-Sept. 1989), 198.
26. Linda Williams, "Something Else Besides a Mother: *Stella Dallas* and the Maternal Melodrama," in *Issues in Feminist Film Criticism*, ed. Patricia Erens (Bloomington: Indiana University Press, 1991), 137-162.
27. Patrice Petro, *Joyless Streets: Women and Melodramatic Representation in Weimar Germany* (Princeton: Princeton University Press, 1989); Miriam Hansen, *Babel and Babylon: Spectatorship in American Silent Film* (Cambridge: Harvard University Press, 1991).
28. Otto Fenichel, "The Ego and the Affects," *Psychoanalytic Review* 28 (1941), 47-60; David Rapaport, "On the Psychoanalytic Theory of Affects," in *Psychoanalytic Psychiatry and Psychology, Clinical and Theoretical Papers*, ed. Robert P. Knight and Cyrus R. Friedman (New York: International Universities Press, 1954), 274-310; Stuart Hampshire, "Notions of the Unconscious Mind," in *States of Mind*, ed. Jonathan Miller (New York: Pantheon, 1983), 110-115.
29. Jerome C. Wakefield, "Freud and the Intentionality of Affect," *Psychoanalytic Psychology* 9, no. 1 (1992), 2.
30. Jerome C. Wakefield, "Why Emotions Can't Be Unconscious: An Exploration of Freud's Essentialism," *Psychoanalysis and Contemporary Thought* 14, no. 1 (1991), 63.
31. Hugo Munsterberg, *The Film: A Psychological Study* (New York: Dover Publications, 1970), 48, 53.

32. V. F. Perkins, *Film as Film: Understanding and Judging Movies* (Middlesex: Penguin Books, 1972), 134-157.

33. Edward Branigan, *Point of View in the Cinema* (Berlin: Mouton, 1984); David Bordwell, *Narration in the Fiction Film* (Madison: University of Wisconsin Press, 1985); Noël Carroll, *Mystifying Movies: Fads and Fallacies in Contemporary Film Theory* (New York: Columbia University Press, 1988); David Bordwell, *Making Meaning: Inference and Rhetoric in the Interpretation of the Cinema* (Cambridge: Harvard University Press, 1989).

34. David Bordwell and Noël Carroll, eds., *Post-Theory: Reconstructing Film Studies* (Madison: University of Wisconsin Press, 1996). 또한 Joseph D. Anderson, *The Reality of Illusion: An Ecological Approach to Cognitive Film Theory* (Carbondale: Southern Illinois University Press, 1996); David Bordwell, "A Case for Cognitivism," *Iris* 9 (1989), 11-40; Edward Branigan, *Narrative Comprehension and Film* (New York: Routledge, 1992); Noël Carroll, *The Philosophy of Horror, or Paradoxes of the Heart* (New York: Routledge, 1990); Noël Carroll, *Theorizing the Moving Image* (Cambridge: Cambridge University Press, 1996); Paul Messaris, *Visual "Literacy": Image, Mind, and Reality* (Boulder, Colo.: Westview Press, 1994) 참조.

35. Murray Smith, *Engaging Characters: Fiction, Emotion, and the Cinema* (Oxford: Clarendon Press, 1995); Ed S. Tan, *Emotion and the Structure of Narrative Film: Film as an Emotion Machine*, trans. Barbara Fasting (Mahwah, N.J.: Erlbaum, 1996); Torben Kragh Grodal, *Moving Pictures: A New Theory of Film Genres, Feelings, and Cognition* (Oxford: Clarendon Press, 1997).

36. Carroll, *Mystifying Movies*, 227.

1장: 영화, 정서 그리고 장르

1. 인지적으로 파악할 수 없는 감성들에 대해 여기에서 단지 언급만 한다고 해서 내가 다른 상태, 가령 기쁨이나 욕망과 같은 것이 연구되기 어렵다고 주장하려는 것은 아니다. 나는 이들이 향후 연구되어야 할 주제들이라고 생각한다. 나는 이미 나의 저서인 *A Philosophy of Mass Art* (Oxford: Clarendon, 1998)에서 욕망에 대한 약간의 사전 작업을 한 바 있다.

2. 일상 언어가 이러한 예들을 범례적인 것으로 취급한다고 말할 때 나의 의도는 유능한 언

어 사용자들이 질문을 받았을 경우, 그와 같은 현상들, 특히 두려움과 분노, 슬픔 그리고 사랑을 핵심적인 정서적 상태의 예로 제시할 것이라는 것이다.

3. Ed S. Tan, *Emotion and the Structure of Narrative Film: Film as an Emotion Machine*, trans. Barbara Fasting (Mahwah, N.J.: Erlbaum, 1996).
4. William James, "What Is an Emotion?" in *Mind* 9 (1884), 188-205.
5. Robert Solomon, "The Jamesian Theory of Emotion in Anthropology," in *Culture Theory: Essays on Mind. Self and Emotion*, ed. Richard A. Shweder and Robert A. LeVine (Cambridge: Cambridge University Press, 1984), 214.
6. 아래에 이어지는 경우는 만들어진 것이지만, 그렇다고 전적으로 허무맹랑한 것은 아니다. 왜냐하면 그것과 같은 실험들이 이미 이루어졌기 때문이다. 전형적인 예를 보여 주는 저서로는 다음과 같다. Stanley Schachter and Jerome E. Singer, "Cognitive, Social, and Physiological Determinants of State," excerpted in *What Is An Emotion?*, ed. Cheshire Calhoun and Robert C. Solomon (Oxford: Oxford University Press, 1984), 173-183.
7. 여기에서 대상을 갖지 않는 유동성 우울증(free-floating depression. **특정한 사건이나 사람에 대해 갖는 우울이 아니라 막연한 우울감-역자 주**)과 같은 정서적 상태도 있다고 주장할 수 있을 것이다. 그런 상태가 있다는 것을 부인하기보다, 나는 내가 일찍이 했던 광의로 해석된 감성과 범례적인 정서 상태 사이의 구분을 차라리 이용하는 편을 택하겠다. 유동성 우울증은 아마도 보편적 정서의 핵심적인 경우 중 하나는 아닐 것이다. 그것은 아마도 몸속의 화학적 불균형에 의해서 촉발되는 감성적 상태일 것이다.
8. 어떤 평범한 정서의 경우, 인지와 신체적 느낌에 더해서 욕망을 전형적이거나 심지어는 필요한 요소로서 포함할 수 있다.
9. 여기에서 나는 추상영화 그리고/또는 비내러티브 영화가 아닌 허구 내러티브 영화의 경우만을 살펴보는 것으로 제한할 것이다. 내가 이런 방법론적 결정을 내린 이유는 일이 수월해질 뿐만이 아니라, 우리가 허구 내러티브 영화와의 관계 속에서 정서를 이해할 때 비내러티브 영화에서의 정서의 기능을 이해하는 데 있어서 보다 유리한 위치를 차지할 수 있기 때문이다. 이 논문에서 나는 불행하게도 오로지 허구적 내러티브의 경우만을 다룰 수 있는 지면을 갖고 있다.

   나는 또한 이 논문에서 영화 정서를 촉발하는 데 있어서 음악이 갖고 있는 역할을 고려하지 않을 것이다. 하지만 나는 이미 Noël Carroll, "Notes on Movie Music," *Theorizing the Moving Image* (Cambridge: Cambridge University Press, 1996)에서 그 주제를 시도한 바

있다.

10. 이 논문 속 주장들과 관련해서는 또한 다음을 참조하라. Noël Carroll, "Art, Nature and Emotion," in *The Emotions and Art*, ed. Mette Hjort and Sue Laver (Oxford: Oxford University Press, 1997); Noël Carroll, *Philosophy of Mass Art*, 특히 4장.
11. 졸고(拙稿) "Toward a Theory of Point-of-View Editing: Communication, Emotion and the Movies," in *Theorizing the Moving Image*에서 나는 관객의 관심을 정서적으로 미리 초점화하기 위한 시점 편집의 사용을 집중해서 다루었다.
12. 나는 여기에서 허구 영화에서 '일반적으로' 또는 '아주 빈번하게' 등장하는 경우들에 대해서 이야기한다. 어떤 영화에서 한 인물이나 장면이 정서적인 관점에서 볼 때 처음에는 애매한 방식으로 표시될 수도 있기 때문이다. 이것은 규범으로부터의 표준적인 일탈로, 나는 그 존재를 부정하고자 하지 않는다. 그러나 나는 위에서 장면과 시퀀스, 그리고 인물에 대한 정서적 사전 초점화에 대해 이야기함으로써 내가 의도하는 바를 설명하기 위해서 규범에 대해 이야기하는 것이다. 더 나아가서 영화적 현상들이 애매하게 표시된 경우조차도, 그 또한 일반적으로 영화감독의 디자인과 사전 초점화 행위의 한 기능인 것이다.
13. 여기에서 사용되는 편안한 정서와 불편한 정서라는 개념은 Keith Oatley, *Best-Laid Schemes* (Cambridge: Cambridge University Press, 1992), 107-109, 174-177에서 따온 것이다.
14. 이 절은 플로 레이보비츠(Flo Leibowitz)의 중요한 논문으로부터 영감을 받은 것이다. 그녀의 다음 글을 참조하라. "Apt Feelings, or Why 'Women's Films' Aren't Trivial," in *Post-Theory: Reconstructing Film Studies*, ed. David Bordwell and Noël Carroll (Madison: University of Wisconsin Press, 1996).
15. 공포에 대한 설명의 출처는 다음과 같다. Noël Carroll, *The Philosophy of Horror, or Paradoxes of the Heart* (New York: Routledge, 1990). 또한 Noël Carroll, "Horror and Humor," in *Philosophy and Literature* (근간) 참조.
16. David Pole, "Disgust and Other Forms of Aversion," in his *Aesthetics, Form and Emotion*, ed. George Roberts (New York: St. Martin's Press, 1983) 참조.
17. 서스펜스에 대한 계속적인 논의를 위해서는 다음을 참조하라. Noël Carroll, "Toward a Theory of Film Suspense," in *Theorizing the Moving Image* (Cambridge: Cambridge University Press, 1996); Noël Carroll, "The Paradox of Suspense," in *Suspense: Conceptualizations, Theoretical Analyses, and Empirical Explorations*, ed. Peter

Vorderer, Hans J. Wulff, and Mike Friedrichsen (Hilldale, N.J.: Erlbaum, 1996).

2장: 영화 관람 속 감상

1. G. W. Hohmann, "Some Effects of Spinal Cord Lesions on Experienced Emotional Feelings," in *Psychophysiology* 3 (1966), 143-156.
2. R. F. Brissenden, *Virtue in Distress: Studies in the Novel of Sentiment from Richardson to Sade* (London: Macmillan, 1974). 또한 Annemieke Meijer, "The Pure Language of the Heart: Sentimentalism in the Netherlands, 1775-1800," Ph.D. diss., Utrecht University, 1995 참조.
3. Robert Lang, *American Film Melodrama* (Princeton: Princeton University Press, 1989).
4. Thomas Schatz, *Hollywood Genres: Formulas, Filmmaking and the Studio System* (Philadelphia: Temple University Press, 1981), 222.
5. Murray Smith, *Engaging Characters* (Oxford: Clarendon Press, 1995).
6. Steven Neale, "Melo Talk: On the Meaning and Use of the Term 'Melodrama' in the American Trade Press," *The Velvet Light Trap* 32 (1993), 66-89.
7. Elly Konijn, *Acteurs Spelen Emoties* (Amsterdam: Boom, 1994).
8. Carl Plantinga, "Affect, Cognition and the Power of Movies," *Postscript* 13, no. 1 (Fall 1993), 10-29.
9. Ed Tan, "Film-Induced Affect as a Witness Emotion," *Poetics* 23 (1995), 7-32; Ed Tan, *Emotion and the Structure of Narrative Film: Film as an Emotion Machine,* trans. Barbara Fasting (Mahwah, N.J.: Erlbaum, 1996).
10. Nico H. Frijda, *The Emotions* (Cambridge: Cambridge University Press, 1986).
11. 다양한 정서와 그것의 시간적 접합 구조에 대한 보다 상세한 논의는 Tan, *Emotion and the Structure of Narrative Film*을 참조하라.
12. Frijda, *The Emotions*, 53.
13. Helmuth Plessner, *Lachen und Weinen* (Bern: Francke, 1941).
14. J. S. Efran and T. J. Spangler, "Why Grown-ups Cry: A Two-Factor Theory and Evidence from 'The Miracle Worker'," *Motivation and Emotion* 3 (179), 63-71.
15. Tan, "Film-Induced Affect," and *Emotion and the Structure of Narrative Film*. 또한 Ed

Tan and Gijsbert Diteweg, "Suspense, Predictive Inference and Emotion in Film Viewing," in *Suspense: Conceptualizations, Theoretical Analyses, and Empirical Explorations*, ed. Peter Vorderer, Hans J. Wulff, and Mike Friedrichsen (Mahwah, N.J.: Eribaum, 1996), 149-188 참조.

16. David Bordwell, *Narration in the Fiction Film* (Madison: University of Wisconsin Press, 1985).

17. Harry H. Harlow, "On the Meaning of Love," *American Psychologist* 13 (1958), 673-685; Harry H. Harlow and Robert R. Zimmerman, "Affectional Response in the Infant Monkey," *Science* 130 (1959), 412-432.

18. John Bowlby, *Attachment* (London: Hogarth Press and the Institute of Psychoanalysis, 1969); Bowlby, *Separation: Anxiety and Grief* (London: Hogarth Press and the Institute of Psychoanalysis, 1973); Bowlby, *Loss, Sadness, and Depression* (London: Hogarth Press and the Institute of Psychoanalysis, 1980).

19. Bowlby, *Loss, Sadness, and Depression*, 41.

20. Nico H. Frijda, "De Wetten van het Gevoel," in *De Psychologie Heeft Zin*, ed. Nico H. Frijda (Amsterdam: Prometheus, 1993), 129.

21. 예로, W. K. Lombardo, G. A. Cretser, B. Lombardo, S. L. Mathis, "For Cryin' Out Loud-There Is a Sex Difference," *Sex Roles* 9 (1983), 987-995 참조.

22. Lothar Mikos, "Souvenir-écran and Scenic Comprehension: Understanding Film as a Biographical Drama of the Spectator," *Iris* 19 (Autumn 1995), 17.

23. Frijda, *The Emotions*, 225, 352.

24. 예, Torben Kragh Grodal, *Moving Pictures: A New Theory of Film Genres, Feelings, and Cognition* (Oxford: Clarendon Press, 1997).

25. Noël Carroll, *The Philosophy of Horror, or Paradoxes of the Heart* (New York: Routledge, 1990); Eric de Kuyper, *Filmische Hartstochten (Filmic Passions)* (Weesp, The Netherlands: Wereldvenster, 1984).

26. Dolf Zillmann, "The Psychology of Suspense in Dramatic Exposition," in *Suspense*, ed. Vorderer, Wulff, and Friedrichsen, 199-232.

27. John Ellis, *Visible Fictions* (London: Routledge, 1982); Richard Maltby and Ian Craven, *Hollywood Cinema* (Oxford: Blackwell, 1995), 7장 참조.

28. Paul Comisky and Jennings Bryant, "Factors Involved in Generating Suspense," *Human Communication Research* 9 (18), 49-58.
29. de Kuyper, *Filmische Hartstochten*.
30. 이러한 종류의 감정은 미학 서적에서 '숭고'의 일부로 기술되어 왔다. 버크(Burke)와 칸트 같은 18세기 말 미학자들은 처음에는 보는 사람을 압도하지만 진정되지 않는 자신의 감정을 다스릴 수 있게 해 주는 것을 숭고라고 설명했다. 자연의 경우 심해나 가파른 산맥이 숭고함의 예다.
31. Sigmund Freud, *The Future of an Illusion*, standard ed., vol. 21 (1927; London: Hogarth Press, 1953).

3장: 영화 속 숭고함

주: 나는 펙 브랜드(Peg Brand), 앨런 리처드슨(Alan Richardson), 그리고 이 시리즈 편집인들에게 초고에 대한 유용한 비판을 해 주신 것에 대해 감사드린다. 나의 동료인 앤 제이콥슨(Anne Jacobson)은 도움이 된 논평을 주었을 뿐 아니라 정서에 대한 인지과학에 관한 신간 서적을 모두 소개해 주었다. 나는 또한 콜로라도 대학에서 철학과 영화라는 주제의 세미나에 참석해서 내 초고를 읽어 준 다른 이들(Luc Bovens, Ted Cohen, Timothy Gould, Marian Keane, Thomas Wartenberg)에게도 감사를 드린다.

1. Immanuel Kant, *The Critique of Judgement*, trans. James Creed Meredith (Oxford: Clarendon Press, 1969), 104/256. 이것 그리고 이후의 인용은 이 번역에 의거한다(페이지에서 앞의 것은 이 번역본, 뒤의 것은 독일 판본을 가리킨다.)
2. 여기에서 나는 영화 속 숭고에 대한 두 개의 다른 논문을 언급할 수 있다. "The Street Angel and the Badman: *The Good Woman of Bangkok*" *Photofile* 35 (1991), 12-15. 여기에서 에이드리언 마틴(Adrian Martin)은 데니스 오루크(Dennis O'Rourke)의 아방가르드 다큐인 〈방콕의 천사(The Good Woman of Bangkok)〉에 대한 분석에서 숭고 개념을 사용하고 있다. (내가 이 논문에 주목하게 해 주고 홍콩으로부터 복사본을 보내 준 필립 로버트슨(Philip Robertson)에게 감사드린다.) 또한 Rob Wilson, "Cyborg America: Policing the Social Sublime in *Robocop* and *Robocop 2*," in *The Administration of Aesthetics: Censorship, Political Criticism, and the Public Sphere*, ed. Richard Burt (Minneapolis: University of Minnesota Press, 1994), 289-306.

3. Jacques Derrida, *The Truth in Painting*, trans. Geoff Bennington and Ian McLeod (Chicago: University of Chicago Press, 1987), 특히 14-147, "The Parergon"; Jean-Francois Lyotard, *Lessons on the Analytic of the Sublime (Kant's Critique of Judgment, sections 23-29)*, trans. Elizabeth Rottenberg (Stanford, Calif.: Stanford University Press, 1994); Slavoj Zizek, *The Sublime Object of Ideology* (London: Verso, 1989) 참조.
4. 이 개념은 폴 그로서(Paul Crowther)에 의해서 *The Kantian Sublime: From Morality to Art* (Oxford: Clarendon Press, 1989), 155에서 사용되었다.
5. Samuel H. Monk의 *The Sublime: A Study of Critical Theories in Eighteenth-Century England* (New York: Modern Language Association, 1935), 96-97에서 버크에 대한 설명을 참조하라.
6. 이 장에서 나는 인지주의 철학자들의 연구, 즉 Gregory Currie, *Image and Mind: Film, Philosophy, and Cognitive Science* (Cambridge: Cambridge University Press, 1995); 또는 Noël Carroll, *The Philosophy of Horror, or Paradoxes of the Heart* (New York: Routledge, 1990), 그리고 *A Philosophy of Mass Art* (Oxford: Clarendon, 1998)가 숭고라는 주제에 대해 어떤 입장을 취할지에 대해서는 고려하지 않을 것이다.
7. Roland Barthes, "The Face of Garbo" in *Mythologies* 참조. *Film Theory and Criticism*, ed. Gerald Mast, Marshall Cohen, and Leo Braudy (New York: Oxford University Press, 1992), 628-631에 재수록.
8. 내가 들어 본 한 가지 제안은 숭고란 영화가 영화관에서 원래의 의도대로 관람이 될 경우 영화 자체의 조건이라는 것이다(Marty Fairbairn, H-Film Electronic Discussion List, December 14, 1995).
9. 이 주제에 대해서는 다음을 참조하라. Derrida, *Truth in Painting*, 125-126, 140-143; Lyotard, *Peregrinations: Law, Form, and Event* (New York: Columbia University Press, 1988), 40-43.
10. 여기에서 나는 Jerrold Levinson, "Messages in Art," in *Art and Its Messages: Meaning, Morality, and Society*, ed. Stephen Davies (University Park: Penn State University Press, 1995), 70-83에 신세를 지고 있다.
11. 이 주제는 메레디스(Meredith) 번역본 90-204쪽에 논의되어 있다. 나의 설명은 그로서(Crowther)를 포함해서 다음과 같은 다양한 저서에 신세를 지고 있다. Timothy Gould, "Intensity and Its Audiences: Toward a Feminist Perspective on the Kantian Sublime," in *Feminism and Tradition in Aesthetics*, ed. Peggy Zeglin Brand and Carolyn Korsmeyer

(University Park: Penn State University Press, 1995), 66-87; Paul Guyer, *Kant and the Experience of Freedom* (Cambridge: Cambridge University Press, 1993); John H. Zammito, *The Genesis of Kant's "Critique of Judgment"* (Chicago: University of Chicago Press, 1992).

12. "우리가 그것들에 대해서 더 자주 그리고 더 꾸준히 성찰할수록 두 가지가 마음을 항상 새롭고 증대하는 찬탄과 경외심으로 채운다. 그 두 가지는 바로 내 위의 별 반짝이는 하늘과 내 안의 도덕률이다." *Kant, Critique of Practical Reason*, trans. Lewis White Beck (New York: Liberal Arts Press, 1956), 166.
13. 나의 이 비교는 매리언 킨(Marian Keane)을 따른 것이다.
14. 여기에서 나의 요점은 피터 라마르크(Peter Lamarque)가 "Tragedy and Moral Value," in *Art and Its Messages*, ed. Davies, 59-69에서 주장한 것과 흡사하다. 그러나 라마르크는 한 작품의 예술적 성찰 특징이나 균열이라는 개념을 내가 하는 방식으로 사용하지는 않는다.
15. 이 영화는 흑인과 인디언 인물들을 보여 주며, 아마 여성도 유럽의 (남성들의) 계획에 의한 희생자로서 보여 준다.
16. Ed S. Tan, *Emotion and the Structure of Narrative Film: Film as an Emotion Machine*, trans. Barbara Fasting (Mahwah, N.J.: Erlbaum, 1996).
17. 따라서 그의 초점은 그가 목격자 정서 에피소드(witness emotion episodes)라 부르는 것에 놓여 있다(58). 영화가 환영인가 하는 문제에 대한 개관은 다음을 참조하라. Joseph Anderson and Barbara Anderson, "The Case for an Ecological Meta theory," in *Post-Theory*, ed. Bordwell and Carroll, 347-367. 이에 대한 탠(Tan)의 논의는 *Emotion and the Structure of Narrative Film*, 227-232, 236-248를 참조하라. 반대적인 입장에 대해서는 Gregory Currie, *Image and Mind: Film, Philosophy, and Cognitive Science* (Cambridge: Cambridge University Press, 1995), 19-47를 참조하라.
18. Tan, *Emotion and the Structure of Narrative Film*, 230-232; Carroll, *The Philosophy of Horror, or Paradoxes of the Heart* (New York: Routledge, 1990), 74 참조.
19. 그는 균형과 균형의 방해 또는 복구라고 하는 개념들을 통해 플롯과 관련된 정서의 유의성(valences)을 논의한다(59-60). 그리고 공감과 동감을 제법 상세하게 다루며(190-193), 영화적 동감은 실제 삶에서 요구되는 경우보다 더 적은 대가에 느껴지며 관객에게 긍정적인 것이라고 주장한다. 그것이 관객들로 하여금 자기 자신들에 대해서 보다 호의적인 의견을 갖도록 해 주기 때문이다(192).

20. 이 페이지에서 그는 또한 관객을 몸통 없는 머리로 간주하는 명백하게 끔찍한 비유를 개발해 낸다.

21. 탠은 이렇게 말한다. "인위적 구성물의 다른 관점들, 가령 연기와 같은 것들은 거의 모든 관객에게 영향을 끼친다." (65)

22. 탠은 이 점을 인정하는 것처럼 보이는데, 다음과 같이 기술하고 있기 때문이다. "일반적인 의미에서 정서가 강렬하면 할수록 관객은 그것이 특별한 경험임을 깨닫고, 자신이 보고 있는 것이 정말로 인공적인 예술품이라는 사실을 의식할 가능성이 더 높아진다." (65)

23. *The Nature of Emotion: Fundamental Questions*, ed. Paul Ekman and Richard J. Davidson (New York: Oxford University Press, 1994)에 수록된 조셉 르두(Joseph LeDoux)와 제프리 그레이(Jeffrey A. Gray)의 논문들 참조.

24. Antonio Damasio, *Descartes' Error: Emotion, Reason, and the Human Brain* (New York: Putnam, 1994) 참조.

25. Joseph LeDoux, *The Emotional Brain: The Mysterious Underpinnings of Emotional Life* (New York: Simon and Schuster, 1996).

26. Ibid., 19.

27. 이들은 낮은 단계의 반사 반응, 푸른 리본의 A급 정서, 그리고 보다 고상한 정취를 위한 시스템이다(p. 23). Jaak Panksepp, "Basic Emotions Ramify Widely in the Brain, Yielding Many Concepts That Cannot Be Distinguished Unambiguously... Yet," in *The Nature of Emotions: Fundamental Questions*, 86-88 참조.

28. Jeffrey Gray, "Three Fundamental Emotion Systems" in *Nature of Emotion*, ed. Ekman and Davidson, 243-247 참조. 각각의 시스템은 세 개의 단계, 즉 행동적 단계, 신경적 단계 그리고 인지적 혹은 컴퓨터적 단계를 갖고 있다(245).

29. Joseph LeDoux, "Cognitive-Emotional Interactions in the Brain," 216-223; Carroll E. Izard, "Cognition Is One of Four Types of Emotion-Activating Systems," 203-207, in *Nature of Emotion* 참조.

30. LeDoux, *Emotional Brain* 참조.

31. Damasio, *Descartes' Error*, 125-126.

32. 이러한 틈새를 인정하는 방식으로 인지과학을 사용하기 시작하는 시도의 한 예는 Ellen Spoisky, *Gaps in Nature: Literary Interpretation and the Modular Mind* (Albany: State University of New York Press, 1993)다.

33. 다마지오(Damasio)는 뇌 구조를 저급과 고급으로 구분하는 것에 대한 표준적인 견해들을 비판한다. Descartes' Error, 128 참조.
34. 예로, Mark Johnson, *Moral Imagination: Implications of Cognitive Science for Ethics* (Chicago: University of Chicago Press, 1993) 참조.

4장: 코미디 영화의 정서적 기반

1. Paul E. McGhee, *Humor: Its Origin and Development* (San Francisco: W. H. Freeman, 1979), 6.
2. John Morreal, "Humor and Emotion:" in *The Philosophy of Humor*, ed. Morreal (Albany: State University of New York Press, 1987), 212-224.
3. Henri Bergson, "Laughter: An Essay on the Meaning of the Comic," in *Comedy*, ed. Wylie Sypher (Garden City, New York: Doubleday, 1956).
4. 이것은 본질적으로 다윈적인 정서관이다. 이는 첫째, 우리가 정서를 갖고 있는 것은 정서가 발전하기 때문이며, 둘째, 정서가 발전하는 것은 그것이 개개인의 안녕에 중요한 결과를 초래할 상황에서 적절하게 행동할 수 있도록 유도함으로써 생물 종을 구성하고 있는 개개인에게 적응상의 이득을 부여하기 때문이라고 가정한다. Charles Darwin, *The Expression of Emotions in Man and Animals* (1872; Chicago: University of Chicago Press, 1965) 참조. 이러한 정서 개념은 여전히 가장 영향력 있는 것 중 하나다. 예를 들어, R. Plutchik, *Emotions: A Psychoevolutionary Synthesis* (New York: Harper and Row, 1980); N. H. Frijda, *The Emotions* (Cambridge: Cambridge University Press, 1986)는 이 개념에 근거를 두고 있다.
5. Christian Metz, *The Imaginary Signifier: Psychoanalysis and the Cinema*, trans. Celia Britton, Annwyl Williams, Ben Brewster, and Alfred Guzzetti (Bloomington: Indiana University Press, 1982).
6. Noël Carroll, *Mystifying Movies: Fads and Fallacies in Contemporary Film Theory* (New York: Columbia University Press, 1988), 180.
7. David Bordwell, *Narration in the Fiction Film* (Madison: University of Wisconsin Press, 1985).
8. Ibid., 39-40.

9. 보드웰(Bordwell)은 이와 같은 주장을 분명하게 강조하지는 않지만, 그것은 David Bordwell, Janet Staiger, and Kristin Thompson, *The Classical Hollywood Cinema* (New York: Columbia University Press, 1985)의 열쇠다. 보드웰과 동료들은 이 저서에서 유료 관객들 안에서 이러한 종류의 스토리 중심의 문제 해결에 대한 강력한 선호 성향이 존재함을 밝혔다. 그리고 그것이 고전 할리우드 영화를 형성했다는 것이다. *The Classical Hollywood Cinema*의 논거에 대한 세밀한 설명은 Dirk Eitzen, "Evolution, Functionalism, and the Study of American Cinema," *The Velvet Light Trap*, no. 28 (Fall 1991), 73-85를 참조하라.

10. Dirk Eitzen, "Comedy and Classicism," in *Film Theory and Philosophy*, ed. Richard Allen and Murray Smith (New York: Oxford University Press, 1997), 394-411. 에이첸(Eitzen)은 이 논거를 더욱 넓게 발전시켰고 유사한 결론에 도달한 많은 학자 중 몇 사람을 인용하고 있다.

11. 정신분석 이론가들은 영화와 결부된 **욕망**에 대해서 많은 글을 써 왔다. 그러나 그것은 다른 것이다. 우리가 정서적 충동이라고 말할 때, 우리가 말하는 것은 리비도적 충동이 아닌 의식적인 욕구 충족이다. 우리가 코미디를 좋아하는 것은 그것이 우리를 웃기기 때문이다. 우리가 멜로드라마를 좋아하는 이유는 그것이 우리를 울게 하기 때문이다. 우리가 폭력과 섹스를 좋아하는 것은 그것이 우리를 자극하고 흥분시키기 때문이다. 그러한 감정의 원인과 상관없이 우리로 하여금 영화관에 가도록 부추기는 것은 그와 같은 감정의 의식적인 발현이다. 그리고 이러한 발현은 정신분석적인 성향의 영화 이론가들이 거의 건드리지 않았던 주제다.

12. Ed S. Tan, *Emotion and the Structure of Narrative Film*, trans. Barbara Fasting (Mahwah, N.J.: Erlbaum, 1996).

13. Smith's *Engaging Characters* (Oxford: Clarendon, 1995) 참조.

14. 짧은 개관을 위해서는 다음을 참조하라. Patricia Keith-Spiegel, "Early Conceptions of Humor," in *The Psychology of Humor*, ed. Jeffrey H. Goldstein and Paul E. McGhee (New York: Academic Press, 1972), 3-39, and Morreal, ed., *Philosophy of Humor*.

15. Jeffrey H. Goldstein, "Cross Cultural Research: Humour Here and There"; Thomas R. Shultz, "A Cross-Cultural Study of the Structure of Humour"; Patricia J. Castell and Jeffrey H. Goldstein, "Social Occasions for Joking" 참조. 모두 *It's a Funny Thing, Humour*, ed. A. J. Chapman and H. C. Foot (Oxford: Pergamon Press, 1977); Mahadev L. Apte,

Humor and Laughter (Ithaca, N.Y.: Cornell University Press, 1985)에 수록.

16. R. A. Spitz and K. M. Wolf, "The Smiling Response," *Genetic Psychology Monographs* 34 (1946), 57-125.
17. F. L. Goodenough, "Expressions of Emotion in a Blind-Deaf Child," *Journal of Abnormal and Social Psychology* 27 (1932), 328-333.
18. J.A.R.A.M. Van Hooff, "A Comparative Approach to the Phylogeny of Laughter and Smiling," in *Non-Verbal Communication*, ed. R. A. Hinde (Cambridge: Cambridge University Press, 1972), 209-237.
19. M. Kenderdine, "Laughter in the Preschool Child," *Child Development* 2 (1931), 228-230. 다른 유사한 연구에 대한 개관을 위해서는 다음을 참조하라. A. J. Chapman, "Humor and Laughter in Social Interaction and Some Implications for Humor Research," in *Handbook of Humor Research*, ed. P. E. McGhee and I. H. Goldstein (New York: Springer, 1983), 1, 135-157.
20. Sigmund Freud, *Der Witz und seine Beziehungzum Unbewussten*, standard ed., vol. 8. (London: Hogarth Press, 1962).
21. 예로, A. Radcliffe-Brown, "On Joking Relationships" and "A Further Note on Joking Relationships," in *Structure and Function in Primitive Society* (London: Cohen and West, 1952) 참조.
22. 예로, A. J. Chapman, "Funniness of Jokes, Canned Laughter, and Recall Performance," *Sociometry* 36 (1973): 569-578; A. J. Chapman, "Humor and Laughter," A. J. Fridlund, "Sociality of Solitary Smiling," *Journal of Personality and Social Psychology* 60 (1991), 220-240 참조.
23. M. K. Rothbart, "Laughter in Young Children," *Psychological Bulletin* 80 (1973), 247-256; L. A. Sroufe and J. P. Wunsch, "The Development of Laughter in the First Years of Life," *Child Development* 43 (1972), 1326-1344.
24. Van Hooff, "Phylogeny of Laughter and Smiling."
25. 청소년과 성인 사이에서의 유머에 대한 연구는 확실한 많은 발견을 낳았다. 유머에는 거의 항상 놀람의 요소가 존재한다. 그리고 인지적 도전의 요소도 거의 항상 존재한다. 즉, 해소되어야 하는 부조화가 존재한다. 즐거움은 빠른 심박수와 호흡, 증가된 피부 전기 반응 그리고 다른 각성 증상들을 동반한다. 다른 한편으로 즐거운 웃음은 각성의 갑작스러

운 감소와 연관되며, 즐거운 미소는 (집중 상태의 반대로서) 이완된 상태와 연결된다. 우리의 안전과 정체성, 쾌적함에 대한 도전이 지각되면 우리의 즐거움은 감소한다. 따라서 농담 대상과의 동일시나 동감은 농담의 효과를 떨어뜨리는 성향이 있다. 반대로 농담의 대상에 대한 적대감은 그 효과를 배가하기 쉽다. 사회적으로 허용될 수 없는 요소들은 그것이 개인적 도전으로 지각되지 않을 경우 유머의 효과를 증가시킨다. 그리고 다른 것들도 많다. 유머에 대한 실증적 분석 문헌들은 맥기(McGhee)의 저서인 *Humor*, 그리고 "It's a Funny Thing"과 "Handbook of Humor Research"에 수록된 그의 논문들에 가장 잘 정리 · 요약되어 있다.

26. 해결이 필요한지, 아니면 단순한 부조화로 충분한지에 대한 약간의 논쟁이 존재한다. 예를 들어, 후자의 주장을 입증하려고 시도된 한 무리의 연구는, 일련의 대상의 무게를 짐작하라는 요청을 받은 사람들이 이전의 대상들과 놀랄 정도로 다른 무게의 대상을 접하게 될 때 웃는다는 것을 보여 준다. 최초의 연구는 G. Nerhardt, "Humor and Inclination to Laugh: Emotional Reactions to Stimuli of Different Divergence from a Range of Expectancy," *Scandinavian Journal of Psychology* 11 (1970), 185-195에서 보고된 바 있다. 여기에서 이 논쟁을 계속해서 다룰 필요는 없다. 단지 실제로 그런 실험에서 해결책이 존재한다는 사실만 지적하겠다. 즉, 피실험자가 모순된 자극을 포용하도록 자신의 기대를 억지로 바꾼다는 것이다.
27. 물론 인간의 설탕을 사랑하는 것이나 유머 감각에 대한 기능적 해명이 존재하지 않는다는 것은 있을 법한 일이다. 유기체의 어떤 유전적 특징들은 아무런 진화적 목적에도 기여하지 않는 오랜 적응의 흔적이다. 다른 것들은 순전히 유용한 적응의 우연적인 부산물로 스스로는 아무런 기능도 갖고 있지 않다. 우리의 설탕에 대한 선호가 아무런 기능적 해명을 할 수 없다는 것이 있을 법하기는 하지만, 그럼에도 음식에 대한 설탕의 깊은 영향을 놓고 볼 때 극단적인 경우는 아닐 것처럼 보인다. 우리의 유머 감각의 경우도 마찬가지다. 웃음과 미소의 심오한 사회적 · 심리적 영향에 대해 위에서 인용된 모든 연구는 우리의 유머 감각이 진화론적인 우연이 아니라는 강력한 증거들을 제시해 준다.
28. Darwin, *The Expression of Emotions in Man and Animals*.
29. Frijda, *The Emotions*, 52.
30. 물론 위험하거나 고통스럽거나 당혹스러운 상황에서 우왕좌왕하는 인물들을 바라보는 것이 늘 유머를 촉발하지는 않는다. 때로는 그것이 긴장이나 불편함을 낳는다. 왜 그럴까? 가장 간단한 대답은 유머가 그레고리 베이트슨(Gregory Bateson)이 유희 프레임(play frame)

이라고 불렀던 것을 포함한다는 것이다. 유머는 다른 경우라면 위협적이거나 유해할 수도 있는 행동이나 상황에 의해서 아무런 위해도 의도되지 않았다고 우리가 가정하는 것을 전제로 한다. 우리가 영화에서 (〈해리가 샐리를 만났을 때〉에서 샐리의 거짓 오르가슴의 경우에서처럼) 한 인물을 유희적이라고 해석하거나, 아니면 (〈쇼생크 탈출〉 중 앞서 인용된 예에서처럼) 어떤 묘사를 유희적이라고 해석할 경우에 이것이 발생한다. 베이트슨은 "A Theory of Play and Fantasy," in *Steps to an Ecology of Mind* (San Francisco: Chandler Publishing, 1972)에서 유희 프레임에 대해 논하고 있다.

31. 덧붙여 말하자면, 비허구 영화는 일반적으로 이 정도의 안전을 우리에게 제공하지 않는다. 그것이 가령 우리가 〈로저와 나(Roger and Me)〉에서 선의를 지녔지만 창피할 정도로 천박한 미의 여왕에 대해 웃을 때 뭔가 불편함을 느끼는 이유다.
32. 이것이 안토니오 다마지오(Antonio Damasio)가 정서가 손상된 환자들과 한 자신의 작업에서 도출한 핵심 결론이다. 즉, 환자들에게서 정서 경험이 감소함에 따라 기억과 주의력, 지능 그리고 언어 능력은 정상이더라도 그들의 문제해결 능력은 감소한다는 것이다. Antonio Damasio, *Descartes' Error: Emotion, Reason, and the Human Brain* (New York: Putnam, 1994) 참조.

5장: 지엽적 정서, 일반적 무드 그리고 영화 구조

1. 특히 *Post Script* 13, no. 1 (Fall 1993)의 특집과 "Toward a Theory of Film Suspense," *Persistence of Vision* 1 (Summer 1984), 65-89; "The Power of Movies," *Daedalus* 114, no. 4 (Fall 1985), 79-103; *The Philosophy of Horror, or Paradoxes of the Heart* (New York: Routledge, 1990); "Toward a Theory of Point-of-View Editing: *Communication, Emotion, and the Movies,*" *Poetics Today* 24, no. 1 (Spring 1993), 122-141을 포함하는 노엘 캐럴(Noël Carroll)의 저서들을 참조하라.
2. Murray Smith, *Engaging Characters: Fiction, Emotion, and the Cinema* (Oxford: Clarendon Press, 1995); Ed S. Tan, *Emotion and the Structure of Narrative Film: Film as an Emotion Machine*, trans. Barbara Fasting (Mahwah, N.J.: Erlbaum, 1996); Torben Kragh Grodal, *Moving Pictures: A New Theory of Film Genres, Feelings, and Cognition* (Oxford: Clarendon Press, 1997).
3. Tan, *Emotion and the Structure of Narrative Film*, 43-47.

4. 심리학과 철학 내부에서 일반적인 정서에 대한 논의 중 가장 공통적으로 언급이 되는 정서가 공포다. 공포는 모든 정서 원형의 특징들을 충족한다. 공포는 분명하게 대상 지향적이고, 분명한 목표(두려운 대상의 제거)를 갖고 있으며, 강력한 행동 경향(싸우거나 도망감)을 제공한다. 그래서 아마도 공포는 심리학자와 철학자들에게 정서 원형을 가장 잘 보여 주는 주요 예인 것이다. 마치 미국 사회에서 '새'라는 범주의 주요 예가 울새인 것처럼 말이다.
5. David Bordwell, *Narration in the Fiction Film* (Madison: University of Wisconsin Press, 1985).
6. 탠(Tan)은 흥미가 관객으로 하여금 영화로부터 내러티브적 의미와 정서적 의미를 만들어 내도록 도와주는 1차적인 정서라고 주장한다. 우리의 흥미는 주제에 의해서 구성되는데, 이 주제는 인물 행동과 동기, 그리고 가능한 내러티브적 결말과 관련한 우리의 기대를 인도하는 인지적 시나리오다. 보편적인 주제에는 배신, 자기희생, 계략이 있다. 이러한 주제의 스크립트는 작은 플롯 단위들로 구성되고, 이 플롯 단위는 성공이나 실패, 악행 등과 같은 플롯의 주된 이정표인 것이다. 이러한 플롯 단위가 주제로 구성되는 것을 이해하는 것은 영화의 정서적 호소를 이해하는 데 있어서 핵심적인 것이다.
7. 그로달(Grodal)은 영화 이미지와 내러티브 정보의 일반적인 처리를 관장하는 내러티브 흐름 모델을 가정한다. 관객의 처리는 대개 이미지 자체와의 만남에서 시작해서 간단한 것에서 보다 복잡한 과정으로 나아가는 하향식으로 진행된다. 가장 높은 단계에서 관객은 행동을 인식해서 그것을 인물, 동기, 목표와 같은 내러티브 도식으로 조직한다. 동일시와 동감을 통해서 우리는 목표를 추구하는 인물과 연결되며, 그에 따른 정서적 경험(양식적 특질, the modal quality)은 종종 그러한 인물 목표가 어떻게 성취되거나 좌절되는지에 좌우된다. 예를 들어, 허구적인 세계를 능동적으로 통제하는 목표 지향적인 인물에 내러티브가 초점을 맞춘다면, 우리는 그로달이 긴장이라고 부른 감성 양식을 경험하게 된다. 이러한 목표의 좌절은 그로달이 포화라고 부른 양식으로 이끌며, 이때는 긴장이 행동/운동 성향으로 전환될 수 없기 때문에 쌓이게 된다. 인물들은 디제시스적 수단에 의해서나 외적인 힘(예를 들어, 아방가르드 영화감독은 한 인물의 행동을 계속해서 반복하게 함으로써 우리가 그 행동의 완수로부터 만족감을 얻는 것을 방해한다)에 의해서 차단될 수 있다. 어떤 수단에 의해서든, 인물 목표의 좌절과 성취는 그로달이 열거한 양식적 특질들에서 핵심적인 것이다.
8. Noël Carroll, *Mystifying Movies: Fads and Fallacies in Contemporary Film Theory* (New

York: Columbia University Press, 1988), 213-225.

9. Richard S. Lazarus, James R. Averill, and E. M. Upton Jr., "Toward a Cognitive Theory of Emotions," in *Feelings and Emotions*, ed. Magda B. Arnold (New York: Academic Press, 1970).

10. 시각적 정서 하부 시스템에 관한 방대한 연구를 한 권으로 가장 잘 요약해 놓은 것은 *Handbook of Emotions*, ed. Michael Lewis and Jeannette M. Haviland (New York: Guilford Press, 1993)이다. 특히 Joseph E. LeDoux, "Emotional Networks in the Brain," 109-118; John T. Cacioppo, David J. Klein, Gary G. Berntson, and Elaine Hatfield, "The Psychophysiology of Emotion," 119-143; Richard J. Davidson, "The Neuropsychology of Emotion and Affective Style," 143-154; Jeffery Pittam and Klaus R. Scherer, "Vocal Expression and Communication of Emotion," 185-198; Linda A. Camras, Elizabeth A. Holland, and Mary Jill Patterson, "Facial Expression," 199-208 참조.

11. 이 모델은 Leonard Berkowitz, "On the Formation and Regulation of Anger and Aggression: A Cognitive-neoassociationistic Analysis," *American Psychologist* 45, no. 4 (April 1990), 494-503; Gordon Bower and Paul R. Cohen, "Emotional Influences in Memory and Thinking: Data and Theory," in *Affect and Cognition*, ed. Margaret Sydnor Clark and Susan T. Fiske (Hillsdale, N.J.: Erlbaum, 1982), 291-331; Peter J. Lang, "A Bio-informational Theory of Emotional Imagery," *Psychophysiology* 16, no. 6 (1979), 495-512; Howard Leventhal, "A Perceptual-motor Theory of Emotion," in *Advances in Experimental Social Psychology*, ed. Leonard Berkowitz (New York: Academic Press, 1984), 17, 117-182에서 발견된 모델들과 유사하다.

12. 월터 캐넌(Walter Cannon)은 1920년대 마라농(Marañon)의 저서에서 '실제와 흡사한' 현상의 예들을 논하고 있다. Cannon, "The James-Lange Theory of Emotions: A Critical Examination and an Alternative Theory," *American Journal of Psychology* 39 (1927), 113 참조.

13. 대뇌 변연계 시스템에 대한 보다 자세한 것은 다음을 참조하라. Joseph LeDoux, *The Emotional Brain: The Mysterious Underpinnings of Emotional Lift* (New York: Simon and Schuster, 1996).

14. 명료함을 위해서, 나는 일반적인 정서의 공통적인 특징을 언급하는 데 있어 특정한 정서와 원형의 인지적 핵심을 표시하기 위해서 스크립트란 용어를 사용한다. 행동 경향과 목

표 지향, 대상 지향 등을 포함하는 하나의 기본 정서 원형이 존재한다. 예를 들어, 질투의 스크립트는 누군가를 사랑하고 다른 누군가가 당신 애인의 마음을 빼앗고 있다고 의심하는 것을 포함한다. 정서 원형은 특정한 정서에 대한 스크립트에 중심적인 조직 원리를 제공하는 것이다.

15. Paul Ekman, "An Argument for Basic Emotions," *Cognition and Emotion* 6, no. 3/4 (1992), 169-200; Paul Ekman, "Expression and the Nature of Emotion," in *Approaches to Emotion*, ed. Klaus R. Scherer and Paul Ekman (Hillsdale, N.J.: Erlbaum, 1984), 319-343.
16. Pio Ricci-Bitti and Klaus R. Scherer, "Interrelations between Antecedents, Reactions, and Coping Responses," in *Experiencing Emotion: A Cross-Cultural Study*, ed. Klaus R. Scherer, Harald G. Wallbott, and Angela B. Summerfield (Cambridge: Cambridge University Press, 1986), 129-141.
17. Richard J. Davidson and Andrew J. Tomarken, "Laterality and Emotion: An Electrophysiological Approach," in *Handbook of Neuropsychology*, ed. Francois Boller and Jordan Grafman (Amsterdam: Elsevier, 1989), 3, 419-441; John M. Gott-man and Robert W. Levenson, "Assessing the Role of Emotion in Marriage," *Behavioral Assessment* 8, no. 1 (1986), 31-48.
18. Elisha Y. Babad and Harald G. Wallbott, "The Effects of Social Factors on Emotional Reactions," in *Experiencing Emotion*, ed. Scherer, Wallbott, and Summerfield, 154-172.
19. Nico H. Frijda, "Moods, Emotion Episodes, and Emotions," in *Handbook of Emotions*, ed. Lewis and Haviland, 381-403. 무드에 대한 심리학적 연구의 가장 큰 부분은 무드가 어떻게 기억 작용에 영향을 미치는가를 탐구한다. 이 연구 분야에 대한 요약은 다음을 참조하라. Gordon H. Bower, "Mood and Memory," *American Psychologist* 36, no. 2 (February 1981), 129-148.
20. Kristin Thompson, *Breaking the Glass Armor: Neoformalist Film Analysis* (Princeton: Princeton University Press, 1988), 3. 나는 미리 예측하는 방법은 미리 결정된 결말로 나아가기가 쉽다는 톰슨(Thompson)의 우려에 동의한다. 그렇게 되면 이는 분석을 제한하고 판에 박힌 비평을 낳을 것이다. 연구 접근법을 구성하는 데 있어서 보람 있는 것은 그 접근법이 특정한 하나의 영화 내러티브적 패러다임으로 편향되게 하지 않는 가정들을 선별하는 것이다.
21. 쏘는 듯한(stinger) 음악이란 시끄러운 음악이 갑작스럽게 폭발하는 것이다.

22. 정서적 내러티브 단서는, 그것이 한 인물의 목표 추구에 결정적인 정보를 제공할 경우 목표 지향적이라고 이야기될 수 있다. 비목표 지향적인 단서는 목표 달성에 있어서 절대적으로 필요한 정보를 제공하지 않는다. 대신 그것은 다른 목표, 즉 적절한 정서적 지향에 대한 단서 제공을 위해 존재한다. 비목표 지향적 단서는 한 인물이 어떤 목표를 달성하는지의 문제에 중요한 영향을 주지 않으면서 영화에서 삭제될 수도 있다. 그러나 그것을 제거하게 되면 정서적 단서 제공의 방식에 심각한 변화가 초래될 수도 있다.
23. David Ansen, "Highland Fling," *Newsweek*, February 28, 1983, 79; *Variety*, February 16, 1983; Pauline Kael, *New Yorker*, March 21, 1983, 115-118; Stanley Kauffmann, "Highland Fling, French Flummery," *New Republic*, March 21, 1983, 24; James M. Wall, "Local Hero," *Century Christian*, June 22-29, 1983, 622; Richard Schickel, "Scotch Broth," *Time*, February 21, 1983, 80; Janet Maslin, "Oily Fairyland," *New York Times*, February 17, 1983, 25; Vincent Canby, "Vitality and Variety Buoy New Movies from Britain," *New York Times*, March 6, 1983, sec. 2, 17.

6장: 영화에서의 정서, 인지, 내러티브 패턴

1. 拙稿 *Moving Pictures: A New Theory of Film Genres, Feelings, and Cognition* (Oxford: Clarendon, 1997); "Romanticism, Postmodernism, and Irrationalism," in *Post-modernism and the Visual Media*, Skevens special issue (Copenhagen: Department of Film and Media Studies, 1992) 참조.
2. 예로, Grodal, *Moving Pictures; Post-Theory: Reconstructing Film Studies*, ed. David Bordwell and Noël Carroll (Madison: University of Wisconsin Press, 1996); Ed Tan, *Emotion and the Structure of Narrative Film: Film as an Emotion Machine*, trans. Barbara Fasting (Mahwah, N.J.: Erlbaum, 1996); Noël Carroll, *Mystifying Movies: Fads and Fallacies in Contemporary Film Theory* (New York: Columbia University Press, 1988).
3. Susan T. Fiske and Shelley E. Taylor, *Social Cognition*, 2nd ed. (New York: McGraw-Hill, 1991), 247-257.
4. 개관을 위해서는 다음을 참조하라. Nico H. Frijda, *The Emotions* (Cambridge: Cambridge University Press, 1986).
5. 예로, Douglas G. Mook, *Motivation: The Organization of Action* (New York: Norton,

1987), 200-207 참조.

6. Carroll E. Izard, *The Psychology of Emotions* (New York: Plenum Press, 1991).

7. D. G. Dutton and A. P. Aron, "Some Evidence for Heightened Sexual Attraction under Conditions of High Anxiety," *Journal of Personality and Social Psychology* 30, no.4 (1974), 310-317. 각성의 재명명에 대해서는 다음을 참조하라. P. W. Hoon, J. P. Wincze, and E. R. Hoon, "A Test of Reciprocal Inhibition: Are Anxiety and Sexual Arousal in Women Mutually Inhibitory?" *Journal of Abnormal Psychology* 86 (1977), 65-74.

8. George Lakoff, *Women, Fire, and Dangerous Things: What Categories Reveal about the Human Mind* (Chicago: University of Chicago Press, 1987); "The Contemporary Theory of Metaphor," in *Metaphor and Thought*, ed. Andrew Ortony, 2d ed. (Cambridge: Cambridge University Press, 1993).

9. Rudolph Arnheim, *Art and Visual Perception: A Psychology of the Creative Eye* (Berkeley: University of California Press, 1974), 343-403; A. Michotte, *Causalité permanence et realite phenomenales* (Louvain: Publications Universitaires, 1962), *The Perception of Causality* (London: Methuen, 1963).

10. Edward Twitchell Hall, *The Hidden Dimension* (New York: Doubleday, 1966).

11. Antonio R. Damasio and Hanna Damasio, "Brain and Language," in *Mind and Brain: Readings from Scientific American* (New York: Freeman, 1993), 54-65.

12. 모방에 대한 개관을 위해서는 Murray Smith, *Engaging Characters: Fiction, Emotion, and the Cinema* (Oxford: Clarendon Press, 1995), 98-102를 참조하라. 동감에 대해서는 Dolf Ziliman, "Empathy: Affect from Bearing Witness to the Emotions of Others," in *Responding to the Screen: Reception and Reaction Processes*, ed. Jennings Bryant and Dolf Zillman (Hillsdale, N.J.: Erlbaum, 1991), 135-167를 참조하라.

13. Noël Carroll, *Theorizing the Moving Image* (Cambridge: Cambridge University Press, 1996), 127-128.

14. '동일시' 혹은 머레이 스미스(Murray Smith)가 '인물 관여'라고 부른 것에 대해서는 Smith, *Engaging Characters* 참조.

15. Izard, *Psychology of Emotions*.

16. David Marr, *Vision: A Computational Investigation Into the Human Representation and Processing of Visual Information* (San Francisco: Freeman, 1982); Semir Zeki, *A Vision of*

the Brain (London: Blackwell Science, 1993); Grodal, *Moving Pictures*.

17. 뇌 구조에 대한 소개는 Bryan Kolb and Ian O. Wishaw, *Fundamentals of Human Neuropsychology* (New York: Freeman, 1990)를 참조하라.
18. Grodal, *Moving Pictures*.
19. Edward Branigan, *Narrative Comprehension and Film* (New York: Routledge, 1992).
20. Tom Gunning, "An Aesthetic of Astonishment: Early Film and the (In) Credulous Spectator," in *Viewing Positions: Ways of Seeing Film*, ed. Linda Williams (New Brunswick, N.J.: Rutgers University Press, 1994); Sergei Eisenstein, *Film Form*, trans. and ed. Jay Leyda (New York: Harcourt Brace Jovanovich, 1949), 45-63.
21. Frijda, *The Emotions*, 71.
22. Ibid., 59-60.
23. Branigan, *Narrative Comprehension in Film*.
24. William F. Brewer, "The Nature of Narrative Suspense and the Problem of Rereading," in *Suspense: Conceptualizations, Theoretical Analyses, and Empirical Explorations*, ed. Peter Vorderer, Hans J. Wulff, and Mike Friedrichson (Hillsdale, N.J.: Eribaum, 1996).
25. Tan, *Emotion and the Structure of Narrative Film* 참조.
26. Ray Jackendoff, *Consciousness and the Computational Mind* (Cambridge: MIT Press, 1987); Grodal, *Moving Pictures*.
27. Grodal, *Moving Pictures*, 165.
28. Christian Metz, *The Imaginary Signifier* (Bloomington: Indiana University Press, 1982), 189.
29. David Bordwell, *Narration in the Fiction Film* (Madison: University of Wisconsin Press, 1985), 39.
30. Jackendoff, *Consciousness and the Computational Mind*; Grodal, *Moving Pictures*.
31. Frijda, *The Emotions*, 213-214.
32. 보다 상세한 분석은 졸고 *Moving Pictures*를 참조하라.

7장: 마음을 움직이는 음악으로서 영화음악

1. 물론 이 장면에서 베토벤 음악을 사용한 것에 대한 내러티브적, 주제적 이유들이 존재한

다. 그러나 디제시스 안에 주어진 유일한 동기화는 음악이 피실험자의 정서적 반응을 증대시키도록 작용한다는 것이다. 여기에서 내가 주장하는 요점은 베토벤 9번 교향곡 '환희의 송가'가 스크린 위에 묘사된 잔혹 행위에 적절하거나 그것을 표현하는 것이라고 주장하기가 매우 힘들다는 단순한 사실이다.

2. Claudia Gorbman, *Unheard Melodies: Narrative Film Music* (Bloomington: University of Indiana Press, 1987).
3. 여기에서 나는 레오나드 마이어(Leonard Meyer), 유진 나모어(Eugene Narmour), 존 슬로보다(John Sloboda), 프레드 러달(Fred Lerdahl) 과 레이 재킨도프(Ray Jackendoff) 그리고 피터 키비(Peter Kivy)에 의한 작업들을 생각하고 있다.
4. 졸고 "Unheard Melodies?: A Critique of Psychoanalytic Theories of Film Music," in *Post-Theory: Reconstructing Film Studies*, ed. David Bordwell and Noël Carroll (Madison: University of Wisconsin Press, 1996), 230-247 참조.
5. 예로, Gorbman, *Unheard Melodies*, 79-82; Caryl Flinn, *Strains of Utopia: Gender, Nostalgia, and Hollywood Film Music* (Princeton: Princeton University Press, 1992); Kathryn Kalinak, *Settling the Score: Music in the Classical Hollywood Film* (Madison: University of Wisconsin Press, 1992), 86-88; George Burt, *The Art of Film Music* (Boston: Northeastern University Press, 1994), 10-11; William Darby and Jack Du Bois, *American Film Music: Major Composers, Techniques, Trends, 195-1990* (Jefferson, N.C.: McFarland and Company, 1991) 참조.
6. Murray Smith, *Engaging Characters: Fiction, Emotion, and the Cinema* (Oxford: Clarendon Press, 1995), 2-3.
7. Samuel L. Chell, "Music and Emotion in the Classical Hollywood Film: The Case of The Best Years of Our Lives," *Film Criticism* 8, no. 2 (Winter 1984), 27-38.
8. Ibid., 34-35.
9. 이 문제에 대한 논의는 다음을 참조하라. Smith, *Engaging Characters*, 54-63, 74-81; Noël Carroll, *The Philosophy of Horror, or Paradoxes of the Heart* (New York: Routledge, 1990), 95-96; Kendall Walton, "Fearing Fictions," *Journal of Philosophy* 75, no. 1 (January 1978), 5-27.
10. Langer, *Philosophy in a New Key: A Study in the Symbolism of Reason, Rite, and Art*, 3rd ed. (Cambridge: Harvard University Press, 1957), 204-245 참조.

11. Raffman, *Language, Music, and Mind* (Cambridge: MIT Press, 1993), 37-62 참조.

12. Hanslick, *The Beautiful in Music*, trans. Gustav Cohen (Indianapolis: Bobbs-Merrill, 1957); Stravinsky, *The Poetics of Music* (Cambridge: Harvard University Press, 1942) 참조.

13. 예술과 의도에 관한 논의에 대해서는 다음을 참조하라. Peter Kivy, *Sound Sentiment: An Essay on the Musical Emotions* (Philadelphia: Temple University Press, 1989), 101-108; Smith, *Engaging Characters*, 59-63; Alan Tormey, *The Concept of Expression: A Study in Philosophical Psychology and Aesthetics* (Princeton: Princeton University Press, 1971); Patricia Greenspan, *Emotions and Reasons: An Inquiry into Emotional Justification* (New York: Routledge, 1988).

14. Kivy, *Sound Sentiment*, 102-108 참조.

15. Kivy, *Sound Sentiment and Music Alone: Philosophical Reflections on the Purely Musical Experience* (Ithaca, N.Y.: Cornell University Press, 1990) 참조. 키비(Kivy)의 작업에 대한 반응에 대해서는 다음을 참조하라. Anthony Newcomb, "Sound and Feeling," *Critical Inquiry* 10 (1984); Malcolm Budd, *Music and Emotions* (London: Routledge and Kegan Paul, 1985), "Music and the Communication of Emotion," *Journal of Aesthetics and Art Criticism* 47, no. 2 (Spring 1989), 129-138; Peter Mew, "The Expression of Emotion in Music," *British Journal of Aesthetics* 25, no. 1 (Winter 1985), 33-42; Daniel A. Putnam, "Why Instrumental Music Has No Shame," *British Journal of Aesthetics* 27, no. 1 (Winter 1987), 55-61; Jenefer Robinson, "The Expression and Arousal of Emotion in Music," *Journal of Aesthetics and Art Criticism* 52, no. 1 (Winter 1994), 13-22; Francis Sparshott, "Music and Feeling," *Journal of Aesthetics and Art Criticism* 52, no. 1 (Winter 1994), 23-35.

16. Kivy, *Sound Sentiment*, 12-26.

17. Ibid., 71-111.

18. 그러나 키비(Kivy)는 이 주제에 대한 자신의 생각에 대해 몇 가지 단서를 제공하고 있다. 문학적 · 회화적 재현에서의 정서에 대해 논의하는 데 있어, 키비는 그가 『톰 아저씨의 오두막집(*Uncle Tom's Cabin*)』을 읽을 때 사이먼 리그리(Simon Legree)의 잔혹함에, 그리고 피카소의 〈게르니카(Guernica)〉에 묘사된 나치의 공습에 분노가 치밀어 오른다고 인정한다. 추측건대, 이 분노는 또한 유사한 주제를 영화에서 다루도록 할 것이다. 그러나 키비 또한 허구가 그러한 열렬한 정서적 반응을 어떻게 촉발할 수 있는지에 대해 상당한 논란이 있음을 인정하고 있다.

19. Gorbman, *Unheard Melodies*, 190.

20. Radford, "Emotions and Music: A Reply to the Cognitivists," *Journal of Aesthetics and Art Criticism* 47, no. 1 (Winter 1989), 69-76; "Muddy Waters," *Journal of Aesthetics and Art Criticism* 49, no. 1 (Summer 1991), 242-252 참조. 래드퍼드(Radford)에 대한 키비(Kivy)의 반응에 대해서는 다음을 참조하라. "Auditor's Emotions: Contention, Concession, and Compromise," *Journal of Aesthetics and Art Criticism* 51, no. 1 (Winter 1993), 1-12.

21. 이러한 차이가 존재하는 이유는 매우 복잡하며 이 논문의 범위를 벗어난다. 정서를 각성시키는 경향이 왜 일부 청중들에게서는 강하고, 다른 이들에게서는 약한가 하는 것은 앞으로 연구해야 할 주제이고 상당한 논란을 일으킬 것이다. 그러나 이론가들이 자신들의 경우를 뒷받침하기 위해서 선택한 예들에 명백한 근거가 존재한다는 사실은 지적할 만한 가치가 있다. 어느 정도까지 이 차이는 청취되는 음악의 종류상 차이, 청중의 음악적 배경에서의 차이, 청중이 특정한 음악에서 떠올리는 연상에서의 차이, 청취 상황이라는 맥락상 차이, 그리고 청중이 청취 상황에 가져오는 무드상의 차이로 추적될 수 있을 것이다.

22. Smith, *Engaging Characters*, 59-63; Greenspan, *Emotions and Reasons*; Ronald de Sousa, *The Rationality of Emotion* (Cambridge: MIT Press, 1987) 참조.

23. Noël Carroll, *Mystifying Movies: Fads and Fallacies in Contemporary Film Theory* (New York: Columbia University Press, 1988), 213-225.

24. Joseph Anderson, *The Reality of Illusion: An Ecological Approach to Cognitive Film Theory* (Carbondale: Southern Illinois University Press, 1996), 86-89 참조.

25. Fred Karlin and Rayburn Wright, *On the Track: A Guide to Contemporary Film Scoring* (New York: Schirmer Books, 1990), 140.

26. Ibid., 128.

27. Smith, *Engaging Characters*, 5-8.

28. 나는 여기에서 그것을 음악적 감성의 인지적 수용을 부각시킴으로써 강조해야 할 것 같다. 나는 청중들이 사라가 폭행을 당하는 느낌을 공유하거나 느끼지 않을 것이라고 주장하려는 것이 아니다. 개별 관객의 정서적 반응은 실제로 인물의 그것과 일치할 수 있다. 그보다는 만일 피델의 음악이 사라의 정서적 고통을 청중에게 효과적으로 전달했다면, 그 음악은 이 특별한 극적 기능에 기여한 것이라고 제안하는 것일 뿐이다.

29. Kalinak, *Settling the Score*, 87.

30. 영화음악과 정서의 관계에 대해서 행해진 실험들 외에도 다른 실험들이 영화음악과 기억,

영화음악과 각성, 그리고 영화음악과 내러티브적 마무리의 관계를 조사하였다. 다른 실험들은 장면과 그 장면에 반주가 되도록 작곡된 단서들을 관객이 연결시킬 수 있는 능력, 그리고 특정한 영화 장르에서 내러티브적 발전과 내러티브의 결말에 대한 추론에 대한 관객의 이해에 영화음악이 미칠 영향을 탐구하였다. 예로 다음을 참조하라. Annabel J. Cohen, "Understanding Musical Soundtracks," *Empirical Studies of the Arts* 8, no. 2 (1990), 111-124; Marilyn Boltz, Matthew Schulkind, and Suzanne Kantra, "Effects of Background Music on the Remembering of Filmed Events," *Memory and Cognition* 19, no.6 (1991), 593-606; William Forde Thompson, Frank A. Russo, and Don Sinclair, "Effects of Underscoring on the Perception of Closure in Filmed Events," *Psychomusicology* 13(1994), 9-27; Scott D. Lipscomb and Roger A. Kendall, "Perceptual Judgement of the Relationship Between Musical and Visual Components in Film," *Psychomusicology* 13 (1994), 60-98; Claudia Bullerjahn and Markus Güldenring, "An Empirical Investigation of Effects of Film Music Using Qualitative Content Analysis," *Psychomusicology* 13 (1994), 99-118.

31. 이 연구에 대한 개관은 다음을 참조하라. John A. Sloboda, "Empirical Studies of Emotional Response to Music," in *Cognitive Bases of Musical Communication*, ed. Mari Ries Jones and Susan Halleran (Washington D.C.: American Psychological Association, 1992), 33-46.

32. Sandra K. Marshall and Annabel J. Cohen, "Effects of Musical Soundtracks on Attitudes toward Animated Geometric Figures," *Music Perception* 6, no. 1 (Fall 1988), 95-113.

33. Annabel J. Cohen, "Effects of Music on the Interpretation of Dynamic Visual Displays," in Annabel J. Cohen (chair), "Symposium on Recent Developments in Music Cognition: Processing of Internal and External Structure," *Canadian Psychology* 30 (18), 343.

34. Cohen, "Understanding Musical Soundtracks," 115 참조.

35. Annabel J. Cohen, "Associationism and Musical Soundtrack Phenomena," *Contemporary Music Review* 9 (1993), 163-178.

36. George Sirius and Eric F. Clarke, "The Perception of Audiovisual Relationships: A Preliminary Study," *Psychomusicology* 13 (1994), 119-132.

37. 저자들은 그 연구에서 시각적 요소 중 내러티브적 맥락이 부족하고 단순하다는 사실이 실제 시청각적 지각과 일치하는 의미론적 의미를 도출하는 데 있어서 그들이 실패한 중요한

요인 중 하나였다는 사실을 조심스럽게 지적하고 있다.

38. Boltz, Schulkind, and Kantra, "Effects of Background Music," 특히 600-602.

39. 그러나 다른 관객에게는 정서의 각성이 동일한 수준의 강도에 도달할 수 없다. 깊은 감동을 받는 대신, 그들은 음악과 내러티브의 조합을 통해서 그들에게 전달된 정서적 상태를 단지 인식할 뿐인 것이다. 후자의 경우, 관객은 인물의 행동과 동기에 대해 판단을 함으로써 그 장면의 정서적 특성을 단지 이해하는 것에 불과하다. 다른 말로 하자면, 이러한 상황 속의 관객은 메릭(Merrick)의 체념과 회한을 이해는 하지만 그로부터 감동받지는 않는다.

40. Cohen, "Associationism and Musical Soundtrack Phenomena," 173.

41. Philip Tagg, "An Anthropology of TV Music?" 이 논문은 1995년 매디슨에서 열린 소넥 미국음악협회(Sonneck Society of American Music)의 연차회의에서 발표되었다.

42. 그러나 모든 음악적 감성은 국지화되어 있음을 암시하는 증거들이 존재한다. 바버라 틸먼(Barbara Tillman)과 엠마누엘 비건드(Emmanuel Bigand)가 시행한 실험에서 피실험자들은 바흐와 모차르트, 쇤베르그의 피아노곡의 표현을 스물아홉 가지의 의미 척도로 평가하도록 요청되었다. 흥미롭게도 피실험자의 절반만이 곡을 원래 순서로 들었다. 나머지 절반은 뒤집힌 곡을 들었다. 즉, 피아노곡은 대략 6초 길이의 짧은 단락으로 분절된 후 재배열되었다. 두 집단 모두에게서 음악과 표현도 사이에 강력한 연관이 존재했지만 곡의 짧은 단락들의 순서에 의해서 영향을 받은 것 같지는 않았다. 곡의 분절이 전체 구조를 파괴했기 때문에, 연구자들은 형식적 구조가 음악 표현의 전반적인 느낌에는 영향을 주지 않는다는 결론에 도달하였다. 이 결과는 영화음악에 대해 명백한 타당성을 지닌다. 왜냐하면 그 결과는 감성적 의미가 6초의 짧은 단서를 통해서 전달될 수 있으며, 음악의 전체 구조는 관객이 음악의 정서적 표현을 인식하는 데 거의 영향을 끼치지 못한다는 것을 암시하기 때문이다. 내 생각에 이것은 특히 중요한데, 본질적으로 단편적인 영화음악의 특성이 영화의 음악적 일관성에 영향을 끼치지만 영화의 정서적 표현에는 그 영향이 미미하다는 것을 이야기하고 있기 때문이다. Barbara Tillman and Emmanuel Bigand, "Does Formal Structure Affect Perception of Musical Expressiveness?" *Psychology of Music* 24 (1996), 3-17 참조.

    그러나 틸먼과 비건드는 음악적 구조 문제로 연구를 한정하면서 내러티브적 맥락과 표현 사이의 관계를 중점적으로 다루지 않고 있다. 영화음악을 연구하는 데 있어서 이것은 중요해 보인다. 왜냐하면 내러티브 텍스트 전반에서 일련의 연상을 발전시키는 것은 음악적 표현에 일정한 영향을 끼친다는 생각이 보편적이기 때문이다. 〈티파니에서 아침을〉을 예로 들면, 주제곡인 '문 리버(Moon River)'는 이 곡이 내러티브와 일련의 특별한 연상을 축적하는 한에 있어서 처음보다는 영화의 마지막에서 더 감성적인 의미를 갖는 것처럼 보인다.

43. Sloboda, "Empirical Studies of Emotional Response to Music," 33-39.
44. Bernstein's "The Aesthetics of Film Music: A Highly Personal View," *Film Music Notebook* 4, no. 1 (1978) 참조.
45. Simon Frith, "Mood Music: An Inquiry into Narrative Film Music: *Screen* 25, no. 3 (1984), 83.
46. 후자가 관객들이 극장을 나서서 OST를 구매하는 핵심적인 이유로 대개 간주된다. 이에 대한 보다 자세한 사항은, 졸고 *The Sounds of Commerce: Marketing Popular Film Music* (New York: Columbia University Press, 1998)을 참조하라.
47. Fred Karlin, *Listening to Movies: The Film Lover's Guide to Film Music* (New York: Schirmer Books, 1994), 14에서 인용.

8장: 시간과 타이밍

1. 데이비드 보드웰(David Bordwell)은 *Narration in the Fiction Film* (Madison: University of Wisconsin Press, 1985), 74에서 이 아이디어를 다루고 있다. 그는 영화의 담론 시간 혹은 상영 시간을 바꾸는 것은 불가능하다고 주장했다. 그러나 영화가 비디오테이프에 담겨 있을 경우 이것은 가능하다. 그럼에도 불구하고 한 영화의 담론 시간을 바꿀 수 있는 능력을 갖고 있다는 것이 규범적인 담론 시간으로부터 영화를 지켜 주지는 않는다.
2. Seymour Chatman, "What Novels Can Do That Films Can't (and Vice Versa)," in *Film Theory and Criticism: Introductory Readings*, 4th ed., ed. Gerald Mast, Marshall Cohen, and Leo Braudy (New York: Oxford University Press, 1974), 404.
3. Alexander Sesonske, "Time and Tense in Cinema," *Journal of Aesthetics and Art Criticism* (Summer 1980), 419-426.
4. Susan Feagin, *Reading with Feeling: The Aesthetics of Appreciation* (Ithaca, N.Y.: Cornell University Press, 1996), 특히 1장 참조.
5. 나는 외계인이 UFO를 타고서 지구를 방문한다고 믿고 있다가 〈인디펜던스 데이〉를 관람한 사람들로부터 이야기를 들은 적이 있다. 그들은 즐거워하지 않았는데, 영화를 진지하게 받아들여서 영화의 유희적인 패러디가 상실되어 버렸기 때문이다.
6. 데이비드 보드웰(David Bordwell)은 *Narration in the Fiction Film*의 6장에서 그가 영사 시

간과 파불라(fabula) 시간이라고 부른 것 사이의 세 가지 가능한 지속 기간적 관계들(동등, 확장, 압축)을 상세하게 설명 · 기술하고 있다.

7. Leonard Klady, "Jim Jarmusch," *American Film* 12, no. 1 (October 1986), 47.
8. Brooks Adams, "Report from New York: Turtle Derby," *Art in America* 85, no. 6 (June 1997), 35.
9. *American Heritage Dictionary of the English Language*, ed. William Morris (Boston: American Heritage Publishing and Houghton Muffin, 1969), 1141.
10. "Home and Away," interview with Peter Keogh, *Sight and Sound* 2 (August 1992), 9.
11. 놀람 반응에 대한 비인지적 설명에 대해서는 Jenefer Robinson, "Startle," *Journal of Philosophy* 92 (1995), 53-74를 참조하라.

9장: 내러티브 욕망

주: 이 논문은 호주연구재단(Australian Research Council)과 국립 호주 대학의 사회과학 연구학교에 의해 지원되었다. 나는 이 논문의 이전 버전이 국립 호주 대학의 사회과학 연구학교의 철학분과에서 발표되었을 때 소중한 논의를 해 준 헨리 피츠제럴드(Henry Fitzgerald), 리처드 홀튼(Richard Holton), 챈드런 쿠커서스(Chandran Kukathas), 레이 랭턴(Rae Langton), 로이 퍼릿(Roy Perret), 그리고 마이클 스미스(Michael Smith)를 포함하는 여러 사람에게 감사드린다. 칼 플랜팅거(Carl Plantinga), 이언 레이븐스크로프트(Ian Ravenscroft), 그리고 그렉 스미스(Greg Smith)가 이전 버전을 읽고서 여러 제안을 해 주었으며, 나는 그중 많은 것을 조정하고자 노력했다.

1. Richard Maltby, "A Brief Romantic Interlude: Dick and Jane Go to $3^{1}/_{2}$ Seconds of the Classical Hollywood Cinema," in *Post-Theory: Reconstructing Film Studies*, ed. David Bordwell and Noël Carroll (Madison: University of Wisconsin Press, 1996), 434-459.
2. 예로, Rae Langton, "Sexual Solipsism," *Philosophical Topics* 23 (1995), 149-187; "Love and Solipsism," in *Love Analysed*, ed. Roger Lamb (Boulder, Colo.: Westview Press, 1997) 참조.
3. 이 논문은 다음의 프로젝트들을 소개한 것이다. "The Moral Psychology of Fiction," *Australasian Journal of Philosophy* 73 (1995), 250-259; "Realism of Character and the Value of Fiction," in *Ethics and Aesthetics*, ed. Jerrold Levinson (Cambridge: Cambridge

University Press, 1998).

4. 졸고 "The Paradox of Caring: Fiction and the Philosophy of Mind," in *Emotion and the Arts*, ed. Mette Hjort and Sue Layer (Oxford: Oxford University Press, 1997) 참조. 나중에 나는 하나의 욕망이 실제인지 상상인지에 대한 단순하면서도 직관적인 실험을 보여 줄 것이다.
5. 그래서 가령 특정한 허구 작품들은 그 내러티브가 인물들 가운데 한 사람의 창조물이라는 상상을 장려한다. 나는 이런 종류의 혼란을 무시할 것이다.
6. '놀람' 이란 가령 큰 소리를 들었을 때 유발되는 특별한 반사 반응을 지칭한다. 이 반응의 지속 기간은 약 0.5초이고 특정한 얼굴과 몸의 특징적인 움직임만이 아니라 자율신경계에서의 변화도 포함한다. 그것은 무의식적인 것으로, 사람들은 종종 그에 빠져 있는 것을 의식하지 못한다. 그리고 이 반응은 예상치 않았던 자극들에 의한 것이 아니다. 그것은 인간과 다른 종에게 보편적인 것이다. 놀람이 두려움의 원시적인 버전/조상인지, 놀라움(surprise)의 원시적 버전/조상인지, 아니면 둘 다인지에 대해서는 일말의 불확실함이 존재한다. Jenefer Robinson, "Startle," *Journal of Philosophy* 92 (1995), 53-74 참조.
7. Thomas Nagel, "What Is It Like to Be a Bat?," in *Mortal Questions* (Cambridge: Cambridge University Press, 1979) 참조.
8. 예로, Paul Ekman et al., "Autonomous Nervous System Activity Distinguishes among the Emotions," *Science* 221 (1983), 1208-1210 참조. 피실험자가 자신의 정서를 확인하는 것은 맥락에 의존한다는 사실을 보여 주는 샥터(Schachter)와 싱어(Singer)의 유명한 실험은 감정이 정서와 일대일로 연결되어 있음을 보여 주는 것이 아니라, 그들의 주장처럼 한 정서의 정체는 그것이 피실험자에 의해 어떻게 명명되는가에 달려 있음을 보여 주는 것으로 간주된다(S. Schachter and J. Singer, "Cognitive, Social, and Physiological Determinants of Emotional State," *Psychological Review* 69 [1965], 379-399).
9. 예로, Robert Stalnaker, *Inquiry* (Cambridge: MIT Press, 1984) 참조.
10. "수년 전 나는 코델리아의 죽음에 너무나 충격을 받았다. 그래서 나는 그 연극의 마지막 장면을 다시 참고 읽을 수 있을지 몰랐다. 내가 편집자가 되어 그 장면을 교정하게 될 때까지 말이다." A. D. Nuttall, *Why Does Tragedy Give Pleasure?* (Oxford: Clarendon Press, 1996), 101에서 인용.
11. Carroll, *Mystifying Movies: Fads and Fallacies in Contemporary Film Theory* (New York: Columbia University Press, 1988).

12. Richard Gerrig and Deborah Prentice, "Notes on Audience Response," in *Post-Theory: Reconstructing Film Studies*, 388-403.

13. Ibid., 392.

14. Paul Harris, "Fictional Absorption: Implications for Culture," in *Intersubjective Communication and Emotion in Ontogeny*, ed. S. Braten (Hillsdale, N.J.: Erlbaum, 1997).

15. D. G. Morrow, S. Greenspan, and G. Bower, "Accessibility and Situation Models in Narrative Comprehension," *Journal of Memory and Language* 26 (1987), 165-187.

16. A. Glenberg, M. Meyer, and K. Lindem, "Mental Models Contribute to Foregrounding during Text Comprehension," *Journal of Memory and Language* 26 (1987), 69-83.

17. J. B. Black, T. J. Turner, and G. H. Bower, "Point of View in Narrative Comprehension, Memory and Production," *Journal of Verbal Learning and Verbal Behavior* 18 (1979), 187-198.

18. 나는 "Getting a Life: Narrative and the Concept of Time," in *The Argument of Time*, ed. Jeremy Butterfield, British Academy Centennial Essays(근간)에서 보다 포괄적으로 이를 다루고자 했다 .

19. 나는 앎에 대한 욕구가 내가 그에 관해 알고 있는 형식의 일부이어야 한다는 것이 일반적인 경우라고 생각하지 않는다. 그것이 비록 실제로 아주 보편적인 형식 중 하나일 수 있더라도 말이다. 당신은 당신의 후손들이 알았으면 하고 당신이 바라는 것에 근거한 내러티브 욕망을 가질 수 있다.

20. Frank Jackson, "Epiphenomenal Qualia," *Philosophical Quarterly* 32 (1982), 127-136 참조.

21. 논의와 참고문헌으로는 다음을 참조하라. Gregory Currie and Ian Ravenscroft, "Mental Simulation and Motor Imagery," *Philosophy of Science* 64 (1997), 161-180.

22. 졸고 "Mental Imagery as the Simulation of Vision," *Mind and Language* 10 (1995), 25-44 참조.

23. Kendall Walton, *Mimesis as Make-Believe* (Cambridge: Harvard University Press, 1990).

10장: 내러티브 영화에서 정서와 동일시

주: 나는 이 논문에 대한 유용한 의견을 주신 이 책의 편집인들과 알렉스 닐(Alex Neill)에게 감사드리고 싶다. 이 논문의 축약본은 1997년 오타와에서 열린 영화연구협회(Society for

Cinema Studies) 세미나에서 발표된 바 있다. 그리고 나는 이 논문에 대한 논의를 위해서 발표에 참여해 준 분들에게도 감사를 드린다.

1. Jean-Louis Baudry, "Ideological Effects of the Basic Cinematographic Apparatus," in *Film Theory and Criticism*, 4th ed., ed. Gerald Mast, Marshall Cohen, and Leo Braudy (New York: Oxford University Press, 1992), 311.
2. 이러한 주장들에 대한 비판과 논의에 대해서는 다음을 참조하라. Noël Carroll, *Mystifying Movies: Fads and Fallacies in Contemporary Film Theory* (New York: Columbia University Press, 1988); 졸고 "On Cinema and Perversion," *Film and Philosophy* 1 (1994), 3-17 참조.
3. Noël Carroll, *The Philosophy of Horror, or Paradoxes of the Heart* (London: Routledge, 1990), 96.
4. Gregory Currie, *Image and Mind: Film, Philosophy, and Cognitive Science* (Cambridge: Cambridge University Press, 1995), 174-176.
5. Murray Smith, *Engaging Characters: Fiction, Emotion, and the Cinema* (Oxford: Oxford University Press, 1995). 73쪽에서처럼, 그는 때때로 관여라는 개념을 동일시 개념의 분석으로 생각하는 듯하다. 93쪽에서처럼, 보다 일반적으로 그는 이를 동일시 개념의 대안으로 제시한다.
6. Carroll, *Philosophy of Horror*, 89. 나는 이 절에서 내가 공격하는 잘못된 논거들을 포함하고 있는 것에 대해서 캐럴을 비난하는 것이 아니다.
7. 또한 허구에 대한 정서적 반응에 대한 환영적 불신중지 이론에 대한 비판에 관해서는 ibid., 63-68을 참조하라.
8. Richard Wollheim, *The Thread of Life* (Cambridge: Harvard University Press, 1984), 75.
9. Ibid., 75-76.
10. 스스로가 그 사람의 위치에 놓여 있다고 상상하는 것을 통해서 다른 사람을 이해한다고 하는 근본 생각(다른 사람을 인식하는 하나의 방식으로서 이해[verstehen] 라는 개념)은 시뮬레이션 이론에서 사용되는 것과 같은 시뮬레이션 개념과는 구분되어야 한다. 시뮬레이션은 verstehen이라는 보다 기본적인 개념을 컴퓨터식 용어로 해설하고 있다. 영화에 대한 시뮬레이션 이론의 적용에 관해서는 Currie, *Image and Mind*를 참조하라. 이러한 방식의 시뮬레이션 이론의 사용에 대한 반론에 대해서는 졸고 "Imagination, Interpretation, and Film," *Philosophical Studies* 89 (1998), 331-341을 참조하라.

11. Currie, *Image and Mind*, 174-176.
12. Smith, *Engaging Characters*, 157.
13. Kendall Walton, *Mimesis as Make-Believe: On the Foundations of the Representational Arts* (Cambridge: Harvard University Press, 1990), 174-183.
14. 이것은 Smith in *Engaging Characters*, 예로, 222에서 추진되었다.
15. Alex Neill, "Empathy and (Film) Fiction," in *Post-Theory: Reconstructing Film Studies*, ed. David Bordwell and Noël Carroll (Madison: University of Wisconsin Press, 1996) 참조.
16. 그러한 정서가 가능하다는 주장에 대한 설득력 있는 방어에 대해서는 Richard Moran, "The Expression of Feeling in Imagination," *Philosophical Review* 103 (1994), 75-106을 참조하라.
17. 공감과 동감의 차이를 분명하게 밝히는 논의에 대해서는 Neill, "Empathy and (Film) Fiction"을 참조하라.
18. Carroll, *Philosophy of Horror*, 90-92.
19. 캐럴(Carroll)이 말하는 것이 모든 경우 그의 입장을 뒷받침해 주지는 않는다. "일치가 단지 부분적이라면, 도대체 왜 그 현상을 동일시라고 부르는가? 두 사람이 한 스포츠 경기에서 동일한 선수에게 관심을 갖는다면 그들이 서로에게 동일시하고 있다고 말하는 것은 적절해 보이지 않는다. 그들은 아마도 서로의 존재에 대해서 모르고 있을 것이다."(Carroll, *Philosophy of Horror*, 92) 그러나 관객들은 정확하게 동일한 정서적 상태를 지니고 있다고 하더라도 여전히 서로 동일시하고 있지 않다. 도리어 동감적 동일시는 다른 사람이 느끼고 있는 것을 한 사람이 느낄 것을 요구한다. 왜냐하면 그가 그것을 느끼고 있다는 사실을 그 사람이 깨닫기 때문이다. 이것이 관객들이 왜 서로 동일시하지 않는지에 대한 이유다. 관객들이 자신들의 모든 정서적 상태를 공유하지 않는다는 사실 때문이 아닌 것이다.
20. 캐럴(Carroll)은 또한 수영하는 사람의 두려움은 자신이 위험에 처해 있다는 믿음에 근거한 것이고, 반면 나의 동감적 두려움은 내가 위험에 처해 있다는 상상에 근거하고 있다는데 반대한다. 그러나 이것은 두려움이 공유되지 않는다는 것을 보여 주지 않는다. 왜냐하면 그 자신이 주장한 것처럼 두려움의 대상은 그것이 주장되건 아니건 일종의 생각된 내용이며, 그 생각 내용은 두 경우에 동일하다. (정서적 반응에 대한 그의 '사고이론(thought theory)'에 대해서는 Carroll, *Philosophy of Horror*, 79-88을 참조하라.)
21. 이 숏은 또한 스털링의 반응 숏으로 반복된다. 반응 숏의 중요성에 대해서는 아래를 참조하라.

22. 이것이 머레이 스미스(Murray Smith)가 한 인물에 대한 충성이라고 이름 붙인 것이다. Smith, *Engaging Characters*, 특히 5장 참조. 그는 동일시 개념이 우리가 한 인물과 갖고 있는 다른 감각들로부터 충성을 구분하지 못한다고 주장한다. 그러나 우리가 본 것처럼 동일시 개념은 실제로 이 경우를 인식할 수 있도록 다시 다듬어질 수 있다.

23. 이 현상에 대한 탁월한 논의에 대해서, 그리고 그에 대한 트뤼포의 생각에 대해서는 Smith, 156-161을 참조하라.

24. 〈크라잉 게임〉의 논의에 대해서 나는 Matthew Kieran, "Art, Imagination, and the Cultivation of Morals," *Journal of Aesthetics and Art Criticism* 54 (16), 337-351 중 338쪽에 신세를 졌다.

25. 이 영화에 대한 이런 해석에 대한 찬성론은 조지 윌슨(George Wilson)에 의해 그의 *Narration in Light: Studies in Cinematic Point of View* (Baltimore: Johns Hopkins University Press, 1986), 6장에서 주장되었다.

11장: 갱스터, 식인종, 탐미주의자 또는 명백히 도착적인 충성

주: 이 논문의 초기 버전에 대해 의견을 주신 칼 플랜팅거(Carl Plantinga)와 그렉 스미스(Greg Smith)에게 감사드린다. 나는 또한 런던 대학(미국학과)과 켄트 대학(철학협회)의 수강생들과 제자들, 특히 롭 대니얼(Rob Daniel), 안젤라 그로스(Angela Groth), 그리고 루스 머스키(Ruth Merskey)에게 인사를 하고 싶다.

1. 그의 주장을 되풀이하고 싶지는 않지만, 베리스 고트(Berys Gaut)가 영화를 본래적으로, 즉 기술적이고 사회적인 조건들로 볼 때, 도착적인 것으로 간주하는 다양한 이론가에 반대해서 강력하게 주장을 했다는 사실을 언급해야 할 것 같다. Berys Gaut, "On Cinema and Perversion," *Film and Philosophy* 1 (1994), 3-17 참조.

2. *Random House College Dictionary*, rev. ed (New York: Random House, 1975), 992. 물론 '비뚤어짐'의 강도는 가변적이다. 완고함과 옹고집에서부터 마조히즘과 위증에 이르는 모든 것을 묘사하는 '도착적'이라는 단어의 사용에서 뚜렷하게 드러나는 것처럼 말이다. 그러나 이 모든 경우에 공통된 것은 인정된 기준과 관례에 정면으로 도전하는 의도적이고 계획된 행위라는 의미다. 따라서 이러한 가능성의 범위를 인정하기 때문에 나는 '옹고집'을 보다 극단적인 규범 일탈의 경우로부터 분리하기를 원하지 않는다.

3. Timo Airaksinen, *The Philosophy of the Marquis de Sade* (London: Routledge, 1995).

4. 진화생물학은 '도착'이라는 표현 속에 담긴 도덕주의에 반대하는 나의 주장에 대한 바람직하지 않은 제휴인 것처럼 보인다. 그런 생물학이 종종 한 종의 특징들이 갖고 있는 적응 목적, 즉 주어진 환경에서 적자생존을 촉진하는 특징들의 역할을 발견하는 것과 관련해서 매우 가치 없고 편협하다고 추정되는 경우에 말이다. 그러나 이것은 진화생물학자들에 의해서 개진된, 잘못되었거나 최소한 근시안적인 종류의 주장일 뿐이다. 윌슨(E. O. Wilson)의 사회생물학과 연관된 생물학적 결정론에 반대되는 것으로서 생물적 잠재력에 대한 스티븐 제이 굴드(Stephen Jay Gould)의 주장을, 그리고 일반적으로 굴드가 문화적 · 진화적 차원 모두에서 생물학적 종의 다양성과 창조성에 부여하는 중요성을 고려해 보라. 예로, Stephen Jay Gould, "Biological Potentiality versus Biological Determinism," in *Ever Since Darwin* (Harmondsworth: Pelican, 1980) 참조. 최근에 굴드는 그가 '다윈적 근본주의'라고 부른 것, 즉 진화의 모든 것은 적응의 메커니즘만으로 설명할 수 있다는 견해를 비판한 바 있다. "Darwinian Fundamentalism," *New York Review of Books*, June 12, 1997, 34-37.
5. Stephen Jay Gould and Elizabeth S. Vrda, "Exaptation—A Missing Term in the Science of Form," *Paleobiology* 8, no. 1 (1982), 4-15.
6. '이상성애(Paraphilia)'라는 것은 성의학자인 존 머니(John Money)에 의해서 보통 그리고 합법적으로 '도착'이라고 불리는 것으로부터 도덕적 요소를 제거하기 위해 사용된 용어다. John Money, *Gay, Straight, and In-Between: The Sexology of Erotic Orientation* (New York: Oxford University Press, 1988), 7, 216.
7. Paul R. Abramson and Steven D. Pinkerton, *With Pleasure: Thoughts on the Nature of Human Sexuality* (New York: Oxford University Press, 1995), 28.
8. 여기의 두 예는 토머스 네이젤(Thomas Nagel)의 에세이 "Sexual Perversion"에서 영감을 받은 것으로, Thomas Nagel, *Mortal Questions* (New York: Cambridge University Press, 1979)에 수록되어 있다. 에어락시넨(Airaksinen)은 일차적 도착을 진정한 도착으로 간주하기보다는 (아리스토텔레스적인) '잔인함'으로 본다. 이 경우 행위자는 비도적적으로 행동을 하는데, 그것은 자신의 행동에 대한 이해가 없이 그리고/또는 자기 의지가 없이 일어나는 것이다(Airaksinen, *Marquis de Sade*, 28). 반면 네이젤에게 있어서 일차적 도착이 이차적 도착보다 훨씬 더 중요한 것처럼 보인다.
9. *Random House College Dictionary*에 제시되어 있는 도착(perverse)의 첫 번째 의미는 "기대나 바람을 의도적으로 하지 않으려고 하는, 반대되는"이다. 그리고 'pervert'의 의미

는 "오해하거나 잘못 해석하다, 특히 고의적으로"로 제시되어 있다(992).

10. Murray Smith, *Engaging Characters: Fiction, Emotion, and the Cinema* (Oxford: Clarendon Press, 1995). 3장은 개관을 제시한다. 5장과 6장은 연대와 충성에 대한 상세한 설명을 제시한다.

11. Berys Gaut의 *Engaging Characters, British Journal of Aesthetics* 37, no. 1 (Jan. 1997), 97 개관.

12. Rob Daniel, 미출간된 학생 리포트, 40-41.

13. Edgar Allen Poe, "The Imp of the Perverse," in *Poetry and Tales* (New York: Library of America, 1984), 829. 또한 Abramson and Pinkerton, *With Pleasure*, 54 참조. 비슷하게, 데이비드 크로넨버그는 다음과 같이 설명했다. "금지된 것을 보는 것에는 대리적인 전율이 포함되어 있다," *Cronenberg on Cronenberg*, rev. ed., ed. Chris Rod-ley [London: Faber and Faber, 1996], 50.

14. 나는 인물을 다루는 데 있어서 이러한 가능성을 과소평가한다. 그러나 그렇게 하는 데에는 한 가지 이유가 있다. 일단 우리가 도착적 충성의 가능성을 받아들이게 되면, 연대와 충성을 구별하기는 더욱 어려워진다. 왜냐하면 모든 연대는 '정상적'이건 '도착적'이건 충성을 낳는다고 이야기될 수 있기 때문이다. 그러나 〈네이키드〉와 〈매니악〉 같은 영화들은 제3의 가능성을 제기한다. 즉, 우리는 우리가 정상적이건 도착적이건 긍정적인 충성심을 느끼지 못하고 오로지 부정적인 충성심, 즉 적대감만을 갖게 되는 인물과 연대할 수 있다는 것이다. 우리는 우리가 전적으로 탐탁지 못하고 괘씸하게 느끼는 한 인물의 행동을 우리로 하여금 따라가서 목격하도록 의도적으로 요청하는 영화 내러티브의 존재를 부정하거나 그 가능성을 배제해서는 안 된다.

15. 가장 영향력이 있는 저작들은 다음과 같다. Laura Mulvey, "Visual Pleasure and Narrative Cinema," *Screen* 16, no. 3 (Autumn 1975), 6-18, *Visual and Other Pleasures* (London: Macmillan, 1989)에 재수록; Gaylyn Studlar, *In the Realm of Pleasure: Von Sternberg, Dietrich, and the Masochistic Aesthetic* (Urbana: University of Illinois Press, 1988); Carol Clover, *Men, Women, and Chainsaws: Gender in the Modern Horror Film* (London: BFI, 1992).

16. 이 정의에 의하자면, 가령 스탠리 큐브릭의 〈시계태엽 오렌지〉(1971)는 도착적 충성에 호소하지 않는다. 왜냐하면 이 영화는 알렉스가 강간과 살인—그에 어울리는 공포스러운 방식으로 재현되고 있는 행위들—을 저질렀기 때문이 아니라 차후에 국가에 의해서 그에게

가해지는 폭력과 굴욕 그리고 격하 때문에 우리가 그에게 공감하도록 하기 때문이다.

17. 이 예는 Richard Maltby and Ian Craven, *Hollywood Cinema: An Introduction* (Oxford: Blackwell, 1995), 44에서 울펜스타인(Wolfenstein)과 라이츠(Leites)의 논의로부터 가져온 것이다.

18. Martha Wolfenstein and Nathan Leites, *The Movies: A Psychological Study* (Glencoe, Ill.: Free Press, 1950); ibid., 44에서 재인용.

19. Deborah Knight, "Aristotelians on Speed," in *Film Theory and Philosophy*, ed. Richard Allen and Murray Smith (Oxford: Clarendon Press, 1997), 361.

20. Wolfenstein and Leites, *The Movies*, 300.

21. '내부로부터의 상상', 또는 보통 동감으로 불리는 것에 대한 보다 상세한 논의 Murray Smith, "Imagining from the Inside," in *Film Theory and Philosophy*, ed. Allen and Smith를 참조하라.

22. 허구에 대한 반응으로서 우리가 경험하는 정서가 그러한 정서의 대상이 허구라는 사실을 우리가 알더라도 실제 정서라는 사실을 여기에서 강조하는 것이 중요하다. 이 명백한 역설에 대한 논의에 대해서는 다음을 참조하라. Smith, *Engaging Characters*, 54-58; Noël Carroll, *The Philosophy of Horror, or Paradoxes of the Heart* (New York: Routledge, 1990), 2장.

23. 울펜스타인(Wolfenstein)과 라이츠(Leites)의 연구는 인물에 대한 정신분석으로 요즘 많은 주목이나 신뢰를 받고 있지 못하다. 그래서 이 문제들에 대해 잠깐 언급을 하고자 한다. 나의 논의의 틀이 정신분석적인 것이 아니기 때문에 어려움이 있겠지만 말이다. 이 점에 대해서 나는 그들의 주장 중 내가 발췌한 부분이 정신분석에 대한 서약과는 무관하다고 믿는다. 환상과 소원 성취와 같은 개념들은 정신분석적 색깔을 지니고 있고, 그것은 다름 아니라 특정한 연구 분야에서의 이 전통의 지배 때문이다. 그러나 이 개념들은 억압과 무의식이라는 보다 차별적인 정신분석 개념으로부터 단절되어 있다. 이들은 널리 사용되던 민간 심리 개념으로, 비정신분석적 심리학에서는 물론이고 정신분석적 심리학에서도 합법적으로 전개될 수 있다. 우리가 '상상적 감내하기' 논거라고 부를 수 있는 것이 정신분석적 이론 틀로부터 갖는 독립성은, 또한 릭 앨트먼(Rick Altman)의 장르영화의 심리적 역동과 만족에 대한, 아래에서 다루어질 (비심리학적) 글 속에 존재하는 아주 유사한 논거에 의해 뒷받침된다.

24. Rick Altman, "Cinema and Genre," in *The Oxford History of World Cinema*, ed.

Geoffrey Nowell-Smith (Oxford: Oxford University Press, 1996), 279, 280.

25. Carroll, *Philosophy of Horror*, 1장.

26. 또한 Smith, *Engaging Characters*, 194에 있는 존 맥노튼(John McNaughton)의 〈헨리: 연쇄살인범의 초상(Henry: Portrait of a Serial Killer)〉(1990)에 대한 언급을 참조하라.

27. Ibid., 209에 있는 인물 '배합'에 대한 논의를 참조하라.

28. 신시아 프리랜드(Cynthia Freeland)는 〈양들의 침묵〉에서 '관객들이 천재적인 연쇄살인범인 한니발 렉터에 공감하게 되는' 방식은 관객들로 하여금 공포를 재현하는 것에 대한 그들의 태도와 관련해서 자의식에 빠지도록 자극하는 듯하다고 주장한다. "Realist Horror," in *Philosophy and Film*, ed. Cynthia Freeland and Thomas Wartenberg (New York: Routledge, 1995), 139.

29. Oscar Wilde, Richard Ellmann, *Oscar Wilde* (London: Hamish Hamilton, 1987), 214에서 재인용.

30. Jonas Mekas, "On the Baudelairean Cinema," *Village Voice*, May 2, 1963; Jonas Mekas, *Movie Journal: The Rise of a New American Cinema, 1959-1971* (New York: Collier Books, 1972), 85에 재수록.

31. Susan Sontag, "Jack Smith's Flaming Creatures," in *Against Interpretation* (New York: Dell, 1969), 234.

32. H. L. Mencken, introduction to Oscar Wilde, A House of Pomegranates, quoted in Karl Beckson, *Oscar Wilde: The Critical Heritage* (London: Routledge and Kegan Paul, 1970), 382.

33. Wilde, Ellmann, *Oscar Wilde*, 310에서 재인용.

34. 노엘 캐럴(Noël Carroll)은 〈막간(Entr'acte)〉(1924)에 대해서 이러한 주장을 한 바 있다. 이 영화는 일종의 다다주의 영화로 그 계보는 탐미주의와 데카당스로까지 거슬러 올라갈 수 있다. Noël Carroll, "*Entr'acte*, Dada, and Paris," *Millenium Film Journal* 1, no. 1 (Winter 1977-1978), 5-11.

35. Arthur Danto, "Robert Mapplethorpe," in *Encounters and Reflections: Art in the Historical Present* (New York: Noonday Press, 1991), 212.

36. Ibid., 213, 216. 내 주장과 관련해서 중요한, 무도덕적 행위와 비도덕적 행위, 무도덕주의와 비도덕주의의 구분에 대해서는 다음을 참조하라. Tony Skillen, "Confession and Collusion: Gide's The Immoralist," 미출간 원고.

37. Mekas, "On the Baudelairean Cinema," 85-86.

38. Jonas Mekas, "On Blonde Cobra and Flaming Creatures," *Village Voice*, October 24, 1963; Mekas, *Movie Journal*, 102에 재수록.

39. Ellmann, *Oscar Wilde*, 218.

40. 이 영화에서 인물들은 많은 기괴하고 변태적인 성적 일상에 탐닉하고 있고, 이는 불온한 특성을 잠재적으로 갖고 있다. 그런데 그런 특성은 인물들의 단순하고 기이한 행동에 의해서, 그리고 그 행동들이 공공연하게 의식화됨에 의해서 대부분 중화된다. 예를 들어, 중년의 한 남자와 늙은 여자가 서로 마주하고 살면서 서로 '공모'해서 각자에 대한 가학적 환상을 한다. 그러나 사람이 아닌 마네킹을 이용한다. 이것이 환상의 불길한 특성을 완전히 무디게 하지는 않는다. 특히 늙은 여자가 상처로 인해서 죽는 초현실적인 마무리를 본다면 말이다. 그런데 그 상처는 남자가 마네킹과 함께 빠져 있던 환상으로부터 그녀가 탈출하려고 하는 과정에서 입은 것이다. 하지만 가령 사드(Sade)나 바타유(Bataille)를 함께 읽는 것은 여전히 전혀 어울리지 않는다.

41. 존 머니(John Money)는 이 문제에 대해서 지극히 중요하나 종종 간과되는 점을 지적하고 있다. "모든 [이상성애paraphilias]는 특별히 누구를 선호함 없이 동성애자나 이성애자를 괴롭힐 수 있다. ……게이 운동은 게이의 정치적 권리 투쟁에 초점을 맞추고 있기 때문에, 이상성애자의 권리와 게이의 권리를 적절하게 구분 짓지 않아 왔다. 게이 운동은 보다 위험한 이상성애를 지닌 개별적인 게이나 게이 운동의 정치적 평판에 대한 잠재적 위험을 인식하지도 못했다. 반대로 게이 운동의 적들 역시 게이의 권리와 이상성애자의 권리를 구별하지 않았으며, 동성애를 이상성애로의 타락을 향한 첫 단계와 같은 것으로 보았다. ……이러한 독단적 생각을 입증하는 증거는 존재하지 않는다. 이는 이상성애 전반에 대한 완전한 무지에서 비롯된 것이며, 특히 개별적인 이상성애가 갖고 있는 고도의 특성들에 대한 무지에서 오는 것이다." Money, *Gay, Straight, and In-Between,* 181.

42. 그러나 성폭행 장면은 반어법적인 초월함이 그 행위의 위협과 균형을 이루도록 묘사되고 있다.

43. Noël Carroll, "Moderate Moralism," *British Journal of Aesthetics* 36, no. 3 (July 1996), 230-231.

44. 미국 독자의 이해를 위해서 '화이트하우스적'이라는 수식어는 백악관의 과거나 현재의 거주자로부터 온 것이 아님을 밝혀야 할 것 같다. 이것은 영국 국립시청자협회(National Viewers and Listeners Association)의 회장인 메리 화이트하우스(Mary Whitehouse)에서

따온 것이다. 그녀는 관대함을 지향하는 사회의 재앙이었다.

45. *Cronenberg on Cronenberg*, ed. Rodley, 50에서 인용; 또한 66, 198쪽 참조.

46. Robert Solomon의 Noël Carroll, *The Philosophy of Horror, Philosophy and Literature* 16 (1992), 173 개관.

47. 이것은 *Cronenberg on Cronenberg*, ed. Rodley, 51에 인용된 로버트 풀퍼드(Robert Fulford)의 비평에 대한 크로넨버그의 패러프레이즈(paraphrase. **한 텍스트나 구절의 의미를 다른 단어를 이용해서 표현하는 방법-역자 주**)인 것처럼 보인다.

48. Clover, *Men, Women, and Chainsaws*, 76.

49. Angela Groth, 미출간 학생 리포트, 6.

50. *Cronenberg on Cronenberg*, ed. Rodley, 82에 인용; 또한 151쪽 참조. 또한 이러한 관점에서 194쪽 "Where are the sympathetic characters?" 그리고 201쪽에서 〈크래쉬〉와의 유사성에 주목하라 .

51. Cohn Radford, *Driving to California: An Unconventional Introduction to Philosophy* (Edinburgh: Edinburgh University Press, 1996), 138-139.

12장: 동감적 장면과 영화에서 사람의 얼굴

1. Stephen Prince, "The Discourse of Pictures: Iconicity and Film Studies," *Film Qúarterlý* 47, no. 1 (Fall 1993), 16-28.
2. Bela Balazs, *Theory of the Film: Character and Growth of a New Art* (1952; New York: Dover Publications, 1970), 42.
3. Noël Carroll, "Toward a Theory of Point-of-View Editing: Communication, Emotion, and the Movies," in Carroll, *Theorizing the Moving Image* (Cambridge: Cambridge University Press, 1996), 125-138.
4. Ibid., 130-132.
5. Paul Ekman, ed., *Emotion in the Human Face*, 2nd ed. (Cambridge: Cambridge University Press, 1982), 142.
6. S. S. Tomkins, *Affect, Imagery, and Consciousness* (New York: Springer, 1962); C. E. Izard, *The Face of Emotion* (New York: Appleton-Century-Crofts, 1971); C. E. Izard, *Human Emotions* (New York: Plenum Press, 1977).

7. 찰스 에이즈빅(Charles Eidsvik)은 영화에서의 기본적인 얼굴표정에 대한 보편적 이해는 할리우드의 만연한 영향의 결과이며, 사실상 할리우드가 영화적 얼굴표정(filmic facial expressions)의 보편적 언어를 확립했다고 주장한다. "Reading Faces: Cognitive and Cultural Problems," 미출판 논문, Symposium on Cognitive Science and the Future of Film Studies, April 1997, University of Kansas. 더 나아가서 에이즈빅은 이 '언어'가 실제 세계에서의 얼굴표정과는 거의 무관하다고 가정했다. 그러나 그러한 견해는 할리우드가 최초에 확립될 때에 사용했던 수단들을 설명할 필요가 있을 것이다. 할리우드가 그러한 '언어'를 확립하기 이전에 초창기 관객들은 어떻게 얼굴표정을 이해했나? 분명한 것은 만일 초기 관객들이 배우의 얼굴표정을 이해하지 못했다면 영화의 인기를 설명하기가 어려워질 것이다. 다른 한편으로, 만일 초기 관객들이 얼굴표정을 이해했다면 그것을 우리는 어떻게 설명할 수 있는가? 이러한 초창기의 얼굴표정 인식은 영화 특유의 표현을 위한 언어보다는 그러한 표현의 보편성을 암시한다고 할 수 있다. 나 자신의 입장은 영화에서 배우의 얼굴표정은 실제 세계에서의 얼굴표정에 그 뿌리를 두고 있다는 것이다. 심지어 짐 캐리의 과장된 얼굴조차도 그 근거는 영화 외적인 상황 속에서의 정서 표현에 있어서 특징적인 얼굴 차림에 두고 있는 것이다.
8. 에크먼(Ekman) 등과는 이견을 보이는 한 연구자가 앨런 프리드런드(Alan J. Fridlund)다. 그는 얼굴표정이 내적 정서의 표현이라기보다는 사회적 소통의 한 수단이라고 주장했다. 그의 주장에 따르면, 많은 경우 얼굴은 정서를 표현하기보다는 감춘다. 그러나 내 생각에 프리드런드는 자신의 경우를 과대평가하고 있다. 얼굴표정이 사회적 소통을 위해서 사용된다는 그의 주장은 받아들여질 수 있다. 하지만 이는 얼굴이 내적 정서를 반영할 수 있고 또 반영한다는 에크먼과 그 외 연구자들의 주장과 절충될 수 없다. 얼굴이 정서를 숨기거나 감추는지, 혹은 복잡한 사회적 상호 행위 속에서 소통하는 데 사용되는지의 여부는 맥락에 달려 있다. 많은 동감적 장면에서 주인공의 얼굴표정이 개인적이라는 사실, 즉 영화의 디제시스 속 인물 중 아무도 그의 얼굴을 보고 있지 않는다는 사실에 주목하는 것은 흥미롭다. 그러한 경우 사회적 소통과 표현 규칙은 중요하지 않으며, 얼굴은 일차적으로 내적 감정의 표현 수단이 된다.
9. Balazs, *Theory of the Film*, 44.
10. 정서적 전염 현상에 대한 철저한 탐구에 관해서는 다음을 참조하라. Elaine Hatfield, John T. Cacioppo, and Richard L. Rapson, *Emotional Contagion* (Cambridge: Cambridge University Press, 1994).
11. Ibid., 48.

12. C. K. Hsee, E. Hatfield, J. G. Carlson, and C. Chemtob, "The Effect of Power on Susceptibility to Emotional Contagion," *Cognition and Emotion* 4 (10), 327-340.

13. Tomkins, *Affect, Imagery, and Consciousness*; Izard, *Face of Emotion*.

14. Nico H. Frijda, *The Emotions* (Cambridge: Cambridge University Press, 1986), 236.

15. 이것은 Murray Smith, *Engaging Characters: Fiction, Emotion, and the Cinema* (Oxford: Clarendon Press, 1995)에서 사용된 개념이다. 나는 "Affect, Cognition, and the Power of Movies," *Post Script*, 13, no. 1 (Fall 1993), 10-29에서 '동일시' 개념의 사용을 주장한 바 있다. 나는 이제 '동일시'가 유용하게 사용되기에는 너무 혼란을 야기한다는 스미스(Smith)와 그 외 사람들의 생각에 동의한다.

16. Noël Carroll, *The Philosophy of Horror, or Paradoxes of the Heart* (New York: Routledge, 1990), 88-96; Gregory Currie, *Image and Mind: Film, Philosophy, and Cognitive Science* (Cambridge: Cambridge University Press, 1995), 164-197 참조.

17. 이 책에서 베리스 고트(Berys Gaut)는 '동일시'라는 용어를 복권시키려는 시도를 하고 있다. 고트의 동일시에 대한 규정적 정의는 분명 일반적인 사용에 비해서 개선된 것이다. 일상 언어에서 사용되는 방식으로의 이 용어는 여전히 모호하다. 고트의 '동일시' 정의는 의심의 여지없이 유용하다. 하지만 이 용어의 일반적 사용은 그럼에도 혼란의 확산을 부추길 수 있다. 따라서 나는 보다 정교한 용어를 개발하는 것이 효율적인 전략이라고 생각한다.

18. 다양한 동감 이론에 대한 개관을 위해서는 다음을 참조하라. Dolf Zillman, "Empathy: Affect From Bearing Witness to the Emotions of Others," in *Responding to the Screen: Reception and Reaction Processes*, ed. Jennings Bryant and Dolf Zillman (Hillsdale, N.J.: Eribaum, 1991), 135-141.

19. Richard S. Lazarus, *Emotion and Adaptation* (New York: Oxford University Press, 1991), 287-289.

20. Alex Neill, "Empathy and (Film) Fiction," in *Post-Theory: Reconstructing Film Studies*, ed. David Bordwell and Noël Carroll (Madison: University of Wisconsin Press, 1996), 175-177 참조.

21. 수전 피진(Susan Feagin)은 이 용어들을 자신의 *Reading with Feeling: The Aesthetics of Appreciation* (Ithaca, N.Y.: Cornell University Press, 1996), 25-31에서 사용하고 있다.

22. 다른 한편으로 당연히 특정한 종류의 집단행동, 가령 야유나 끊임없는 웅성거림은 감성적

반응을 약화시킬 수 있다.

23. Carolyn Saarni, "Socialization of Emotion" (435-446); Leslie R. Brody and Judith A. Hall, "Gender and Emotion" (447-460) 참조. 모두 *Handbook of Emotions*, ed. Michael Lewis and Jeannette M. Haviland (New York: Guilford Press, 1993)에 수록.
24. 이러한 특징들은 Noël Carroll의 "Film, Attention, and Communication," *The Great Ideas Today*, ed. Mortimer Jerome Adler (Chicago: Encyclopedia Brittanica, 1996), 22에서 가져온 것이다. 캐럴(Carroll)은 자신의 통계를 배리 솔트(Barry Salt)의 *Film Style and Technology: History and Analysis* (London: Starword Press, 1992), 263, 283, 그리고 데이비드 보드웰(David Bordwell)과의 대화에서 얻었다.
25. John Hora, "Cinematographers Publicly Oppose HDTV Standard: The American Society of Cinematographers' Viewpoint,"; Robert Primes, "ASC Message to Japan," *Widescreen Review* 4, no. 6 (Nov./Dec. 1995), 98과 22 참조. 캐럴(Carroll)은 'Film, Attention, and Communication'에서 이 출처를 이용해서 숏의 현재 평균 길이가 1981년경과 거의 비슷함을 보여 주었다. 그러나 그 통계는 그것이 정확하다면 실제로는 평균 숏 길이가 1981년 이래 10초에서 6초로 짧아지고 있음을 보여 준다.
26. Hatfield et al., *Emotional Contagion*, 148.
27. 감상성에 대한 보다 확대된 논의는, 졸고 "Emotion and Ideological Film Criticism," in *Film Theory and Philosophy*, ed. Richard Allen and Murray Smith (New York: Oxford University Press, 1997)을 참조하라.
28. 나의 요점은 동감이 본래부터 신비화한다는 것이다. 위와 같은 책 참조.
29. E. H. Gombrich, *Art and Illusion* (Princeton: Princeton University Press, 1972), 366-367.
30. '꼭 맞음(fittingness)'에 관한 해설적인 논의에 대해서는 Nicholas Wolterstorif, *Art in Action* (Grand Rapids: Eerdmans, 1980), 96-121을 참조하라.

참고문헌

Film and Emotion

Affron, Charles. *Cinema and Sentiment.* Chicago: University of Chicago Press, 1982.

Braudy, Leo. *The World in a Frame.* Garden City, N.Y.: Anchor, 1976.

Bryant, Jennings, and Dolf Zillman, eds. *Responding to the Screen: Reception and Reaction Processes.* Hillsdale, N.J.: Erlbaum, 1991.

Carroll, Noël. *The Philosophy of Horror, or Paradoxes of the Heart.* New York: Routledge, 1990.

___. "Toward a Theory of Film Suspense." *Persistence of Vision* 1 (Summer 1984): 65-89.

___. "Toward a Theory of Point-of-View Editing: Communication, Emotion, and the Movies." *Poetics Today* 14, no. 1 (Spring 1993): 122-41.

Currie, Gregory. *Image and Mind: Film, Philosophy, and Cognitive Science.* Cambridge: Cambridge University Press, 1995.

Durgnat, Raymond. *Films and Feelings.* London: Faber, 1967.

Gaut, Berys. "On Cinema and Perversion." *Film and Philosophy* 1 (1994): 3-17.

Gerrig, Richard J., and Deborah Prentice. "Notes on Audience Response." In *Post-Theory,* ed. Bordwell and Carroll.

Grodal, Torben Kragh. *Moving Pictures: A New Theory of Film Genres, Feelings, and Cognition.* Oxford: Clarendon Press, 1997.

Gunning, Tom. "An Aesthetic of Astonishment: Early Film and the (In-) credulous Spectator." In *Viewing Positions: Ways of Seeing Film,* ed. Linda Williams. New Brunswick, N.J.: Rutgers University Press, 1994.

Leibowitz, Flo. "Apt Feelings, or Why 'Women's Films' Aren't Trivial." In *Post-Theory,* ed.

Bordwell and Carroll.

Munsterberg, Hugo. *The Film: A Psychological Study.* New York: Dover, 1970.

Neill, Alex. "Empathy and (Film) Fiction." In *Post-Theory,* ed. Bordwell and Carroll.

Perkins, V. F. *Film and Film: Understanding and Judging Movies.* Harmondsworth: Penguin Books, 1973.

Plantinga, Carl. "Affect, Cognition, and the Power of Movies." *Post Script* 13, no. 1 (Fall 1993): 10-29.

_____. "Movie Pleasures and the Spectator's Experience: Toward a Cognitive Approach." *Philosophy and Film* 2, no. 2 (1995): 3-19.

_____. "Notes on Spectator Emotion and Ideological Film Criticism." In *Film Theory and Philosophy,* ed. Richard Allen and Murray Smith. Oxford: Oxford University Press, 1997.

____. "Spectacles of Death: Clint Eastwood and Violence in *Unforgiven.*" *Cinema Journal* 37, no. 2 (Winter 1998): 65-83.

Smith, Murray. *Engaging Characters: Fiction, Emotion, and the Cinema.* Oxford: Clarendon Press, 1995.

_____. "Film Spectatorship and the Institution of Fiction." *Journal of Aesthetics and Art Criticism* 53, no. 2 (Spring 1995): 113-28.

____. "The Logic and Legacy of Brechtianism." In *Post-Theory,* ed. Bordwell and Carroll.

Tan, Ed S. *Emotion and the Structure of Narrative Film: Film as an Emotion Machine.* Translated by Barbara Fasting. Mahwah, N.J.: Erlbaum, 1996.

____. "Film-Induced Affect as a Witness Emotion." *Poetics* 23 (1995): 7-32.

Tan, Ed S., and Gijsberg Diteweg. "Suspense, Predictive Inference, and Emotion in Film Viewing." In *Suspense: Conceptualizations, Theoretical Analyses, and Empirical Explorations,* ed. Peter Vorderer, Hans J. Wulff, and Mike Friedrichsen, 71-91. Mahwah, N.J.: Erlbaum, 1996.

Truffaut, Francois. *Hitchcock,* Rev. ed. New York. Simon and Schuster, 1983.

Wolfenstein, Martha, and Nathan Leites. *The Movies: A Psychological Study.* New York: Atheneum, 1970.

Film and Cognition

Anderson, Joseph. *The Reality of Illusion: An Ecological Approach to Cognitive Film Theory.* Carbondale: Southern Illinois University Press, 1996.

Bordwell, David. "A Case for Cognitivism." *Iris* 9 (Spring 1989): 11-40.

___. *Narration in the Fiction Film.* Madison: University of Wisconsin Press, 1985.

Bordwell, David, and Noël Carroll, eds. *Post-Theory: Reconstructing Film Studies.* Madison: University of Wisconsin Press, 1996.

Branigan, Edward. *Narrative Comprehension and Film.* New York: Routledge, 1992.

Carroll, Noël. *Mystifying Movies: Fads and Fallacies in Contemporary Film Theory.* New York: Columbia University Press, 1988.

___. *Theorizing the Moving Image.* Cambridge: Cambridge University Press, 1996.

Messaris, Paul. *Visual "Literacy": Image, Mind, and Reality.* Boulder, Colo.: Westview Press, 1994.

Peterson, James. *Dreams of Chaos, Visions of Order: Understanding the American Avant-Garde Cinema.* Detroit: Wayne State University Press, 1994.

Plantinga, Carl. *Rhetoric and Representation in Nonfiction Film.* Cambridge: Cambridge University Press, 1997.

Pudovkin, V. I. *Film Technique and Film Acting.* Translated by Ivor Montagu. New York: Grove Press, 1960.

The Other Arts and Emotion

Aristotle. *The Poetics.* In *Aristotle's Theory and Poetry and Fine Art,* 4th ed. Translated by S. H. Burcher. New York: Dover Publications, 1955.

Beardsley, Monroe C. *Aesthetics from Classical Greece to the Present.* University of Alabama Press, 1966.

Belfiore, Elizabeth S. *Tragic Pleasures: Aristotle on Plot and Emotion.* Princeton: Princeton Understanding Press, 1992.

Boruah, Bijoy H. *Fiction and Emotion: A Study in Aesthetics and the Philosophy of Mind.* Oxford: Clarendon Press, 1988.

Chapman, A. J., and H. C. Foot, eds. *It's a Funny Thing, Humour.* Oxford: Pergamon Press,

1977.

Currie, Gregory. *The Nature of Fiction.* Cambridge: Cambridge University Press, 1990.

Dissanayake, Ellen. *Homo Aestheticus: Where Art Comes From and Why.* New York: Free Press, 1992.

Feagin, Susan. *Reading with Feeling: The Aesthetics of Appreciation.* Ithaca, N.Y.: Cornell University Press, 1996.

Goldstein, Jeffrey H., and Paul E. McGhee, ed. *The Psychology of Humor.* New York: Academic Press, 1972.

Kivy, Peter. *Music Alone: Philosophical Reflections on the Purely Musical Experience.* Ithaca, N.Y.: Cornell University Press, 1990.

____. *Sound Sentiment: An Essay on the Musical Emotions.* Philadelphia: Temple University Press, 1989.

Kreitler, Hans, and Shulamith Kreitler. *Psychology of the Arts.* Durham, N.C.: Duke University Press, 1972.

Lamarque, Peter. "How Can We Fear and Pity Fictions?" *British Journal of Aesthetics* 21, no. 4 (Autumn 1981): 291-304.

langer, Susanne. *Feeling and Form: A Theory of Art.* New York: Scribner's, 1953.

Lipps, T. "Empathy and Aesthetic Pleasure." In *Aesthetic Theories: Studies in the Philosophy of Art.* ed. Karl Aschenbrenner and Arnold Isenberg. Englewood Cliffs, N.J.: Prentice-Hall, 1965.

Mauron, Charles. *Aesthetics and Psychology.* Translated by Roger Fry and Katherine John. Port Washington, N.Y.: Kennikat Press, 1970.

Novitz, David. *Knowledge, Fiction, and Imagination.* Philadelphia: Temple University Press, 1987.

Nussbaum, Martha C. *Love's Knowledge: Essays on Philosophy and Literature.* New York: Oxford University Press, 1990.

Radford, Colin. "How Can We Be Moved by the Fate of Anna Karenina?" *Proceedings of the Aristotelian Society,* Supp. vol. 49 (1975): 67-70.

Robinson, Jenefer. "The Expression and Arousal of Emotion in Music." In *Aesthetics: A Reader in the Philosophy of the Arts,* ed. David Goldblatt and Lee B. Brown. Upper

Saddle River, N.J.: Prentice-Hall, 1997.

Rorty, Amélie Oksenberg. "The Psychology of Aristotelian Tragedy." *Midwest Studies in Philosophy* 41 (1991): 53-72.

Scruton, Roger. *Art and Imagination: A Study in the Philosophy of Mind.* London: Methuen, 1974.

Sloboda, John A. "Empirical Studies of Emotional Response to Music." In *Cognitive Bases of Musical Communication,* ed. Mari Ries Jones and Susan Halleran. Washington, D.C.: American Psychological Association, 1992.

Walton, Kendall. *Mimesis as Make-Believe: On the Foundations of the Representational Arts.* Cambridge: Harvard University Press, 1990.

Wollheim, Richard. "Imagination and Identification." In *On Art and the Mind.* Cambridge: Harvard University Press, 1974.

___. *The Thread of Life.* Cambridge: Harvard University Press, 1984.

Emotion(General)

Armon-Jones, Claire. *Varieties of Affect.* Toronto: University of Toronto Press, 1991.

Averill, J. R. *Anger and Aggression: An Essay on Emotion.* New York: Springer, 1982.

Buck, Ross. *The Communication of Emotion.* New York: Guilford Press, 1984.

Cornelius, Randolph R. *The Science of Emotion: Research and Tradition in the Psychology of Emotions.* Upper Saddle River, N.J.: Prentice-Hall, 1996.

Crawford, June, Susan Kippax, Jenny Onyx, Una Gault, and Pam Benton. *Emotion and Gender: Constructing Meaning from Memory.* London: Sage, 1992.

Damasio, Antonio. *Descartes' Error: Emotion, Reason, and the Human Brain.* New York: Putnam, 1994.

Darwin, Charles. *The Expression of Emotions in Man and Animals.* New York: Philosophical Library, 1955.

De Sousa, Ronald. *The Rationality of Emotion.* Cambridge: MIT Press, 1987.

Ekman, Paul, ed. *Emotion in the Human Face,* 2nd ed. Cambridge: Cambridge University Press, 1982.

____. *The Face of Man: Expressions of Universal Emotions in a New Guinea Village.* New

York: Garland Press, 1980.

Ekman, Paul, and Richard J. Davidson, eds. *The Nature of Emotion: Fundamental Questions.* New York: Oxford University Press, 1994.

Fiedler, Klaus and Joseph Forgas, eds. *Affect, Cognition, and Social Behavior: New Evidence and Integrative Attempts.* Toronto: C. J. Hogrefe, 1988.

Frijda, Nico H. "Appraisal and Beyond: The Issue of Cognitive Determinants of Emotion." [Special issue] *Cognition and Emotion* 7 (1993): 357-387.

___. *The Emotions.* Cambridge: Cambridge University Press, 1986.

Grodon, Robert M. *The Structure of the Emotions: Investigations in Cognitive Philosophy.* New York: Cambridge University Press, 1987.

Greenspan, Patricia S. *Emotions and Reasons: An Inquiry into Emotional Justification.* New York: Routledge, 1988.

Harris, Paul L. *Children and Emotion: The Development of Psychological Understanding.* Oxford: Basil Blackwell, 1989.

Hatfield, Elaine, John T. Cacioppo, and Richard L. Rapson. *Emotional contagion.* Cambridge: Cambridge University Press, 1994.

Hochschild, Arlie Russell. *The Managed Heart: Commercialization of Human Feeling.* Berkeley: University of California Press, 1983.

Izard, Carroll E. *The Face of Emotion.* New York: Appleton-Century-Crofts, 1971.

___. *The Psychology of Emotions.* New York: Plenum Press, 1991.

Kavanaugh, Robert, D., Betty Zimmerberg, and Steven Fein. *Emotion: Interdisciplinary Perspectives.* Mahwah, N.J.: Erlbaum, 1996.

Kemper, Theodore D. *A Social Interactional Theory of Emotions.* New York: John Wiley and Sons, 1978.

Kitayama, Shinobu, and Hazel rose Markus. *Emotion and Culture: Empirical Studies of Mutual Influence.* Washington, D.C.: American Psychological Association, 1994.

Lazarus, Richards S. *Emotion and Adaptation.* New York: Oxford University Press, 1991.

LeDoux, Joseph. *The Emotional Brain: The Mysterious Underpinnings of Emotional Life.* New York: simon and Schuster, 1996.

Lutz, Catherine A. *Unnatural Emotions: Everyday Sentiments on a Micronesian Atoll and*

Their Challenge to Western Theory. Chicago: University Chicago Press, 1988.

Lyons, William. *Emotions*. Cambridge: Cambridge University, 1980.

Oatley, Keith. *Best-Laid Schemes: The Psychology of Emotion*. Cambridge: Cam University Press, 1992.

Ortony, Andrew, Gerald L. Clore, and Allan Collins. *The Cognitive Structure of Emotion*. Cambridge: Cambridge University Press, 1988.

Robinson, Jenefer. "Startle." *Journal of Philosophy* 92(1995): 53-74.

Sartre, Jean-Paul. *The Emotions: Outline of a Theory*. Translated by Bernard Frechtman. New York: Philosophical Library, 1948.

Scherer, Klaus R., and Paul Ekman, eds. *Approaches to Emotion*. Hillsdale, N.J.: Erlbaum, 1984.

Scherer, Klaus, Harald G. Wallbott, and Angela B. Summerfield. *Experiencing Emotion: A Cross-cultural Study*. Cambridge: Cambridge University Press, 1986.

Solomon, Robert C. *The Passions: The Myth and Nature of Human Emotion*. Garden City, N.Y.: Anchor Press, 1976.

Stearns, Carol Zisowitz, and Peter N. Stearns. *Anger: The Struggle for Emotional Control in America's History*. Chicago: University of Chicago Press, 1986.

Stearns, Peter N. *Jealousy: The Evolution of an Emotion in American History*. New York: New York University Press, 1989.

Stein, Nancy L., Bennett Leventhal, and Tom Trabasso. *Psychological and Biological Approaches to Emotion*. Hillsdale, N.J.: Erlbaum, 1990.

Strongman, K. T. *The Psychology of Emotion: Theories of Emotion in Perspective*, 4th ed. Chichester: John Wiley and Sons, 1996.

Wegman, Cornelis. *Psychoanalysis and Cognitive Psychology*. London: Academic Press, 1985.

Zajonc, R. B. "Emotion and Facial Efference: A Theory Reclaimed." *Science* 228 (April 1985): 15-21.

찾아보기

인 명

내 용

공저자 소개

노엘 케럴은 위스콘신-메디슨 대학교 예술철학과 교수로 재직 중이다. 그의 최신 저서로는 *A Philosophy of Mass Art*(Oxford: Oxford University Press, 1998)가 있다.

그레고리 커리는 호주 애들레이드에 있는 플린더스 대학교의 예술대 학장이자 철학 교수다. 그의 저서로는 *Image and Mind: Film, Philosophy, and Cognitive Science*(Cambridge: Cambridge University Press, 1995)가 있다.

더크 에이젠은 프랭클린 마셜 대학교의 영화학과 조교수다. 그는 *Iris, Post Script, Cinema Journal, Film History* 등에 기고하였다. 그는 현재 역사 다큐멘터리에 대한 저서를 준비 중이다. 그는 또한 수상 경력이 있는 다큐멘터리 감독이기도 하다.

수잔 피긴은 미주리-캔자스 시립대학교의 철학과 조교수다. 그녀는 *Reading with Feeling: The Aesthetics of Appreciation*(Ithaca. N.Y.: Cornell University Press, 1996)의 저자이며, 미학에 대한 다수의 글을 발표하였다.

신시아 프리랜드는 휴스턴 대학교의 철학과 조교수이자 여성학 연구소의 소장이다. 그녀는 미학과 영화에 대한 다수의 논문을 출간하였고, *Film and Philosophy*(N.Y.: Routlege, 1995)의 공동편집인이다.

니코 프리다는 암스테르담 대학교의 실험 이론 심리학과의 명예교수다. *The Emotions*(Cambridge: Cambridge University Press, 1986)의 저자이며, 지난 15년 동안 그의 주 관심분야는 정서 심리학이다.

베리스 고트는 스코틀랜드의 성 앤드루스 대학교 강사로 프린스턴 대학에서 철학박사 학위를 취득하였다. 그는 미학, 영화, 윤리학, 정치철학에 대한 논문을 *Journal of Aesthetics and Art Criticism, British Journal of Aesthetics, Film and Philosophy, Philosophical Papers, Forum for Modern Language Studies* 등에 게재하였다.

토번 그로달은 코펜하겐 대학교 영화학과 교수다. 그의 저서로는 *Moving Pictures: A New Theory of Film Genres, Feelings, and Cognition*(Oxford: Clarendon Press Oxford, 1997)이 있다.

제프 스미스는 뉴욕 대학에서 영화를 가르치고 있다. 그는 *Cinema Journal, The Velvet Light Trap, Post-Theory: Reconstruction Film Studies*에 논문을 게재하였다. 그는 1960년대 할리우드 영화음악에 대한 논문으로 위스콘신-메디슨 대학에서 영화학 박사학위를 취득하였다. 그는 *The Sounds of Commerce: Marketing Popular Film Music*(N.Y.: Columbia University Press, 1998)의 저자다.

머레이 스미스는 영국 캔터베리에 있는 켄트 대학의 영화학과 강사다. 그는 *Engaging Characters: Fiction, Emotion, and the Cinema*(Oxford: Clarendon Press Oxford, 1995)의 저자이고, *Film Theory and Philosophy*(Oxford University Press, 1997)의 공동편집자다.

에드 탠은 암스테르담 자유 대학의 영화방송학과에서 강의를 하고 있으며, *Emotion and the Structure of Narrative Film*(Hillsdale, N.J.: Erlbaum, 1995)의 저자다.

편저자 소개

칼 플랜팅거는 홀린스 대학교의 영화과 조교수다. 그는 *Rhetoric and Representation in Nonfiction Film*(Cambridge: Cambridge University Press, 1997)의 저자이며 영화와 심리학, 논픽션 영화, 영화이론에 대한 글을 발표하였다.

그렉 스미스는 피츠버그의 칼로우 대학 커뮤니케이션 학과 조교수다. 그는 *Cinema Journal, Journal of Film and Video* 등에 논문을 발표하였다. 그는 정서와 영화 내러티브에 대한 박사학위 논문으로 위스콘신-메디슨 대학에서 영화학 박사학위를 취득하였다. 그의 선집인 *On a Silver Platter: CD-ROMs and the Promises of a New Technology*는 New York University Press에서 출간되었다.

역자 소개

남완석(NAM, Wanseok)은 서울대학교 인문대학 독어독문학과에서 학부와 석사과정을 마친 후, 독일 오스나브뤼크 대학에서 영화학으로 석사 및 박사 학위를 취득했다. 그의 박사학위 논문의 주제는 '문학작품의 영화화에 대한 인지주의적 접근'이었다. 그는 《씨네21》, 《영화평론》 등에 다수의 평론을 기고하였고, 아내인 심영섭과 함께 동아일보에서 "한영화 두소리" 칼럼을 진행하였다. "바이마르 공화국 시대 독일영화", "뉴 저먼 시네마-신화의 해체와 재구성-" 등 다수의 독일영화에 대한 논문을 발표하였고, 《클라시커 50. 영화》, 《클라시커 50. 영화감독》(해냄 출판사)을 번역하였다. 현재 우석대학교 미디어영상광고학부에서 교수로 재직 중이다.

심영섭(SIM, Youngseop)은 서강대학교 생물학과에서 학사과정을 마친 후, 고려대학교 심리학과에서 임상심리학으로 석사 및 박사 학위를 취득했다. 한양대학교 신경정신과에서 임상심리학 인턴을, 백병원 신경정신과에서 임상심리학 레지던트 과정을 수료하였다. 1998년 영화 잡지 《씨네21》 평론상 우수상을 수상하여 영화 평론가로 등단하였고, 2003년 《문학과 리뷰》 올해의 평론가상을 수상하였다. 번역서로는 《시네마테라피》, 《사진치료기법》이 있고, 논문으로는 "자기조력적 영화치료와 상호작용적 영화치료의 효과 비교", "성매매 여성의 복합외상과 MMPI-2 프로파일 특성 연구" 등 다수가 있다. 저서로는 영화 평론집 《영화 내 영혼의 순례》, 《심영섭의 시네마 싸이콜로지》, 《영화치료의 이론과 실제》, 에세이집 《대한민국에서 여성 평론가로 산다는 것》, 《지금, 여기, 하나뿐인 당신에게》 등이 있다. 한국영상영화치료학회 초대 회장을 역임하였고, 현재 대구사이버대학교 상담심리학과 교수 및 한국예술치료 교수협의회 부회장, 한국사진치료학회 회장을 맡고 있다.

열정의 시선: 인지주의로 설명하는 영화 그리고 정서
Passionate Views: Film, Cognition, and Emotion

2014년 6월 10일 1판 1쇄 인쇄
2014년 6월 20일 1판 1쇄 발행

엮은이 • Carl Plantinga · Greg M. Smith
옮긴이 • 남완석 · 심영섭
펴낸이 • 김진환
펴낸곳 • (주) 학지사
121-837 서울시 마포구 양화로 15길 20 마인드월드빌딩
대표전화 • 02-330-5114 팩스 • 02-324-2345
등록번호 • 제313-2006-000265호

홈페이지 • http://www.hakjisa.co.kr
커뮤니티 • http://cafe.naver.com/hakjisa

ISBN 978-89-997-0392-8 03180

정가 20,000원

역자와의 협약으로 인지는 생략합니다.
파본은 구입처에서 교환해 드립니다.

이 도서의 국립중앙도서관 출판시도서목록(CIP)은 서지정보유통지원시스템 홈페이지(http://seoji.nl.go.kr)와 국가자료공동목록시스템(http://www.nl.go.kr/kolisnet)에서 이용하실 수 있습니다.
(CIP 제어번호: CIP2014016176)